# Lehr- und Handbücher zu Sprachen und Kulturen

Herausgegeben von
José Vera Morales und Martin M. Weigert

Bisher erschienene Werke:

*Arabisch*
*Waldmann,* Wirtschaftswörterbuch Arabisch-Deutsch · Deutsch-Arabisch

*Chinesisch*
*Kuhn · Ning · Hongxia Shi,* Markt China. Grundwissen zur erfolgreichen Marktöffnung
*Liu · Siebenhandl,* Einführung in die chinesische Wirtschaftssprache

*Englisch*
*Ehnes · Labriola · Schiffer,* Politisches Wörterbuch zum Regierungssystem der USA · Englisch-Deutsch, Deutsch-Englisch, 3. Auflage
*Fink,* Wirtschaftssprache Englisch – Zweisprachiges Übersetzer-Kompendium
*Fink,* EconoTerms A Glossary of Economic Terms, 6. Auflage
*Fink,* EconoTexts I, 3. Auflage
*Fink,* EconoTexts II, 2. Auflage
*Guess,* Professional English, 4. Auflage
*Königs,* Übersetzen Englisch – Deutsch
*O'Neal,* Banking and Financial English, 2. Auflage
*Schäfer · Galster · Rupp,* Wirtschaftsenglisch, 11. Auflage
*Wheaton · Schrott,* Total Quality Management
*Zürl,* English Training: Confidence in Dealing with Conferences, Discussions, and Speeches

*Französisch*
*Jöckel,* Training Wirtschaftsfranzösisch, 3. Auflage
*Lavric · Pichler,* Wirtschaftsfranzösisch fehlerfrei – le français économique sans fautes, 2. Auflage

*Italienisch*
*Haring,* Wirtschaftsitalienisch
*Macedonia,* Italienisch für Alle
*Macedonia,* Wirtschaftsitalienisch 2. Auflage
*Macedonia,* Made in Italy

*Polnisch*
*Milińska,* Übersetzungskurs Polnisch-Deutsch und Deutsch-Polnisch

*Russisch*
*Baumgart · Jänecke,* Rußlandknigge, 2. Auflage
*Fijas · Tjulnina,* Wirtschaftsrussisch – Wörterbuch Band I: Deutsch-Russisch
*Fijas · Tjulnina,* Wirtschaftsrussisch – Wörterbuch Band II: Russisch-Deutsch
*Rathmayr · Dobrušina,* Texte schreiben und präsentieren auf Russisch

*Spanisch*
*Jöckel,* Wirtschaftsspanisch – Einführung
*Padilla Gálvez,* Wirtschaftsspanisch-Wörterbuch Spanisch-Deutsch · Deutsch-Spanisch
*Padilla Gálvez* · Figueroa de Wachter, Wirtschaftsspanisch: Textproduktion
*Padilla Gálvez,* Wirtschaftsspanisch: Marketing
*Schnitzer · Martí,* Wirtschaftsspanisch – Terminologisches Handbuch, 3. Auflage
*Schnitzer u. a.,* Übungsbuch zu Wirtschaftsspanisch, 2. Auflage
*Vera-Morales,* Spanische Grammatik, 3. Auflage

*Tschechisch*
*Schmidt,* Deutsch-tschechisches Wörterbuch der Betriebswirtschaftslehre

# Politisches Wörterbuch zum Regierungssystem der USA

Englisch - Deutsch
Deutsch - Englisch

Von
Ulrike Ehnes
Dr. Patrick Labriola
und
Jürgen Schiffer, M. A.

3., völlig neu bearbeitete und stark erweiterte Auflage

R. Oldenbourg Verlag München Wien

**Die Deutsche Bibliothek – CIP-Einheitsaufnahme**

Ehnes Ulrike:
Politisches Wörterbuch zum Regierungssystem der USA :
englisch-deutsch, deutsch-englisch / von Ulrike Ehnes und Patrick
Labriola und Jürgen Schiffer. – 3., völlig neu bearb. und stark erw.
Aufl.. – München ; Wien : Oldenbourg, 2001
(Lehr- und Handbücher zu Sprachen und Kulturen)
ISBN 3-486-25750-1


Rosenheimer Straße 145, D-81671 München
Telefon: (089) 45051-0
www.oldenbourg-verlag.de



Gedruckt auf säure- und chlorfreiem Papier
Gesamtherstellung: Druckhaus „Thomas Müntzer“ GmbH, Bad Langensalza

ISBN 3-486-25750-1

## Preface

The *Dictionary of American Politics* has been compiled to help readers, translators, political scientists, and students of English to understand texts on the American political system. This reference work contains terminology from various areas of American political life including law, the military, finance, and the Constitution. The reasoning behind the selection of vocabulary is that American politics embodies a number of interrelated fields. Law has been included because it relates directly to the Bill of Rights and the judicial work of the Supreme Court. Military terminology is relevant because the president serves as the commander in chief of the armed forces, and Congress approves military spending. Financial terminology is important because of budget allocations and the work of the Federal Reserve Board. Specialized vocabulary has been indicated through a short abbreviation before each appropriate entry.

The compilation method for this reference work involved a thorough examination of secondary sources on American politics as well as a look at the political language found in newspapers and on television. The authors have attempted to provide comprehensive documentation of this political terminology and to capture the spoken idiom of American politics. Each entry has either been translated into German, or if the entry does not exist in German, an equivalent definition has been provided. Parts of speech from everyday language have only been included if they form political expressions when combined with political vocabulary. In such cases, the corresponding political vocabulary has been given in parenthesis along with the everyday expression, e.g. "to pass (*a law*)." In order to make the references as concise as possible, secondary meanings have been omitted to a large extent.

The German-English section of this dictionary contains basic vocabulary from American politics, but it does not refer to all entries in the main section. This is because entries from the English-German section are often extensive definitions that have no simple equivalent in German. Moreover, the authors have tried to avoid creating an English or German that is artificial or only pertains to the German parliamentary system. Conversely, the German-English section contains vocabulary that is important for the translation of German expressions, but is not essential for the English-German section of the dictionary.

Each section of the dictionary is listed alphabetically, beginning with the verb and proceeding to the noun for each entry. This means that "to poll" comes before "poll" which is followed by various noun combinations such "poll, benchmark" and "poll, opinion." Verbal phrases follow the noun that they pertain to, e.g. "poll, to conduct a." In determining the alphabetical order, the authors have decided not to take commas and hyphens into account. This means that "poll, opinion" is followed by "poll, panel back" and "poll tax," and "hard-liner" is followed by "hard money."

Entries consisting of several words are listed both alphabetically and in inverted form in order to draw attention to word families and to facilitate looking up vocabulary. Moreover, cross-references have been included to make readers aware that contrasts and affinities exist among entries. In such cases, references have been provided in bold print as they appear in the text, e.g. "see **district days**" or "compare **district, multi-member**."

The goal of the *Dictionary of American Politics* is to help German readers to come to terms with American political language. Major English-German reference works do not necessarily offer assistance in translating political texts because they lack specialized vocabulary and cause distraction through numerous other meanings. This dictionary intends to bridge the gap between English and German in terms of American politics and to provide an insight into the workings of the American political mind.

Third Edition

Bonn/Cologne

## Vorwort

Das *Politische Wörterbuch zum Regierungssystem der USA* wurde in der Absicht zusammengestellt, u.a. Zeitungslesern, Übersetzern, Politikwissenschaftlern und Studenten der Anglistik beim Verständnis von Texten über das politische System der USA zu helfen. Das Wörterbuch enthält Termini aus verschiedenen Bereichen des politischen Lebens in den Vereinigten Staaten, z.B. aus dem Rechts-, Militär- und Finanzwesen sowie aus der Verfassung. Diese unterschiedlichen Begriffsfelder wurden einbezogen, weil insbesondere die amerikanische Politik eine ganze Anzahl miteinander zusammenhängender Bereiche umfasst. Das Rechtswesen wird berücksichtigt, weil es sich unmittelbar auf den Menschenrechtskatalog und die richterliche Tätigkeit des Obersten Gerichtshofes bezieht. Die Militärterminologie ist von Bedeutung, weil der Präsident der Vereinigten Staaten gleichzeitig der Oberbefehlshaber der Streitkräfte ist und weil der Kongress über militärische Ausgaben entscheidet. Die Finanzterminologie ist aufgrund der Haushaltszuweisungen und der Arbeit des Zentralbankrates von Bedeutung. Das Spezialvokabular in diesen Bereichen wurde durch eine entsprechende Abkürzung vor jedem Eintrag gekennzeichnet.

Die Auswahl der Termini dieses Wörterbuchs beruht auf einer Durchsicht bzw. Analyse von Sekundärquellen zum amerikanischen Regierungssystem sowie von Zeitungen und Fernsehsendungen im Hinblick auf politisches Vokabular. Die Autoren haben versucht, die politische Terminologie umfassend zu dokumentieren und gleichzeitig einen Eindruck von der in der amerikanischen Politik gesprochenen Sprache zu vermitteln. Jeder Eintrag wurde entweder ins Deutsche übersetzt oder – falls der englische Eintrag im Deutschen keine Entsprechung hat – umschreibend erläutert. Ausdrücke der Alltagssprache wurden nur berücksichtigt, wenn sie zusammen mit einem politischen Begriff eine feststehende politische Redewendung ergeben. In solchen Fällen wurde der politische Begriff dem Alltagsbegriff in Klammern hinzugefügt, z.B. „to pass (*a bill*)“. Um die Einträge so präzise wie möglich zu gestalten, wurde auf Sekundärbedeutungen weitgehend verzichtet.

Der deutsch-englische Teil dieses Wörterbuchs enthält Grundbegriffe aus der amerikanischen Politik, ohne jedoch alle Einträge des Hauptteils wieder aufzugreifen. Ein Grund hierfür ist, dass es sich bei vielen Einträgen des englisch-deutschen Teils um ausführliche Definitionen handelt, für die kein kurzes deutsches Äquivalent existiert. Ferner wollten die Autoren vermeiden, ein künstliches Englisch oder Deutsch zu kreieren oder Ausdrücke anzuführen, die sich nur auf das parlamentarische System in Deutschland beziehen. Umgekehrt enthält der deutsch-englische Teil Begriffe, die zwar für die Übersetzung deutscher Ausdrücke wichtig sind, jedoch im englisch-deutschen Teil überflüssig wären.

Jeder Teil des Wörterbuchs ist alphabetisch geordnet, wobei in der Reihenfolge stets den Verben der Vorrang vor entsprechenden Substantiven gegeben wurde. Dies bedeutet, dass „to poll“ vor „poll“ steht, dem dann mehrere Substantivverbindungen folgen, wie z.B. „poll, benchmark“ und „poll, opinion“. Verbale Wortverbindungen stehen unmittelbar hinter dem Substantiv, auf das sie sich beziehen, z.B. „poll, to conduct a“. Bei der alphabetischen Anordnung wurden Kommata und Bindestriche nicht berücksichtigt. Dies bedeutet, dass auf „poll, opinion“ „poll, panel back“ und „poll tax“ folgen und dass „hard money“ nach „hardliner“ steht.

Aus mehreren Wörtern zusammengesetzte Einträge sind sowohl in der natürlichen Sprechfolge als auch in umgestellter Form aufgenommen worden, um auf Wortfamilien aufmerksam zu machen und die Suche zu erleichtern. Verweise sollen den Leser auf Bedeutungsunterschiede und Verwandtschaftsbeziehungen zwischen den Einträgen aufmerksam machen.

Wenn in den Wörterbuchartikeln auf Einträge verwiesen wird, sind diese fett gedruckt, so wie sie als Eintrag erscheinen, z.B. „siehe **district days**“ oder „vgl. **district, multimember**“.

Das *Politische Wörterbuch zum Regierungssystem der USA* will das Verständnis der amerikanischen politischen Sprache erleichtern. Selbst umfassende allgemeine englisch-deutsche Wörterbücher können bei der Übersetzung politischer Textenur begrenzt Hilfe leisten, da sie das Spezialvokabular nicht enthalten und durch die Erwähnung einer Vielzahl weiterer Bedeutungen Verwirrung stiften. Das vorliegende Wörterbuch will jedoch nicht nur – mit besonderem Bezug auf die Politik – eine Brücke zwischen Englisch und Deutsch schlagen, sondern es will auch einen Einblick in das politische Denken in den Vereinigten Staaten vermitteln.

Dritte Auflage

Bonn/Köln

**Abkürzungsverzeichnis:**

| | |
|---|---|
| Const | Laut der Verfassung |
| Econ | Wirtschaft |
| derog | derogativ |
| Fig | figurativ |
| Fin | Finanzen |
| hist | historisch |
| Jur | Rechtswesen |
| mil | militärisch |
| pol | politisch |
| wörtl. | wörtlich |

# Politisches Wörterbuch zum Regierungssystem der USA

**Englisch-Deutsch**

# A

**"A" committee**
Hauptausschuss im Senat

**AA**
siehe **administrative assistant**

**ability**
(*Fin*) Zahlungsfähigkeit

**ability theory**
(*Fin*) die Überzeugung, dass Steuern auf der Zahlungsfähigkeit des Einzelnen basieren sollen, entsprechend des Einkommens, des Eigentums und des Vermögens

**to abolish**
abschaffen; (*law*) aufheben

**abolition**
Abschaffung; (*law*) Aufhebung

**abortion**
Abtreibung
(im Jahre 1973 erklärte der Oberste Gerichtshof in *Roe v Wade* die Option der Abtreibung zum verfassungsmäßigen Recht während der ersten drei Schwangerschaftsmonate und zum eingeschränkten Recht während der nächsten drei Schwangerschaftsmonate)

**abortive mission**
(*mil*) abgebrochener Auftrag

**above the fold**
Beschreibung für eine Nachricht, die bedeutend genug ist, um in der oberen Hälfte der ersten Seite einer Zeitung abgedruckt zu werden und damit „oberhalb der Falte“ in der Mitte einer nicht-kleinformatigen Standardzeitung

**abroad**
im Ausland

**abrogation**
1. Außerkraftsetzung (eines Gesetzes);
2. Ungültigkeitserklärung (einer Vereinbarung)

**absentee ballot**
Briefwahlzettel

**absentee ballot vote**
Briefwahlstimme

**absentee voter**
Briefwähler/in

**absentee voting**
Briefwahl

**absolute**
absolut; unbeschränkt; uneingeschränkt

**absolute majority**
absolute Mehrheit

**absolute pardon**
eine Begnadigung, die eine Person wieder in die rechtliche

Position versetzt, die sie vor der gegen sie gerichteten Anklage innehatte

**absolute veto**
ein Veto, das man nicht aufheben kann, z.B. eines ständigen Mitglieds des UNO-Sicherheitsrates

**abstention**
(*from voting*) Enthaltung; Stimmenthaltung

**abuse**
1. Missbrauch von Regierungsgeldern oder Regierungsprogrammen;
2. Amtsmissbrauch; Machtmissbrauch

**abuse of authority**
siehe **abuse 2**

**abuse of power**
siehe **abuse 2**

**abuse of right**
Rechtsmissbrauch
(das Konzept im Gewohnheitsrecht und internationalen Recht, das besagt, dass eine Partei keinen Gebrauch von einem bestimmten Recht machen darf, wenn dadurch die Rechte anderer verletzt werden)

**abuser fees**
zusätzliche Steuern auf Tabakerzeugnisse und alkoholische Getränke mit der Begründung, dass die Konsumenten dieser Produkte das Gesundheitssystem „missbrauchen“ und daher gezwungen werden sollten, mehr zu bezahlen

**academic pork**
Regierungsgelder für politisch einflussreiche Universitäten

**acceptance speech**
Wahlrede des Präsidentschaftskandidaten auf dem Nominierungsparteitag, in der er offiziell seine Nominierung annimmt

**access**
siehe **political access**

**acclamation**
Akklamation

**accommodation**
eine Methode in der Außenpolitik, die dem Verhandlungspartner Manövrierraum und/ oder -möglichkeiten lässt, wodurch er sein Gesicht wahren kann

**accomplice**
(*Jur*) Mittäter/in

**accord**
Abkommen; Übereinkunft

**to account for**
Rechenschaft ablegen über

**accountability**
Rechenschaftspflicht;
Verantwortlichkeit

**accounts, to freeze**
Konten einfrieren

**to accredit**
(*ambassador*) die Beglaubigung erteilen

**accreditation**
(*ambassador*) Beglaubigung

**accusatorial system**
(*Jur*) Anklagesystem
(Prozesssystem in Strafrechtsverfahren, bei dem der Richter der primäre Sammler des Beweismaterials ist und auf Basis einer Akte vorgeht, die der Staatsanwalt über die Schuld des Angeklagten zusammengestellt hat)

**to accuse**
Anklage erheben;
jdn. beschuldigen

**the accused**
(*Jur*) (*criminal law)* der/die Angeklagte

**ACIR**
siehe **Advisory Commission on Intergovernmental Relations**

**ACLU**
siehe **American Civil Liberties Union**

**to acquit**
(*Jur*) freisprechen

**acquittal**
(*Jur*) Freispruch

**across the board**
Beschreibung für einen Geldbetrag, der dem Gesamtbudget einer Bundesbehörde entweder entnommen oder hinzugefügt wird

**across the country**
bundesweit

**act**
Gesetz
(1. ein Gesetzentwurf, der von beiden Häusern des Kongresses verabschiedet, aber noch nicht vom Präsidenten unterzeichnet wurde; 2. ein Gesetzentwurf, der nur von einer Kammer des Kongresses verabschiedet wurde)

**act of state**
Staatsakt
(Handlungen, die nur der Staat ausführen kann und für die nur der Staat zur Verantwortung gezogen werden kann, z.B. eine Kriegserklärung oder ein Gesetzeserlass)

**acting**
amtierend

**acting president**
siehe **president, acting**

**action**
Aktion; Maßnahmen; Schritte; Tat

**ACTION**
die Bundesbehörde, die alle ehrenamtlichen innenpolitischen Aktivitäten, die von der Bundesregierung gesponsert werden, koordiniert und verwaltet

**action of state doctrine**
politisches Prinzip, demzufolge die Gerichtshöfe eines bestimmten Landes nicht über die Legalität interner Angelegenheiten eines anderen Landes entscheiden dürfen

**action-oriented**
handlungsorientiert

**action-reaction**
Aktion-Reaktion
(Verhaltensmuster der politischen Akteure während einer internationalen Krise)

**actionable**
(*Jur*) strafbar; verfolgbar

**activist**
Aktivist/in
(1. jemand, der sich so stark für die Politik interessiert, dass er ein Amt anstrebt, dass er sich im Wahlkampf engagiert etc.; 2. jemand, der mit dem politischen Prozess unzufrieden ist und daher zu aktiveren Methoden greift, z.B. zu Demonstrationen oder Sitzstreiks)

**activist approach**
siehe **approach, activist**

**actual representation**
siehe **representation, actual**

**ad**
siehe **advertisement**

**ad, to air an**
einen Werbespot senden

**ad hoc committee**
siehe **committee, ad hoc**

**ad interim**
wörtl.: in der Zwischenzeit
(die Zeit, in der ein Beamter das Amt für einen verstorbenen oder entlassenen Vorgänger ausübt)

**to adapt**
anpassen

**to adjourn**
(*meeting*) vertagen

**to adjourn for more than three days**
(*Const*) für mehr als drei Tage vertagen
(gemäß Artikel I, Absatz 5 der US-Verfassung darf keine Kammer ohne die Zustimmung der anderen Kammer Sitzungen länger als drei Tage vertagen)

**adjournment**
1. Unterbrechung (innerhalb eines Tages);
2. Vertagung (auf einen anderen Tag);
3. Vertagung auf die nächste Sitzungsperiode

**adjournment, conditional**
Vertagung mit Vorbehalt
(wenn der Kongress Sitzungen länger als drei Tage vertagt, wird dem Sprecher des Repräsentantenhauses oder dem ersten Vorsitzenden des Senats pro tempore häufig die Vollmacht erteilt, den Kongress zu einem früheren Zeitpunkt wieder einzuberufen, um einen Notfall oder eine wichtige Frage zu behandeln)

**adjournment crush**
die bis zu zwei Wochen vor der Vertagung des Kongresses, in denen wichtige Gesetzentwürfe bis in die Nacht hinein diskutiert werden

**adjournment sine die**
wörtl.: Vertagung ohne einen [festgesetzten] Tag
(eine Vertagung am Ende einer Sitzungsperiode ohne Vereinbarung eines Termins für ein neuerliches Zusammentreten)

**adjournment to a certain day**
Vertagung auf einen festgesetzten Termin für ein neuerliches Zusammentreten

**adjudication**
(*Jur*) 1. Entscheidung; Beurteilung (in einem Rechtsstreit);
2. Urteil (einer Gerichtsverhandlung)

**to administer**
verwalten

**administration**
1. Regierung;
2. Amtsdauer eines Präsidenten;
3. Verwaltung

**administration bill**
siehe **bill, administration**

**administration of justice**
Justiz; Justizverwaltung; Rechtsprechung; Rechtspflege

**administrative accountability**
administrative Verantwortlichkeit
(das Prinzip, dass Staatsbedienstete für die Einhaltung demokratischer und moralischer Prinzipien verantwortlich sind)

**administrative adjudication**
administrative Entscheidung
(Beilegung von Streitfällen mittels quasi-juristischer Mittel)

**administrative advocacy**
die Vorlage neuer oder alternativer Vorstellungen bei einer Verwaltungsbehörde als Mittel, um eine Veränderung zu bewirken

**administrative agency**
Verwaltungsbehörde
(1. eine Regierungsorganisation, die eingerichtet wird, um ein Gesetz auszuführen; 2. ein Regierungsorgan (im Unterschied zu einem Gericht oder einer gesetzgebenden Gewalt), das über die Rechte privater Parteien entscheidet)

**administrative assistant**
ein wichtiger Berater eines Kongressmitglieds, der dessen Aktivitäten in Washington und im eigenen Bundesstaat überwacht, der das Kongressmitglied bei wichtigen Treffen und Versammlungen vertritt und der die Wiederwahl des betreffenden Kongressmitglieds organisiert

**administrative due process**
die Erfordernis, dass die Verwaltungsmaßnahmen von Regierungs- und Aufsichtsbehörden auf Richtlinien basieren, die die Rechte von Individuen sichern

**administrative law**
siehe **law, administrative**

**administrative law judge**
ein Regierungsbeamter, der anstelle einer formaleren Körperschaft, wie z.B. der Sozialversicherungsanstalt, Anhörungen vornimmt

**administrative legislation**
Verwaltungsgesetze
(von Aufsichtsbehörden oder Aufsichtskommissionen erlassene Gesetze)

**administrative order**
Anordnung einer Verwaltungsbehörde, die die Kraft eines Gesetzes hat

**Administrative Procedure Act of 1946**
Verwaltungsverfahrensgesetz von 1946
(grundlegendes Gesetz, das die Arbeitsweise von Behörden regelt und dem Schutz der Kunden der betreffenden Behörde und der allgemeinen Öffentlichkeit dient)

**administrative remedy**
Maßnahme zur Durchsetzung eines Rechtes, indem man sich an eine Verwaltungsbehörde um Hilfe oder eine Entscheidung wendet

**administrator**
Verwalter/in; Verwaltungsbeamter/-beamtin

**admiralty jurisdiction**
siehe **jurisdiction, admiralty**

**admissible**
erlaubt; zulässig

**admission of new states**
Aufnahme neuer Bundesstaaten

(die in der US-Verfassung verankerte Befugnis des Kongresses, neue Bundesstaaten in die Union aufzunehmen)

**admonishment of rights**
siehe **admonition of rights**

**admonition of rights**
Rechtsbelehrung
(einer Person bei ihrer Verhaftung über ihre Rechte entsprechend dem **Miranda warning**)

**to adopt**
(*law, motion*) billigen;
(*candidate*) nehmen

**adoption**
(*law, motion*) Billigung

**advance**
logistische Planung und Vorbereitung einer Wahlkampfveranstaltung

**advance appropriation**
siehe **appropriation, advance**

**advance man**
Vorhut
(eine Person, die für einen politischen Kandidaten Wahlkampagnen vor Ort vorbereitet)

**advance text**
Kopie der Rede eines Kandidaten, die im voraus den Medien zur Verfügung gestellt wird

**adversary**
Gegner/in; Widersacher/in

**adversary proceeding**
(*Jur*) jede formale Anhörung, jedes Gerichtsverfahren oder jeder Rechtsstreit, bei der/dem beide gegnerische Parteien vertreten sind

**adversary system**
(*Jur*) das Rechtssystem der USA, das besagt, dass Gerechtigkeit nur aus einem Kampf zwischen zwei entgegengesetzten Ansichten hervorgehen kann

**adverse report**
Ausschussbericht, der von der Billigung einer Gesetzesvorlage oder einer anderen Maßnahme abrät

**adverse witness**
(*Jur*) Zeuge/Zeugin der Anklage

**advertisement**
Anzeige; Werbung

**advise and consent**
(*Const*) Rat und Zustimmung
(das Recht des Senats, laut Artikel II, Absatz 2 der US-Verfassung, Verträgen und wichtigen Ernennungen des Präsidenten zuzustimmen oder sie abzulehnen)

**adviser**
Berater/in

**advisory ballot**
siehe **ballot, advisory**

**advisory body**
siehe **deliberative body**

**advisory commission**
siehe **commission, advisory**

**Advisory Commission on Intergovernmental Relations**
Bundeskommission, die vom US-Kongress 1959 gegründet wurde, um die Arbeitsweise der Bundesregierung zu kontrollieren und Verbesserungen zu empfehlen

**advocacy gap**
der ungleichmäßige politische Einfluss, den Lobbyisten aus der Geschäftswelt im Gegensatz zu Verbraucher- oder Umweltlobbyisten haben

**to advocate**
befürworten; eintreten für

**advocate**
Befürworter/in; Verfechter/in

**aerial photograph**
(*mil*) Luftaufnahme

**aerial warfare**
(*mil*) Luftkrieg

**affair**
1. Angelegenheit; Geschäft; Sache;
2. Spendenbeschaffungsereignis

**affidavit**
(*Jur*) eidesstattliche Erklärung

**affidavit, to swear an**
(*Jur*) eine eidesstattliche Erklärung abgeben

**affiliated with a party, to be**
Mitglied einer Partei sein

**affiliation**
Parteizugehörigkeit

**to affirm**
(*decision*) aufrechterhalten; bestätigen

**affirmative action**
Quotensystem
(bei der Vergabe von Regierungsjobs müssen Frauen, Schwarze und andere benachteiligte Gruppen und Minderheiten berücksichtigt werden)

**affirmative action groups**
spezifische Segmente der Bevölkerung, die von der Regierung als vor beruflicher Diskriminierung besonders schützenswert identifiziert werden

**AFGE**
siehe **American Federation of Government Employees**

**AFL-CIO**
siehe **American Federation of Labor-Congress of Industrial Organizations**

**AFSCME**
siehe **American Federation of State, County and Municipal Employees**

**aftermath**
Nachwirkungen

**against the mail, to vote**
entgegen den scheinbaren Wünschen der eigenen Wählerschaft, die in Briefen ausgedrückt werden, abstimmen

**agency**
Behörde

**agency agreement**
eine Vereinbarung zwischen einer Partei auf bundesstaatlicher Ebene und ihrem Pendant auf Bundesebene, derzufolge die Bundespartei die Erlaubnis erhält als „Vertreter" zu wirken, weil sie über größere finanzielle Mittel verfügt

**agency debt**
Behördenschuld
(die von einer Bundesbehörde eingegangene Gesamtverschuldung)

**Agency for International Development**
die Behörde, die für das Management wirtschaftlicher, technischer und militärischer Unterstützung im Ausland zuständig ist

**agency representation**
siehe **representation, agency**

**agenda**
Programm; Tagesordnung

**agenda, to be on the**
auf der Tagesordnung stehen

**agenda, to place on the**
auf die Tagesordnung setzen

**agenda, to remove from the**
von der Tagesordnung streichen

**agenda, full**
umfangreiche Tagesordnung; umfangreiches Programm

**agenda, hidden**
die versteckten Ziele und Strategien eines Einzelnen oder einer Gruppe

**agenda, open**
die Ziele und Strategien eines Einzelnen oder einer Gruppe, die der Öffentlichkeit zugänglich gemacht werden

**agenda, political**
politisches Programm

**agenda, private**
siehe **agenda, hidden**

**agenda, public**
siehe **agenda, open**

**agenda setting**
Festlegung der Tagesordnung

**agent**
1. Vertreter/in;
2. Wahlkampfleiter/in;
3. (*secret service*) Geheimagent/in

**aggregate**
Ansammlung; Gesamtmenge

**to agree**
einer Meinung sein; sich einigen; übereinstimmen

**agreement**
Abkommen; Abmachung; Einvernehmen; Einwilligung; Übereinkunft; Übereinstimmung; Vereinbarung; Zustimmung

**agreement, to cancel an**
ein Abkommen kündigen

**agreement, to conclude an**
siehe **agreement, to enter into an**

**agreement, to enter into an**
ein Abkommen abschließen; ein Abkommen schließen; ein Abkommen treffen

**agreement, to make an**
siehe **agreement, to enter into an**

**agreement, to negotiate an**
ein Abkommen aushandeln

**agreement, to terminate an**
ein Abkommen beenden

**Agriculture Committee**
Ausschuss für Landwirtschaft (Major Committee im Repräsentantenhaus)

**Agriculture, Department of**
siehe **Department of Agriculture**

**Agriculture, Nutrition and Forestry Committee**
Ausschuss für Landwirtschaft, Ernährung und Forsten („A“ Committee im Senat)

**Agriculture, Secretary of**
siehe **Secretary of Agriculture**

**ahead of the curve, to be**
in der Lage sein, Probleme zu antizipieren, bevor sie tatsächlich eintreten

**aid**
Beihilfe; Hilfe; Unterstützung

**AID**
siehe **Agency for International Development**

**Aid to Families**
Unterstützung bedürftiger Familien (Sozialhilfeprogramm von 1996)

**aide**
Berater/in

**air defense**
(*mil*) Luftabwehr

**Air Force**
(*mil*) Luftwaffe

**Air Force base**
(*mil*) Luftwaffenstützpunkt

**Air Force, department of the**
siehe **department of the Air Force**

**Air Force One**
Bezeichnung für die Flugzeuge, mit denen der Präsident auf Geschäftsreisen fliegt

**Air Force, secretary of the**
siehe **secretary of the Air Force**

**air raid**
(*mil*) Luftangriff

**aircraft**
(*mil*) Flugzeug

**aircraft carrier**
(*mil*) Flugzeugträger

**airfield**
(*mil*) Flugplatz

**airing, to receive a public**
öffentlich diskutiert werden

**aisle**
Durchgang
(zwischen den Sitzen der Demokraten und den Republikanern im Repräsentantenhaus und Senat)

**aisle, to cross the**
1. zur Oppositionspartei übergehen; mit der Oppositionspartei stimmen;
2. (*fig*) auf die andere Seite der Kammer gehen, wo die Opposition sitzt

**Albany Congress**
(*hist*) Treffen der Abgeordneten der sieben amerikanischen Kolonien im Jahr 1754, bei dem Benjamin Franklin die Zusammenführung der Kolonien zu einem Regierungsbund unter dem Albany-Plan vorschlug; obwohl der Plan abgelehnt wurde, trug er dazu bei, dass später die **Continental Congresses** einberufen werden konnten

**Albany Plan**
siehe **Albany Congress**

**alderman**
Bezeichnung, die einige Städte der USA für ein gewähltes Mitglied eines Stadtrates gebrauchen

**alien**
Ausländer/in

**alien and sedition laws**
(*hist*) Ausländer- und Staatsgefährdungsgesetze
(eine Reihe von Gesetzen, die 1798 von Präsident John Adams und vom Federalist-kontrollierten Kongress erlassen wurden, denen zufolge die Kritik an der Bundesregierung zum Verbrechen erklärt wurde, die Einbürgerung von Ausländern erschwert wurde, und die dem Präsidenten das Recht gaben, unerwünschte Ausländer abzuschieben)

**alignment**
Ausrichtung; Orientierung

**all-male club**
siehe **men's club**

**allegation**
Behauptung; Vorwurf

**to allege**
behaupten; den Vorwurf erheben

**alleged(ly)**
angeblich

**allegiance**
Fahneneid; Staatstreue; Treuepflicht

**allegiance, to pledge**
einen Fahneneid schwören

**allegiance, pledge of**
Schwur des Fahneneides
(der offizielle Treueid, der mit gehobener Flagge geschworen wird)

**alliance**
Bund; Bündnis

**to allocate**
1. (*funds*) bewilligen; zuteilen; zuweisen;
2. (*seats in Congress*) siehe **to apportion**

**allocation**
(*funds*) Bewilligung; Zuteilung; Zuweisung

**allowance**
Beihilfe; finanzielle Unterstützung; Spesen; Zulage

**ally**
Verbündete/r

**to alter**
abändern; ändern; verändern

**alternative dispute resolution**
(*Jur*) außergerichtliche Streitbeilegung

(alle außergerichtlichen Methoden der Streitbeilegung, wie z.B. ein Schiedsgerichtsverfahren)

**ambassador**
Botschafter/in

**amen corner**
(*derog*) Jasager
(eine Gruppe von kritiklosen Befürwortern bei einer politischen Veranstaltung)

**to amend**
(*Constitution*) abändern; ändern

**amendment**
1. (*Constitution*) Verfassungsänderung; Verfassungszusatz;
2. (*bills, motions*) Änderungsvorschlag; Änderungsantrag

**amendment, to draft an**
1. einen Verfassungszusatz entwerfen;
2. einen Änderungsvorschlag zu einer Gesetzesvorlage entwerfen

**amendment, to repeal an**
einen Verfassungszusatz aufheben

**amendment, to support an**
1. einen Verfassungszusatz unterstützen;
2. einen Änderungsvorschlag zu einer Gesetzesvorlage unterstützen

**amendment, bigger bite**
ein Änderungsvorschlag zu einer Gesetzesvorlage, der eine Textpassage, die zuvor bereits geändert wurde, erneut erheblich ändert

**amendment, budget**
siehe **budget amendment**

**amendment in the nature of a substitute**
ein Änderungsvorschlag, der den Text einer Gesetzesvorlage modifiziert oder ein gänzlich unterschiedlichen Text einfügt

**amendment, perfecting**
ein Änderungsvorschlag, der nur einige wenige Teile einer Gesetzesvorlage modifiziert

**amendments in disagreement**
Auseinandersetzungen zwischen den beiden Kammern hinsichtlich Änderungsanträgen zu einer Gesetzesvorlage, die in einem Vermittlungsausschuss beigelegt werden

**American Bar Association**
siehe **Bar Association, American**

**American Civil Liberties Union**
amerikanische Bürgerrechtsvereinigung
(Interessenverband mit dem Ziel, die bürgerlichen Freiheits-

rechte der Amerikaner laut US-Verfassung zu schützen)

**American Federation of Government Employees**
der größter Verband der Angestellten der Bundesregierung, der 1932 gegründet wurde und seinen Hauptsitz in Washington, D.C. hat

**American Federation of Labor-Congress of Industrial Organizations**
amerikanischer Gewerkschaftsdachverband
(die Vereinigung von mehr als hundert nationalen und internationalen Gewerkschaften, die in den USA tätig sind)

**American Federation of State, County and Municipal Employees**
der größte Verband von Bundesstaats-, Bezirks-, und Kommunalangestellten, der 1936 gegründet wurde und seinen Hauptsitz in Washington, D.C. hat

**American Legion**
amerikanische Legion
(eine private Organisation, die sich aus Veteranen der amerikanischen Streitkräfte zusammensetzt)

**American Revolution**
(*hist*) Revolutionskrieg
(Nordamerikanischer Unabhängigkeitskrieg 1775-83)

**American way of life**
amerikanische Lebensart

**Americanism**
„Amerikanertum"
(die Überzeugung, dass die Amerikaner durch gemeinsame Werte und Hoffnungen miteinander verbunden sind)

**amicus curiae**
(*Jur*) wörtl.: Freund des Gerichts
(die Möglichkeit, eine schriftliche Stellungnahme oder Aussage vor Gericht einzureichen oder zu machen, wenn man ein entscheidendes Interesse am Ausgang eines Prozesses hat, ohne direkt an ihm beteiligt zu sein)

**amnesty**
Amnestie

**amnesty, to grant someone**
jdn. amnestieren

**anarchism**
Anarchismus

**anarchy**
Anarchie; Gesetzlosigkeit

**Annapolis Convention**
(*hist*) Konvent von Annapolis
(eine Konferenz, die 1786 von der Legislative in Virginia ein-

berufen wurde, um Handelsregulierungen zwischen den Kolonien zu besprechen; Alexander Hamilton und James Madison regten auf der Konferenz die Einberufung eines Verfassungskonvents für 1787 an, um die Konföderationsartikel zu überarbeiten)

**to annex**
anfügen; annektieren

**annex**
1. Anhang; Nachtrag;
2. Räume für Mitglieder des Kongresspersonals und Einrichtungsgegenstände, die vom Hauptbüro getrennt sind;
3. öffentliche Gebäude in der Nähe des Capitol Hills, die dazu dienen, den Raummangel im Capitol auszugleichen

**annexation**
Annexion

**to announce**
(*candidacy*) bekannt geben

**announcement**
Ankündigung; Bekanntgabe; Bekanntmachung

**announcing**
die Kandidatur für ein öffentliches Amt offiziell bekannt geben

**annual**
jährlich

**annual message**
siehe **state of the union message**

**anti-partisan**
gegen jede Form von Parteipolitik eingestellt sein

**anti-sorehead laws**
Bestimmungen in den Wahlstatuten mehrerer Bundesstaaten, die einem Kandidaten, der bei den Vorwahlen eine Niederlage erlitten hat, untersagen, als Kandidat bei der folgenden Präsidentschaftswahl anzutreten

**Antifederalists**
(*hist*) Befürworter der Souveränität der Einzelstaaten beim Verfassungskonvent von 1787; vgl. **Federalists**

**antitrust laws**
Antitrustgesetze (Gesetze gegen Monopole und Wettbewerbsbeschränkungen)

**APA**
siehe **Administrative Procedure Act of 1946**

**to appeal**
1. (*Jur*) (*against sentence*) Berufung einlegen; in die Berufung gehen;
2. (*Jur*) (*actual trial*) einen Revisionsantrag stellen; in die Revision gehen
3. als Mitglied des Repräsen-

tantenhauses und Senats formalen Einspruch gegen die Entscheidung des Vorsitzenden erheben

**appeal**
1. (*Jur*) (*against sentence*) Berufung;
2. (*Jur*) (*actual trial*) Revision; Revisionsverfahren;
3. im Repräsentantenhaus und Senat: der formale Einspruch eines Mitglieds gegen die Entscheidung des Vorsitzenden

**appeal, to review an**
(*Jur*) die Möglichkeit einer Berufung/Revision überprüfen

**appeal in the House and Senate**
in beiden Häusern des Kongresses hat ein Mitglied das Recht, eine Entscheidung des Vorsitzenden anzufechten

**appeal, right of**
Berufungsrecht

**to appear**
bei einer Ausschussversammlung, in einer politischer Funktion etc. anwesend sein

**appearance**
der Eindruck, den eine politische Persönlichkeit auf die Öffentlichkeit macht

**appeasement**
Besänftigung; Beschwichtigung

**appellant**
1. (*criminal law*) Revisionsführer;
2. (*civil law*) Revisionskläger

**appellate**
(*Jur*) Berufungs-; Revisions-

**appellate court**
Berufungsgericht; höhere Instanz
(ein Gericht, dessen Hauptfunktion darin besteht, Urteile anderer Gerichte zu überprüfen)

**appellate judge**
Berufungsrichter/in

**appellate jurisdiction**
Berufungszuständigkeit
(Befugnis eines Gerichts, eines Ausschusses oder einer Kommission, Entscheidungen zu überprüfen, die bereits von einer untergeordneten Instanz behandelt wurden; vgl. **jurisdiction, original**)

**appellee**
(*Jur*) 1. (*criminal law*) Revisionsbeklagter;
2. (*civil law*) Revisionsgegner

**applause line**
Passagen, die in eine politische Rede eingefügt werden, um spontanen Applaus hervorzurufen

**to appoint**
berufen; ernennen

**appointed for life, to be**
auf Lebenszeit ernannt sein

**appointee**
Ernannte/r

**appointive office**
durch Ernennung zu besetzendes Amt

**appointment**
Ernennung; Stelle

**appointment, to confirm an**
eine Ernennung bestätigen

**appointment for life**
Amt auf Lebenszeit; Ernennung auf Lebenszeit

**appointment power**
Ernennungsbefugnis (die Befugnis eines Präsidenten, Botschafter, Kabinettsmitglieder und Oberste Bundesrichter mit Zustimmung des Senats zu ernennen (laut Artikel II, Absatz 2 der US-Verfassung))

**to apportion**
(*seats in Congress*) Sitze im Repräsentantenhaus den Bundesstaaten zuteilen; siehe **apportionment**

**apportionment**
Zuteilung von Sitzen (die Festlegung der Anzahl der Sitze, die ein Bundesstaat im Repräsentantenhaus haben darf; 1911 wurde die Größe des Repräsentantenhauses auf maximal 435 Abgeordnete fixiert)

**approach, activist**
der Grundsatz, dass Richter des Obersten Gerichtshofes die allgemeinen Grundsätze der US-Verfassung auf Einzelfälle anwenden sollen

**approach, interpretivist**
siehe **approach, strict-constructionist**

**approach, legislative**
siehe **approach, activist**

**approach, strict-constructionist**
der Grundsatz, dass Richter des Obersten Gerichtshofes nur die Vorschriften anwenden sollen, die in der US-Verfassung genannt werden oder sich aus ihr ableiten lassen

**approaching**
(*election*) bevorstehend

**to appropriate**
(*funds*) bewilligen; zuteilen; zuweisen

**appropriated entitlement**
siehe **entitlement, appropriated**

**appropriation**
(*funds*) Bewilligung; Zuteilung; Zuweisung

**appropriation act**
Bewilligungsgesetz
(Gesetz, das dafür sorgt, dass Bundesbehörden und Bundesprogramme jährliche Zuweisungen erhalten)

**appropriation, advance**
Vorausbewilligung einer Zuweisung, die auch noch über das vom Bewilligungsgesetz abgedeckte Rechnungsjahr hinaus verwendet werden kann

**appropriation bill**
siehe **bill, appropriation**

**appropriation, contingency**
mögliche Bewilligung
(eine Bewilligung, die verfügbar wird, wenn eine bestimmte Handlung in der Zukunft eintritt)

**appropriation, continuing**
siehe **continuing resolution**

**appropriation, discretionary**
Bewilligung, die nicht durch gesetzliches Mandat erfolgt, sondern die vielmehr jedes Jahr über Billigungsvorlagen im Kongress zur Verfügung gestellt wird

**appropriation, emergency**
Bewilligung, die in einer Notfallsituation vom Präsidenten und vom Kongress als notwendig erachtet wird

**appropriation, itemized**
spezifizierte Bewilligung
(ein Geldbetrag, der einem bestimmten Zweck oder Projekt zugewiesen wird)

**appropriation limitation**
Bewilligungsbeschränkung
(eine gesetzliche Einschränkung, die den Geldbetrag, der für besondere Zwecke ausgegeben werden darf, begrenzt)

**appropriation, mandatory**
Pflichtbewilligung
(Gelder, die der Kongress aufgrund gültiger Gesetze jährlich bewilligen muss)

**appropriation, multiyear**
eine Bewilligung, die für mehr als ein Rechnungsjahr gilt

**appropriation, no-year**
eine Bewilligung, die für unbestimmte Zeit ausgesprochen wird

**appropriation, one-year**
eine Bewilligung für ein Jahr

**appropriation, permanent**
Dauerbewilligung
(eine Bewilligung, die unabhängig vom Haushalt dauernd aufrechterhalten bleibt)

**appropriation, supplemental**
Ergänzungsbewilligung; Nachtragsbewilligung

(eine Bewilligung, die zusätzlich zur regelmäßigen Jahreszuweisung für Programme und Aktivitäten erteilt wird)

**appropriation, unauthorized**
unbefugte Bewilligung
(eine Bewilligung für einen Zweck, der gesetzlich nicht abgedeckt ist, oder eine Bewilligung, die den gesetzlich abgedeckten Betrag übersteigt)

**Appropriations Committee**
Bewilligungsausschuss
(„A" Committee im Senat und Exclusive Committee im Repräsentantenhaus)

**approval**
Billigung; Genehmigung; Zustimmung

**approval rating**
Zustimmungsrate

**to approve**
billigen; genehmigen; zustimmen

**arbiter**
siehe **arbitrator**

**arbitration**
Schiedsgerichtsbarkeit; Schiedsverfahren

**arbitrator**
Schiedsmann

**architect**
die treibende Kraft hinter einer Gesetzesvorlage im Kongress

**area sampling**
siehe **sampling, area**

**arena**
Bereich

**aristocracy**
Aristokratie

**arm-twisting**
(*derog*) eine unlautere Methode, andere zu zwingen, sich mit eigenen politischen Forderungen einverstanden zu erklären

**armament**
Aufrüstung; Rüstung

**armed forces**
(*mil*) Streitkräfte

**armed services**
siehe **armed forces**

**Armed Services Committee**
Verteidigungsausschuss
(„A" Committee im Senat und Major Committee im Repräsentantenhaus)

**armistice**
Waffenstillstand

**arms**
Rüstung; Waffen

**arms, to bear**
(*Const*) Waffen tragen

**arms, to supply**
Waffen liefern

**arms control**
Rüstungskontrolle

**arms embargo**
Waffenembargo

**arms factory**
Rüstungsbetrieb

**arms plant**
siehe **arms factory**

**arms race**
Rüstungswettlauf; Wettrüsten

**arms, the right to keep and bear**
(*Const*) das Recht, Waffen zu besitzen und zu tragen (das Recht ist durch den Zweiten Verfassungszusatz geschützt)

**army**
Armee

**Army, department of the**
siehe **department of the Army**

**Army, secretary of the**
siehe **secretary of the Army**

**to arraign on a charge**
(*Jur*) Anklage erheben

**arraigned on a charge, to be**
(*Jur*) wegen etw. angeklagt werden

**arraignment**
(*Jur*) Anklageerhebung

**arrangement**
Absprache; Vereinbarung

**arrangements**
Vorbereitungen

**to arrest**
(*Jur*) verhaften

**arrest**
(*Jur*) Verhaftung

**arrest, to resist**
(*Jur*) sich einer Verhaftung widersetzen

**arrest of absent members**
wenn in einer Kammer keine beschlussfähige Mindestzahl vorhanden ist, gestattet die US-Verfassung unter bestimmten Umständen die Festnahme von Kongressmitgliedern

**arrest warrant**
(*Jur*) Haftbefehl

**arrest warrant, to issue an**
(*Jur*) einen Haftbefehl erlassen

**Articles of Confederation**
(*hist*) Konföderationsartikel (Konföderationsabkommen der 13 Kolonien, das von 1781 bis

zur Ratifizierung der Bundesverfassung 1789 in Kraft war; die Artikel sahen weder eine Exekutive, noch eine Judikative, sondern nur eine Legislative vor; dem Kongress sollte ein Präsident vorstehen, der jährlich gewählt wurde)

**articles of impeachment**
(*Const*) Amtsanklageartikel (die gegenüber Präsidenten, Richtern oder anderen hohen Beamten, denen ein ernsthaftes Fehlverhalten vorgeworfen wird, vom Repräsentantenhaus erhobene Liste von Anklagen)

**Articles of the Constitution**
Verfassungsartikel
(die sieben Artikel der Bundesverfassung, die die Verfassungsväter beim Verfassungskonvent von 1787 entworfen haben)

**aspirant**
Anwärter/in; Bewerber/in

**assassin**
Attentäter/in

**to assassinate**
ein Attentat verüben; einen Mordanschlag verüben

**assassination**
(geglücktes) Attentat; (geglückter) Mordanschlag

**to assemble**
(*congress*) sich versammeln; zusammenkommen

**assembly**
Versammlung

**assembly, freedom of**
siehe **freedom of assembly**

**assembly, unlawful**
siehe **unlawful assembly**

**assemblyman**
in einigen Bundesstaaten Bezeichnung für ein Mitglied einer Versammlung

**assent**
Zustimmung

**assessment**
Beurteilung; Einschätzung; Abwägung

**assessor**
(*Fin*) Grundstücksbewerter; Schätzer; Taxator

**to assign**
(*members of Congress to committees*) zuweisen

**assigned counsel**
siehe **court-appointed attorney**

**assignment**
(*members of Congress to committees*) Zuweisung

**assistance program**
Unterstützungsprogramm

**associate justice**
(*Jur*) beisitzender Richter

**association, freedom of**
siehe **freedom of association**

**asylum**
Asyl

**asylum, to apply for**
Asyl beantragen

**asylum, to refuse someone**
einen Antrag auf Asyl ablehnen

**asylum, application for**
Asylantrag

**asylum seeker**
Asylant; Asylbewerber/in

**at large**
siehe **elected at large, to be**

**atomic energy**
Kernenergie

**Atomic Energy Commission**
siehe **Nuclear Regulatory Commission**

**atomic warhead**
atomarer Sprengkopf

**atomic weapons**
Atomwaffen

**attaché**
Attaché

**attack dog**
(*derog*) ein Kongressmitglied, das Zeugen oder Kandidaten aus parteilichen Gründen in einer Befragung angreift

**attack fax**
(*derog*) sich gegenüber dem Gegner kritisch äußernde aktuelle Informationen, die im Verlaufe eines Wahlkampfes Journalisten per Fax zugeleitet werden

**attack PACs**
(*derog*) politische Aktionskomitees, die dem politischen Gegner eines Kandidaten finanzielle Mittel zukommen lassen, oder die sich in negativen Wahlkampagnen engagieren, um einem Kandidaten eine Niederlage zuzufügen

**attack politics**
siehe **politics, attack**

**attentive publics**
der Anteil der Bevölkerung (ca. 15 %), der politische Themen mit großer Aufmerksamkeit verfolgt und gut informiert ist

**attitudinal explanation**
siehe **explanation, attitudinal**

**attorney (at law)**
Rechtsanwalt/Rechtsanwältin

**attorney general**
siehe **Secretary of Justice**

**attorney general's list**
eine Liste aller Organisationen, die als potenziell subversiv eingeschätzt werden; ursprünglich wurde diese Liste vom Justizminister angefertigt

**attorney, right to an**
siehe **right to an attorney**

**attorney, U.S.**
Staatsanwalt/Staatsanwältin an einem Bundesgericht

**audit**
(*Fin*) Buchprüfung; Rechnungsprüfung

**auditor**
(*Fin*) Buchprüfer/in; Rechnungsprüfer/in

**auspices**
Schirmherrschaft

**Australian ballot**
siehe **ballot, Australian**

**to author**
(*bill, legislation*) verfassen

**author**
Autor/in; Verfasser/in
(eine Person, die eine Gesetzesvorlage entwirft, einbringt und bis zu ihrer Verabschiedung durch den Kongress verfolgt; für gewöhnlich der Vorsitzende des Ausschusses, in dem die Gesetzesvorlage behandelt wurde)

**authorities**
Amt; Behörde; Verwaltung

**authoritative source**
zuverlässige Quelle
(ein öffentlich Bediensteter, der sich nahe an einem aktuellen Geschehen befindet und der, ohne identifiziert zu werden, die Presse mit Informationen versorgt)

**authority**
Autorität; Befugnis; Vollmacht

**authority, to exceed one's**
die eigenen Befugnisse überschreiten

**authority, to grant**
Befugnisse erteilen

**authority, to obtain**
Befugnisse erhalten

**authority, to uphold**
Befugnisse wahren

**authority, backdoor**
Finanzgesetzgebung, die außerhalb des normalen Bewilligungsprozesses erfolgt

**authority, borrowing**
die Fähigkeit einer Behörde, Güter und Dienstleistungen

im Voraus in Anspruch zu nehmen, für die der Kongress nach Rechnungseingang zahlen muss

**authority, budget**
siehe **budget authority**

**authority, contracting**
siehe **authority, borrowing**

**authority, credit**
die einer Behörde erteilte Befugnis, direkte Kreditvereinbarungen abzuschließen

**authority, legislative**
die Befugnis eines Ausschusses, seiner Kammer über gesetzgeberische Aktivitäten zu berichten

**authorization**
Autorisierung; Berechtigung; Bevollmächtigung; Ermächtigung

**authorization act**
ein Gesetz, durch welches Bundesbehörden oder Bundesprogramme eingerichtet oder fortgeschrieben werden und das die Bedingungen, unter denen diese Behörden und Programme arbeiten oder durchgeführt werden, festlegt

**authorization, annual**
Gesetz, welches Zuweisungen für ein Rechnungsjahr, normalerweise in einer bestimmten Höhe, festlegt

**authorization-appropriation process**
das aus zwei Schritten bestehende Verfahren, durch welches Bundesbehörden oder Bundesprogramme „autorisiert" und ihnen Mittel „zugewiesen" werden

**authorization bill**
siehe **bill, authorization**

**authorization, multiyear**
Gesetz, das den Bestand oder die Fortsetzung einer Behörde, eines Programms oder einer Aktivität über ein Rechnungsjahr hinaus sicherstellt oder die entsprechende Zuteilung für mehr als ein Rechnungsjahr garantiert

**to authorize**
autorisieren; berechtigen; bevollmächtigen; ermächtigen

**authorized committee**
siehe **committee, authorized**

**authorizing committee**
siehe **committee, authorizing**

**autocracy**
Autokratie

**autonomy**
Autonomie
(politische Unabhängigkeit)

**auxiliary agency**
eine Regierungsbehörde, die Dienste für andere Regierungsbehörden verrichtet

**auxiliary political group**
eine politische Gruppe, die sich abseits der Demokratischen und Republikanischen Parteien entwickelt hat

**to average**
sich durchschnittlich belaufen auf; im Schnitt kommen auf

**average**
Durchschnitt; Mittelwert

**avowal**
Erklärung

**awareness**
das Bewusstsein von der Existenz eines bestimmten Kandidaten

**aye**
die Antwort „ja" bei einer namentlichen Abstimmung

# B

**“B” committee**
Nebenausschuss im Senat

**BA**
siehe **budget authority**

**baby boomer**
Person, die nach dem Zweiten Weltkrieg während des Baby-Booms geboren wurde

**to back**
(*candidate*) fördern; unterstützen; (*bill, motion*) befürworten; unterstützen

**back channel**
jede informelle Methode der Kommunikation von einer Regierung zur anderen

**to back flip**
siehe **to flip flop**

**back room**
wörtl.: Hinterzimmer
(der Ort, an dem Geschäfte gemacht werden)

**back-scratching**
(*fig*) Kuhhandel
(Unterstützung der Gesetzesvorschläge anderer, um die gleiche Behandlung bei eigenen Gesetzesvorschlägen zu erfahren)

**backbencher**
Hinterbänkler/in
(Abgeordnete im Repräsentantenhaus mit niedrigem Dienstalter)

**backdoor authority**
siehe **authority, backdoor**

**backdoor spending**
Regierungsgelder, die durch die Hintertür fließen

**backer**
(*of policy*) Befürworte/in;
(*of party*) Anhänger/in

**background, deep**
Hintergrundinformation
(Information, die an die Presse weitergegeben wird, die aber nicht zitiert und keiner Quelle zugeordnet werden darf, egal wie offiziell die Quelle ist)

**backgrounder**
Presseinterview, in dem ein Bundesbeamter Informationen mitteilt, deren Quelle aber nicht genannt werden darf

**backing**
(*of candidate*) Förderung; Unterstützung;
(*of bill, motion*) Befürwortung; Unterstützung

**backlash**
Gegenreaktion

**backloading**
das Vertagen von Steuerkürzungen auf unbestimmte Zeit, um auf diese Weise Verluste bei den Einnahmen aus Bundessteuern zu vermeiden

**bacon, to bring home the**
Projekte oder Gelder vom Bund für den eigenen Bundesstaat oder Bezirk erhalten; siehe **pork barrel**

**bad tendency rule**
eine Vorschrift, die besagt, dass der Oberste Gerichtshof die Rechte im Ersten Verfassungszusatz (z.B. die Redefreiheit) einschränken kann, wenn die Ausübung dieser Rechte zu Aufständen, Verhetzung oder anderen Arten von Unruhen führt

**bafflegab**
siehe **gobbledygook**

**bagman**
ein Mittelsmann, der eine Bestechungssumme oder illegale Wahlkampfgelder von einer Person an eine andere vermittelt

**to bail out**
aus der Patsche helfen; finanzielle Hilfe leisten

**bail**
(*Jur*) Kaution

**bail, to jump**
(*Jur*) sich verstecken oder flüchten, nachdem man gegen Kaution aus der Haft entlassen wurde

**bail, to release on**
(*Jur*) gegen Kaution aus den Haft entlassen

**bail bond**
(*Jur*) ein Dokument, das das Erscheinen des Beschuldigten zu einem festgesetzten Zeitpunkt vor Gericht garantiert und das festlegt, dass bei Nichterscheinen des Beschuldigten die Kaution vom Gericht einbehalten wird

**bail bondsperson**
(*Jur*) ein Pfandleiher, dessen Aufgabe es ist, Haftentlassungen von Beschuldigten auf Kaution zu veranlassen, indem sie sich dazu verpflichten, die Geldsumme zu zahlen, wenn der Beschuldigte nicht zum festgesetzten Zeitpunkt vor Gericht erscheint; tatsächlich bezahlt der Beschuldigte den Pfandleiher dafür, das Geld für die Kaution leihen zu dürfen

**bailiff**
(*Jur*) Gerichtsdiener/in

**balance**
(*Fin*) Bilanz; Kontostand; Saldo

**balance law**
Gesetz, das verlangt, dass ebenso viele Männer wie Frauen einen Platz in Regierungsausschüssen und Regierungskommissionen erhalten

**balance of power**
1. Gleichgewicht der Kräfte;
2. politisches Gleichgewicht

**balance of terror**
(*mil*) Gleichgewicht des Schreckens

**balance of trade**
Handelsbilanz

**balanced budget**
ausgeglichener Haushalt
(ein Haushalt mit Überschuss statt mit Defizit)

**balanced budget amendment**
der vorgeschlagene Verfassungszusatz im Kongress, demzufolge die Bundesregierung verpflichtet ist, für einen ausgeglichenen Haushalt zu sorgen

**balanced ticket**
ausgeglichene Wahlliste
(Kandidaten wenden sich an ein breites Wählerspektrum, d.h. mit breiter Streuung in den Bereichen Rasse, Religion und geographische Herkunft)

**to balk**
blockieren; sich entziehen; sich sträuben

**balkanization**
das Auflösen eines Hauptausschusses im Kongress oder die Einrichtung von konkurrierenden oder sich überschneidenden Unterausschüssen

**ballot**
Stimmzettel; Wahlzettel

**ballot, to place a name on the**
einen Namen auf den Stimmzettel setzen
(auf dem Stimmzettel für Präsidentschaftswahlen ist ein Feld für eigene Wahlkandidaten vorgesehen)

**ballot, absentee**
siehe **absentee ballot**

**ballot access**
Qualifikation für einen Platz auf dem Stimmzettel für die Präsidentschaftswahl; den Hauptkandidaten der Demokratischen und Republikanischen Parteien ist ein Platz auf dem Stimmzettel für die Präsidentschaftswahl so gut wie garantiert, aber die Kandidaten von Drittparteien oder unabhängige Kandidaten müssen zuerst zahlreiche Gesetzesauflagen erfüllen

**ballot, advisory**
eine unverbindliche Befragung auf einem Stimmzettel, bei der die Wähler entweder mit „ja“ oder „nein“ antworten können

**ballot, Australian**
(*hist*) ein Stimmzettel, der von der Regierung (und nicht von einer politischen Partei) gedruckt wird, um eine geheime Wahl zu ermöglichen; diese Methode wurde 1858 zum ersten Mal in Australien angewandt und gelangte 1888 in die USA

**ballot, bedsheet**
siehe **ballot, long**

**ballot box**
Wahlurne

**ballot box, to stuff the**
siehe **election, to rig an**

**ballot, Indiana**
ein Stimmzettel, auf dem alle Kandidaten einer Partei in einer Spalte unter dem Parteinamen aufgelistet werden

**ballot initiatives**
siehe **ballot propositions**

**ballot, jungle**
siehe **ballot, long**

**ballot, long**
ein Stimmzettel, auf dem eine große Anzahl von Ämtern aufgelistet ist, für die Kandidaten von den Wählern gewählt werden müssen

**ballot, Massachusetts**
ein Stimmzettel, auf dem alle Kandidaten für ein bestimmtes Amt unter dem Namen dieses Amtes aufgelistet werden

**ballot, nonpartisan**
ein Stimmzettel, auf dem die politische Partei des Kandidaten nicht angegeben wird

**ballot, office-block**
siehe **ballot, Massachusetts**

**ballot, party-column**
siehe **ballot, Indiana**

**ballot position**
die Reihenfolge, in der eine Partei oder der Name eines Kandidaten auf einem gedruckten Stimmzettel erscheint; es gibt einige Belege dafür, dass die Reihenfolge das Ergebnis einer Wahl beeinflussen kann

**ballot propositions**
Vorschläge für neue Gesetze auf dem Stimmzettel
(jeder Bundesstaat hat auf dem Stimmzettel für Präsidentschaftswahlen die Möglichkeit, Befragungen zu neuen Gesetzen für den jeweiligen Bundesstaat durchzuführen)

**ballot, sample**
siehe **slate card**

**ballot, secret**
Geheimwahl

**ballot, short**
ein Stimmzettel, auf dem nur eine geringe Anzahl von Ämtern aufgelistet ist

**ballot title**
ein Satz oder zwei Sätze, der/die den Inhalt von **ballot propositions** in einer präzisen Sprache zusammenfasst/zusammenfassen

**ballot vote, absentee**
siehe **absentee ballot vote**

**ballyhoo**
Trara; Tamtam
(eine aufgebauschte Wahlkampagne, hinter der nichts steckt)

**to ban**
verbieten

**ban**
Sperre; Verbot

**bandwagon, to climb on the**
siehe **bandwagon, to jump the**

**bandwagon, to jump the**
(*fig*) auf den fahrenden Zug aufspringen; sich dranhängen

**bandwagon effect**
der angebliche Einfluss, den Meinungsumfragen auf das Wahlergebnis haben können

**Bank**
siehe **House Bank**

**bank deposit insurance**
Bankeinlagenversicherung

**Banking, Finance and Urban Affairs Committee**
Ausschuss für Bankwesen, Finanzen und städtische Angelegenheiten
(Major Committee im Repräsentantenhaus)

**Banking, Housing and Urban Affairs Committee**
Ausschuss für Bankwesen, Bauwesen und städtische Angelegenheiten
(„A" Committee im Senat)

**banner district**
siehe **district, banner**

**the Bar**
(*Jur*) Anwaltschaft

**Bar, to be called to the**
als Anwalt (vor Gericht) zugelassen werden

**Bar Association, American**
amerikanische Anwaltsvereinigung

**Bar examination**
Zulassungsprüfung für zukünftige Anwälte

**to bargain**
handeln

**bargaining**
das Verhandeln; Verhandlungen

**bargaining chip**
Bezeichnung für alles, was in einer Verhandlung benutzt wird, um Vorteile zu erringen

**bargaining strength**
Verhandlungsmacht (die Macht, die eine Partei bei Verhandlungen besitzt)

**barn burner**
Politiker, der sich ohne Rücksicht auf Verluste in einen Wahlkampf stürzt

**barnstorm**
Wahlkampftour mit vielen kurzen Stationen

**baron**
Ausschussvorsitzender mit viel Macht

**base**
1. Ausgangspunkt; Basis; Grundlage;
2. siehe **military base**

**baseline**
(*Fin*) Haushaltsschätzungen hinsichtlich aktueller Ausgaben

**baseline poll**
siehe **poll, benchmark**

**bashing**
unbarmherzige, öffentliche Kritik

**basic piece**
eine Informationsbroschüre zur Unterstützung eines politischen Kandidaten, die eine Zusammenfassung seiner Wahlkampfthemen enthält sowie eine Fotografie, die ihn in einer ansprechenden Umgebung zeigt

**basic rights**
Grundrechte

**basic speech**
siehe **stump speech**

**battalion**
(*mil*) Bataillon

**to battle**
(*crime, inflation*) bekämpfen

**battleground states**
die Bundesstaaten Illinois, Indiana, Kalifornien, Michigan, New York, Ohio, Pennsylvania und Texas, die gleichmäßig zwischen den Demokraten und Republikanern aufgeteilt sind und die daher eine wichtige Rolle bei den Wahlmännerstimmen für die Präsidentschaftswahl spielen

**Bay Window Brigade**
(*derog*) Bezeichnung für ältere Mitglieder des Kongresses, die gleichzeitig Mitglieder der

Reservearmee sind und an Spendenbeschaffungen für die Streitkräfte beteiligt sind

**bear market**
(*Econ*) Baissemarkt (eine Situation auf dem Aktienmarkt, die durch eine fallende Tendenz gekennzeichnet ist)

**beauty contest**
erster Wahldurchgang ohne wesentliche Bedeutung

**bed-check vote**
die Taktik der Legislative, zu einer Abstimmung aufzurufen, um festzustellen, wie viele Kongressmitglieder sich im Kapitol befinden

**behalf, on ~of**
im Auftrag von; im Interesse von; im Namen von

**Beige Book**
(*Econ*) der regelmäßig erscheinende Bericht der Zentralbank über die wirtschaftliche Situation in ihren zwölf Wirtschaftsbezirken, d.h. Boston, New York, Philadelphia etc.

**bellwether**
wichtiger politischer Indikator (wörtlich „Leithammel", was politisch so viel heißt wie „richtungsweisend")

**bellwether precincts**
Bezeichnung für Bezirke, die richtungsweisend dafür sind, wie ein Kandidat in einer Wahl abschneiden wird

**beltway**
Umgehungsstraße (1. Bundesautobahn um Washington, D.C.; 2. (*pol*) das politische Geschehen in Washington)

**beltway, inside the**
mitten im politischen Geschehen und der Bürokratie

**beltway, outside the**
außerhalb des politischen Geschehens und der Bürokratie

**bench**
Richteramt; Richter/in; Gericht

**bench, to be on the**
im Richteramt sein

**bench, federal**
Bundesrichteramt; Bundesrichter/in

**bench trial**
eine Gerichtsverhandlung ohne Geschworene, bei der der Richter entscheidet; vgl. **jury trial**

**benchmark poll**
siehe **poll, benchmark**

**benefactor**
Wohltäter/in

**beneficiary**
Anspruchsberechtigte/r; Begünstigte/r; Berechtigte/r; Empfänger/in; Nutznießer/in

**benefit district**
siehe **district, benefit**

**benefit theory**
(*Fin*) eine Theorie, die besagt, dass jeder Einzelne im Verhältnis zu der Unterstützung, die er von der Regierung erhält, steuerlich belangt werden soll

**benefits**
Leistungen

**benefits, to be eligible for**
anspruchsberechtigt sein

**benefits, to receive**
Leistungen beziehen

**benefits, fringe**
Gehaltsnebenleistungen; Lohnnebenleistungen; zusätzliche Leistungen

**beyond a reasonable doubt**
(*Jur*) ohne jeglichen Zweifel

**bicameral**
Zweikammer-

**bicameral legislature**
siehe **bicameral system**

**bicameral system**
Zweikammersystem (eine Legislative mit zwei Kammern; vgl. **unicameral system**)

**bid for power**
Versuch, die Macht an sich zu reißen

**to bid for reelection**
sich um die Wiederwahl bewerben

**bidding war**
der Kampf zwischen Befürwortern und Gegnern einer Gesetzgebung

**biennial budgeting**
siehe **budgeting, biennial**

**biennial session**
siehe **session, biennial**

**big business**
Großkapital

**Big Casino**
Metapher für die Präsidentschaft

**big eight states**
siehe **battleground states**

**big labor**
siehe **American Federation of Labor-Congress of Industrial Organizations**

**big lever**
die populäre Bezeichnung für Wahlmaschinen, die es den Wählern ermöglichen, in der Wahlkabine durch Betätigung eines „Hebels" automatisch ihre Stimme für alle Kandidaten einer politischen Partei abzugeben; dies ist nur in den Bundesstaaten möglich, die die **Indiana ballot** angenommen haben, nicht in den Bundesstaaten mit dem **Massachusetts ballot**

**Big Three**
die drei mächtigsten Lobbys auf dem Capitol Hill: Wirtschaft, Arbeit und Landwirtschaft

**big-ticket items**
besonders teure Posten in einem Bewilligungsentwurf, z.B. Tarnkappenbomber

**bigger bite amendment**
siehe **amendment, bigger bite**

**bilateral**
bilateral; von zwei Seiten ausgehend; zweiseitig

**bill**
Gesetzentwurf; Gesetzesinitiative; Gesetzesvorlage; Gesetzesvorschlag

**bill, to accept a**
eine Gesetzesvorlage annehmen

**bill, to author a**
eine Gesetzesvorlage verfassen

**bill, to block a**
eine Gesetzesvorlage stoppen

**bill, to bring up a**
siehe **bill, to initiate a**

**bill, to commit a**
eine Gesetzesvorlage an den zuständigen Ausschuss überweisen

**bill, to consider a**
eine Gesetzesvorlage aufnehmen

**bill, to defeat a**
eine Gesetzesvorlage ablehnen

**bill, to deliberate a**
eine Gesetzesvorlage beraten

**bill, to draft a**
eine Gesetzesvorlage ausarbeiten; eine Gesetzesvorlage entwerfen

**bill, to enact a**
siehe **law, to enact a**

**bill, to handwalk a**
eine Gesetzesvorlage schnell durch den Gesetzgebungsprozess bringen

**bill, to initiate a**
eine Gesetzesvorlage einbringen

**bill, to introduce a**
siehe **bill, to initiate a**

**bill, to kill a**
eine Gesetzesvorlage an den zuständigen Ausschuss zurücküberweisen und ihr somit die Chance nehmen, im Plenarsaal behandelt zu werden

**bill, to lay down a**
siehe **bill, to initiate a**

**bill, to mark up a**
eine Gesetzesvorlage überarbeiten

**bill, to pass a**
siehe **law, to enact a**

**bill, to pigeonhole a**
eine Gesetzesvorlage aussitzen, indem sie in dem zuständigen Ausschuss liegen gelassen und nicht in den Plenarsaal des Repräsentantenhauses oder des Senats weitergeleitet wird

**bill, to present a**
eine Gesetzesvorlage vorlegen

**bill, to promote a**
eine Gesetzesvorlage unterstützen

**bill, to propose a**
eine Gesetzesvorlage vorschlagen

**bill, to recommit a**
eine Gesetzesvorlage an den zuständigen Ausschuss zurücküberweisen

**bill, to reconsider a**
eine Gesetzesvorlage wieder aufnehmen

**bill, to refer a ~ to a committee**
siehe **bill, to commit a**

**bill, to refer a ~ back to a committee**
siehe **bill, to recommit a**

**bill, to reject a**
siehe **bill, to defeat a**

**bill, to report a**
eine Gesetzesvorlage an eines der beiden Häuser des Kongresses senden, nachdem Beratungen und Abstimmungen stattgefunden haben

**bill, to shelve a**
eine Gesetzesvorlage zurückstellen

**bill, to sign a**
eine Gesetzesvorlage unterzeichnen

**bill, to sponsor a**
siehe **bill, to promote a**

**bill, to steer a**
eine Gesetzesvorlage über die Hürden im Kongress bringen

**bill, to support a**
siehe **bill, to promote a**

**bill, to table a**
siehe **bill, to shelve a**

**bill, to veto a**
ein Veto gegen eine Gesetzesvorlage einlegen

**bill, to void a**
eine Gesetzesvorlage ungültig machen; eine Gesetzesvorlage für nichtig erklären

**bill into law, to sign a**
eine Gesetzesvorlage durch die Unterschrift rechtskräftig machen

**bill, administration**
eine Gesetzesvorlage, die vom Präsidenten oder einem seiner Kabinettsmitglieder formal unterstützt wird

**bill, appropriation**
Gesetzesvorlage zur Bewilligung von Geldern

**bill, authorization**
eine Gesetzesvorlage, die den Entwurf eines Regierungsprogramms enthält

**bill, budget**
Haushaltsvorlage

**bill, by request**
eine Gesetzesvorlage, die auf Wunsch einer Behörde des Exekutivzweiges oder einer privaten Organisation eingebracht wird

**bill, Christmas tree**
eine Gesetzesvorlage mit vielen Änderungsvorschlägen, vor allem solchen, die bestimmten Gruppen Unterstützung gewähren

**bill, clean**
neue Version einer Gesetzesvorlage
(Gesetzesvorlage, die in einem Ausschuss überarbeitet wurde)

**bill, commemorative**
eine Gesetzesvorlage zum Gedenken an eine Person oder ein wichtiges Ereignis

**bill, committee**
eine Gesetzesvorlage, die unter dem Namen des Ausschussvorsitzenden im Namen des ganzen Ausschusses, der sie vorbereitet hat, eingebracht wird

**bill, companion**
eine Gesetzesvorlage einer der beiden Kammern des Kongresses, die mit einer Gesetzesvorlage der anderen Kammer identisch ist

**bill, deficiency**
eine Gesetzesvorlage, die vorschlägt, zusätzliche Gelder für eine bereits vorhandene Zuweisung, die aber schon

ausgeschöpft wurde, zur Verfügung zu stellen

**bill, deliberation of a**
Beratung einer Gesetzesvorlage

**bill drafting**
das Entwerfen einer Gesetzesvorlage

**bill, engrossed**
letzte, offizielle Fassung einer Gesetzesvorlage (nach Verabschiedung durch eine Kammer des Kongresses)

**bill, enrolled**
eine Gesetzesvorlage, die in identischer Form von beiden Häusern des Kongresses verabschiedet wurde und zur Unterzeichnung an den Sprecher des Repräsentantenhauses, Senatspräsidenten und Präsidenten weitergeleitet wurde

**bill, finance**
Finanzvorlage

**bill, free-standing**
eine Gesetzesvorlage, die keine Ergänzung bereits existierender Gesetze darstellt

**bill, general appropriation**
Bezeichnung für die jährlichen Gesetzesvorlagen, durch die die meisten Bundesbehörden und Bundesprogramme mit finanziellen Mitteln versorgt werden

**bill, juice**
eine Gesetzesvorlage, die die Lobbyisten auf beiden Seiten dazu veranlassen wird, sehr viel Geld auszugeben, um sie zu beeinflussen

**bill, lawyer's**
eine Gesetzesvorlage, die im Falle ihrer Verabschiedung große Verwirrung hervorrufen würde

**bill, must pass**
eine Gesetzesvorlage, die vom Kongress verabschiedet werden muss, weil sie für die Funktion der Regierung wesentlich ist

**bill, named**
eine Gesetzesvorlage, die nach ihrem Hauptbefürworter benannt ist

**bill, narrow**
eine Gesetzesvorlage mit nur einem Ziel

**bill, no**
(*Jur*) eine schriftliche Erklärung einer Gruppe von Geschworenen, die besagt, dass die Beweise nicht ausreichen, um den Beschuldigten vor Gericht zu stellen; vgl. **bill, true**

**bill of indictment**
(*Jur*) Anklageschrift

**Bill of Rights**
(*Const*) Menschenrechtskatalog
(die ersten zehn Zusätze, die 1791 der US-Verfassung hinzugefügt wurden, um die Rechte des einzelnen Bürgers zu sichern; diese Verfassungszusätze wurden auf Veranlassung der Antifederalists aufgenommen, die sich über den fehlenden Schutz der Rechte des Einzelnen in den Verfassungsartikeln beklagten; James Madison entnahm die ersten acht Verfassungszusätze dem Menschenrechtskatalog von Virginia, der 1776 geschrieben wurde; Verfassungszusätze neun und zehn wurden aufgenommen, um die Rechte des einzelnen Bürgers und der Bundesstaaten zu schützen)

**bill, omnibus**
eine Gesetzesvorlage, die sich mit vielen verschiedenen Themen beschäftigt

**bill, one-house**
eine Gesetzesvorlage, die nur pro forma zur Zufriedenstellung der Wähler aufgenommen wird und nicht an die andere Kammer weitergeleitet wird

**bill, opponent of a**
Gegner/in einer Gesetzesvorlage

**bill, original**
eine neue Version einer Gesetzesvorlage des Senats, die in einem Ausschuss überarbeitet wurde und anschließend eine neue Nummer erhalten hat

**bill, private**
eine Gesetzesvorlage, die sich mit privaten Angelegenheiten Einzelner befasst

**bill, proponent of a**
Befürworter/in einer Gesetzesvorlage

**bill, public**
eine Gesetzesvorlage, die sich mit öffentlichen Angelegenheiten befasst

**bill, reading of a**
Lesung einer Gesetzesvorlage
(die Vorschrift im Kongress, die besagt, dass drei Lesungen einer Gesetzesvorlage während des Gesetzgebungsprozesses durchgeführt werden müssen, bevor sie verabschiedet werden kann)

**bill, reconciliation**
eine Gesetzesvorlage, die gegen Ende eines Finanzjahres verabschiedet wird und zum Ziel hat, die tatsächlichen Ausgaben mit dem vorgesehenen Haushaltsrahmen zu vereinbaren

**bill, referral**
eine Gesetzesvorlage, die dem Ausschuss zugesandt wird, in dessen Zuständigkeitsbereich sie liegt

**bill, sleeper**
eine Gesetzesvorlage, deren Bedeutung erst erkannt wird, wenn sie rechtskräftig ist

**bill, supplemental appropriation**
eine Gesetzesvorlage, die eine Zuweisung zusätzlich zur regelmäßigen Jahreszuweisung für Programme und Aktivitäten erteilt

**bill, true**
(*Jur*) eine schriftliche Erklärung einer Gruppe von Geschworenen, die besagt, dass genügend Beweise vorliegen, um ein Gerichtsverfahren gegen den Beschuldigten zu eröffnen; vgl. **bill, no**

**bill, watermelon**
eine Gesetzesvorlage, die für jeden etwas enthält; z.B. Vorteile für die Industrie, eine Region oder einen Bundesstaat

**binding**
bindend; verbindlich

**bipartisan committee**
siehe **committee, bipartisan**

**bipartisan legislation**
überparteiliche Gesetzgebung (Gesetzgebung, die von den Mitgliedern beider politischer Parteien unterstützt wird)

**bipartisan policy**
überparteiliche Politik

**bipartisan task force**
siehe **unofficial caucus**

**bipartisanship**
Überparteilichkeit

**birds and bunnies**
(*derog*) siehe **tree-huggers**

**Black Book**
Schwarzes Buch
(das tatsächliche oder imaginäre Buch, in dem die Begünstigungen stehen, die man einem Politiker verdankt)

**black budget**
siehe **budget, black**

**Black Caucus**
siehe **Caucus, Black**

**black list**
(*hist*) schwarze Liste
(Liste mit den Namen von Vertretern der Unterhaltungsindustrie, denen im Zusammenhang mit der McCarthy-Politik der fünfziger Jahre kommunistische Aktivitäten vorgeworfen wurden)

**black market**
Schwarzmarkt

**black money**
Schwarzgeld
(illegale Wahlkampfgelder)

**black program**
schwarzes Programm
(ein Regierungsprogramm oder eine Regierungsbehörde, deren Kosten von der Öffentlichkeit geheimgehalten werden)

**to blackmail**
erpressen

**blackmail**
Erpressung

**blanket primary**
siehe **primary, blanket**

**bleeding hearts**
(*derog*) Begriff für demokratische Politiker, denen unterstellt wird, dass ihr Herz angesichts des Schicksals von Armen blutet

**bloc**
Block
(Personen, die durch gemeinsame Interessen verbunden sind)

**bloc vote**
Stimmenblock

**bloc voting**
die Tendenz bestimmter Wählergruppen (wie z.B. der schwarzen Wähler, der polnischen Wähler oder der katholischen Wähler) die gleiche Partei oder den gleichen Kandidaten zu unterstützen

**block**
Maßnahme eines Senators, der nicht der gleichen Partei wie der Präsident angehört, um eine Nominierung des Präsidenten aus dessen eigener Partei zu verhindern

**block grant**
pauschale Zuteilung; Pauschalsubvention
(der Bundesregierung an die einzelnen Bundesstaaten)

**blockade**
Blockade

**blocking**
Handlung, die darin besteht, während der Neuaufteilung der Wahlbezirke genügend demokratische ethnische Minderheiten in einem Bezirk zu versammeln, um die demokratische Unterstützung zu vergrößern

**blood on the floor**
(*fig*) Blut auf dem Fußboden
(Beschreibung für die Atmosphäre im Repräsentantenhaus oder Senat nach einem größeren Streit)

**BLS**
siehe **Bureau of Labor Statistics**

**blue-collar worker**
Fabrikarbeiter

**blue committee**
siehe **committee, blue**

**blue laws**
Sonntagsgesetze (Gesetze, die aus religiösen Gründen Handel u.ä. an bestimmten Tagen, vor allem Sonntagen, verbieten)

**blue ribbon jury**
(*Jur*) eine Jury, die für eine bestimmte Spezialaufgabe, die Expertenwissen verlangt, zusammengestellt wird

**blue ribbon panel**
ein Ausschuss, der sich aus herausragenden Bürgern zusammensetzt

**blue sky laws**
Regierungsvorschriften, die darauf abzielen, Betrügereien beim Verkauf vom Land zu verhindern, indem sie u.a. eine Grundbucheintragung verlangen

**to blue-slip the Senate**
als Repräsentantenhaus eine Gesetzesvorlage an den Senat zurücksenden, weil das Repräsentantenhaus alleine befugt ist, Finanzgeschäfte vorzuschlagen

**blue slip**
1. ein Brief oder Formblatt, der/das einem Senator zugesandt wird, mit der Bitte um Zustimmung zu einer Nominierung durch den Präsidenten; 2. der blaue Zettel, der an einer Gesetzesvorlage befestigt ist, die an den Senat zurückgeleitet wird, weil in ihr unbefugterweise finanzrechtliche Dinge vorgeschlagen wurden; das Repräsentantenhaus ist alleine befugt, Finanzgeschäfte vorzuschlagen

**blue slip resolution**
Beschluss des Repräsentantenhauses, eine Gesetzesvorlage des Senats zurückzusenden, weil das Repräsentantenhaus alleine befugt ist, Finanzgeschäfte vorzuschlagen;
siehe **blue slip 2**

**blue smoke and mirrors**
(*fig*) eine Metapher dafür, wie Wahlkampagnen ihren Einfluss nutzen, um die Öffentlichkeit zu manipulieren und zu täuschen

**board**
Aufsichtsrat; Ausschuss; Beirat; Kommission; Verwaltungsrat; Vorstand

**Board of Education**
Bildungsbehörde
(die bundesstaatliche oder kommunale Regierungseinrichtung für die öffentliche Bildung)

**body**
Gremium; Körperschaft; Organ

**body, other**
das andere Organ
(Bezeichnung für die jeweils andere Kammer des Kongresses)

**body slam**
(*fig*) ein niederschmetternder politischer Kommentar

**boiler room**
eine Wahlkampftaktik, die eingesetzt wird, um Stimmen zu gewinnen, indem man einzelne Bürger anruft und ihnen einen schriftlichen Text vorliest (der Name stammt von den Keller- und Kesselräumen, in denen die Telefone installiert waren)

**boll weevils**
Baumwollkapselkäfer
(althergebrachte Bezeichnung für Demokraten, die konservative politische Maßnahmen unterstützen; vgl. **gypsy moth**)

**to bolster (up)**
(*fig*) stärken; stützen

**bond**
1. (*Fin*) Anleihe;
festverzinsliches Wertpapier;
Obligation; Rentenwert;
Schuldverschreibung;
2. (*Jur*) Kaution

**bond funds**
(*Fin*) Rentenfonds

**bond, government**
(*Fin*) Staatsanleihe

**bond, junk**
(*Fin*) hochspekulative Papiere;
hochverzinsliche Papiere

**bond market**
(*Fin*) Rentenmarkt

**bond, municipal**
(*Fin*) Anleihe eines Bundesstaates oder einer Gemeinde

**bond, serial**
(*Fin*) Serienanleihe

**bond trader**
(*Fin*) Rentenhändler/in

**bond yield**
(*Fin*) Anleiheerlös;
Anleiherendite

**boom**
(*Econ*) Aufschwung; Boom;
Hochkonjunktur

**boondoggle**
ein sinnloses oder unproduktives Regierungssystem

**to boost**
(*economy*) ankurbeln;
(*prices*) in die Höhe treiben

**bootleg**
das Einholen offizieller oder privater Informationen über einen politischen Gegner

**border patrol**
Grenzschutz

**borough**
Stadtgemeinde; Bezirk
(1. eine kleine Kommunalregierung, für gewöhnlich kleiner als eine Stadt, in Pennsylvania, Connecticut und New Jersey;
2. Bezeichnung für Bezirke in Alaska;
3. Bezeichnung für die fünf Stadtteile von New York: Bronx, Brooklyn, Manhattan, Queens und Richmond)

**borrowing power**
(*Const*) die Befugnis des Kongresses, das Haushaltsdefizit, das entsteht, wenn die Ausgaben die Einnahmen übersteigen, zu finanzieren; laut Artikel I, Absatz 8 der US-Verfassung)

**Boston Tea Party**
(*hist*) Bostoner Tee Party (als Reaktion darauf, dass sie einen Teezoll an Großbritannien zahlen sollten, versenkte 1773 eine Gruppe von als Indianer verkleideten Kolonisten 342 Kisten Tee im Bostoner Hafen; die britische Regierung bestrafte die Kolonien daraufhin mit den **Coercive Acts**)

**boundary**
Grenze

**to boycott**
boykottieren

**boycott**
Boykott

**boys on the bus**
die Medienvertreter, die die Aktivitäten eines politischen Kandidaten aufmerksam verfolgen

**brag sheet**
eine ein- oder zweiseitige Biografie eines politischen Kandidaten in einem Wahlkampf

**brains trust**
1. die politischen Experten, die einen Amtsinhaber oder Kandidaten beraten;
2. (*hist*) die Professoren von der Columbia University, die Franklin D. Roosevelt während seines Präsidentschaftswahlkampfes im Jahr 1932 als Berater nutzte

**branch**
Abteilung; Filiale; Geschäfts-

stelle; Niederlassung; Zweigbetrieb; Zweigstelle

**branch of government**
Regierungszweig
(Exekutive, Legislative
oder Judikative)

**branch of government, preeminent**
herausragender Regierungszweig
(in der US-Verfassung ist die Legislative als der dominierende Zweig in der Bundesregierung vorgesehen)

**branch of the military**
(*mil*) Truppengattung

**branch of service**
siehe **branch of the military**

**breach**
Bruch

**breach of contract**
Vertragsbruch

**breach of peace**
(*Jur*) öffentliche Ruhestörung

**bread and butter issue**
existenzielles Thema
(ein Thema im Kongress, das Auswirkungen auf die Einkommen, Preise oder Jobs im Wahlbezirk eines Bundesstaates hat)

**bread and butter liberal**
ein Liberaler, der an die Grundwerte Arbeitsplätze, Wohnungen, Bildung und Gesundheitsfürsorge glaubt

**to bribe someone**
jdn. bestechen

**bribe**
1. Bestechung;
2. Bestechungsgeld;
Schmiergeld

**bribe, to take a**
Bestechungsgelder annehmen

**bribery**
Bestechung

**to brief**
einem Senator, Abgeordneten oder Personalmitglied Anweisungen bezüglich einer Angelegenheit geben

**briefing**
Anweisungen; Instruktionen

**briefing book**
das Notizbuch eines Kandidaten, das nützliche Informationen enthält (z.B. seine politischen Standpunkte), die er zur Vorbereitung einer Pressekonferenz oder Debatte noch einmal studiert

**brochure**
siehe **basic piece**

**broken homes**
zerrüttete Familienverhältnisse

**to broker**
in Verhandlungen als Vermittler wirken

**broker**
Person, die in Verhandlungen als Vermittler wirkt

**brokered convention**
eine Nominierungsversammlung auf Bundes- oder bundesstaatlicher Ebene, bei der ein Kandidat von Parteiführern statt von Delegierten gewählt wird; vgl. **open convention**

**budget**
Etat; Haushalt; Haushaltsplan

**budget, to adopt the**
siehe **budget, to approve the**

**budget, to approve the**
den Haushalt bewilligen; den Haushalt verabschieden

**budget, to balance the**
das Budget ausgleichen; den Etat ausgleichen; den Haushalt ausgleichen

**budget, to draw up the**
den Haushalt aufstellen; einen Haushaltsplan ausarbeiten

**budget, to exceed the**
das Budget überschreiten; den Etat überschreiten; den Haushalt überschreiten

**budget, to increase the**
den Haushalt aufstocken

**budget, to pass the**
siehe **budget, to approve the**

**budget, to present the**
den Haushalt vorlegen

**budget, to reduce the**
das Budget kürzen; den Etat kürzen; den Haushalt kürzen

**Budget Act**
siehe **Congressional Budget and Impoundment Control Act of 1974**

**budget agreement**
eine Übereinkunft zwischen Kongress und dem Präsidenten über die Reduzierung des Defizits in einer fünfjährigen Periode

**budget allocation**
1. in der Haushaltssprache des Kongresses: die Übertragung finanzieller Mittel an den Ausschuss, in dessen Zuständigkeitsbereich diese Geldmittel fallen;
2. in der Exekutive: die Übertragung finanzieller Mittel von einer Behörde auf eine andere

**budget amendment**
Nachtragshaushalt

(eine förmliche Revision des Jahreshaushalts des Präsidenten, die dem Kongress vorgelegt wird, bevor der Haushalt behandelt wird)

**budget authority**
1. Befugnis, die der Kongress der Exekutive erteilt, Ausgaben zu tätigen, Darlehen aufzunehmen oder Vereinbarungen zu treffen;
2. der Geldbetrag, der für ein Regierungsprogramm oder eine Regierungsaktivität ausgegeben werden darf

**budget authority balances**
1. der Geldbetrag, der in einem Rechnungsjahr ursprünglich für eine Regierungsbehörde oder ein Regierungsprogramm bzw. eine Regierungsaktivität vorgesehen war, aber nicht ausgegeben wurde und damit übrig ist;
2. siehe **budget authority 2**

**budget, balanced**
siehe **balanced budget**

**budget bill**
siehe **bill, budget**

**budget, black**
der Haushalt des Pentagons und des CIA, der aus Sicherheitsgründen versteckte Kosten enthält

**budget calculation**
siehe **budget estimate**

**Budget Committee**
Haushaltsausschuss („B" Committee im Senat und Nonmajor Committee im Repräsentantenhaus)

**budget cuts**
Kürzungen im Etat

**budget cycle**
die Schritte des Haushaltsprozesses einschließlich der Vorbereitung, der Genehmigung und der Revision

**budget deficit**
Haushaltsdefizit

**budget estimate**
Haushaltsschätzung

**budget expenditures**
siehe **budgetary expenditures**

**budget guidelines**
Haushaltsrichtlinien

**budget hawks**
Kongressmitglieder, die eine militante Einstellung gegenüber Ausgabeeinschränkungen haben

**budget, incremental**
eine Methode der Haushaltsprüfung, die sich auf die Zuwächse oder Nachlässe in den Haushalten bestehender Programme konzentriert

**budget items**
Haushaltsposten

**budget law**
Haushaltsgesetz; Haushaltsrecht

**budget, line-item**
die Klassifizierung eines Haushaltsplans nach detaillierter Beschreibung der Ausgabenposten (wie z.B. das Gehalt von Schreibkräften oder die Kosten von Bürozubehör)

**budget message**
der Haushaltsvorschlag des Präsidenten, der für den Präsidenten vom **Office of Management and Budget** mit der Unterstützung des **Council of Economic Advisers** und anderen Bundesbehörden vorbereitet wird

**budget office**
Haushaltsbüro

**budget, operating**
ein kurzfristiger Plan zur Verwaltung der für die Durchführung eines Programms notwendigen Ressourcen

**budget planning**
Haushaltsplanung

**budget power**
die Befugnis des Präsidenten, Haushaltsvorschläge zu beeinflussen bzw. ein Veto gegen Haushaltsvorschläge einzulegen

**budget, president's**
der in den Kongress eingebrachte Haushalt der Exekutive für ein Rechnungsjahr

**budget proposal**
Haushaltsentwurf

**budget receipts**
Geldmittel, die die Regierung von den Bürgern über Steuern, Geldstrafen, Lizenzgebühren etc. einnimmt

**budget resolution**
Haushaltsbeschluss (die Haushaltsvorschläge, die die Haushaltsausschüsse im Repräsentantenhaus und Senat ihrer entsprechenden Kammer vorlegen, nachdem der Präsident seine Vorschläge unterbreitet hat)

**budget shortfall**
Haushaltsdefizit

**budget surplus**
Haushaltsüberschuss

**budget trimming**
Haushaltskürzungen

**budget year**
siehe **fiscal year**

**budgetary expenditures**
Haushaltsausgaben

**budgetary planning**
Haushaltsplanung

**budgetary policy**
Haushaltspolitik

**budgeting**
Budgetierung;
Haushaltsplanung

**budgeting, biennial**
Zweijahreshaushalt

**buffer state**
Pufferstaat

**bull market**
(*Econ*) Haussemarkt
(eine Situation auf dem Aktienmarkt, die durch Aufschwung gekennzeichnet ist)

**bulldog**
(*derog*) ein hartnäckiger, unnachgiebiger Politiker

**bullet vote**
siehe **vote, bullet**

**bullet voting**
siehe **voting, bullet**

**bullets**
die großen schwarzen Punkte im Kongressprotokoll, die auf Reden, Artikel oder anderes Material hinweisen, das nicht tatsächlich im Plenarsaal ausgesprochen oder vorgelesen, sondern später durch die Senatoren eingebracht wurde

**bundling**
Bündelung
(die Praxis eines politischen Aktionskomitees, einem Kandidaten im „Bündel" Schecks anstelle eines großen zu geben, um auf diese Weise um **campaign reform** Vorschriften herumzukommen)

**burden of persuasion**
siehe **burden of proof**

**burden of proof**
(*Jur*) Beweislast

**bureau**
Amt; Dienststelle

**Bureau of Indian Affairs**
Behörde für die Angelegenheiten von Indianern

**Bureau of Labor Statistics**
die Behörde, die für die wirtschaftlichen und statistischen Forschungsaktivitäten des Arbeitsministeriums zuständig ist

**Bureau of the Census**
siehe **Census, Bureau of the**

**bureaucracy**
Verwaltung;
(*derog*) Bürokratie

**bureaucrat**
(*derog*) Bürokrat/in

**business**
1. Geschäft;
2. Betrieb; Unternehmen;
3. Aufgabe; Pflicht;

4. die gesetzgebenden Aktivitäten des Repräsentantenhauses oder Senats

**business, to conduct**
den Aufgaben widmen;
den Geschäften nachgehen
(im Repräsentantenhaus oder Senat)

**business community**
Geschäftswelt

**business meeting**
eine Ausschussversammlung, die keine Anhörung darstellt, sondern bei der vielmehr Angelegenheiten der Gesetzgebung und Ausschusszuständigkeiten diskutiert werden

**business official**
Wirtschaftsvertreter/in

**busing**
Busbeförderung von Schulkindern in andere Bezirke, um Rassentrennung zu verhindern
(Entscheidung des Obersten Gerichtshofes 1971, *Swann v Charlotte-Mecklenburg Board of Education*)

**by-election**
siehe **election, by-**

**by law**
gesetzlich

**by request bill**
siehe **bill, by request**

**to bypass**
(*difficulties*) umgehen;
(*person*) übergehen

# C

**"C" committee**
Nebenausschuss im Senat

**C-SPAN**
Abkürzung für „Cable Satellite Public Affairs Network", das die Verhandlungen im Senat live im Fernsehen überträgt

**cabinet**
Kabinett

**cabinet, to form a**
ein Kabinett bilden

**cabinet, to reshuffle a**
ein Kabinett umbilden

**cabinet appointment**
Kabinettsernennung

**cabinet committee**
Kabinettskomitee;
Kabinettsausschuss

**cabinet decision**
Kabinettsbeschluss

**cabinet government**
Bezeichnung für eine gute Teamarbeit zwischen Präsident und Kabinett

**cabinet, inner**
inneres Kabinett
(Bezeichnung für das Außen-, Verteidigungs-, Justiz- und Finanzministerium, da deren Minister sehr einflussreich sind)

**Cabinet, Kitchen**
wörtl.: Küchenkabinett
((*hist*) eine informelle Gruppe von Beratern und persönlichen Freunden des Präsidenten;
der Begriff stammt aus der Amtszeit von Andrew Jackson, dem siebten Präsidenten der Vereinigten Staaten, der sich mit einer Gruppe informeller Berater in der Küche des Weißen Hauses traf)

**cabinet meeting**
Kabinettssitzung

**cabinet member**
Kabinettsmitglied

**cabinet, president's**
Kabinett des Präsidenten

**cabinet status**
Kabinettsstatus

**cabinet status, to grant someone**
jdm. Kabinettsstatus verleihen

**calendar**
Kalender
(Verzeichnis oder Liste noch nicht behandelter Gesetzesvorlagen; listet die Namen von Gesetzesvorlagen auf, die beiden Häusern des

Kongresses vorgelegt werden sollen)

**calendar, call of the**
das Verfahren, durch das Gesetzesvorlagen, die nicht aufgrund eines Antrages oder einer einstimmigen Entscheidung behandelt werden, im Senat debattiert werden können, nämlich wenn sie aufgrund ihres Platzes in der Liste noch zu behandelnder Gesetzesvorlagen im Senat „aufgerufen“ werden

**calendar, committee**
eine Liste aller Gesetzesvorlagen, die während einer Kongressperiode an einen bestimmten Ausschuss überwiesen wurden, einschließlich der von Ausschuss und Kammer durchgeführten gesetzgeberischen Aktivitäten

**calendar, corrections**
ein Verzeichnis im Repräsentantenhaus, demzufolge Gesetzesvorlagen am 2. und 4. Dienstag jedes Monats behandelt werden, die normalerweise im **union calendar** und **House calendar** enthalten sind; die Debatte jeder Vorlage ist auf eine Stunde beschränkt und zur Billigung bedarf es einer 3/5-Abstimmung

**calendar, discharge**
Verzeichnis im Repräsentantenhaus von Anträgen, die darauf abzielen, gesetzgeberische Aufgaben von Ausschüssen wegzunehmen

**calendar, executive**
Verzeichnis im Senat von nicht-gesetzgebungsrelevanten Angelegenheiten des Präsidenten wie Nominierungsbestätigungen und Vertragsabschlüsse

**calendar, House**
Verzeichnis im Repräsentantenhaus von Gesetzesvorlagen, die allgemeine, aber keine finanziellen Angelegenheiten betreffen

**calendar, legislative**
siehe **calendar of business**

**calendar Monday**
eine Senatsregel, derzufolge Montags Gesetzesvorlagen auf dem **calendar of business** nach Abschluss der Morgengeschäfte aufgerufen werden müssen

**calendar number**
die Nummer, die einer Gesetzesvorlage zugeordnet wird, wenn sie auf den Kalender zur Behandlung eingetragen wird

**calendar of business**
Verzeichnis im Senat von allen anstehenden Gesetzesvorlagen

**calendar of motions to discharge committees**
siehe **calendar, discharge**

**calendar, private**
Verzeichnis im Repräsentantenhaus von Gesetzesvorlagen, die private Angelegenheiten Einzelner betreffen

**calendar, Senate**
siehe **calendar of business**

**calendar, union**
Verzeichnis im Repräsentantenhaus von Gesetzesvorlagen, die die Zuweisung von Geldern oder das Erheben von Steuern betreffen

**calendar Wednesday**
die Verfahrensweise des Repräsentantenhauses, Mittwochs einigen Ausschüssen die Gelegenheit zu geben, ihre Gesetzesvorlagen einzubringen

**Calendars of the United States House of Representatives**
eine Publikation, die alle Kalender des Repräsentantenhauses und weitere Informationen über anhängige Gesetzesvorlagen enthält und die an jedem Sitzungstag des Repräsentantenhauses publiziert wird

**call of committees**
siehe **calendar Wednesday**

**call of the calendar**
siehe **calendar, call of the**

**call of the House**
namentliche Abstimmung im Repräsentantenhaus um festzustellen, ob eine beschlussfähige Mindestzahl der Mitglieder anwesend ist

**call of the roll**
das Vorlesen der Namensliste der Mitglieder durch den **clerk of the House**

**call to order**
Ordnungsruf
(eine Bitte oder Verwarnung des Vorsitzenden im Kongress, dass die Mitglieder die Regeln des Verhaltens im Kongress einhalten und entsprechend handeln mögen)

**campaign**
Wahlkampf

**campaign, to launch a**
einen Wahlkampf starten

**campaign, to organize a**
einen Wahlkampf organisieren

**campaign, to run a**
einen Wahlkampf durchführen; einen Wahlkampf veranstalten

**campaign banner**
Wahltransparent

**campaign biography**
die Lebensgeschichte eines Präsidentschaftskandidaten, die während der Wahlkampfzeit in einer unkritischen und bewundernden Art und Weise geschrieben wird

**campaign buttons**
politische Werbung für einen Wahlkampfkandidaten in Form von Anstecknadeln, Stiften, Bildern und Hüten

**campaign committees**
Wahlausschuss
(eine Gruppe im Repräsentantenhaus und Senat, deren Aufgabe es ist, einen Wahlkampf zu organisieren und bei der Finanzierung zu helfen)

**campaign contribution**
Wahlkampfspende

**campaign contribution, to make a**
eine Spende zum Wahlkampf leisten

**campaign costs**
Wahlkampfkosten

**campaign donation**
siehe **campaign contribution**

**campaign finance laws**
Wahlfinanzierungsgesetze; Wahlkampffinanzierungsgesetze

**campaign finance reform**
siehe **campaign reform**

**campaign financing**
Wahlfinanzierung; Wahlkampffinanzierung

**campaign, front-loaded**
siehe **front loaded**

**campaign funding**
siehe **campaign financing**

**campaign funds**
Wahlkampfgelder

**campaign issue**
Wahlkampfthema

**campaign literature**
siehe **basic piece**

**campaign management**
Wahlkampfmanagement

**campaign manager**
Wahlkampfleiter/in; Wahlkampfmanager/in; Wahlkampfverantwortliche/r

**campaign message**
Wahlspruch
(das wichtigste Wahlkampfthema eines Kandidaten)

**campaign, negative**
negativer Wahlkampf
(eine Wahlkampfstrategie, die den politischen Gegner diskreditieren soll)

**campaign pledge**
siehe **election promise**

**campaign pledge, to renege on a**
ein Wahlversprechen brechen

**campaign promise**
siehe **election promise**

**campaign promise, to break a**
siehe **campaign pledge, to renege on a**

**campaign reform**
Wahlkampfreform
(eine Reform mit dem Ziel, dic Finanzierung von Wahlen für den Kongress dahingehend zu ändern, dass politische Aktionskomitees weniger Einfluss und Herausforderer mehr Chancen haben)

**campaign slogan**
Wahlkampfmotto

**campaign speech**
Wahlkampfrede; Wahlrede

**campaign spending**
Wahlkampfausgaben

**campaign spending limitations**
gesetzliche Beschränkungen der Höhe der Wahlkampfgelder, die einem Kandidaten zur Verfügung stehen, durch Bundesgesetze und bundesstaatliche Gesetze

**campaign strategy**
Wahlkampfstrategie

**campaign trail**
Wahlkampftour

**campaign worker**
Wahlhelfer/in

**Camp David**
der private Urlaubsort des Präsidenten in Maryland, an dem gelegentlich Treffen mit ausländischen Regierungschefs stattfinden

**candidacy**
Kandidatur

**candidacy, to announce one's**
die Kandidatur bekannt machen

**candidacy, to declare one's**
siehe **candidacy, to announce one's**

**candidate**
Kandidat/in

**candidate, to endorse a**
einen Kandidaten befürworten; einen Kandidaten unterstützen

**candidate, to nominate a**
einen Kandidaten ernennen; einen Kandidaten nominieren

**candidate, to propose a**
siehe **candidate, to nominate a**

**candidate, to put forward a**
siehe **candidate, to nominate a**

**candidate, captive**
ein Kandidat einer politischen Partei, der als „Gefangener“ spezieller Interessengruppen gilt und der daher nicht im Sinne der Wählerschaft handelt

**candidate committee**
ein Wahlkampfausschuss, der von einem Kandidaten autorisiert wurde, Spenden im Rahmen des Wahlkampfes entgegenzunehmen und in seinem Namen Ausgaben zu tätigen

**candidate escrow funding**
eine Technik des Aufbringens finanzieller Mittel während eines Wahlkampfes, bei der ein Förderer einen Scheck über einen bestimmten Geldbetrag von einem Wahlkampfausschuss per Post erhält; durch Einlösen des Schecks verpflichtet sich der Förderer, monatliche Wahlkampfspenden zu leisten, wobei die ersten beiden Beitragsmonate mit dem Geld des eingelösten Schecks abgedeckt sind

**candidate image**
der Gesamteindruck, den die Wähler von einem Kandidaten oder einem Politiker haben

**candidate services**
Dienstleistungen wie z.B. Meinungsumfragen, Werbemaßnahmen, Mitteleintreibung und das Schreiben von Reden, die Firmen Kandidaten anbieten

**candidate, write-in**
ein Kandidat, dessen Name nicht auf dem Stimmzettel aufgeführt ist, sondern von Anhängern eingetragen werden muss

**canon law**
siehe **law, canon**

**to canvass voters**
um Stimmen werben (Wähler gewinnen durch „Klinkenputzen“ oder Telefonwerbung)

**canvasser**
Stimmenwerber/in

**canvassing**
Stimmenwerbung

**canvassing board**
Bezeichnung für den Ausschuss, der für die Durchführung des Wahlkampfes zuständig ist, die Wahlergebnisse auflistet und den Gewinner der Wahl offiziell bestätigt

**CAO**
siehe **chief administrative officer**

**cap**
der gesetzliche Maximalbetrag,

der in einem Rechnungsjahr ausgegeben werden darf

**capital**
1. Hauptstadt; 2. (*Fin*) Kapital

**capital crime**
siehe **capital offense**

**capital gains**
siehe **tax, capital gains**

**capital offense**
Kapitalverbrechen

**capital punishment**
Todesstrafe

**capital punishment, to abolish**
die Todesstrafe abschaffen

**Capitol**
Kapitol

**Capitol Hill**
1. Bezeichnung für den Kongress;
2. Hügel, auf dem das Kapitol steht

**Capitol police**
Polizei auf dem Capitol Hill (uniformierte Polizisten, die sämtliche Eingänge auf dem Capitol Hill bewachen und geheime Untersuchungen anstellen)

**capitalism**
Kapitalismus

**caption**
der Titel, der auf einer Gesetzesvorlage erscheint und der den Gegenstand und Zweck der Vorlage beschreibt

**captive candidate**
siehe **candidate, captive**

**caretaker**
siehe **seat-warmer**

**cargoaircraft**
(*mil*) Transportflugzeug

**carpetbagger**
1. (*derog*) jeder, der als Außenseiter versucht, politische Macht zu gewinnen;
2. (*hist*) nach dem Amerikanischen Bürgerkrieg sind viele Menschen auf der Jagd nach politischen Ämtern in den besetzten Süden gereist, um die sozialen, rassischen und wirtschaftlichen Unruhen dort auszunutzen)

**cartel**
Kartell

**case**
(*Jur*) Fall; Prozess

**case, to consider a**
(*Jur*) einen Fall aufnehmen

**case, to dismiss a**
(*Jur*) einen Fall ablehnen/abweisen

**case, to hear a**
siehe **case, to try a**

**case, to reconsider a**
(*Jur*) einen Fall wieder aufnehmen

**case, to review a**
(*Jur*) einen Fall prüfen

**case, to try a**
(*Jur*) einen Fall verhandeln; einen Prozess führen

**case, to win a**
(*Jur*) einen Prozess gewinnen

**case law**
siehe **law, judge-made**

**casework**
Dienste, die Gesetzgeber und ihre Mitarbeiter für ihre Wählerschaft leisten, vor allem in Form von Sozialversicherung, **Medicare** und Leistungen für Kriegsveteranen

**caseworker**
Mitarbeiter/in einer Sozialhilfebehörde der Bundesregierung, der/die sich mit individuellen Leistungsansprüchen beschäftigt

**cash on hand**
der Geldbetrag, der einem Kandidaten während eines Wahlkampfes zur Verfügung steht

**casting vote**
siehe **vote, casting**

**casualty**
(*mil*) Opfer; Tote/r; Verletzte/r

**casualty list**
Verlustliste
(die offizielle, jährliche Liste von Kongressmitgliedern, die gestorben sind, pensioniert oder nicht wieder gewählt wurden)

**categorical grant**
ein Zuschuss, den die Bundesregierung für ein bestimmtes Projekt gewährt (z.B. Flughafen, Studentenwohnheim); die jeweilige Kommunal- oder bundesstaatliche Regierung muss jedoch denselben Betrag noch einmal selber tragen

**cattle show**
(*derog*) öffentliche gemeinsame Zurschaustellung der Präsidentschaftskandidaten zu Beginn der Vorwahlen

**caucus**
1. Parteiversammlung (in einem der beiden Häuser des Kongresses, die hinter verschlossenen Türen stattfindet);
2. Gremium oder Ausschuss im Kongress (siehe **legislative service organizations**);
3. eine Reihe von Parteiversammlungen, die auf allen Regierungsebenen stattfinden,

um den Präsidentschaftskandidaten festzulegen

**Caucus, Black**
die formale Organisation von Schwarzen im Kongress

**caucus, Democratic**
1. Parteiversammlung der Demokraten;
2. eine Sitzung, an der alle Demokraten im Repräsentantenhaus teilnehmen

**caucus, Iowa**
die erste Parteiversammlung in einem Präsidentschaftswahljahr, dic in Iowa stattfindet und auf der die Kandidaten für den Nominierungsparteitag gewählt werden

**caucus, special**
siehe **legislative service organizations**

**to cause**
(*violence, war*) auslösen

**CBO**
siehe **Congressional Budget Office**

**CEA**
siehe **Council of Economic Advisers**

**cease-fire**
(*mil*) Feuereinstellung; Waffenruhe; Waffenstillstand

**cease-fire, to agree on a**
(*mil*) einen Waffenstillstand vereinbaren

**cease-fire, to declare a**
(*mil*) einen Waffenstillstand erklären

**cease-fire, to honor a**
(*mil*) einen Waffenstillstand einhalten

**cease-fire, to negotiate a**
(*mil*) einen Waffenstillstand aushandeln

**cease-fire, to observe a**
siehe **ceasefire, to honor a**

**cease-fire, to violate a**
(*mil*) einen Waffenstillstand verletzen

**cease-fire agreement**
(*mil*) Waffenstillstandsabkommen

**censorship**
Zensur

**censorship of the press**
Pressezensur

**censure**
Tadel
(Disziplinarverfahren gegen ein Kongressmitglied, laut Artikel I, Absatz 5 der US-Verfassung)

**census**
Volkszählung

**census, to conduct a**
siehe **census, to take a**

**census, to take a**
eine Volkszählung durchführen

**Census, Bureau of the**
Statistisches Bundesamt

**census, decennial**
alle zehn Jahre stattfindende Volkszählung
(alle zehn Jahre werden die Grenzen für die Kongresswahlbezirke neu gezogen, nachdem cinc neue Volkszählung stattgefunden hat, um die Anzahl der Sitze jedes Bundesstaates im Repräsentantenhaus zu bestimmen)

**census undercount**
die Behauptung, dass Personen in der Volkszählung fehlen, weil sie umgezogen, Analphabeten oder nicht willens sind, die Formulare auszufüllen; die Anzahl der fehlenden Personen ist wichtig, um die Anzahl der Sitze jedes Bundesstaates im Repräsentantenhaus zu bestimmen

**centerpiece**
das Gesetz, das als die höchste Leistung eines Kongresses angesehen wird

**Central Intelligence Agency**
amerikanischer Geheimdienst

**centralization**
Zentralisierung
(die Konzentrierung von Macht in einer zentralen Regierung)

**certificate**
Bescheinigung; Nachweis; Urkunde; Zertifikat; Zeugnis

**certification**
Beglaubigung; Bescheinigung

**to certify**
beglaubigen; bescheinigen

**certiorari, to grant**
(*Jur*) einen Fall zur Berufung oder Revision zulassen
(wenn der Oberste Gerichtshof einen Fall zur Berufung oder Revision annimmt, müssen vier der neun Obersten Bundesrichter dieser Entscheidung zustimmen)

**chain of command**
(*mil*) Befehlskette

**to chair**
den Vorsitz führen

**chair**
1. der/die Vorsitzende;
2. der Vorsitz

**chair, to address the**
sich an den Vorsitzenden wenden

**chair, to take the**
siehe **to chair**

**chairman**
Vorsitzender

**chairman's mark**
Zeichen auf einer Gesetzesvorlage, das darauf hinweist, dass die Vorlage vom Ausschussvorsitzenden eingebracht wurde

**chairmanship**
Vorsitz

**chairperson**
Vorsitzende/r

**chairwoman**
Vorsitzende

**to challenge**
1. (*election*) anfechten;
2. (*candidate*) herausfordern

**challenge**
1. (*of election*) Anfechtung;
2. (*candidate*) Herausforderung

**challenger**
Herausforderer/Herausforderin

**challenging an election**
Wahlanfechtung

**chamber (of the House or the Senate)**
Sitzungssaal
(der Raum, in dem das Repräsentantenhaus oder der Senat zusammenkommt)

**chamber, lower**
siehe **lower body**

**chamber of commerce**
Handelskammer

**chamber, the other**
die andere Kammer
(Bezeichnung für die andere Kammer des Kongresses)

**chambers, the two ~ of Congress**
die beiden Kammern des Kongresses
(Repräsentantenhaus und Senat)

**chamber, upper**
siehe **upper body**

**to champion something or someone**
etw. verfechten oder sich für jdn. einsetzen

**champion**
Verfechter/in

**change of venue**
(*Jur*) Änderung des Verhandlungsortes
(wenn keine unparteiischen Geschworenen an einem Verhandlungsort des Gerichtes gefunden werden können, wird der Prozess an einen anderen Ort verlegt)

**to channel**
dirigieren; kanalisieren; lenken

**chaplain**
Kaplan
(ein geistlicher Berater, der jede Sitzung des Repräsentantenhauses oder des Senats mit einem Gebet eröffnet)

**to charge**
(*Jur*) Anklage erheben

**charge**
(*Jur*) (*criminal law*) Anklage; Anklagepunkt; (*civil law*) Anspruch

**charged, to be**
(*Jur*) angeklagt werden

**charity**
karitative Organisation; Wohltätigkeitsverein;

**charter**
Charta; Gründungsurkunde; Satzung

**charter colony**
(*hist*) eine der drei Arten von Regierungen im kolonialen Amerika (vgl. **proprietary colony** und **royal colony**); die Legislative dieser autonomen Kolonie wurde vom Volk gewählt und der Gouverneur von der Legislative ausgewählt

**to check**
kontrollieren; überprüfen

**check**
Kontrolle; Überprüfung

**checkbook politics**
siehe **politics, checkbook**

**Checkers speech**
Bezeichnung für eine Rede, die ein Politiker hält, um Behauptungen über Missetaten zu entkräften

**checkoff**
eine Methode von politischen Aktionskomitees, Geld für die Wahlkampfunterstützung aufzutreiben, indem sie die Mittel direkt von Konten abbuchen

**checks and balances**
(*Const*) wechselseitige Hemmungen und Gleichgewichte (die Interdependenz der getrennten Gewalten)

**chemical warfare**
siehe **guerrilla warfare**

**chief administrative officer**
ein Beamter des Repräsentantenhauses, der für bestimmte Verwaltungs- und Finanzoperationen zuständig ist

**chief counsel**
Personalleiter/in eines Ausschusses oder Unterausschusses

**chief defender of the law**
der Präsident in der Rolle desjenigen, der die Gesetze vollstreckt und „die Verfassung der Vereinigten Staaten bewahrt,

schützt und verteidigt“ gemäß Artikel II, Absatz 1 der US-Verfassung

**chief diplomat**
höchster Diplomat
(der Präsident in der Rolle des höchsten Verhandlungsführers der USA mit anderen Ländern)

**chief executive**
der Präsident in der Rolle des Regierungschefs der USA, der laut Artikel II der US-Verfassung für die wichtigsten Entscheidungen zuständig ist

**chief foreign policymaker**
der Präsident in der Rolle desjenigen, der gemäß Artikel II, Absatz 2 der US-Verfassung die Außenpolitik der USA formuliert und umsetzt

**chief judge**
siehe **chief justice**

**chief justice**
oberste/r Richter/in
(der USA oder eines Bundesstaates)

**Chief Justice of the United States**
siehe **Supreme Court Justice, Chief**

**chief lawmaker**
siehe **chief legislator**

**chief legislator**
der Präsident in der Rolle des Hauptverantwortlichen für die Gesetzgebung in Form von Gesetzesvorschlägen, dem Gebrauch des Vetos und dem Ausüben einer gewissen Kontrolle über die Kongresssitzungen

**chief national leader**
der Präsident in der Rolle des nationalen Sprechers und Entscheidungsträgers

**Chief of Naval Operations**
Stabschef Marine
(der Berater des zivilen Leiters der Marineabteilung im Verteidigungsministerium, der ein Mitglied der Generalstabschefs ist)

**chief of the party**
der Präsident in der Rolle des führenden Parteipolitikers des Landes

**chief of staff**
1. (*mil*) Stabschef/in;
2. der wichtigste Berater des Präsidenten

**Chief of Staff of the Air Force**
Stabschef Luftwaffe
(der Berater des zivilen Leiters der Luftwaffenabteilung im Verteidigungsministerium, der ein Mitglied der Generalstabschefs ist)

**Chief of Staff of the Army**
Stabschef Heer
(der Berater des zivilen Leiters der Heeresabteilung im Verteidigungsministerium, der ein Mitglied der Generalstabschefs ist)

**chief of state**
siehe **head of state**

**chief sponsor**
Hauptbefürworter/in einer Gesetzesvorlage

**chit**
ein Gefallen, den ein Kongressmitglied einem anderen schuldet

**Christmas tree bill**
siehe **bill, Christmas tree**

**CIA**
siehe **Central Intelligence Agency**

**citation**
(*Jur*) Vorladung

**to cite someone**
(*Jur*) jdn. vorladen

**citizen**
Bürger/in; Staatsbürger/in

**citizen suit**
siehe **suit, citizen**

**citizen's arrest**
(*Jur*) Festnahme durch einen Bürger unter Berufung auf das Gesetz

**citizen's ticket**
eine Liste von Kandidaten als Alternative zu den unerwünschten Kandidaten der etablierten Parteien

**citizenship**
Staatsangehörigkeit; Staatsbürgerschaft

**citizenship, to apply for**
die Staatsbürgerschaft beantragen

**citizenship, to deprive someone of**
die Staatsbürgerschaft aberkennen

**citizenship, to grant someone**
die Staatsbürgerschaft verleihen

**citizenship, to renounce one's**
die Staatsbürgerschaft aufgeben

**city**
Stadt

**city administration**
Stadtverwaltung

**city council**
Stadtrat

**city council member**
Stadtrat/Stadträtin

**city-county consolidation**
Zusammenschluss der Stadtregierung und der Regierung eines Verwaltungsbezirks

**city-county separation**
Trennung von der Stadtregierung und der Regierung eines Verwaltungsbezirks

**city elections**
Kommunalwahlen

**city government**
Kommunalregierung; Stadtregierung

**city hall**
Stadthaus

**city politics**
Kommunalpolitik

**city treasurer**
Stadtkämmerer/Stadtkämmerin

**civic**
staatsbürgerlich

**civic competence**
der Glaube, dass der einzelne Bürger Regierungsentscheidungen beeinflussen kann

**civic duty**
Pflicht des Bürgers
(die Überzeugung, dass der einzelne Bürger die Pflicht hat, am politischen Geschehen teilzuhaben)

**civics**
Staatsbürgerkunde

**civil**
(*Jur*) bürgerlich; zivil; zivilrechtlich

**civil case**
(*Jur*) Zivilprozess; Zivilsache

**civil defense**
(*mil*) zivile Verteidigung

**civil disobedience**
ziviler Ungehorsam

**civil law**
siehe **law, civil**

**civil liberties**
(*Const*) bürgerliche Freiheitsrechte
(die ersten acht Verfassungszusätze in den **Bill of Rights**, die die Bürger vor unlauteren Zugriffen der Regierung schützen sollen)

**civil religion**
die Überzeugung, dass der amerikanische *Way of Life* eine Religion darstellt (Ikone: amerikanische Flagge; Symbole: die Verfassung; Rituale: der Fahneneid; Heilige: Washington und Lincoln)

**civil rights**
Bürgerrechte
(die Verpflichtung der Regierung, die Bürger aktiv vor ille-

galen Machenschaften anderer Bürger oder Regierungsbehörden zu schützen; mit dem Vierzehnten Verfassungszusatz wurden die Bürgerrechte Teil der US-Verfassung)

**Civil Rights Acts**
(*hist*) Bürgerrechtsgesetze
(eine Reihe von Gesetzen, die zwischen 1866 und 1991 vom Kongress verabschiedet wurden, um die verfassungsmäßigen Rechte der Schwarzen und anderer Minderheiten zu schützen)

**civil rights leader**
Anführer/in der Bürgerrechtsbewegung

**civil rights movement**
Bürgerrechtsbewegung

**civil rights organization**
Bürgerrechtsorganisation

**civil servant**
Beamter/Beamtin

**civil service**
öffentlicher Dienst;
Staatsdienst

**civil trial**
Zivilprozess; Zivilverfahren

**civil unrest**
Bürgerunruhen

**Civil War**
amerikanischer Bürgerkrieg (Sezessionskrieg) von 1861 bis 1865

**Civil War Amendments**
(*Const*) Bürgerrechtsverfassungszusätze
(US-Verfassungszusätze 13 bis 15, die direkt nach dem Bürgerkrieg aufgenommen wurden und sich auf die Abschaffung der Sklaverei und das Wahlrecht für schwarze Männer beziehen)

**civilian**
Zivilist/in

**civilian casualties**
(*mil*) Verluste unter der Zivilbevölkerung

**civilian control**
Zivilkontrolle
(laut Artikel II, Absatz 2 der US-Verfassung: die Unterordnung des Militärs unter den Präsidenten, der ein Zivilist ist)

**civilian population**
Zivilbevölkerung

**civility**
Höflichkeit
(das höfliche Benehmen im Repräsentantenhaus und Senat)

**claim**
1. Anspruch; Forderung;
2. Behauptung

**claimant**
(*Jur*) Antragsteller/in; Kläger/in

**claims legislation**
siehe **bill, private**

**class**
gesellschaftliche Stellung; Schicht

**class-action suit**
Sammelklage
(kollektive Klage Geschädigter, oft gegen Hersteller defekter Produkte)

**class consciousness**
Klassenbewusstsein

**classified information**
Geheimsache

**clause**
Klausel

**clean bill**
siehe **bill, clean**

**cleanup hitter**
ein Kongressmitglied, das zuverlässig die wichtigsten Punkte einer Gesetzesvorlage in einem Schlusswort zusammenfasst

**clear and present danger**
wörtl.: deutliche und akute Gefahr
(Kriterium, das erfüllt sein muss, damit der Oberste Gerichtshof die Meinungsfreiheit gemäß dem Ersten Verfassungszusatz einschränken oder bestrafen darf, *Schenck v United States*, 1919)

**clearance**
Freigabe; Unbedenklichkeitserklärung; Überprüfung

**clearance process**
siehe **calendar, call of the**

**Cleaves' Manual**
ein Abschnitt im **Senate Manual**, in dem die Regeln für Verfahren im Senat dargelegt sind

**clemency, appeal for**
Gnadengesuch

**clemency, petition for**
siehe **clemency, appeal for**

**clemency, to file a petition for**
ein Gnadengesuch einreichen

**clemency, to grant a petition for**
einem Gnadengesuch stattgeben

**clemency, to reject a petition for**
ein Gnadengesuch ablehnen

**clerk**
(*Jur*) Anwaltsgehilfe/-gehilfin; Büroangestellte/r; Sekretär/in; Schriftführer/in

**clerk-hire**
Stellen, die den Senatoren und Abgeordneten im Repräsentantenhaus für ihre Mitarbeiter zur Verfügung stehen

**clerk of the court**
(*Jur*) Gerichtsschreiber/in; Protokollant/in; Rechtspfleger/in

**clerk of the House**
siehe **House, clerk of the**

**client**
Auftraggeber/in; Klient/in; Kunde/Kundin; (*of lawyer*) Mandant/in

**client politics**
eine Politik, die einer kleinen Gruppe Vergünstigungen einräumt, deren Kosten aber die Allgemeinheit tragen muss

**clinker**
ein Änderungsvorschlag zu einer Gesetzesvorlage, der völlig aus dem Rahmen fällt

**cloakroom**
privates Vorzimmer im Kongress
(ursprünglich war dieser Raum die Garderobe, an der sich Kongressmitglieder informell treffen und miteinander verhandeln konnten)

**to close ranks**
innerhalb der Partei zur Behandlung eines Problems oder zur Bestätigung einer Nominierung zusammenkommen

**close vote**
siehe **vote, close**

**closed doors**
die Arbeit des Kongresses hinter verschlossenen Türen unter Ausschluss der Öffentlichkeit und Presse

**closed hearing**
siehe **hearing, closed**

**closed primary**
siehe **primary, closed**

**closed rule**
Debattenbeschränkung
(eine Anordnung des Regelausschusses im Repräsentantenhaus zur Beschränkung von Diskussionen um Änderungsvorschläge zu Gesetzesvorlagen)

**closet conservative**
heimliche/r Konservative/r

**closet liberal**
heimliche/r Liberale/r

**closure**
siehe **cloture**

**clothespin vote**
siehe **vote, clothespin**

**cloture**
Beendigung von Obstruktionen im Senat
(das Verfahren, um Redezeiten im Senat zu beschränken; um eine Obstruktion zu beenden, werden 3/5 der Stimmen der Senatoren, d.h. 60 Stimmen benötigt)

**clout**
Einfluss oder Macht auf Basis der eigenen politischen und sozialen Beziehungen

**the Club**
die einflussreichsten Kongressmitglieder

**cluster voting**
siehe **voting, cluster**

**co-optation**
die Einbeziehung neuer, andersdenkender Gruppen in den politischen Gestaltungsprozess einer Organisation, um zu vermeiden, dass diese Gruppe eine Bedrohung für die Organisation oder ihren Auftrag darstellt

**coalition**
Koalition

**Coast Guard**
Küstenwache

**coattail effect**
wörtl.: Rockschoßeffekt
(die erhöhte Gewinnchance für einen unbekannten Kandidaten, wenn er sich auf die gleiche Wahlliste wie ein zugkräftiger Kandidat setzen lässt; vgl. **undertow**)

**coauthor**
(*of a bill*) Mitverfasser/in

**code**
(*Jur*) Kodex
(eine umfangreiche Sammlung von Gesetzestexten, die nach Themen statt chronologisch geordnet sind)

**code law**
siehe **law, code**

**code of conduct**
Verhaltenskodex
(für Kongressmitglieder in Bezug auf Geschenke, Spenden, Reisen und Interessenkonflikte)

**codel**
umgangsprachlicher Ausdruck im Außenministerium für Kongress-Besucherdelegationen *(congressional delegation)*

**to codify**
(*laws*) kodifizieren
(politische Maßnahmen in einem Gesetz zusammenfassen)

**coercion**
(*Jur*) Nötigung; Zwang

**Coercive Acts**
(*hist*) eine Reihe von Gesetzen,

die die britische Regierung Boston im Jahre 1774 auferlegte, um die Kolonie aufgrund der **Boston Tea Party** zu isolieren und ein Exempel zu statuieren

**coffer**
Wahlkampfgelder

**coinage**
Münzprägung; Prägung; (*fig*) Neuschöpfung

**to coincide**
(*opinion*) übereinstimmen; (*event*) zur gleichen Zeit stattfinden; zusammenfallen

**coincidence**
Übereinstimmung; Zufall; Zusammenfallen (von Ereignissen)

**COLAS**
siehe **cost-of-living adjustments**

**cold turkey**
sofort wirksame Geldsperre für ein Regierungsprogramm oder ein Projekt

**cold war**
kalter Krieg

**to collapse**
(*system*) zusammenbrechen; (*government, prices*) stürzen

**collective bargaining**
Tarifverhandlungen (Verhandlungsmethode, bei der Probleme zwischen Arbeitgebern und Arbeitnehmern in Bezug auf Löhnen und Arbeitsbedingungen von Vertretern von Management und Gewerkschaften gelöst werden)

**collective body**
das gesamte Repräsentantenhaus oder der gesamte Senat

**collective leadership**
kollektive Führung

**collective responsibility**
gemeinsame Verantwortung

**collective security**
gemeinsame Sicherheit (ein weltweites Sicherheitssystem, bei welchem eine Gruppe von Staaten sich einverstanden erklärt, gemeinsam gegen einen Staat vorzugehen, der gegen den Frieden verstößt)

**College of Cardinals**
die Vorsitzenden von Bewilligungsunterausschüssen, die über sehr viel Macht verfügen, da sie die Zuteilung von Mitteln beeinflussen können; siehe **popes**

**colloquy**
die formelle Konversation zwischen Kongressmitgliedern während Plenarsitzungen mit

dem Zweck, Informationen zu erhalten oder die Absicht einer Gesetzesvorlage für den **Congressional Record** zu klären

**to combat**
(*crime, inflation*) bekämpfen

**comity**
Höflichkeit
(zwischen Kongressmitgliedern und den Mitarbeitern des Weißen Hauses)

**comity clause**
siehe **privileges and immunities clause**

**to command**
befehlen

**command authority**
(*mil*) Befehlsgewalt

**commander in chief of the armed forces**
Oberbefehlshaber der Streitkräfte
(der Präsident übt dieses Amt gemäß Artikel II, Absatz 2 der US-Verfassung aus)

**commemorative bill**
siehe **bill, commemorative**

**comment**
Anmerkung; Bemerkung; Stellungnahme

**commerce clause**
(*Const*) Handelsklausel
(die Klausel in Artikel I, Absatz 8 der US-Verfassung, die besagt, dass der Kongress das Recht besitzt, den Außenhandel und den Handel zwischen den Bundesstaaten zu regulieren)

**Commerce, Department of**
siehe **Department of Commerce**

**commerce power**
die laut Artikel I, Absatz 8 der US-Verfassung verankerte Befugnis des Kongresses, den Außenhandel und den Handel zwischen den Bundesstaaten zu regulieren

**Commerce, Science and Transportation Committee**
Ausschuss für wirtschaftliche Zusammenarbeit, Wissenschaft und Verkehr („A" Committee im Senat)

**Commerce, Secretary of**
siehe **Secretary of Commerce**

**commercial law**
siehe **law, commercial**

**commercial republic**
(*hist*) Handelsrepublik
(in den Jahren 1789-1937 stellten die USA hauptsächlich

eine Handelsrepublik dar, da fast alle Aufgaben der Bundesregierung auf Unterstützung des Handels ausgerichtet waren)

**commission**
1. Anweisung; Auftrag;
2. Ausschuss; Behörde; Kommission

**commission, advisory**
Beratungsausschuss (eine Gruppe von Sachverständigen, deren Funktion es ist, Informationen oder Vorschläge für eine Behörde oder Organisation bereitzustellen)

**commission, presidential**
ein Ausschuss, der vom Präsidenten sanktioniert wurde, um eine Angelegenheit von allgemeinem Interesse zu untersuchen und Verbesserungsvorschläge zu machen

**commissioner**
1. Beauftragte/r;
2. Ausschussmitglied;
3. Polizeipräsident/in

**commissioner of oaths**
(*Jur*) Notar/in

**to commit**
1. siehe **committee, to commit to**;
2. (*Jur*) (*crime*) begehen

**to commit oneself to something**
sich für etw. engagieren

**commitment**
1. Weiterleitung einer Gesetzesvorlage an den zuständigen Ausschuss;
2. Engagement; Verpflichtung

**committed**
engagiert

**committee**
Ausschuss; Gremium; Komitee

**committee, to be on a**
einem Ausschuss angehören; in einem Ausschuss sein

**committee, to chair a**
siehe **committee, to preside over a**

**committee, to commit to**
eine Gesetzesvorlage einem zuständigen Ausschuss im Repräsentantenhaus oder Senat überweisen

**committee, to discharge a**
einen Ausschuss von seiner Zuständigkeit über eine gesetzgebende Maßnahme entbinden

**committee, to dissolve a**
einen Ausschuss auflösen

**committee, to form a**
einen Ausschuss bilden

**committee, to preside over a**
einen Ausschuss leiten

**committee, to recommit to**
eine Gesetzesvorlage einem zuständigen Ausschuss im Repräsentantenhaus oder Senat zurücküberweisen

**committee, to refer to**
siehe **committee, to commit to**

**committee, to serve on a**
Ausschussmitglied sein

**committee, ad hoc**
Sonderausschuss
(wird vom Sprecher des Repräsentantenhauses einberufen)

**committee, ad hoc select**
siehe **committee, ad hoc**

**committee amendment**
ein von einem Ausschuss empfohlener Änderungsvorschlag zu einer Gesetzesvorlage, über die der betreffende Ausschuss berichtet hat; vgl. **floor amendment**

**committee assignment**
Zuweisung eines Kongressmitglieds zu einem bestimmten Ausschuss
(aufgrund der Senatsverordnung wirkt ein Senator in zwei „A“ Committees mit und kann in zwei oder mehr „B“ und „C“ Committees mitwirken; Mitglieder des Repräsentantenhauses dürfen nur in einem Exclusive Committee oder in einem Major Committee und einem Nonmajor Committee oder in zwei Nonmajor Committees mitwirken)

**committee, authorized**
ein Wahlkampfausschuss, der befugt ist, Wahlkampfspenden anzunehmen und für einen Kandidaten Ausgaben zu tätigen; vgl. **committee, unauthorized**

**committee, authorizing**
ein ständiger Ausschuss im Senat oder Repräsentantenhaus mit rechtlicher Zuständigkeit für Gesetze, die Regierungsprogramme oder Regierungsbehörden betreffen

**committee bill**
siehe **bill, committee**

**committee, bipartisan**
ein Ausschuss, der aus einer gleichen Anzahl von Mitgliedern der demokratischen und republikanischen Partei besteht

**committee, blue**
Bezeichnung der Republikaner für einen Nebenausschuss im Repräsentantenhaus

**committee business meeting**
siehe **business meeting**

**committee calendar**
siehe **calendar, committee**

**committee chairmanship**
Ausschussvorsitz

**committee chairperson**
Ausschussvorsitzende/r

**committee, compromise**
siehe **committee, conference**

**committee, conference**
Vermittlungsausschuss (Ausschuss mit Vertretern beider Häuser des Kongresses, um Differenzen über Details in einer Gesetzesvorlage beizulegen)

**committee, county**
siehe **county committee**

**committee, credentials**
ein wichtiger Ausschuss der Demokratischen und Republikanischen Parteien, der für die Festlegung der Kandidaten der politischen Parteien bei den Nominierungsparteitagen zuständig ist

**committee deliberations**
Ausschussberatungen

**committee, exclusive**
Hauptausschuss im Repräsentantenhaus

**committee, fact-finding**
siehe **committee, investigating**

**committee, full**
ein Gesamtausschuss im Unterschied zu den Unterausschüssen

**committee, investigating**
Ermittlungssauschuss; Untersuchungsausschuss

**committee, joint**
gemeinsamer Ausschuss (besteht aus Mitgliedern des Repräsentantenhauses und des Senats)

**committee jurisdiction**
die Themen und Funktionen, die einem Ausschuss zugeordnet sind

**committee, legislative**
siehe **legislative committee**

**committee, major**
1. Hauptausschuss;
2. Nebenausschuss im Repräsentantenhaus

**committee meeting**
Ausschusssitzung

**committee meeting, to hold a**
eine Ausschusssitzung abhalten

**committee meeting, minutes of a**
Ausschussprotokoll

**committee meeting, record of a**
siehe **committee meeting, minutes of a**

**committee member**
Ausschussmitglied

**committee, minor**
Nebenausschuss

**committee, money**
Bezeichnung für einen Ausschuss, der sich mit Finanzen befasst

**committee, national**
siehe **national committee**

**committee, nonmajor**
Nebenausschuss im Repräsentantenhaus

**Committee of the Whole**
Ausschuss des gesamten Repräsentantenhauses (Bezeichnung für einen Ausschuss, in dem alle Mitglieder des Repräsentantenhauses vertreten sind)

**Committee of the Whole House on the State of the Union**
siehe **Committee of the Whole**

**Committee on Committees**
übergeordneter Ausschuss der Republikaner und Demokraten, der die Zuweisung von neuen Mitgliedern an Ausschüsse organisiert und die Anträge von amtierenden Ausschussmitgliedern behandelt, die den Ausschuss wechseln möchten

**committee on committees, select**
ein legislatives Gremium, das sowohl im Senat als auch im Repräsentantenhaus eingerichtet ist, um Reformen im Ausschusssystem begründet vorzuschlagen

**committee, permanent**
siehe **committee, standing**

**committee, platform**
der Ausschuss, der auf dem Nominierungsparteitag den ersten Entwurf des Parteiprogramms erstellt

**committee, policy**
siehe **policy committee**

**committee, political action**
siehe **political action committee**

**committee, pork**
jeder Ausschuss, der sich mit lokalen öffentlichen Projekten befasst

**committee powers**
Ausschussbefugnisse

**committee, prestige**
Prestigeausschuss

(ein einflussreicher Ausschuss, wie der Bewilligungs-, Finanz- oder Verteidigungsausschuss)

**committee prints**
Dokumente, die für Ausschüsse gedruckt werden, wie z.B. Ausschussbestimmungen, Berichtsentwürfe oder überarbeitete Versionen von Gesetzesvorlagen

**committee ratios**
das Verhältnis der Ausschussmitglieder, die der Mehrheits- und Oppositionspartei angehören

**committee, recess**
ein Ausschuss, der während der Zeit, in der der Kongress nicht tagt, Untersuchungen fortführt

**committee, red**
Bezeichnung der Republikaner für einen Hauptausschuss im Repräsentantenhaus

**committee report**
Ausschussbericht

**committee, select**
Sonderausschuss
(im Repräsentantenhaus oder Senat)

**committee, special**
siehe **committee, select**

**committee staff**
Mitarbeiter, die direkt von den Ausschüssen angestellt und bezahlt werden

**committee stage**
die Stufe im Gesetzgebungsprozess, auf der eine Gesetzesvorlage in einem Ausschuss oder mehreren Ausschüssen diskutiert wird; vgl. **floor stage**

**committee, standing**
ständiger Ausschuss

**committee, state**
siehe **state committee**

**committee, steering**
Lenkungsausschuss

**committee substitute**
siehe **amendment in the nature of a substitute**

**committee system**
Ausschusssystem
(die Methode, mit der die beiden Kammern des Kongresses Gesetze verabschieden)

**committee tables**
siehe **party tables**

**committee, unauthorized**
ein Wahlkampfausschuss, der nicht befugt ist, Wahlkampfspenden anzunehmen und für einen Kandidaten Ausgaben zu tätigen; vgl. **committee, authorized**

**committee, watchdog**
Aufsichtsausschuss
(ein Ausschuss, den eine gesetzgebende Versammlung einrichtet, um die Rechtspflege zu überprüfen)

**committee, white**
Bezeichnung der Republikaner für einen Nebenausschuss im Repräsentantenhaus

**committeeman or committeewoman**
1. siehe **committee member**;
2. eine Person, die für eine politische Partei arbeitet und Wähler auf der Straße wirbt und dafür sorgt, dass sie am Wahltag von ihrem Wahlrecht Gebrauch machen

**common assent, by**
nach allgemeiner Auffassung

**common defense**
(*Const*) die allgemeine Verteidigung des Landes

**common defense, to provide for the**
(*Const*) für die allgemeine Verteidigung des Landes sorgen

**common good**
Gemeinwohl

**common law**
siehe **law, common**

**common man**
Durchschnittsbürger

**common welfare**
siehe **common good**

**commonwealth**
Bundesstaat
(Bezeichnung für Bundesstaat, die von den Bundesstaaten Kentucky, Massachusetts, Pennsylvania und Virginia benutzt wird: z.B. *Commonwealth of Massachusetts*)

**Communications Act of 1934**
Gesetz, auf dessen Basis die **Federal Communications Commission** gegründet wurde und Vorschriften für die Informationsverbreitung per Radio festgelegt wurden

**communiqué**
Kommuniqué; regierungsamtliche Mitteilung

**communism**
Kommunismus

**community**
Gemeinschaft; Gemeinwesen

**the community at large**
die breite Öffentlichkeit; das ganze Volk

**community service work**
Sozialdienst

**compact**
Übereinkunft; Vereinbarung; Vertrag

**companion bill**
siehe **bill, companion**

**company**
Firma; Unternehmen

**compelling attendance of members**
siehe **arrest of absent members**

**to compensate**
entschädigen

**compensation**
1. Ausgleich; Entschädigung; Schadenersatz;
2. Diäten (von Mitgliedern des Kongresses)

**competitive district**
siehe **district, competitive**

**compliance with rules**
Einhalten der Regeln oder Vorschriften

**composed of, to be**
bestehen aus

**composition**
(*of Supreme Court*) Zusammensetzung; Zusammenstellung

**comptroller**
Rechnungsprüfer/in

**comptroller general**
Rechnungsprüfer/in des Bundes (vom Präsidenten ernannt und vom Senat bestätigt; dieser Beamter ist der Leiter des **General Accounting Office**)

**comptroller general of the United States**
siehe **comptroller general**

**comptroller of the currency**
der Beamte des Finanzministeriums, der für die Kontrolle der Operationen aller nationalen Banken verantwortlich ist

**compulsory**
obligatorisch; Pflicht-; Zwangs-

**compulsory service**
(*mil*) Wehrpflicht

**compulsory voting**
siehe **voting, compulsory**

**to concede**
1. einräumen; eingestehen; zugestehen;
2. (*right, privilege*) abtreten; aufgeben; überlassen;
3. (*election*) eine Wahlniederlage eingestehen

**concern**
Angelegenheit; Anliegen

**concession**
Konzession; Zugeständnis

**concession speech**
Rede zum Eingeständnis einer Niederlage
(die Rede des besiegten Kandidaten bei einer Wahl, in der er dem Sieger gratuliert und seinen Anhängern für ihre Unterstützung dankt)

**conciliation**
Schlichtung; Vermittlung; Versöhnung

**conciliator**
Schlichter/in

**to concur**
beipflichten; übereinstimmen; zustimmen

**concurrence**
Einverständnis; Übereinstimmung; Zustimmung

**concurrent**
nebeneinander bestehend; zusammenwirkend; übereinstimmend

**concurrent jurisdiction**
siehe **jurisdiction, concurrent**

**concurrent powers**
siehe **powers, concurrent**

**concurrent resolution**
siehe **resolution, concurrent**

**concurrent sentences**
siehe **sentences, concurrent**

**concurring opinion**
siehe **opinion, concurring**

**to condemn**
1. verdammen;
2. verurteilen

**condemnation**
Verurteilung

**condition**
Bedingung; Voraussetzung

**conditional adjournment**
siehe **adjournment, conditional**

**conditional pardon**
siehe **pardon, conditional**

**conditions**
Umstände; Verhältnisse; Zustände

**conditions, to meet**
Bedingungen erfüllen

**conditions, to set**
Bedingungen stellen

**conducive, to be**
förderlich sein

**conduct**
1. Benehmen; Verhalten;
2. Führung; Leitung

**Confederate States of America**
(*hist*) konföderierte Staaten von Amerika
(bezieht sich auf die elf Südstaaten, die 1861 ihre eigenen konföderierten Staaten von Amerika mit Jefferson Davis als Präsident bildeten und damit den Bürgerkrieg auslösten)

**confederation**
Bündnis; Konföderation; Staatenbund

**to confer**
1. konferieren; sich beraten;
2. (*power*) übertragen

**conferee**
Ausschussmitglied;
Mitglied eines Ausschusses

**conference**
Konferenz; Parteiversammlung; Tagung

**conference, to be in**
Bezeichnung für eine Gesetzesvorlage, die bereits an den zuständigen Ausschuss überwiesen, aber noch nicht behandelt wurde

**conference, to chair a**
siehe **conference, to preside over a**

**conference, to convene a**
eine Konferenz einberufen

**conference, to go to**
in den Vermittlungsausschuss gehen
(über die Versionen einer Gesetzesvorlage beider Häuser des Kongresses in einer Sitzung eines Vermittlungsausschusses beraten)

**conference, to hold a**
eine Konferenz abhalten

**conference, to preside over a**
eine Konferenz leiten

**conference committee**
siehe **committee, conference**

**conference, free**
ein Vermittlungsausschuss, in dem es den Mitgliedern freisteht, die Version des anderen Organs zu akzeptieren; vgl. **conference, simple**

**conference report**
Bericht, der von einem Vermittlungsausschuss dem Repräsentantenhaus oder dem Senat über eine Gesetzesvorlage vorgelegt wird

**conference, Republican**
1. Parteiversammlung der Republikaner;
2. eine Sitzung, an der alle Republikaner im Repräsentantenhaus teilnehmen

**conference, simple**
ein Vermittlungsausschuss, in

dem die Mitglieder angewiesen sind, in einigen Punkten dem anderen Organ nicht nachzugeben; vgl. **conference, free**

**confidential**
vertraulich

**confidentiality**
Vertraulichkeit

**to confirm**
(*nomination*) bestätigen

**confirmation**
(*of nomination*) Bestätigung

**confirmation proceedings**
Bestätigungsverfahren

**to confiscate**
(*Jur*) beschlagnahmen; konfiszieren

**confiscation**
(*Jur*) Beschlagnahmung; Konfiskation

**conflict of interests**
Interessenkonflikt

**conflict of laws**
Gesetzeskonflikt
(die Situation, wenn die Gesetze verschiedener Gerichtsbarkeiten auf einen Fall anwendbar sind, z.B. Bundes- und bundesstaatliche Gesetze oder die Gesetze zweier Nationen)

**confrontation clause**
(*Const*) die Klausel im Sechsten Verfassungszusatz, die besagt, dass eine angeklagte Partei mit Zeugen, die gegen sie aussagen, „konfrontiert" werden muss

**confrontation politics**
Konfrontationspolitik
(die Überzeugung, dass politische Veränderungen durch Demonstrationen, Blockaden o.ä. herbeigeführt werden können)

**Congress**
1. die nationale gesetzgebende Gewalt der Vereinigten Staaten, die aus dem Repräsentantenhaus und dem Senat besteht;
2. die nationale gesetzgebende Gewalt, die für einen Zeitraum von zwei Jahren im Amt ist

**Congress, to control**
den Kongress kontrollieren (die Mehrheit im Kongress haben)

**Congress, to organize**
den Kongress organisieren (zu Beginn einer Legislaturperiode neue Mitglieder vereidigen und den Ausschüssen zuweisen)

**Congress, to run for**
für den Kongress kandidieren

**Congress, to serve in**
Kongressmitglied sein

**Congress, member of**
Kongressmitglied

**Congress, permanent**
(*derog*) eine kritische Beschreibung des Kongresses, weil die Mehrheit seiner Mitglieder als aktuelle Amtsinhaber wieder gewählt werden

**Congress, rubber stamp**
Bezeichnung für einen Kongress, der von der Exekutive dominiert wird

**Congress, session of**
1. Sitzung des Kongresses;
2. Sitzungsperiode des Kongresses;
3. Legislaturperiode des Kongresses

**congressional approval**
Zustimmung durch den Kongress

**Congressional Budget and Impoundment Control Act of 1974**
dieses Gesetz legt u.a. Folgendes fest: die grundlegenden Elemente des Kongresshaushaltsverfahrens, die Haushaltsausschüsse des Repräsentantenhauses und Senats, die Gründung des **Congressional Budget Office** und die Überprüfung von **impoundments** durch den Kongress

**Congressional Budget Office**
Haushaltsbehörde
(eine den Kongress unterstützende Behörde, die durch den **Congressional Budget and Impoundment Control Act of 1974** gegründet wurde, um dem Kongress und seinen Ausschüssen unparteiliche Haushaltsinformationen und Haushaltsanalysen zu liefern)

**congressional contest**
siehe **congressional election**

**congressional directory**
ein einmal im Jahr erscheinendes Handbuch des Kongresses, in dem Informationen zur Organisation des Kongresses mit seinen Ausschüssen und kurzen biographischen Hinweisen zu allen Kongressmitgliedern gegeben werden

**congressional district**
siehe **district, congressional**

**congressional district lines**
siehe **district lines, congressional**

**congressional election**
Kongresswahl

**congressional election campaign**
Kongresswahlkampf

**congressional ethics**
der geschriebene und ungeschriebene Verhaltenscode für Senatoren und Abgeordnete

**congressional-executive agreement**
internationales Abkommen zwischen dem Präsidenten, dem US-Kongress und anderen Ländern

**congressional exemption**
die Praxis, durch die der Kongress sich von den Gesetzen, die er für andere erlässt, ausnimmt

**congressional government**
Vorherrschaft des Kongresses (der Kongress als stärkste Macht in der Regierung)

**congressional groups**
siehe **legislative service organizations**

**congressional immunity**
Immunität der Kongressmitglieder (Schutz der Mitglieder des Kongresses vor Prozessen, die sich auf ihre Äußerungen im Plenarsaal beziehen, laut Artikel I, Absatz 6 der US-Verfassung)

**congressional investigation**
Untersuchung durch den Kongress

**Congressional Journal**
Titel des offiziellen Protokolls der Verhandlungen im Repräsentantenhaus und im Senat; im Unterschied zum **Congressional Record** enthält dieses Protokoll keine wörtlichen Wiedergaben der Reden, Debatten und Äußerungen

**congressional leadership**
Kongressführung

**congressional majority**
Mehrheit im Kongress

**Congressional Medal of Honor**
Ehrenmedaille des Kongresses (die höchste Auszeichnung für US-Bürger für militärische Leistungen)

**congressional oversight**
Kontrolle des Kongresses darüber, wie die Exekutivbehörden Gesetze ausführen

**congressional page**
siehe **page**

**congressional pay**
Gehalt von Kongressmitgliedern

**congressional petition**
Petition an den Kongress (ein Gesuch, das eine Organisation oder ein Bürger an eine (oder beide) Kammer(n) des

Kongresses richtet, um Unterstützung in Form eines Gesetzes in einer bestimmten Angelegenheit zu erlangen)

**congressional privilege**
Privileg des Kongresses (die Bestimmung, dass gemäß Artikel I, Absatz 6 der US-Verfassung Mitglieder des Kongresses nur wegen Verrat, Schwerverbrechen und öffentlicher Ruhestörung strafrechtlich verfolgt werden können)

**congressional race**
siehe **congressional election**

**Congressional Record**
Titel des offiziellen Protokolls der Verhandlungen im Repräsentantenhaus und im Senat, das wörtlich die Reden, Debatten und Äußerungen enthält und täglich neu gedruckt wird

**Congressional Research Service**
Forschungsservice im Kongress (Recherche der Kongressbibliothek für Ausschüsse und Kongressmitglieder)

**Congressional Research Service of the Library of Congress**
siehe **Congressional Research Service**

**congressional seat**
Mandat im Kongress

**congressional seniority**
der Brauch, demzufolge das Kongressmitglied, das am längsten als Mitglied der Regierungspartei gedient hat, zum Vorsitzenden eines Ausschusses ernannt wird; das Mitglied, das am längsten als Mitglied der Oppositionspartei gedient hat, wird zum ranghöchsten Mitglied eines Ausschusses ernannt

**congressional support agencies**
der Name für drei Behörden in der Legislative, die unparteiliche Informationen und Analysen an die Mitglieder des Kongresses geben: **Congressional Budget Office**, **Congressional Research Service of the Library of Congress** und **General Accounting Office**

**congressional term of office**
der Zeitraum, der am 3. Januar nach einer Kongresswahl beginnt und dann zwei Jahre lang für Abgeordnete des Repräsentantenhauses und sechs Jahre lang für Senatoren dauert

**congressional veto**
siehe **legislative veto**

**congressman**
Kongressmitglied; Kongressabgeordneter

**congressman at large**
Kongressabgeordneter aus einem Bundesstaat, in dem es nur einen Abgeordneten gibt, wie Alaska, Delaware oder Wyoming

**congresswoman**
Kongressmitglied; Kongressabgeordnete

**Connecticut Compromise**
siehe **Great Compromise**

**connections**
Beziehungen; Verbindungen

**conscientious objector**
Wehrdienstverweigerer aus Gewissensgründen

**conscript**
siehe **draftee**

**conscription**
Einberufung zum Wehrdienst

**consensus**
Konsens; Übereinstimmung

**consent**
Einwilligung; Zustimmung

**consent of the governed**
das Prinzip der US-Verfassung, dass die Regierung auf dem Willen der Bevölkerung basiert

**conservation area**
Naturschutzgebiet

**conservationism**
Naturschutz

**conservative**
Konservative/r

**Conservative Democratic Forum**
der eigentliche Name für **boll weevils**

**to consider**
(*bill, court case*) aufnehmen

**consideration**
(*of a bill*) Behandlung; (*of a court case*) Aufnahme

**to consolidate**
vereinigen; zusammenlegen; (*funds, debts*) konsolidieren; (*companies*) zusammenschließen

**consolidation**
Vereinigung; Zusammenlegung (die Zusammenlegung zweier oder mehr Abteilungen innerhalb der Regierung)

**conspiracy**
Verschwörung

**conspirator**
Verschwörer/in

**to conspire**
sich verschwören

**constituencies, interested**
interessierte Wählerschaft

(Wähler in Kongresswahlbezirken, die ein großes Interesse an der Gesetzgebung zu verschiedenen Themen zeigen)

**constituency**
1. Wahlbezirk; Wahlkreis;
2. Wählerschaft

**constituency, core**
der Wahlkreis, der einen Kandidaten am meisten unterstützt

**constituent**
Wähler/in (in einem Kongresswahlbezirk)

**constituent power**
das Recht des Volkes, durch ihre Vertreter im Kongress, an der Gestaltung, Änderung und Revision der US-Verfassung mitzuwirken

**to constitute**
(*committee, Congress*)
konstituieren

**Constitution**
Bundesverfassung
(das grundlegende Gesetz der USA und die Leitlinien für die US-Regierung in Form von sieben Verfassungsartikeln und mittlerweile 27 Verfassungszusätzen)

**constitution, to amend the**
die Verfassung ergänzen

**constitution, to draft the**
die Verfassung ausarbeiten

**constitution, to interpret the**
die Verfassung auslegen

**constitution, federal**
Bundesverfassung

**constitution, state**
bundesstaatliche Verfassung

**constitutional**
verfassungsmäßig

**constitutional amendment**
Verfassungsänderung;
Verfassungszusatz

**constitutional amendment, to draft a**
einen Verfassungszusatz entwerfen

**constitutional amendment, state**
Zusatz zur bundesstaatlichen Verfassung

**constitutional commission**
Verfassungsausschuss
(eine Gruppe von Bürgern, die von der Legislative oder dem Gouverneur eines Bundesstaates ausgewählt werden, um sich mit der Verfassung des Bundesstaates zu beschäftigen und Änderungsvorschläge zu machen)

**Constitutional Convention of 1787**
(*hist*) Verfassungskonvent von 1787
(die 13 Kolonien sandten Vertreter nach Philadelphia, um eine Verfassung für die neue Republik zu entwerfen)

**constitutional court**
(*Const*) Verfassungsgericht
(Bezeichnung für jedes Gericht, das seine Befugnis ausdrücklich durch die US-Verfassung erhält, wie der Oberste Gerichtshof laut dem III. Verfassungsartikel)

**constitutional crisis**
Verfassungskrise

**constitutional crisis, to avert a**
eine Verfassungskrise abwenden

**constitutional democracy**
siehe **democracy, constitutional**

**constitutional government**
eine Regierungsform, bei welcher die Verfassung bestimmt, wer welches Recht auf welche Befugnisse besitzt

**constitutional initiative**
siehe **initiative, constitutional**

**constitutional law**
siehe **law, constitutional**

**Constitution, living**
lebendige Verfassung
(Bezeichnung für die US-Verfassung, die sich im Laufe der Zeit durch die Auslegung der Richter am Obersten Gerichtshof ändert und entwickelt)

**constitutional officers**
(*Const*) Bezeichnung für die Beamten in Regierungsämtern, die aufgrund der Verfassung eingerichtet wurden, wie das Präsidentschaftsamt und das Gouverneursamt

**constitutional powers**
die dem Präsidenten gemäß Artikel II, Absatz 1 der US-Verfassung verliehenen Befugnisse

**constitutional privilege**
siehe **congressional immunity**

**Constitutional Revolution, First**
(*hist*) Erste Verfassungsrevolution
(1937 erweiterte der Kongress die Bedeutung der **commerce clause** und gab damit auch der Bundesregierung die Möglichkeit, den Handel zwischen den Bundesstaaten zu regulieren; der Oberste Gerichtshof hat dabei nicht eingegriffen)

**Constitutional Revolution, Second**
(*hist*) Zweite Verfassungs-

revolution
(nach 1954, nachdem der Oberste Gerichtshof die Entscheidung zur Aufhebung der Rassentrennung gefällt hatte (*Brown v Board of Education*), begann der Oberste Gerichtshof damit, alle Gesetze von bundesstaatlichen Legislativen und alle Entscheidungen bundesstaatlicher Gerichte auf ihre Konformität mit den im Vierzehnten Verfassungszusatz festgelegten Rechten und Freiheiten der Bürger zu überprüfen)

**constitutional rights**
Grundrechte
(die einzelnen Rechte, die die Verfassung dem Volk garantiert)

**constitutional rules**
die verfassungsmäßigen Bestimmungen, die die Verfahren im Kongress regeln

**constitutional votes**
die verfassungsmäßigen Bestimmungen, die gewisse Abstimmungen oder Abstimmungsverfahren für den Kongress regeln, wie z.B. eine 2/3-Abstimmung zur Aufhebung eines Vetos, eine 2/3-Abstimmung für eine Verurteilung im Amtsanklageverfahren etc.

**constitutionalism**
die Entwicklung des verfassungsmäßigen Denkens im Laufe der Zeit

**constitutionalist**
Bezeichnung für eine Person, die der Überzeugung ist, dass die US-Verfassung wesentlich zur Gestaltung der amerikanischen Politik und Kultur beigetragen hat

**constitutionality**
Verfassungskonformität; Verfassungsmäßigkeit

**constitutionally**
verfassungsmäßig; laut der Verfassung

**constraint**
1. Einschränkung;
2. Zwang

**constructive engagement**
Bezeichnung für die politischen und wirtschaftlichen Beziehungen eines Staates zu einem anderen Staat, die trotz massiver politischer Unstimmigkeiten aufrechterhalten werden, in der Hoffnung, dass mit der Zeit durch diese Beziehungen positive Veränderungen herbeigeführt werden können

**consul**
Konsul

**consul general**
Generalkonsul

**consulate**
Konsulat

**consultant**
Berater/in

**consultation**
Beratung

**consultative body**
siehe **deliberative body**

**consumer**
Konsument/in; Verbraucher/in

**consumer movement**
siehe **consumerism**

**consumer price index**
Bezeichnung für den monatlichen Bericht über den Anstieg der Lebenshaltungskosten und die Inflation oder Deflation

**Consumer Product Safety Commission**
Bezeichnung für die Bundeskommission, die Verbraucher vor Risiken bei Konsumgütern schützt

**consumer protection**
Verbraucherschutz

**consumer sovereignty**
die Macht individueller Konsumenten zu bestimmen, welche Produkte in einer freien Marktwirtschaft produziert werden

**consumerism**
Bezeichnung für eine Bewegung in den USA, die sich für den Verbraucherschutz einsetzt

**Consumers Union**
Verbrauchervereinigung

**consumption tax**
siehe **tax, consumption**

**containment**
Eindämmungspolitik (der USA im Kalten Krieg)

**contempt**
siehe **contempt of Congress**

**contempt of Congress**
Bezeichnung für Obstruktionen des Gesetzgebungsprozesses (z.B. wenn eine vorgeladene Person sich weigert, vor dem Kongress zu erscheinen und auszusagen)

**contempt of court**
(*Jur*) Missachtung des Gerichts; Ungebühr vor Gericht

**contender**
siehe **candidate**

**to contest**
(*election*) teilnehmen an; (*election result*) anfechten

**contest**
Wahl; Wahlkampf

**contestant**
siehe **candidate**

**contested election**
siehe **election, contested**

**contesting election**
siehe **election, contesting**

**contesting an election**
Wahlanfechtung

**Continental Congresses**
(*hist*) Kontinentalkongresse (die beiden Versammlungen der amerikanischen Kolonien 1774 und 1775, bei denen, aufgrund von Unstimmigkeiten mit Großbritannien, eine eigene Armee ins Leben gerufen und die Unabhängigkeitserklärung verfasst wurde)

**contingency appropriation**
siehe **appropriation, contingency**

**contingent fund**
ein Zuteilungskonto des Senats, dass Mittel für bestimmte Senatsaktivitäten enthält

**contingent liability**
Eventualhaftung; Eventualverbindlichkeit
(eine vorbehaltliche Verpflichtung der Regierung, wie z.B. ein Kredit, eine Bankeinlagenversicherung oder eine Preisgarantie, die in einer gegebenen zukünftigen Situation fällig werden kann)

**continuing appropriations**
siehe **continuing resolution**

**continuing body**
fortlaufendes Organ
(bezieht sich auf den Senat, in dem alle zwei Jahre 1/3 der Senatoren neu gewählt werden)

**continuing business**
alle Gesetze, die im Verlaufe der zweijährigen Legislaturperiode eines Kongresses eingebracht werden und die am Ende einer einjährigen Sitzungsperiode noch abschließend behandelt werden müssen, sind zur weiteren Behandlung während der nächsten Sitzungsperiode dieses Kongresses vorgesehen; allerdings müssen Gesetze, die am Ende dieses zweijährigen Kongresses noch nicht verabschiedet wurden, in den nächsten Kongress wieder eingebracht werden

**continuing resolution**
Gesetzgebung, die einen Haushaltsvorschuss garantiert, wenn die reguläre Zuweisung zu Beginn eines Haushaltsjahres noch nicht erlassen wurde

**contraband**
Schmuggelware

**contract**
1. Auftrag;
2. Kontrakt; Vertrag

**contract bureaucracy**
die Arbeit der Angestellten privater Firmen, deren Job Regierungsdienstleistungen auf Vertragsbasis beinhaltet

**contract clause**
(*Const*) Vertragsschutzklausel (laut Artikel I, Absatz 10 der US-Verfassung ist es einem Bundesstaat untersagt, Gesetze zu erlassen, die die Vertragsverpflichtungen zwischen Einzelpersonen oder zwischen Einzelpersonen und Bundesstaaten beeinträchtigen)

**contract law**
siehe **law, contract**

**contractor**
Auftragnehmer/in; beauftragte Firma

**contractual theory**
eine Theorie, die besagt, dass die Befugnisse des Präsidenten durch die US-Verfassung begrenzt sind

**contrast spots**
politische Werbung, die den Unterschied zwischen zwei Kandidaten bezüglich ihrer politischen Themen hervorhebt; sie ist negativ ausgerichtet und stellt einen Angriff auf die politischen Leistungen des Gegners dar

**contribution**
Beitrag; (*money*) Spende; Wahlkampfspende

**contribution limit**
der Maximalbetrag von 2.500 Dollar, den eine Einzelperson für Präsidentschafts- oder Kongresskandidaten, PACs oder Bundesparteienausschüsse spenden darf

**contributor**
(*money*) Spender/in

**to control the House/Senate**
die Mehrheitspartei im Repräsentantenhaus oder Senat stellen

**control, to exert**
Kontrolle ausüben

**control, to retain**
die Kontrolle behalten

**controllability**
Kontrollierbarkeit
(die Fähigkeit des Kongresses oder des Präsidenten, die Ausgaben in einem Rechnungsjahr zu kontrollieren)

**controllable expenditures**
kontrollierbare Ausgaben (Haushaltsposten, die durch Handeln des Kongresses berichtigt werden können, weil

sie nicht durch existierende Gesetze abgedeckt sind; vgl. **uncontrollable expenditures**)

**controller**
Rechnungsprüfer/in

**controversy**
Differenzen; Kontroversen; Streit

**to convene**
(*meeting*) einberufen;
(*court*) zusammenkommen; zusammentreten;
(*Congress*) sich versammeln

**convention**
1. siehe **party convention**;
2. Abkommen;
3. Konvent; Tagung; Versammlung

**convention, brokered**
siehe **brokered convention**

**convention calls**
offizielle Ankündigung der Bundesparteienausschüsse der Demokraten und Republikaner an ihre jeweiligen Parteien auf bundesstaatlicher Ebene hinsichtlich des Datums, des Ortes und der Vorgehensweise beim nächsten Nominierungsparteitag

**convention, delegate**
siehe **delegate convention**

**convention, national**
siehe **national convention**

**convention, nominating**
siehe **nominating convention**

**convention, open**
siehe **open convention**

**convention, ratifying**
siehe **ratifying convention**

**conventional weapons**
(*mil*) konventionelle Waffen

**convergence**
Annäherung; Konvergenz; Übereinstimmung von Meinungen und Zielen

**convergence theory**
Konvergenztheorie
(die Vorstellung, dass kapitalistische und sozialistische Gesellschaften als Ergebnis der Bürokratie und der technologischen Entwicklungen enger zusammenrücken)

**conversion**
die Verlagerung der Wählerunterstützung von einer Partei zur anderen im Verlauf eines politischen Wahlkampfes

**to convict**
(*Jur*) für schuldig befinden; verurteilen

**convict**
(*Jur*) Strafgefangene/r

**conviction**
1. Überzeugung;
2. (*Jur*) Verurteilung

**conviction politician**
siehe **politician, conviction**

**to convoke**
(*meeting*) einberufen

**cooperation**
Kooperation; Zusammenarbeit

**cooperative federalism**
siehe **federalism, cooperative**

**copyright**
Recht der Vervielfältigung; Urheberrecht

**copyright law**
Urheberrechtsgesetz

**Cordon Rule**
die Vorschrift im Senat, die besagt, dass alle Auswirkungen, die eine neue Gesetzesvorlage auf bestehendes Recht hat, im Ausschussbericht kursiv gedruckt werden müssen; vgl. **Ramseyer Rule**

**core constituency**
siehe **constituency, core**

**core issues**
Kernthemen

**core voter**
siehe **voter, core**

**cornerstone**
(*fig*) Eckstein; Grundstein

**coroner**
amtliche/r Leichenbeschauer/in (Untersuchungsbeamter/-beamtin für Todesfälle, die keine natürliche Ursache haben)

**corporate body**
Körperschaft

**corporate executive**
Führungskraft

**corporate finance**
Unternehmensfinanzierung

**corporation**
Aktiengesellschaft; Kapitalgesellschaft

**corporation income tax**
(*Fin*) Körperschaftssteuer

**corporation law**
siehe **law, corporation**

**corporation tax**
siehe **tax, corporation**

**corpus delicti**
(*Jur*) 1. Gesamtbestand einer Straftat;
2. Gegenstand mit dem eine Straftat begangen wurde, der gleichzeitig als Beweisstück dient;
3. Gegenstand oder Person an dem/der ein Verbrechen begangen wurde

**correction of remarks**
Korrektur der Äußerungen (Mitgliedern des Kongresses ist es gestattet, die Niederschriften ihrer Äußerungen in Ausschüssen oder Plenarversammlungen vor Veröffentlichung zu korrigieren)

**correctional official**
(*Jur*) Justizvollzugsbeamter/-beamtin

**corrections calendar**
siehe **calendar, corrections**

**correspondent**
Berichterstatter/in; Korrespondent/in

**corridors of power**
siehe **power, corridors of**

**corrupt practices acts**
Bundesgesetze zur Regulierung des Parteifinanzwesens (Bezeichnung für Gesetze, die versuchen, den Geldfluss bei politischen Wahlkämpfen zu begrenzen und regulieren)

**cosmetic vote**
eine Abstimmung im Kongress, die nur der Form halber durchgeführt wird, ohne Chance auf einen Erfolg

**cosponsor**
(*of a bill*) Mitbefürworter

**cost-of-living adjustments**
Lohnangleichung an die Lebenshaltungskosten

**cost-of-living increase**
Steigerung der Lebenshaltungskosten

**cost-of-living index**
siehe **consumer price index**

**cost overrun**
Überziehen der veranschlagten Kosten

**costs estimate**
Kostenvoranschlag (die geschätzten Kosten einer Gesetzesvorlage, die im Ausschussbericht sowohl im Repräsentantenhaus als auch im Senat aufgeführt sein müssen)

**council**
Gemeinderat; Stadtrat; Versammlung

**Council of Economic Advisers**
Rat der drei Weisen (die drei Wirtschaftswissenschaftler, die den Präsidenten bei seinen Jahresberichten wirtschaftlich beraten)

**councilman**
Ratsmitglied; Stadtrat

**councilor**
Ratsmitglied; Stadtrat/Stadträtin

**counsel, right to**
siehe **right to counsel**

**counselor**
(*Jur*) Rechtsanwalt/
Rechtsanwältin;
Rechtsberater/in

**to count**
(*votes*) auszählen

**count**
1. (*Jur*) (*criminal law*) Anklagepunkt; (*civil law*) Anspruch;
2. (*of votes*) Auszählungsergebnis

**counterespionage**
Gegenspionage;
Spionageabwehr

**counterintelligence**
siehe **counterespionage**

**countervailing theory of pressure politics**
Bezeichnung für die Theorie, dass sich die Macht und der Einfluss der jeweiligen Interessenverbände durch ihren Wettbewerb untereinander die Waage halten

**country**
Land

**country, to run the**
das Land regieren

**country-club Republican**
siehe **Republican, country-club**

**county**
(Verwaltungs)Bezirk
(einer bundesstaatlichen Regierung unterstehende Verwaltungseinheit, die für gewöhnlich von einem gewählten Verwaltungsrat regiert wird)

**county board**
Verwaltungsrat eines
Verwaltungsbezirks

**county clerk**
gewählte/r Verwaltungsbeamte/-beamtin in einem
Verwaltungsrat

**county commissioner**
ein gewähltes Mitglied
des Verwaltungsrats einer
Bezirksregierung

**county committee**
der regierende Ausschuss einer politischen Partei in einem Verwaltungsbezirk eines Bundesstaates

**county court**
Amtsgericht

**county government**
Bezirksregierung

**county judge**
siehe **county commissioner**
(diese Bezeichnung für ein Ver-

waltungsratsmitglied ist in einigen Bundesstaaten gebräuchlich)

**court**
Gericht

**court, appellate**
siehe **appellate court**

**court-appointed attorney**
Pflichtverteidiger/in

**court case**
Gerichtsprozess

**court, county**
siehe **county court**

**court, divided**
eine Gerichtsentscheidung, die nur mit einer knappen Mehrheit gefällt wurde

**court, federal**
Bundesgericht

**court, federal district**
Bundesbezirksgericht
(ein Bundesgericht, dass die erstinstanzliche Zuständigkeit für die meisten Bundesgerichtssachen besitzt und Gerichtsverhandlungen mit Geschworenen und Zeugen durchführt; insgesamt gibt es 89 Bezirksgerichte in den 50 Staaten plus ein weiteres sowohl im District of Columbia als auch in Puerto Rico)

**court, higher**
höhere Instanz

**court, juvenile**
Jugendgericht

**court, kangaroo**
ein unechtes Gericht, in welchem die Rechtsprinzipien verspottet werden

**court, law**
siehe **court of law**

**court, lower**
untere Instanz

**court, military**
Militärgericht

**court of appeals**
Bundesberufungsgericht
(eines der zwölf Berufungsgerichte auf Bundesebene, die Berufungen von Fällen hören, die in **federal district courts** geführt wurden)

**court of first instance**
siehe **court of original jurisdiction**

**court of general jurisdiction**
Gericht allgemeiner Zuständigkeit
(ein Gericht, das die Gerichtshoheit für alle Fälle besitzt)

**court of justice**
siehe **court of law**

**court of last resort**
Gericht letzter Instanz; letztinstanzliches Gericht (Bezeichnung für ein Berufungsgericht wie den Obersten Gerichtshof)

**court of law**
Gericht; Gerichtshof

**court of law, to preside over a**
einem Gericht vorsitzen

**court of limited jurisdiction**
Gericht mit beschränkter Zuständigkeit
(ein Gericht, das nur für einen bestimmten Bereich, z.B. das Verkehrsrecht, zuständig ist)

**court of military appeals**
ein Gericht, das aus drei zivilen Richtern besteht, die vom Präsidenten mit Zustimmung des Senats für 15 Jahre berufen werden, um Entscheidungen des Militärgerichts zu überprüfen

**court of original jurisdiction**
Gericht erster Instanz

**court official**
Justizbeamter/-beamtin

**court, officer of the**
siehe **court official**

**court order**
gerichtliche Anweisung; Beschluss

**court packing**
(*hist*) der erfolglose Versuch des Präsidenten Franklin D. Roosevelt 1937, die Richterzahl am Obersten Gerichtshof heraufzusetzen

**court, probate**
Nachlassgericht

**court proceedings**
Gerichtsverfahren

**court, small claims**
ein Gericht, das Zivilrechtsverfahren behandelt, deren Streitwert unter $ 1.000 liegt

**court stripping**
einem Bundesgericht die Entscheidungsbefugnis entziehen und diese einem bundesstaatlichen Gericht übertragen

**court system**
Gerichtswesen; Justizsystem

**court, trial**
Prozessgericht

**courts, to have access to the**
Zugang zu den Gerichten haben

**courtesy**
Prinzip der gegenseitigen Rücksichtnahme; Kooperationswille im Kongress

**courtesy call**
der Brauch, dass ein vom

Präsidenten vorgeschlagener Amtsinhaber einzelne Senatoren besucht, damit sie ihn persönlich kennen lernen, bevor der Senat die Nominierung entgegennimmt

**cover**
eine sichere Position bezüglich einer Angelegenheit

**to cover-up**
(*truth, facts*) verheimlichen; vertuschen

**coverage**
Berichterstattung

**covert operations**
geheime Operationen

**CPI**
siehe **consumer price index**

**CPSC**
siehe **Consumer Product Safety Commission**

**CR**
siehe **continuing resolution**

**cracking**
siehe **gerrymandering, racial**

**creative federalism**
siehe **federalism, creative**

**credentials committee**
siehe **committee, credentials**

**credibility**
Glaubwürdigkeit

**credibility gap**
Glaubwürdigkeitslücke
(der Unterschied zwischen der Beschreibung bestimmter Vorkommnisse durch die Regierung und der Kenntnis der Öffentlichkeit von diesen Vorkommnissen durch die Medien)

**to credit**
1. als Verdienst anrechnen; Glauben schenken;
2. (*Fin*) gutschreiben

**credit**
1. Anerkennung; Ansehen; Ehre;
2. (*Fin*) Guthaben; Kredit

**creeping socialism**
siehe **socialism, creeping**

**crew**
(*mil*) Besatzung; Mannschaft

**crime**
Straftat; Verbrechen

**crime, to be charged with a**
einer Straftat beschuldigt werden

**crime, to be convicted of a**
wegen einer Straftat verurteilt werden

**crime, to commit a**
eine Straftat begehen

**criminal**
1. kriminell; verbrecherisch;
2. strafbar;
3. Verbrecher/in

**criminal case**
siehe **criminal trial**

**criminal justice**
Strafgerichtsbarkeit; Strafrechtspflege

**criminal law**
siehe **law, criminal**

**criminal proceedings**
siehe **criminal trial**

**criminal record**
Strafregister

**criminal record, to have a**
vorbestraft sein

**criminal suit**
siehe **suit, criminal**

**criminal trial**
Strafprozess; Strafverfahren; Strafverhandlung

**critical election**
siehe **election, critical**

**cross-section**
(*of the population*) Querschnitt

**crossfiling**
als Kandidat von mehr als einer Partei in den Vorwahlen aufgestellt werden

**crossover politician**
siehe **politician, crossover**

**crossover vote**
siehe **vote, crossover**

**crossovers**
Wähler, die an den Vorwahlen einer politischen Partei teilnehmen, die nicht ihre eigene ist, und dann zurückwechseln, um den Kandidaten ihrer eigenen politischen Partei bei den Präsidentschaftswahlen zu unterstützen; dies ist nur möglich in Bundesstaaten mit **open primaries**

**CRS**
siehe **Congressional Research Service**

**cruel and unusual punishment**
(*Const*) grausame und ungewöhnliche Strafe

**culpability**
Schuld

**culpable**
(*person*) schuldig;
(*action*) strafbar

**culpable, to hold someone**
jdn. für schuldig halten

**culpable negligence**
(*Jur*) grobe Fahrlässigkeit

**culprit**
Schuldige/r; Täter/in

**cultural pluralism**
siehe **pluralism, cultural**

**cumulative voting**
siehe **voting, cumulative**

**currency**
(*Fin*) Währung

**currency, to devaluate**
(*Fin*) eine Währung abwerten

**currency dealer**
(*Fin*) Devisenhändler/in

**currency fluctuation**
(*Fin*) Währungsschwankungen; Wechselkursschwankungen

**currency market**
(*Fin*) Devisenmarkt

**current**
1. aktuell; derzeitig; gegenwärtig;
2. Strömung; Tendenz; Trend

**current services estimates**
die Schätzungen der Exekutive hinsichtlich der Kosten von Regierungsprogrammen für die nächsten Rechnungsjahre

**to curtail**
(*wages*) herabsetzen; kürzen; (*spending*) kürzen

**custody**
siehe **detention**

**custody, to take someone into**
(*Jur*) jdn. festnehmen; jdn. in Gewahrsam nehmen; jdn. in Haft nehmen

**customs**
siehe **customs duty**

**customs, to pay**
Zoll zahlen

**customs court**
Zollgericht

**customs duty**
Zoll

**customs office**
Zollamt

**customs officer**
Zollbeamter/Zollbeamtin

**Customs Service**
Zollamt

**to cut**
(*prices, spending, taxes*) kürzen

**cuts**
Kürzungen

**cuts in prices**
Preissenkungen

**cuts in salary**
Gehaltskürzungen

**cuts in spending**
Ausgabenkürzungen

**cuts, selective**
selektive Kürzungen
(selektives Herausstreichen einiger Posten in einer Gesetzesvorlage, die sich mit Geldzuweisungen befasst, damit ihre Chancen, verabschiedet zu werden, steigen)

**cutting**
gegen einen Präsidentschaftskandidaten der eigenen Partei arbeiten und einen anderen Kandidaten unterstützen

**czar**
Zar
(Spitzname für einen hochrangigen Politiker oder Verwaltungsbeamten)

# D

**D**
Abkürzung für Demokrat („D-New York" bedeutet: ein demokratischer Senator oder ein demokratisches Mitglied des Repräsentantenhauses aus New York)

**Daily Digest**
der Abschnitt im hinteren Teil des **Congressional Record**, in dem die Verhandlungen im Plenarsaal des Repräsentantenhauses und Senats sowie in ihren jeweiligen Ausschüssen zusammengefasst werden

**damage control**
Schadensbegrenzung

**damages**
(*Jur*) Schadenersatz

**dance of the swans and the ducks**
wörtl.: Tanz der Schwäne und Enten
(humoristische Beschreibung der Hand- und Armbewegungen der Kongressmitglieder während einer Sitzung; wenn ein Kongressmitglied will, dass ein anderes Mitglied einer zur Abstimmung anstehenden Maßnahme durch Aufstehen zustimmt, dann macht er mit seinen Händen und Armen eine sanfte Aufwärtsbewegung wie ein „Schwan" zu Beginn seines Fluges; wenn ein Mitglied sitzen bleiben und gegen eine Maßnahme stimmen soll, dann werden die Hände und Arme nach unten gedrückt, wie eine tauchende „Ente")

**dark, to go**
keine bezahlte Werbung während eines Wahlkampfes durchführen

**dark horse**
wörtl.: dunkles Pferd
(Metapher für einen Überraschungskandidaten, der für ein politisches Amt nominiert wird)

**dark side of the moon**
(*derog*) Schattenseite des Mondes
(eine verächtliche Beschreibung einer Minderheitspartei im Repräsentantenhaus)

**day**
siehe **legislative day**

**day-to-day concerns of government**
die täglichen Regierungsgeschäfte

**de facto**
de facto; tatsächlich

**de facto segregation**
siehe **segregation, de facto**

**de jure**
(*Jur*) de jure; rechtlich betrachtet; von Rechts wegen

**de jure segregation**
siehe **segregation, de jure**

**DEA**
siehe **Drug Enforcement Administration**

**dead duck**
(*derog*) ein Politiker, der mit Sicherheit eine Niederlage erleiden wird

**dead legislation**
siehe **legislation, dead**

**dead on arrival**
wörtl.: tot bei Ankunft (Beschreibung für Gesetzesvorschläge des Weißen Hauses, die trotz starker und sehr geringer Chancen auf Billigung an den Kongress gesandt werden)

**deadline**
Frist; (letzter) Termin

**deadlock**
ausweglose Situation; festgefahrene Verhandlungen; Sackgasse; Stillstand; Stockung

**deadwood**
(*derog*) nutzlose/r Politiker/in

**deal**
Abkommen; Abmachung; Geschäft; Handel

**deal, to work out a**
ein Geschäft aushandeln

**dealignment**
ein Rückgang an Parteitreue und eine Zunahme an politischer Unabhängigkeit; vgl. **realignment**

**Dean of the House**
siehe **Father of the House**

**death, to sentence someone to**
die Todesstrafe verhängen

**death penalty**
Todesstrafe

**death penalty, to abolish the**
die Todesstrafe abschaffen

**death penalty, to carry out the**
die Todesstrafe vollstrecken

**death penalty, to impose the**
die Todesstrafe verhängen

**death row**
Todeszelle

**death row, to sit on**
auf den Vollzug der Todesstrafe warten; in der Todeszelle sitzen

**death sentence**
Todesurteil

**to debate**
beraten; debattieren; diskutieren

**debate**
Beratung; Debatte; Diskussion

**debate, to close the**
die Diskussion beenden

**debate, to open the**
die Diskussion eröffnen

**debate, freedom of**
siehe **freedom of debate**

**debate-ending motion**
siehe **motion, debate-ending**

**debate on basic issues**
Grundsatzdebatte

**debriefing**
Unterrichtung über die Verantwortung im Umgang mit streng geheimen Informationen und Geheimsachen

**debt**
Schulden

**debt limit**
Schuldengrenze
(die Gesamtsumme, die der Kongress der Bundesregierung als Anleihen oder Schulden gestattet)

**debts, to default on one's**
Zahlungsverpflichtungen nicht nachkommen; zahlungsunfähig werden

**decennial census**
siehe **census, decennial**

**decision**
(*Jur*) Beschluss; Entscheidung

**decision, to affirm a**
siehe **decision, to uphold a**

**decision, to alter a**
(*Jur*) eine Entscheidung ändern

**decision, to deliver a**
(*Jur*) eine Entscheidung fällen; ein Urteil fällen

**decision, to hand down a**
siehe **decision, to deliver a**

**decision, to override a**
(*Jur*) eine Entscheidung aufheben; eine Entscheidung für ungültig erklären

**decision, to overrule a**
siehe **decision, to override a**

**decision, to render a**
siehe **decision, to deliver a**

**decision, to reverse a**
(*Jur*) eine Entscheidung rückgängig machen

**decision, to review a**
(*Jur*) eine Entscheidung überprüfen

**decision, to uphold a**
(*Jur*) eine Entscheidung auf-

rechterhalten; eine Entscheidung bestätigen

**decision, to undo a**
siehe **decision, to override a**

**decision maker**
Entscheidungsträger
(die Personen, die die Entscheidungen in der Politik fällen)

**decision making**
Entscheidungsfindung

**decision-making powers**
Entscheidungsbefugnisse

**decision-making process**
Entscheidungsprozess

**decisional law**
siehe **law, judge-made**

**decisive**
ausschlaggebend; entscheidend; entschlussfreudig

**decisiveness**
entscheidende Bedeutung; Entschlossenheit

**Declaration of Independence**
(*hist*) US-Unabhängigkeitserklärung vom 4. Juli 1776

**declaration of war**
Kriegserklärung

**to decline**
1. (*offer*) ablehnen;
2. (*popularity*) abnehmen;
3. (*population*) abnehmen; zurückgehen;
4. (*prices*) fallen; sinken; zurückgehen;
5. (*importance*) geringer werden

**decompression**
das Depressions- und Angstgefühl, das einen Kandidaten nach einem hektischen Wahlkampf befällt

**decorum**
Anstand; Dekorum
(Anstandsregeln im Kongress, die besagen, dass nur ein Mitglied gleichzeitig reden kann, dass ein Mitglied nur sprechen kann, wenn es die Genehmigung dazu enthält, dass der Redner nicht unterbrochen wird etc.)

**to decry**
schlecht machen; verwerfen

**deep background**
siehe **background, deep**

**deep pockets**
wörtl.: tiefe Taschen
(Bezeichnung für Kandidaten für ein politisches Amt, die über so viel Geld aus Wahlkampfspenden verfügen, dass andere entmutigt werden, gegen sie zu kandidieren)

**deep throat**
Informant/in

**defamation**
Diffamierung; Verleumdung

**default**
(*Fin*) Säumnis; Versäumnis

**default of payment**
Zahlungsverzug

**defeat**
Niederlage;
(*motion, bill*) Ablehnung

**defeat, to concede**
eine Niederlage eingestehen

**defeat at the polls**
siehe **defeat in an election**

**defeat at the polls, to concede**
eine Wahlniederlage eingestehen

**defeat at the polls, to suffer**
siehe **defeated at the polls, to be**

**defeat, crushing**
vernichtende Niederlage

**defeat, decisive**
entscheidende Niederlage

**defeat in an election**
Wahlniederlage

**defeat, stunning**
überraschende Niederlage

**defeated at the polls, to be**
eine Wahlniederlage erleiden

**defeated in an election, to be**
siehe **defeated at the polls, to be**

**to defect**
(*from party*) sich absetzen; abtrünnig werden

**defection**
(*from party*) Abtrünnigkeit

**defector**
(*from party*) Abtrünnige/r

**to defend**
verteidigen

**defendant**
(*Jur*) (*civil law*) Beklagte/r;
(*criminal law*) Beschuldigte/r

**defender**
(*Jur*) Verteidiger/in

**defense**
1. Rechtfertigung;
2. Verteidigung

**defense budget**
Verteidigungshaushalt

**defense contract**
Rüstungsauftrag

**defense contract, to award a**
einen Rüstungsauftrag vergeben

**defense contractor**
Rüstungsunternehmen

**defense counsel**
(*Jur*) (*civil law*)
Prozessvertreter;
(*criminal law*) Strafverteidiger

**Defense Department**
siehe **Department of Defense**

**Defense, Department of**
siehe **Department of Defense**

**defense establishment**
Verteidigungseinrichtung

**defense expenditures**
Rüstungsausgaben;
Verteidigungsausgaben

**defense industry**
Rüstungsindustrie

**defense policy**
Verteidigungspolitik

**Defense, Secretary of**
siehe **Secretary of Defense**

**defense spending**
Rüstungsausgaben;
Verteidigungsausgaben

**defense witness**
(*Jur*) Zeuge/Zeugin der Verteidigung

**to defer**
siehe **to postpone**

**deferral**
siehe **impoundment**

**deficiency bill**
siehe **bill, deficiency**

**deficit**
Defizit

**deficit, to reduce the**
das Defizit verringern

**deficit, to run a**
ein Defizit haben

**deficit financing**
Defizitfinanzierung der Bundesregierung durch Geldanleihen bei der Bevölkerung

**deficit neutrality**
die Forderung, dass Ausgabesteigerungen durch Reduzierungen in anderen Bereichen ausgeglichen werden, sodass das Defizit nicht zunimmt

**deficit reduction**
Defizitabbau

**deficit spending**
siehe **deficit financing**

**defining moment**
der entscheidende Zeitpunkt in einem politischen Wahlkampf, zu dem die Öffentlichkeit die wichtigen Qualitäten eines Kandidaten deutlich erkennt

**deflation**
(*Fin*) Deflation

**degrees of amendment**
die Bezeichnung der Änderungsvorschläge zu einer Gesetzesvorlage: **first-degree amendments** beziehen sich unmittelbar auf den Text einer Vorlage, während **second-degree amendments** sich auf die Änderungsvorschläge zu einem Änderungsvorschlag beziehen

**delaying tactics**
Vezögerungstaktik
(Taktik, die von den Gegnern einer Gesetzesvorlage eingesetzt wird, um eine Vorlage zum Scheitern zu bringen; siehe **filibuster** und **quorum call**)

**to delegate**
(*person*) delegieren;
(*power, authority*) übertragen

**delegate**
1. Abgeordnete/r; Delegierte/r;
2. siehe **delegate, nonvoting**

**delegate convention**
Delegiertenversammlung

**delegate, nonvoting**
ein/e Delegierte/r ohne Stimmrecht
(Delegierte aus Guam, den Jungferninseln, dem District of Columbia und Amerikanisch-Samoa sind Mitglieder des Repräsentantenhauses, jedoch ohne Stimmrecht; siehe **resident commissioner**)

**delegate selection process**
die Methode, die die Demokraten und Republikaner anwenden, um Kandidaten auszuwählen, die sie zu ihren Nominierungsparteitagen schicken; in einigen Bundesstaaten werden die Delegierten durch Parteivorwahlen, in anderen durch Parteiversammlungen ausgewählt

**delegated powers**
siehe **powers, delegated**

**delegation**
Abordnung; Delegation

**delegation, to head a**
eine Delegation anführen

**delegation, to lead a**
siehe **delegation, to head a**

**delegation, head of a**
Delegationsleiter/in

**delegation, leader of a**
siehe **delegation, head of a**

**delegation of power**
siehe **power, delegation of**

**to deliberate**
(*bill*) beraten

**deliberation**
(*of a bill*) Beratung

**deliberative assembly**
siehe **deliberative body**

**deliberative body**
Beirat; Beratungsgremium

**to deliver**
(*decision*, *opinion*) fällen; (*speech*) halten; (*ultimatum*) stellen

**delivering**
die Beschaffung von Stimmen, die nötig sind, um eine Wahl zu gewinnen

**demagogic**
demagogisch

**to demagogue it**
(*derog*) einen übertriebenen Standpunkt gegenüber einer Angelegenheit vertreten, ohne sie wirklich zu stützen

**demagogue**
Demagoge/Demagogin; Volksverführer/in

**demagogy**
Demagogie

**demand**
(*Econ*) Nachfrage

**demilitarized zone**
(*mil*) entmilitarisierte Zone

**democracy**
Demokratie

**democracy, to defend**
Demokratie verteidigen

**democracy, to secure**
Demokratie sichern

**democracy, constitutional**
konstitutionelle Demokratie (ein Regierungssystem, bei dem die Regierungsbefugnisse durch die Verfassung begrenzt sind)

**democracy, direct**
direkte Demokratie (ein Regierungssystem, in dem Entscheidungen direkt vom Volk statt von gewählten Volksvertretern getroffen werden)

**democracy, economic**
ökonomische Demokratie (die Gleichheit wirtschaftlicher Rechte auf eine wirtschaftlich angemessene Wohnung, auf einen entsprechenden Arbeitsplatz etc. in einer Demokratie)

**democracy, Jacksonian**
(*hist*) die die Gleichheit aller Menschen unterstützende Bestrebung in der amerikanischen Politik und im sozialen Leben, die mit der Wahl von Andrew Jackson zum Präsidenten im Jahre 1828 einsetzte; im Rahmen dieser Bemühungen wurde die Vorstellung von einer Aristokratie verworfen und die Regierung durch das Volk unterstützt; vgl. **democracy, Jeffersonian**

**democracy, Jeffersonian**
(*hist*) Thomas Jeffersons Ideale einer Regierung mit eingeschränkten Kompetenzen angeführt von einer Aristokratie in einem Agrarstaat mit einer starken bundesstaatlichen Regierung und einer relativ schwachen Bundesregierung; vgl. **democracy, Jacksonian**

**democracy, participatory**
die direkte Einbeziehung von einzelnen Personen und Gruppen in die Entscheidungsprozesse der Regierung

**democracy, pluralistic**
pluralistische Demokratie (ein demokratisches System wie in den USA, wo unterschiedliche Gruppen und Institutionen über einen gewissen Zeitraum regieren, um die Interessen des gesamten Landes zu fördern)

**democracy, representative**
repräsentative Demokratie

**democrat**
eine Person, die an demokratische Prinzipien glaubt

**Democrat**
Demokrat/in
(Mitglied der Demokratischen Partei)

**Democrat, yellow dog**
(*derog*) ein Demokrat, der so loyal ist, dass er sogar für einen „gelben Hund“ stimmen würde, wenn dieser für die Partei kandidieren würde

**democratic**
demokratisch

**Democratic caucus**
siehe **caucus, Democratic**

**democratic coalition**
die sozialen, wirtschaftlichen, regionalen, religiösen und ethnischen Gruppen, die die Stimmmacht der Demokratischen Partei ausmachen

**democratic government**
demokratische Regierung (jede Regierungsform, die imstande ist, die Wünsche des Volkes in politische Inhalte umzusetzen)

**Democratic-led House**
siehe **House, Democratic-led**

**Democratic National Committee**
siehe **national committee**

**Democratic Party**
Demokratische Partei

**Democratic State Committee**
siehe **state committee**

**Democratic Steering and Policy Committee**
Lenkungs- und Politikausschuss

(der Name der Demokratischen Partei für das **Committee on Committees**)

**Democratic Study Group**
Politischer Gestaltungsausschuss der Demokratischen Partei

**to democratize**
demokratisieren

**demonstration**
Demonstration; Kundgebung

**demonstrator**
Demonstrant/in

**Dems**
Abkürzung für Demokraten

**denomination**
1. Bezeichnung;
2. Konfession

**to denounce**
anprangern; anzeigen; denunzieren; verurteilen

**denunciation**
1. Anprangerung; Denunzierung; Verurteilung;
2. siehe **censure**

**department**
1. Ministerium;
2. Regierungszweig (Exekutive, Legislative oder Judikative);
3. Abteilung

**department head**
1. Minister/in eines Bundesministeriums;
2. Abteilungsleiter/in

**Department of Agriculture**
Landwirtschaftsministerium

**Department of Commerce**
Wirtschaftsministerium; Handelsministerium

**Department of Defense**
Verteidigungsministerium (besteht aus dem Heer, der Marine und der Luftwaffe, denen jeweils ein ziviler Minister vorsteht, der dem Verteidigungsministerium unterstellt ist)

**Department of Education**
Bildungsministerium

**Department of Energy**
Energieministerium

**Department of Health and Human Services**
Gesundheitsministerium

**Department of Housing and Urban Development**
Bundesbauministerium

**Department of Justice**
Justizministerium

**Department of Labor**
Arbeitsministerium

**Department of State**
Außenministerium;
Auswärtiges Amt

**department of the Air Force**
Luftwaffenabteilung im Verteidigungsministerium

**department of the Army**
Heeresabteilung im Verteidigungsministerium

**Department of the Interior**
Innenministerium

**department of the Navy**
Marineabteilung im Verteidigungsministerium

**Department of the Treasury**
Finanzministerium

**Department of Transportation**
Verkehrsministerium

**to deperk**
politischen Amtsinhabern besondere Privilegien abnehmen; vgl. **perk**

**to deploy**
(*troops, weapons*) aufstellen; einsetzen

**deployment**
(*of troops, weapons*)
Aufstellung; Einsatz

**to depork**
finanzielle Vergünstigungen aufheben; vgl. **pork barrel**

**to deport**
(*Jur*) abschieben; deportieren

**deportation**
(*Jur*) Abschiebung; Deportation

**depression**
Depression (im Sinne von Wirtschaftskrise)

**deputy**
Stellvertreter/in

**deregulation**
Deregulierung;
Wettbewerbsfreiheit

**to derive from something**
beruhen auf; stammen von

**desecration**
Entweihung; Schändung

**desegregation**
Aufhebung der Rassentrennung (Entscheidung des Obersten Gerichtshofes von 1954, *Brown v Board of Education*)

**to design**
(*bill*) entwerfen

**to designate**
ausersehen; benennen;
ernennen

**desk**
1. der Schreibtisch des Vorsitzenden im Senat

und Repräsentantenhaus;
2. der für einen Senator vorgesehene Sitz und Schreibtisch im Plenarsaal des Senats

**desk, to be held at the**
Beschreibung für eine Gesetzesvorlage, die nach ihrer Verabschiedung durch das Repräsentantenhaus noch nicht an den zuständigen Ausschuss im Senat weitergeleitet wurde, sondern im Eingangsbüro des Senats liegen geblieben ist

**détente**
Entspannungspolitik

**detention**
(*Jur*) Festnahme; Haft

**detention, place of**
(*Jur*) Justizvollzugsanstalt

**deterrence**
Abschreckung

**deterrent**
Abschreckungsmittel

**devaluation**
1. (*Fin*) Abwertung;
2. (*pol*) die Abwertung eines ehemals als politisch wichtig angesehenen Standpunktes

**developing country**
Entwicklungsland

**development aid**
siehe **foreign aid**

**deviating election**
siehe **election, deviating**

**DHHS**
siehe **Department of Health and Human Services**

**dictator**
Diktator

**dignitary**
Würdenträger/in

**dilatory motion**
Verzögerungsantrag
(ein legislativer Antrag, der das Ziel verfolgt, Zeit zu schinden und die Weiterleitung einer Gesetzesvorlage zu verhindern)

**dilatory tactics**
Verzögerungstaktik

**to dilute**
(*influence*) abschwächen; mildern

**diplomacy**
Diplomatie

**diplomat**
Diplomat/in

**diplomatic immunity**
siehe **immunity, diplomatic**

**diplomatic level**
siehe **level, diplomatic**

**diplomatic privileges and immunities**
diplomatische Privilegien und Immunität
(die besonderen Rechte, die Diplomaten gewährt werden, zu denen insbesondere die Immunität gegenüber dem Straf- und Zivilgesetz des Landes, in dem sie ihren Dienst leisten, gehört)

**diplomatic recognition**
diplomatische Anerkennung
(die Herstellung formeller diplomatischer Beziehungen mit einer anderen Regierung)

**diplomatic relations**
diplomatische Beziehungen

**diplomatic relations, to break off**
diplomatische Beziehungen abbrechen

**diplomatic relations, to maintain**
diplomatische Beziehungen unterhalten

**diplomatic relations, to reestablish**
diplomatische Beziehungen wieder aufnehmen

**diplomatic relations, to resume**
siehe **diplomatic relations, to reestablish**

**diplomatic relations, to sever**
siehe **diplomatic relations, to break off**

**diplomatic relations, to take up**
diplomatische Beziehungen aufnehmen

**diplomatic service**
siehe **foreign service**

**direct democracy**
siehe **democracy, direct**

**direct election**
siehe **election, direct**

**direct initiative**
siehe **initiative, direct**

**direct legislation**
siehe **legislation, direct**

**direct mail**
Direktpost
(Post, die direkt an die Wähler geschickt wird, um ihre Unterstützung für einen politischen Kandidaten zu erhalten oder um finanzielle Mittel zur Unterstützung des Wahlkampfes aufzutreiben)

**direct patronage**
siehe **patronage, direct**

**direct tax**
siehe **tax, direct**

**dirty dozen**
(*derog*) die alljährlich erstellte Liste von Kongressmitgliedern, die die schlechteste Umweltpolitik betreiben

**dirty tricks**
(*derog*) schmutzige Tricks (1. die verdeckten Aktionen des Geheimdienstes; 2. unehrliche taktische Maßnahmen während eines politischen Wahlkampfes, um den Gegner zu diskreditieren)

**disability**
1. Arbeitsunfähigkeit;
2. Behinderung

**the disabled**
siehe **the physically challenged**

**the disadvantaged**
die Benachteiligten

**disaffection with politics**
Politikentfremdung

**to disagree**
nicht einverstanden sein;
nicht übereinstimmen;
sich nicht einig sein

**disappearing quorum**
siehe **quorum, disappearing**

**disapproval**
Missbilligung

**to disapprove**
missbilligen

**to disarm**
abrüsten

**disarmament**
Abrüstung

**disarmament agreement**
Abrüstungsabkommen

**disarmament negotiations**
Abrüstungsverhandlungen

**disarmament talks**
Abrüstungsgespräche

**disarmament talks, to conduct**
Abrüstungsgespräche führen

**disarmament talks, to resume**
Abrüstungsgespräche wieder aufnehmen

**disaster area**
Katastrophengebiet

**disaster relief**
Katastrophenhilfe

**to discharge**
(*a committee*) gesetzgeberische Aufgaben von einem Ausschuss wegnehmen;
(*a committee member*) die Zuteilung eines Kongressmitglieds zu einem Ausschuss zurücknehmen

**discharge**
siehe **petition, discharge**

**discharge calendar**
siehe **calendar, discharge**

**discharge of conferees**
eine Regel des Repräsentantenhauses, derzufolge die Ernennung von Mitgliedern eines Vermittlungsausschusses zurückgenommen und gesetzgeberische Aufgaben von diesem Ausschuss weggenommen werden dürfen

**discharge petition**
siehe **petition, discharge**

**discharge resolution**
siehe **resolution, discharge**

**discharge rule**
siehe **petition, discharge**

**discipline**
die Kompetenz einer Partei, ihre Mitglieder durch Strafandrohung auf Parteilinie zu halten

**to disclose**
aufdecken; offenbaren; offenlegen

**disclosure**
Aufdeckung; Offenlegung

**discount rate**
Diskontsatz
(Zinssatz, zu dem Banken Geldbeträge für kurze Zeiträume von der **Federal Reserve Bank** leihen können)

**to discredit**
diskreditieren; in Misskredit bringen; in Verruf bringen

**discretionary appropriation**
siehe **appropriation, discretionary**

**discretionary authority**
die Befugnis ernannter Beamter, Entscheidungen zu treffen, dic gesetzlich nicht abgedeckt sind

**discretionary powers**
siehe **discretionary authority**

**discretionary recognition**
die Befugnis des Vorsitzenden im Repräsentantenhaus oder Senat, die Bitte eines Mitglieds um Redeerlaubnis abzulehnen

**discrimination**
Diskriminierung

**discriminatory tariff**
siehe **tariff, discriminatory**

**to discuss**
(*bill*) behandeln; beraten

**discussion**
(*of a bill*) Behandlung; Beratung

**to disfranchise**
das Wahlrecht entziehen

**disfranchisement**
Entzug des Wahlrechts

**disinformation**
bewusste Verbreitung falscher Informationen über eine ausländische Regierung, um sie zu diskreditieren

**to dismiss**
entlassen; (*case*) ablehnen; abweisen

**disorder**
1. Unruhen;
2. Durcheinander; Unordnung

**disorderly words**
Wörter oder Ausdrücke, die im Widerspruch zu den Regeln und Praktiken des Repräsentantenhauses oder Senats stehen

**dispute**
Auseinandersetzung; Disput; Kontroverse; Streit

**to disregard**
ignorieren; nicht beachten; nicht berücksichtigen

**disregard**
Missachtung; Nichtbeachtung

**disruption**
Störung; Unterbrechung

**to dissent**
anderer Meinung sein; differieren

**dissent**
Gegenstimme; Meinungsverschiedenheit

**dissenter**
Abweichler/in

**dissenting opinion**
siehe **opinion, dissenting**

**dissident (person)**
Andersdenkende/r; Dissident/in; Regimekritiker/in

**dissident opinion**
siehe **opinion, dissenting**

**distinctive**
unverkennbar; unverwechselbar

**distinguished**
„ehrwürdig“
(die Art und Weise, in der über US-Senatoren gesprochen wird)

**district**
Bezirk; Kongresswahlbezirk; Gerichtsbezirk; Wahlbezirk

**district attorney**
(*Jur*) Staatsanwalt/Staatsanwältin

**district attorney's office**
(*Jur*) Staatsanwaltschaft

**district, banner**
der Wahlbezirk, aus dem ein Kandidat den höchsten Prozentsatz von Stimmen erhält

**district, benefit**
die Methode der Finanzierung öffentlicher Bauten, indem man diejenigen zahlen lässt, die direkt davon „profitieren“

**district boundary lines**
siehe **state legislative district lines**

**district, competitive**
ein Wahlbezirk, in dem die Siegesspanne geringer als 60 % ist

**district, congressional**
Kongresswahlbezirk; Wahlbezirk für den Kongress (jeder Bundesstaat besteht aus einer nach Einwohnerzahl festgelegten Anzahl von Wahlbezirken)

**district, to redraw a congressional**
einen Wahlbezirk für den Kongress neu einteilen

**district cracking**
das Neueinrichten von Wahlbezirken, um die Wähler zu trennen und die Parteistärke zu teilen

**district days**
1. die beiden Tage pro Monat, der zweite und der vierte Montag, an denen die Angelegenheiten des District of Columbia bevorzugt im Repräsentantenhaus behandelt werden;
2. die Tage, die ein Kongressmitglied in seinem Wahlbezirk und nicht in Washington verbringt

**district election**
eine Wahl, bei der ein Kandidat nur für die Wähler eines Wahlbezirks zur Wahl steht; z.B. Wahlen für das Repräsentantenhaus; vgl. **elected at large, to be**

**district judge**
siehe **judge, district**

**district lines, congressional**
die Grenzen für die Kongresswahlbezirke

**district, majority-minority**
ein Wahlbezirk, in dem eine Minderheit in der Mehrheit ist und dadurch reelle Gewinnchancen bei einer Wahl hat

**district, marginal**
ein Wahlbezirk, in dem die Mehrheit bei einer einzigen Partei liegt

**district, multimember**
ein Wahlbezirk, aus dem mehr als ein Kandidat in die Legislative entsandt wird (z.B. um die Sitze in einem Gemeinderat zu

besetzen); vgl. **district, single-member**

**District of Columbia**
der Regierungssitz der USA (wird für gewöhnlich mit Washington, D.C. bezeichnet)

**District of Columbia Committee**
Ausschuss für die Belange des District of Columbia (Nonmajor Committee im Repräsentantenhaus)

**district office**
ein zweites Büro, das ein Kongressmitglied in seinem Wahlbezirk unterhält

**district, open**
ein Wahlbezirk, in dem der Amtsinhaber nicht zur Wiederwahl antritt

**district packing**
das Neuziehen von Wahlbezirksgrenzen, um so viele Mitglieder der eigenen Partei wie möglich einzuschließen

**district, shoestring**
ein Wahlbezirk, der aufgrund von Wahlkreisschiebungen lang- und schmalgezogen wie ein Schnürsenkel ist

**district, silk stocking**
ein Wahlbezirk, in dem vorwiegend Reiche leben

**district, single-member**
ein Wahlbezirk, aus dem nur ein Senator oder Abgeordneter in den Kongress entsandt wird oder nur ein Gesetzgeber in die bundesstaatliche Legislative; vgl. **district, multimember**

**district, special**
eine Einheit auf Kommunalregierungsebene, die gebildet wird, um eine spezielle Dienstleistung bereitzustellen, z.B. Feuerschutz, Bodenschutz, Wasser und Kanalisation

**district work period**
siehe **district days 2**

**disturbances**
Unruhen

**diversity case**
(*Const*) ein Gerichtsfall, der Bürger unterschiedlicher Bundesstaaten betrifft; gemäß Artikel III, Absatz 2 der US-Verfassung liegt die Zuständigkeit in solchen Fällen bei den Bundesgerichten

**diversity of citizenship**
siehe **diversity case**

**divided court**
siehe **court, divided**

**divided government**
siehe **government, divided**

**division of a question for voting**
die Aufteilung eines Änderungsvorschlags zu einer Gesetzesvorlage in zwei oder mehr Teile, sodass über jeden Teil separat abgestimmt werden kann

**division of bills for referral**
siehe **referral, split**

**division vote**
siehe **vote, division**

**divisive**
strittig; umstritten

**DNC**
siehe **Democratic National Committee**

**do gooders**
(*derog*) politische und soziale Reformer

**docket**
(*Jur*) Liste der anhängigen Prozesse; Terminkalender

**doctrinal party**
siehe **party, doctrinal**

**doctrine**
Doktrin

**DOD**
siehe **Department of Defense**

**DOE**
siehe **Department of Energy** und **Department of Education**

**dogfight**
(*fig*) eine intensive politische Konfrontation

**DOI**
siehe **Department of the Interior**

**DOL**
siehe **Department of Labor**

**dollar diplomacy**
(*derog*) die Ausweitung amerikanischer Geschäfte in Übersee

**Dome, under the**
Kapitol
(die weiße Kuppel des Kapitols, unter der der Kongress residiert)

**Domestic**
Inland-; Innen-; innenpolitisch; innere

**Domestic Council**
Gegenstück zum **National Security Council**; es wurde 1970 gegründet, um Empfehlungen der US-Innenpolitik zu formulieren und zu koordinieren

**domestic disorder**
innere Unruhen

**domestic market**
Inlandsmarkt

**domestic policy**
Innenpolitik

**domestic tranquility, to ensure**
(*Const*) den Frieden im Inland sichern

**domicile**
Domizil; Wohnsitz

**dominant**
dominierend; mächtig; vorherrschend

**to donate**
(*money*) spenden

**donation**
(*money*) Spende

**donkey**
Esel
(Symbol der Demokratischen Partei)

**donor**
(*money*) Spender/in

**DOT**
siehe **Department of Transportation**

**double jeopardy**
(*Const*) doppelte Strafverfolgung eines Täters wegen derselben Tat
(der Fünfte Verfassungszusatz regelt, dass niemand zweimal wegen desselben Vergehens vor Gericht gestellt werden kann)

**double rider**
im Wahlkampf zwei Parteien finanziell unterstützen, um einen politischen Einfluss zu garantieren

**dove**
(*derog*) Taube
(Gesetzgeber, der gegen militärische Interventionen und Rüstungsausgaben ist; vgl. **hawk**)

**downsizing**
(*Fin*) Personalabbau
(Abbau von Arbeitsplätzen innerhalb eines Betriebes, um die Produktion und die Profite zu erhöhen)

**to draft**
(*amendment, bill*) entwerfen; (*mil*) einberufen; einziehen

**draft**
(*amendment, bill*) Entwurf; (*mil*) Einberufung zum Wehrdienst

**draft dodger**
(*mil*) Kriegsdienstverweigerer; Wehrdienstverweigerer

**draft evader**
siehe **draft dodger**

**draft opinion**
siehe **opinion, draft**

**drafted, to be**
(*mil*) einberufen werden

**draftee**
(*mil*) Wehrpflichtige/r

**to draw**
(*pension, benefits*) bekommen; beziehen; erhalten

**drive**
Aktion; Kampagne

**drop-by**
das kurze Erscheinen eines Politikers bei einer Veranstaltung, die dem Auftreiben finanzieller Mittel dient

**Drug Enforcement Administration**
Rauschgiftbehörde
(sammelt Informationen über die Herstellung von und den Handel mit Narkotika im In- und Ausland)

**drug trafficking**
(*Jur*) Rauschgifthandel

**DSG**
siehe **Democratic Study Group**

**dual citizenship**
doppelte Staatsbürgerschaft

**dual federalism**
siehe **federalism, dual**

**dual sovereignty**
siehe **federalism, dual**

**to duck an issue**
die Antwort auf eine politisch wichtige Frage vermeiden oder ihr ausweichen

**due process of law**
(*Const*) ordentliches Gerichtsverfahren
(das vom Fünften, Sechsten und Vierzehnten Verfassungszusatz garantierte Recht, dass niemand ohne ordentlichen Gerichtsprozess seines Lebens, seiner Freiheit oder seines Besitzes beraubt werden darf)

**dugout session**
siehe **session, dugout**

**dumping**
die Befreiung von einem politischen Kandidaten, der sich als unpopulär erwiesen hat

**duress**
(*Jur*) Nötigung; Zwang

**duty**
Zoll

**duty free**
zollfrei

**duty free goods**
zollfreie Waren

# E

**e pluribus unum**
„aus vielen [Menschen] eine [Einheit]"
(Motto auf dem großen Siegel der Vereinigten Staaten)

**early deciders**
Wähler, die sich bereits in einer frühen Phase des Wahlkampfes für einen Kandidaten entscheiden

**early money**
Geld, das zu einem frühen Zeitpunkt in einem Wahlkampf gespendet wird und dem Kandidaten dazu verhilft, Zeit zu gewinnen, um seine Strategie zu planen; vgl. **late money**

**early returns**
siehe **flash returns**

**early voting**
Stimmabgabe vor dem eigentlichen Wahltag
per Briefwahl

**to earmark funds**
Gelder für ein bestimmtes Projekt oder einen bestimmten Zweck vorsehen oder bereitstellen

**to earn interest**
(*Fin*) Zinsen bringen

**earned income**
Arbeitseinkommen

**earnings**
Einkommen; Einkünfte; Einnahmen; Gewinn; Ertrag; Erträge

**East Front**
Ostseite
(die Seite des Kapitols, die auf die Kongressbibliothek und den Obersten Gerichtshof blickt)

**economic**
1. ökonomisch; wirtschaftlich;
2. Konjunktur-; Wirtschafts-

**economic activity, decline in**
siehe **economic slowdown**

**economic activity, falling**
siehe **economic slowdown**

**economic agreement**
Wirtschaftsabkommen

**economic crime**
siehe **white-collar crime**

**economic crisis**
Wirtschaftskrise

**economic democracy**
siehe **democracy, economic**

**economic distress**
wirtschaftliche Sorgen

**economic downturn**
Konjunkturabschwächung

**economic growth**
Wirtschaftswachstum

**economic indicators**
Wirtschaftsindikatoren (wirtschaftliche Daten, die aufgrund einer Beobachtung des Arbeitsmarktes, des Einkommens, der Ersparnisse, des Bauwesens etc. gewonnen werden)

**economic message**
jährlicher Wirtschaftsbericht des Präsidenten vor dem Kongress zur Beschäftigungssituation, Produktion, Kaufkraft und Inflations- bzw. Deflationsrate

**economic nationalism**
der Versuch, ein Land von anderen Nationen unabhängig zu machen, sodass es keiner Importe oder Exporte bedarf

**Economic Opportunity Act of 1964**
(*hist*) das zentrale Gesetz, auf dem das Arbeitsförderungsprogramm von Lyndon B. Johnson basierte

**economic outlook**
Konjunkturaussichten

**economic policy**
Wirtschaftspolitik

**economic power**
Wirtschaftsmacht

**economic program**
Wirtschaftsprogramm

**economic recession**
siehe **recession**

**economic recovery**
siehe **economic upturn**

**economic relations**
Wirtschaftsbeziehungen

**economic sanctions**
Wirtschaftssanktionen

**economic situation**
Wirtschaftslage

**economic slowdown**
Konjunkturflaute; Konjunkturrückgang

**economic stimulus**
Konjunkturbelebung

**economic summit**
siehe **world economic summit**

**economic system**
Wirtschaftssystem

**economic trend**
Konjunkturverlauf; Wirtschaftsverlauf

**economic upturn**
Konjunkturaufschwung;

Wirtschaftsaufschwung

**economic upswing**
siehe **economic upturn**

**economic warfare**
der Einsatz der Wirtschaft, um nationale politische Ziele zu erreichen

**ecological system**
Ökosystem

**economy**
Konjunktur; Wirtschaft

**economy, to improve the**
die Konjunktur ankurbeln

**economy, to stimulate the**
siehe **economy, to improve the**

**edge**
siehe **margin**

**edict**
Erlass

**education**
Bildung; Erziehung

**Education and Labor Committee**
Ausschuss für Bildung und Arbeit
(Major Committee im Repräsentantenhaus)

**Education, Department of**
siehe **Department of Education**

**Education, Secretary of**
siehe **Secretary of Education**

**EEOC**
siehe **Equal Employment Opportunity Commission**

**efficacy, external**
die Annahme, dass das politische System auf alles, was die Bürger tun, reagiert

**efficacy, internal**
Vertrauen in die eigene Fähigkeit, politische Angelegenheiten zu verstehen und an ihnen teilzunehmen

**efficacy, political**
politische Wirksamkeit
(die Überzeugung der Bürger, dass sie am politischen System teilhaben können und dass das politische System auf ihre Teilhabe reagiert)

**effect, to go into**
in Kraft treten; rechtskräftig werden

**effect, to take**
siehe **effect, to go into**

**effective date**
Teil einer Gesetzesklausel, der festlegt, wann das gesamte Gesetz oder einzelne Teile davon in Kraft treten

**effective parity**
siehe **parity, effective**

**Eighteenth Amendment**
(*Const*) Achtzehnter Verfassungszusatz
(ein 1919 angenommener Zusatzartikel zur US-Verfassung, der den Verkauf und Verbrauch von Alkohol verbot und damit die rechtliche Grundlage der Prohibition darstellte; später aufgehoben durch den **Twenty-First Amendment)**

**Eighth Amendment**
(*Const*) Achter Verfassungszusatz
(Zusatzartikel zur US-Verfassung von 1791 als Teil des Menschenrechtskatalogs, der übertrieben hohe Kautionen, Geldstrafen sowie grausame und ungewöhnliche Strafmaßnahmen verbietet)

**Eisenhower Doctrine**
(*hist*) Eisenhower-Doktrin
(die Grundsatzerklärung der USA im Jahre 1957, die besagte, dass die USA Gewalt anwenden würden, um die Unabhängigkeit jedes Landes im mittleren Osten, das Hilfe gegen einen kommunistischen Angreifer benötigt, sicherzustellen)

**elastic clause**
siehe **necessary and proper clause**

**the elderly**
Alte; Betagte

**to elect**
wählen

**electability**
die realistische Erfolgsperspektive eines Kandidaten

**elected at large, to be**
eine Wahl, bei der ein Kandidat für alle Wähler eines Bundesstaates für eine Legislative zur Wahl steht, z.B. Senatswahlen; vgl. **district election**

**elected representative**
gewählter Volksvertreter

**election**
Wahl

**election, to be up for**
zur Wahl aufgestellt sein;
zur Wahl stehen

**election, to conduct an**
siehe **election, to hold an**

**election, to do well in an**
in einer Wahl gut abschneiden

**election, to hold an**
eine Wahl durchführen

**election, to lose an**
eine Wahl verlieren

**election, to rig an**
eine Wahl fälschen;
Wahlfälschung begehen

**election, to run in an**
bei einer Wahl kandidieren

**election, to tamper with an**
siehe **election, to rig an**

**election, to win an**
eine Wahl gewinnen

**election board**
Wahlbehörde
(Behörde, die die Stimmenauszählung der verschiedenen Wahlbezirke erhält, sie tabellarisch aufzeichnet und den Gewinner offiziell bestätigt)

**election, by-**
Nachwahl

**election campaign**
Wahlkampagne; Wahlkampf

**election, challenging an**
siehe **election, contesting an**

**election committee**
Wahlkampfausschuss

**election contest**
Wahlkampf

**election, contested**
umstrittene Wahl
(1. eine Kontroverse um den Sitz eines neu gewählten Mitglieds in Repräsentantenhaus oder Senat, z.B. wenn sich das Mitglied in der Vergangenheit etwas zuschulden kommen ließ;
2. eine Wahl, bei der mehr als eine Person behauptet, gewonnen zu haben)

**election, contesting**
eine Wahl, bei der mehr als ein Kandidat auf dem Stimmzettel aufgeführt ist und damit zur Wahl steht

**election, contesting an**
Wahlanfechtung

**election, critical**
eine Wahl, in der sich eine neue politische Orientierung formt oder bei der es zu einer erheblichen Verschiebung des Wahlverhaltens kommt

**election day**
Wahltag

**election defeat**
siehe **defeat in an election**

**election, deviating**
eine Wahl, bei der eine neue politische Partei gewinnt, nicht aufgrund einer Verschiebung des Wahlverhaltens, sondern weil diese Partei neue Vorstel-

lungen einbringt oder weil es zu einer vorübergehenden Interessenänderung gekommen ist

**election, direct**
Direktwahl
(des Präsidenten durch das Volk, die in Wählerstimmen statt in Wahlmännerstimmen gezählt wird; vgl. **election, indirect**)

**election event**
Wahlveranstaltung

**election fraud**
Wahlbetrug; Wahlfälschung

**election fraud, to commit**
eine Wahl fälschen; Wahlfälschung begehen

**election, general**
Präsidentschafts-, Kongress-, Bundesstaats- und Kommunalwahlen in einer Wahl, die einmal alle vier Jahre stattfindet

**election, indirect**
indirekte Wahl
(des Präsidenten durch ein Wahlmännergremium, die in Wahlmännerstimmen statt in Wählerstimmen gezählt wird; vgl. **election, direct**)

**election judges**
lokale Beamte, die die Abstimmung bei den Wahlen überwachen

**election, loser of an**
Wahlverlierer/in

**election, maintaining**
eine Wahl, die das bestehende Unterstützungsmuster für eine politische Partei bestätigt

**election, midterm**
Kongresswahl in der Mitte der vierjährigen Amtszeit des Präsidenten

**election night**
Wahlnacht

**election, nonpartisan**
siehe **nonpartisan election**

**election, off-year**
Kongresswahl in einem Jahr, in dem keine Präsidentschaftswahl stattfindet

**election official**
Wahlleiter/in

**election, outcome of an**
siehe **election result**

**election platform**
Wahlprogramm

**election pledge**
siehe **election promise**

**election, popular**
siehe **election, direct**

**election poster**
Wahlplakat

**election precinct**
siehe **precinct**

**election procedure**
siehe **election process**

**election process**
Wahlverfahren

**election promise**
Wahlversprechen

**election rally**
Wahlversammlung

**election, realigning**
eine Wahl, bei der die Wähler ihre ständige Unterstützung und Loyalität zu Ungunsten der amtierenden Mehrheitspartei ändern; die Folge ist, dass die Oppositionspartei gewinnt und zur neuen Mehrheitspartei wird

**election reform**
Wahlreform

**election regulations**
Wahlbestimmungen;
Wahlordnung

**election result**
Wahlausgang; Wahlergebnis

**election, result of an**
siehe **election result**

**election returns**
Wahlergebnis

**election, runoff**
siehe **runoff election**

**election, second**
zweite Wahl
(1. nach der Wahl in ein Amt findet eine zweite Wahl statt, wenn der Gewählte für ein weiteres Amt, in dem er eine Führungsposition ausübt, vorgesehen ist;
2. das Urteil der Kollegen, dem Kongressmitglieder nach ihrer Wahl ausgesetzt sind)

**election, special**
außerordentliche Wahl

**election ticket**
Kandidatenliste; Wahlliste

**election trail**
siehe **campaign trail**

**election turnout**
Wahlbeteiligung

**election victory**
Wahlsieg

**election, winner of an**
Wahlsieger/in

**election year**
Wahljahr

**to electioneer**
die Wähler bearbeiten;
um Stimmen werben

**electioneerer**
Stimmenwerber/in

**electioneering**
Stimmenwerbung

**elective office**
ein Amt, das durch eine Wahl besetzt wird

**elector**
1. ein/e Wahlberechtigte/r;
2. Wahlmann
(eines der 538 Mitglieder des **electoral college** von dem erwartet wird, dass es für den Präsidentschaftskandidaten stimmt, nachdem dieser Kandidat die Mehrheit der Stimmen im Bundesstaat des Wahlmannes erhalten hat)

**elector, faithless**
treuloser Wahlmann
(ein Mitglied des **electoral college**, das eine Präsidentschaftsstimme für jemanden anders als den Sieger im Bundesstaat des Wahlmannes abgibt; wenn ein Präsidentschaftskandidat die Mehrheit der Wählerstimmen in einem bestimmten Bundesstaat erhält, erhält er auch alle Wahlmännerstimmen dieses Staates; diese Stimmen werden von den Wahlmännern dieses Bundesstaates abgegeben, die der Partei gegenüber Treue geschworen haben)

**electoral**
Wahl-; Wähler-

**electoral college**
Wahlmännergremium;
Wahlmännerkollegium
(die 538 Wahlmänner, die den Präsidenten und den Vizepräsidenten am ersten Montag nach dem zweiten Mittwoch im Dezember eines Präsidentschaftswahljahres offiziell wählen; in jedem Bundesstaat gibt es so viele Wahlmänner, wie der Bundesstaat Vertreter in den Kongress entsendet; 538 Wahlmänner entsprechen 100 Senatoren, plus 435 Abgeordneten plus 3 Wahlmänner aus dem District of Columbia (Washington, D.C.), da dieser Distrikt im Kongress nicht vertreten ist; die Kandidaten gewinnen entweder alle Wahlmännerstimmen oder keine in einem gegebenen Bundesstaat (**winner take[s] all**); die Präsidentschafts- und Vizepräsidentschaftskandidaten, die eine Mehrheit der Wahlmännerstimmen erhalten (270 von 538), gewinnen die Präsidentschaftswahl; mit nur wenigen Ausnahmen (1800, 1824, 1876 und 2000) erhalten die Kandidaten, die die Mehrheit der Wahlmännerstimmen bekommen, auch die Mehrheit der Wählerstimmen)

**electoral college majority, to gain an**
eine Mehrheit aller Wahlmännerstimmen erhalten

**electoral college strategy**
siehe **battleground states**

**electoral consent**
Zustimmung der Wähler

**electoral decision**
Wählerentscheidung

**electoral district**
siehe **district, congressional**

**electoral engineer**
Organisator/in von Wahlen

**electoral freedom**
Wahlfreiheit

**electoral intervention**
Eingreifen der Wähler (in die Politikgestaltung)

**electoral law**
Wahlgesetz

**electoral mandate**
Wählerauftrag

**electoral map**
eine Karte, die die Verteilung der Wahlmännerstimmen auf die Bundesstaaten zeigt

**electoral outcome**
siehe **election result**

**electoral politics**
Wahlpolitik

**electoral preference**
Vorlieben der Wähler

**electoral procedure**
Wahlverfahren

**electoral process**
siehe **electoral procedure**

**electoral realignment**
Neuordnung der politischen Loyalitäten der Wähler

**electoral register**
Wählerregister; Wählerverzeichnis

**electoral roll**
siehe **electoral register**

**electoral sanction**
siehe **electoral consent**

**electoral sentiment**
(politische) Einstellung der Wähler

**electoral strategy**
Wahlstrategie

**electoral system**
Wahlsystem

**electoral victory**
siehe **election victory**

**electoral votes**
Wahlmännerstimmen

(die Stimmen, die von den Wahlmännern des **electoral college** für den Präsidenten und Vizepräsidenten abgegeben werden; die Gesamtzahl der Wahlmännerstimmen beträgt 538, wobei 270 ausreichen, um die Wahl zu gewinnen)

**electorate**
Wählerschaft

**electronic voting**
siehe **voting, electronic**

**elephant**
Elefant
(Symbol der Republikanischen Partei)

**Eleventh Amendment**
(*Const*) Elfter Verfassungszusatz
(ein 1798 angenommener Zusatzartikel zur US-Verfassung, der besagt, dass Bundesgerichte nicht befugt sind, in einer Sache zu verhandeln, die von einer Person oder von Bürgern anderer Nationen gegen einen Bundesstaat vorgebracht werden)

**Eleventh Commandment**
die politische Maxime, dass Republikaner, die bei den Vorwahlen gegeneinander antreten, von persönlichen Attacken gegenüber Mitgliedern der eigenen Partei absehen sollten

**eligibility**
Anspruch; Berechtigung

**eligible voter**
Wahlberechtigte/r

**elite**
Individuen, die einen unverhältnismäßig großen Einfluss auf die Gestaltung der politischen Inhalte oder die einen unverhältnismäßig hohen Anteil an Reichtum und Macht besitzen

**emancipation**
Emanzipation
(1. (*slaves*) Befreiung aus einem Zustand der Abhängigkeit;
2. (*minorities, women*) Gleichstellung; Selbstständigkeit)

**Emancipation Proclamation**
(*hist*) die formale Erklärung von Präsident Lincoln im Jahre 1863, dass alle Sklaven aus Bundesstaaten unter Kontrolle der Unions-Armee sofort ihre Freiheit erlangen sollen; die Sklaverei wurde später durch den Dreizehnten Verfassungszusatz aus dem Jahr 1865 abgeschafft

**embargo**
Embargo

**embargo, to impose an**
ein Embargo verhängen

**embassy**
Botschaft

**to embezzle**
unterschlagen; veruntreuen

**embezzlement**
Geldveruntreuung;
Unterschlagung;
Veruntreuung

**embezzler**
Veruntreuer/in

**emergency appropriation**
siehe **appropriation, emergency**

**emergency measure**
Notmaßnahme
(ein Gesetz, das umgehend in Kraft treten muss, um soziale Missstände abzuwenden)

**emergency meeting**
Krisensitzung

**emergency powers**
Befugnisse im Falle einer Krise
(gemäß Artikel II, Absatz 2 und 3 der US-Verfassung: Befugnisse, die der Kongress dem Präsidenten im Falle einer Krise für eine begrenzte Zeitspanne verleiht)

**emigrant**
Auswanderer/Auswanderin;
Emigrant/in

**to emigrate**
auswandern; emigrieren

**emigration**
Auswanderung; Emigration

**éminence grise**
Graue Eminenz
(eine Person, die die Regierung aus dem Hintergrund kontrolliert)

**eminent domain, right of**
(*Const*) Enteignungsrecht des Bundes
(laut dem Fünften Verfassungszusatz darf der Bund Besitz für die Zwecke der Allgemeinheit enteignen und den Eigentümern eine Entschädigung für den Wert des Besitzes erstatten)

**emissary**
Abgesandte/r; Emissär/in

**employee**
Arbeitnehmer/in

**employer**
Arbeitgeber/in

**employment**
Anstellung; Arbeit;
Beschäftigung

**employment market**
Arbeitsmarkt

**employment office**
Arbeitsamt

**employment parity**
siehe **parity, employment**

**empowerment**
Ermächtigung

**en bloc**
Beschreibung für mehrere Änderungsvorschläge zu einer Gesetzesvorlage, die zusammen zur Verabschiedung vorgesehen sind

**enabling act**
ein Gesetz, dass Städten oder Distrikten „ermöglicht", sich in bestimmten Programmen zu engagieren

**enabling legislation**
siehe **legislation, enabling**

**to enact**
(*law*) erlassen

**to enact a bill (into law)**
siehe **law, to enact a**

**enacting clause**
Einführungsformel eines Gesetzes

**enactment**
1. Gesetz; Verfügung; Verordnung;
2. (*of law*) Erlass

**enactment date**
siehe **effective date**

**enclave**
Enklave

**enclave strategy**
die Bestreitung eines Wahlkampfes nur in einer sicheren und kontrollierten Umgebung, um politische Fehler zu vermeiden; bei einem amtierenden Präsidenten wird diese Strategie als **rose garden strategy** bezeichnet

**to endorse**
(*candidate*) fördern; unterstützen;
(*bill, motion*) befürworten; unterstützen

**endorsement**
(*of candidate*) Förderung; Unterstützung;
(*of bill, motion*) Befürwortung; Unterstützung

**endowment**
Stiftung; Stiftungsgelder

**Energy and Commerce Committee**
Ausschuss für Energie und wirtschaftliche Zusammenarbeit
(Major Committee im Repräsentantenhaus)

**Energy and Natural Resources Committee**
Ausschuss für Energie und Naturschätze
(„A" Committee im Senat)

**energy conservation**
Energieeinsparung

**Energy, Department of**
siehe **Department of Energy**

**Energy, Secretary of**
siehe **Secretary of Energy**

**to enforce**
durchführen; durchsetzen; (*one's rights*) eigene Rechte geltend machen

**to enforce the law**
ein Gesetz durchsetzen; für die Einhaltung der Gesetze sorgen

**enforcement**
(*of law, policy*) Durchführung; Durchsetzung; Vollstreckung

**to enfranchise**
das Wahlrecht verleihen

**enfranchisement**
Verleihung des Wahlrechts

**to engineer**
(*election, campaign*) organisieren

**engross**
siehe **en bloc**

**engrossed bill**
siehe **bill, engrossed**

**to enlist**
(*mil*) sich freiwillig zum Wehrdienst melden

**enlisted man**
(*mil*) Unteroffizier

**enlistment**
(*mil*) Eintritt; Meldung

**enrolled voter**
registrierte/r Wähler/in

**ensuing**
folgend; nachfolgend

**to ensure**
gewährleisten; sichern

**to enter**
(*race*) sich beteiligen an

**enterprise**
Unternehmen

**enterprise zone**
ein Gebiet mit hoher Arbeitslosigkeit und Armut, das Steuerbegünstigungen vom Bundesstaat erhält, um Handel und Industrie anzulocken

**entitlement**
siehe **entitlement program**

**entitlement, appropriated**
ein Berechtigungsprogramm, das nicht permanent, sondern durch jährliche Zuteilungen finanziert wird

**entitlement program**
Berechtigungsprogramm (Regierungsprogramm, das Gelder in Form von Sozialhilfe,

Medicaid, Medicare u.ä. für Anspruchsberechtigte bereithält)

**entrapment**
(*Jur*) Anstiftung einer Person zu einer Straftat

**to entrench**
(*fig*) verschanzen

**entrenched, to become**
(*fig*) sich festsetzen; sich verwurzeln; verankern

**entrenchment**
(*fig*) Verschanzung

**entrepreneur**
Unternehmer/in

**entry into office**
Amtsantritt

**enumerated powers**
siehe **powers, enumerated**

**environment**
Umwelt

**Environment and Public Works Committee**
Ausschuss für Umwelt und Bundesbauvorhaben („A" Committee im Senat)

**environmental policy**
Umweltpolitik

**environmental protection**
Umweltschutz

**Environmental Protection Agency**
Umweltschutzbehörde

**environmentalist**
Umweltschützer/in

**envoy**
Abgesandte/r

**EOP**
siehe **Executive Office of the President**

**EPA**
siehe **Environmental Protection Agency**

**equal**
gleich

**Equal Employment Opportunity Commission**
Behörde für die Gleichberechtigung am Arbeitsplatz

**equal opportunity**
Chancengleichheit

**equal protection of laws**
(*Const*) gleicher Rechtsschutz (der Vierzehnte Verfassungszusatz verbietet Bundesstaaten, ihren Einwohnern den gleichen Schutz des Gesetzes zu verweigern)

**equal representation**
gleiche Vertretung
(jeder Bundesstaat ist mit zwei Senatoren im Senat vertreten)

**equal rights**
Gleichberechtigung

**equal rights, to have**
gleichberechtigt sein

**equal-time provision**
Vorkehrung für gleiche Redezeiten
(Bestimmung, die regelt, dass Kandidaten, die ein öffentliches Amt anstreben, gleich lange Zeiten erhalten, um ihr politisches Programm in Fernsehen oder Radio vorzustellen)

**equal-time rule**
siehe **equal-time provision**

**equal treatment**
Gleichbehandlung

**equalitarianism**
Theorie von der Gleichheit aller Menschen

**equality**
Gleichheit

**equality of the houses**
(*Const*) die Gleichheit, die beiden Kammern des Kongresses in Hinblick auf das Erlassen von Gesetzen gegeben wird

**equally divided**
Beschreibung dafür, dass Gruppen im Kongress die gleiche Redezeit gewährt wird, wenn für die Diskussion einer Angelegenheit eine begrenzte Zeit festgesetzt ist

**equity**
(*Jur*) Billigkeitsrecht
(wird in Fällen angewandt, für die Urteile in früheren, analogen Fällen als zu streng oder als unangemessen erachtet werden)

**equivalent question**
eine Situation, in der die Ablehnung einer Frage zur Zustimmung ihres Gegenteils führt

**to escalate**
eskalieren

**escalation**
(*mil*) Eskalation; Konfliktausweitung

**espionage**
Spionage

**establishment**
diejenigen, die innerhalb der Gesellschaft die Macht innehaben

**establishment clause**
(*Const*) der Anfang des Ersten Verfassungszusatzes, der besagt, dass der Kongress kein Gesetz zur „Einführung einer Religion“ erlassen darf und der die Trennung von Kirche und Staat festlegt

**estate duty**
Erbschaftsteuer

**ethics codes**
moralischer Kodex (Verhaltenskodex für Kongressmitglieder in Bezug auf ihre Tätigkeiten)

**Ethics Committee**
Ethikausschuss („C“ Committee im Repräsentantenhaus)

**ethics rules**
siehe **ethics codes**

**event**
siehe **political event**

**evidence**
(*Jur*) Beweis; Beweismaterial; Beweismittel

**evidence, to tamper with**
(*Jur*) Beweise verfälschen

**evidence, circumstantial**
(*Jur*) Indizienbeweise

**evidence, incriminating**
(*Jur*) belastender Beweis

**ex officio**
von Amts wegen

**ex parte**
siehe **ex parte proceeding**

**ex parte proceeding**
(*Jur*) „ein Gerichtsverfahren seitens [nur] einer Partei“ (ein gerichtliches Verfahren von und für eine Partei, ohne Anfechtung durch eine gegnerische Partei)

**ex post facto law**
siehe **law, ex post facto**

**to exacerbate**
(*problem*) vergrößern; (*situation*) verschärfen

**to exceed**
überschreiten; übersteigen; übertreffen

**excess**
(*Fin*) Überschuss

**excess campaign funds**
überschüssige Gelder nach einem Wahlkampf

**excess profits tax**
siehe **tax, excess profits**

**exchange rate**
(*Fin*) Wechselkurs

**excise tax**
siehe **tax, consumption**

**exclusion**
die Verweigerung eines Kongresssitzes für eine gewählte oder ernannte Person, weil sie nicht die verfassungsmäßigen Qualifikationen besitzt oder weil das Wahlergebnis ungültig ist

**exclusionary rule**
(*Jur*) Ausschlussregel (eine Vorschrift, die besagt, dass illegal beschlagnahmte Beweise nicht vor Gericht benutzt werden dürfen, da dies gegen den Vierten Verfassungszusatz verstößt)

**exclusive committee**
siehe **committee, exclusive**

**exclusive jurisdiction**
siehe **jurisdiction, exclusive**

**exclusive powers**
siehe **powers, exclusive**

**to execute**
(*plan*) ausführen; durchführen; (*duty*) erfüllen; (*criminal*) hinrichten; (*law*) vollstrecken

**execution**
(*plan*) Ausführung; Durchführung; (*criminal*) Exekution; Hinrichtung; (*law*) Vollstreckung; Vollziehung

**executive**
1. (*branch of government*) Exekutive;
2. (*company*) Führungskraft; leitende/r Angestellte/r; Manager/in

**executive action**
die Vollziehung eines bereits verabschiedeten Gesetzes durch die Exekutive

**executive agreement**
Vereinbarung zwischen dem Präsidenten und anderen Ländern, die nicht der Zustimmung des Senats bedarf; siehe auch **presidential agreement** und **congressional-executive agreement**

**executive branch of government**
Exekutive

**executive business**
Angelegenheiten im Senat, die den Präsidenten betreffen (wie z.B. die Bestätigung von Ernennungen oder das Ratifizieren von Verträgen)

**executive calendar**
siehe **calendar, executive**

**executive communication**
eine Mitteilung an den Kongress vom Präsidenten oder von einem anderen Beamten der Exekutive, die gesetzlich erforderliche Vetos oder andere Berichte enthält

**executive department**
jede Behörde der Bundesregierung auf Kabinettsebene

**executive document**
jedes schriftliche Dokument, normalerweise ein Staatsver-

trag, das vom Präsidenten zur Prüfung oder Genehmigung an den Kongress gesandt wird

**Executive Office of the President**
Exekutivbehörde
(Behörde mit den engsten Mitarbeitern des Präsidenten)

**executive order**
Anweisung der Exekutive
(jede Vorschrift oder Verordnung, die vom Präsidenten, einem Gouverneur oder einer Verwaltungsbehörde erlassen wurde und die wie ein Gesetz wirkt)

**executive pardon**
siehe **pardon, executive**

**executive, plural**
jede politische Vereinbarung, bei der mindestens zwei Personen die Exekutivmacht teilen

**executive power**
Exekutivgewalt
(die Vollziehung von Gesetzen durch die Exekutive)

**executive privilege**
Vorrecht der Exekutive
(dem Kongress oder seinen Ausschüssen und den Gerichten Informationen vorenthalten, um geheime Absprachen innerhalb der Exekutive treffen zu können oder die nationalen Interessen zu schützen)

**executive session**
1. Sitzung des Senats, in der er sich mit Angelegenheiten der Exekutive befasst (siehe **executive business**);
2. Sitzung eines Ausschusses eines der beiden Häuser des Kongresses unter Ausschluss der Öffentlichkeit an der nur die Mitglieder des betreffenden Hauses teilnehmen dürfen

**executive summary**
eine kurze Beschreibung eines umfangreicheren Berichtes mit in der Regel mehr als 100 Seiten

**to exempt someone from something**
jdn. von etw. befreien

**exemption**
siehe **congressional exemption**

**exemption from taxes**
Steuerbefreiung

**to exercise**
(*authority, influence, power*) ausüben; (*rights*) wahrnehmen

**to exert**
(*authority*) einsetzen;
(*force*) anwenden; gebrauchen;
(*pressure*) ausüben

**to exile**
ins Exil schicken; verbannen

**exile**
Exil

**exit polling**
siehe **polls, exit**

**exit polls**
siehe **polls, exit**

**expatriation**
Ausbürgerung

**expedient**
Hilfsmittel

**to expedite**
beschleunigen; vorantreiben

**expedited procedures**
beschleunigtes Verfahren (Verfahren, die der relativ schnellen Behandlung bestimmter Maßnahmen dienen, z.B. Fristen, die von einem Ausschuss gesetzt werden)

**expenditures**
Ausgaben

**expense allowance**
Aufwandsentschädigung

**expert**
Experte/Expertin; Fachmann/Fachfrau

**expert testimony**
(*Jur*) Sachverständigengutachten

**expert witness**
(*Jur*) Gutachter; Sachverständige/r

**expertise**
Fachkenntnisse; Sachverstand

**to expire**
(*time limit*) ablaufen

**explanation, attitudinal**
die Annahme, dass Kongressmitglieder einer Gesetzesvorlage oder einem Änderungsvorschlag zu einer Gesetzesvorlage zustimmen, weil dies mit ihren persönlichen Wünschen in Einklang steht

**explanation, organizational**
die Annahme, dass Kongressmitglieder einer Gesetzesvorlage oder einem Änderungsvorschlag zu einer Gesetzesvorlage zustimmen, weil sie anderen Kongressmitgliedern einen Gefallen tun wollen

**explanation, representational**
die Annahme, dass Kongressmitglieder einer Gesetzesvorlage oder einem Änderungsvorschlag zu einer Gesetzesvorlage zustimmen, weil sie sich bei ihren Wählern beliebt machen oder wieder gewählt werden wollen

**explanatory statement**
eine Erklärung, die einem Ausschussbericht an das Repräsen-

tantenhaus oder den Senat mitgegeben wird und in der eine Empfehlung zur Gesetzgebung abgegeben wird

**export**
Ausfuhr; Export

**export duty**
Ausfuhrzoll

**exposure**
das öffentliche Bewusstsein der politischen Position eines Politikers

**expressed powers**
siehe **powers, expressed**

**expropriation**
Enteignung
(die Konfiskation privaten Eigentums durch die Regierung, die einen Teil des Wertes erstatten kann, aber nicht muss)

**expulsion**
Ausweisung; Vertreibung
(ein Kongressmitglied mit einer 2/3 Mehrheit seiner Kongresskammer aus dem Amt entfernen)

**expunging from the Record**
das Entfernen von Bemerkungen, die die Regeln des Repräsentantenhauses oder des Senats verletzen, wie z.B. Flüche, pornographische Inhalte etc., aus dem **Congressional Record**

**extended debate**
langandauernde Debatte
(Euphemismus für eine Dauerrede im Senat)

**extended opinion**
siehe **opinion, extended**

**extension of remarks**
Informationen eines Kongressmitglieds, die dem **Congressional Record** hinzugefügt werden; diese Informationen werden nicht im Kongress vorgestellt, sondern sind vor allem für die Wählerschaft des Kongressmitglieds als Kommentar gedacht

**external efficacy**
siehe **efficacy, external**

**extortion**
Erpressung; Erzwingung

**extradition**
Auslieferung

**extradition treaty**
Auslieferungsvertrag

# F

**fact-finding committee**
siehe **committee, investigating**

**fact-finding trip**
siehe **junket**

**face-time**
die Zeit, in der ein Kandidat oder Politiker im nationalen Fernsehen zu sehen ist

**to facilitate**
erleichtern

**facilitator**
Macher
(ein Politiker, der Dinge ans Laufen bringt)

**faction**
1. (Partei)Gruppe;
2. interne Unstimmigkeiten; Parteizwistigkeiten

**factional**
parteiintern

**facts**
(*Jur*) Sachverhalt

**facts and figures**
Fakten und Zahlen

**factual**
auf Tatsachen beruhend; tatsächlich

**factual error**
Sachfehler

**factual question**
Sachfrage

**to fail**
fehlschlagen; misslingen; scheitern

**fair campaign practices**
Wahlkampfpraktiken ohne Verletzung der Legalität oder ethischer Prinzipien

**Fair Deal**
(*hist*) Präsident Trumans innenpolitische Programme als Fortsetzung von Roosevelts **New Deal**

**fair employment practice laws**
Gesetze zur Gleichstellung in der Arbeitswelt

**fair housing laws**
Gesetze, die Diskriminierung bei Verkauf, Miete und Finanzierung von Häusern verbieten

**fairness doctrine**
eine durch den **Communications Act of 1934** festgelegte Politik, derzufolge Radio- und Fernsehsendungen alle Aspekte wichtiger öffentlicher Probleme darstellen sollen und Kandidaten gleichberechtigte Möglichkeiten der Mediendarstellung

gewährt werden müssen; siehe **equal-time provision**

**fait accompli**
vollendete Tatsache

**faithless elector**
siehe **elector, faithless**

**fallback position**
1. bei politischen Verhandlungen eine Position, die eingenommen werden muss, nachdem man einen früheren Standpunkt aufgegeben hat;
2. (*mil*) eine Verteidigungsposition, die eingenommen wird, nachdem eine ursprüngliche Position überrannt wurde

**fallout**
eine negative Reaktion auf eigene Handlungen oder Bemerkungen

**family law**
Familienrecht

**family policy**
Familienpolitik (Gesetzgebung, die die Rolle von Frauen als Mütter und Mitglieder der arbeitenden Bevölkerung betrifft)

**farewell address**
Abschiedsrede (einer politischen Persönlichkeit)

**farewell speech**
siehe **farewell address**

**farm bloc**
demokratische und republikanische Kongressmitglieder, die ländliche Bundesstaaten repräsentieren und Gesetze für Farmer unterstützen

**farm parity**
siehe **parity, farm**

**fat cats**
bedeutende finanzielle Förderer politischer Maßnahmen und Bestrebungen

**fat money**
Geld für eine **pork barrel** Gesetzesvorlage oder einen entsprechenden Finanztopf

**Father of the House**
inoffizieller Titel für den dienstältesten Abgeordneten im Repräsentantenhaus

**favor**
1. Gefallen; Gefälligkeit;
2. Vergünstigung

**favorable legislation**
siehe **legislation, favorable**

**favorite son**
wörtl.: Lieblingssohn (der führende Politiker eines Bundesstaates, normalerweise ein Gouverneur, dessen Name

von einem Mitglied der Delegation seines Bundesstaates auf die Nominierungsliste für die Präsidentschaftswahl gesetzt wird)

**favorite son candidate**
siehe **favorite son**

**FBI**
siehe **Federal Bureau of Investigation**

**FCC**
siehe **Federal Communications Commission**

**FDA**
siehe **Food and Drug Administration**

**FDIC**
siehe **Federal Deposit Insurance Corporation**

**FEC**
siehe **Federal Election Commission**

**FECA**
siehe **Federal Election Campaign Act of 1972**

**the Fed**
siehe **Federal Reserve System**

**federal**
Bundes-

**federal agency**
Bundesbehörde

**federal aid**
Bundeszuschuss

**federal analogy**
die unrichtige Analogie, die hergestellt wird, wenn man die Beziehung zwischen den Bundesstaaten und der Bundesregierung sowie die Beziehung zwischen kommunalen Regierungen und Bundesstaaten vergleicht; die Beziehung zwischen einem Bundesstaat und der Bundesregierung ist „federal“ und in der US-Verfassung definiert, während die Beziehung zwischen den Kommunen und Bundesstaaten „unitary“ ist (siehe **unitary state**), was bedeutet, dass die kommunalen Regierungen nur die Befugnisse haben, zu der sie von den bundesstaatlichen Gesetzen her befugt sind

**federal assistance programs**
finanzielle Unterstützungsprogramme der Bundesregierung für die kommunalen und bundesstaatlichen Regierungen

**federal authority**
siehe **federal agency**

**federal bench**
siehe **bench, federal**

**Federal Bureau of Investigation**
1. US-Bundeskriminalpolizei;

2. Zentrale der US-Bundeskriminalpolizei

**federal candidate**
ein Präsidentschafts- oder Kongresskandidat

**federal cash**
Bundesgelder;
Regierungsgelder

**Federal Communications Commission**
Bundesbehörde für das Fernmeldewesen
(die unabhängige Bundesbehörde, die 1934 gegründet wurde, um die Information per Radio und Fernsehen zwischen den Bundesstaaten und Nationen zu regeln)

**federal constitution**
siehe **constitution, federal**

**federal court**
siehe **court, federal**

**federal court of appeals**
siehe **court of appeals**

**federal debt**
der Schuldenbetrag der Bundesregierung

**Federal Deposit Insurance Corporation**
Bundesanstalt zur Versicherung von Einlagen bei Kreditinstitutionen
(die 1933 gegründete Bundesbehörde, die das Vertrauen der Öffentlichkeit in Banken sichert, in dem sie eine Versicherungsdeckung für Bankeinlagen bereitstellt)

**federal district court**
siehe **court, federal district**

**Federal Election Campaign Act of 1972**
entscheidendes Reformgesetz, das die Finanzierung von Wahlkämpfen auf Bundesebene radikal änderte

**Federal Election Commission**
Bundeswahlaufsichtsbehörde

**federal funds rate**
(*Fin*) der Zinssatz, zu dem Banken sich untereinander auf kurzfristiger Basis Gelder leihen

**federal government**
Bund; Bundesregierung;
nationale Regierung;

**federal governmental level**
Bundesregierungsebene;
nationale Regierungsebene

**federal grant**
siehe **federal aid**

**federal judge**
siehe **judge, federal**

**federal law**
siehe **law, federal**

**federal level**
siehe **level, federal**

**federal money**
siehe **federal cash**

**federal office**
siehe **federal agency**

**Federal Open Market Committee**
das Gremium, das aus den sieben „governors" des **Federal Reserve System** und den fünf der zwölf Direktoren der Bundeszentralbanken besteht, die dazu beitragen, das Wirtschaftssystem der USA zu stabilisieren

**federal question**
(*Jur*) ein Aspekt einer vor einem Bundesgericht verhandelten Rechtsangelegenheit, bei dem es um Rechte oder Privilegien geht, die von der US-Verfassung oder Bundesgesetzen garantiert werden

**federal question jurisdiction**
(*Jur*) die Bundesbezirksgerichten erteilte Befugnis, in Rechtsangelegenheiten zu entscheiden, die Verfassungsfragen aufwerfen

**Federal Reserve**
siehe **Federal Reserve System**

**Federal Reserve Bank**
Bundeszentralbank; Notenbank (siehe **Federal Reserve System)**

**Federal Reserve Board**
Zentralbankrat
(das aus sieben „governors" bestehende Gremium des **Federal Reserve System**, das vom Präsidenten ernannt und vom Senat bestätigt ist)

**Federal Reserve Chairman**
Notenbankchef; Notenbankpräsident

**Federal Reserve Notes**
von den Bundeszentralbanken in der Form von Bundesobligationen und Goldzertifikaten herausgegebene Währung

**Federal Reserve System**
Bundeszentralbanksystem
(das öffentlich-private Banksystem der USA, das aus zwölf Bundeszentralbanken und sieben „governors" besteht, die vom Präsidenten ernannt und von Senat bestätigt werden; das FRS legt die politische Strategie der Banken fest und beeinflusst die Höhe der Kredite und der im Umlauf befindlichen Zahlungsmittel)

**federal spending**
Bundesausgaben

**federal suit**
siehe **suit, federal**

**federal system**
(*Jur*) Bundessystem
(das Rechtssystem der Vereinigten Staaten im Unterschied zu den Rechtssystemen der einzelnen Bundesstaaten)

**Federal Trade Commission**
Bundeskartellamt
(eine unabhängige Aufsichtsbehörde, die 1914 gegründet wurde, um unfaire und betrügerische Handelspraktiken zu verhindern und dafür zu sorgen, dass der Handel ohne Einschränkungen durch Monopole frei abläuft)

**federalese**
siehe **gobbledygook**

**federalism**
Zentralismus
(Regierungssystem mit einer starken Zentralregierung)

**federalism, cooperative**
kooperativer Zentralismus
(Vereinbarungen zwischen den Regierungen auf kommunaler, bundesstaatlicher und nationaler Ebene, die Verantwortung für die Bereitstellung von Dienstleistungen für die Bürger zu teilen; wird seit den 1930er Jahren praktiziert)

**federalism, creative**
(*hist*) kreativer Zentralismus
(Zentralismusbegriff unter der Regierung Johnsons in den 1960er Jahren, der besagt, dass die Bundesregierung die Bundesstaaten nur dann unterstützt, wenn diese sich nach den nationalen Programmen zur Beseitigung von Armut u.ä. richten)

**federalism, dual**
zweifacher Zentralismus
(Verteilung der Regierungsbefugnisse auf Bund und Bundesstaaten)

**federalism, fiscal**
fiskaler Zentralismus
(die fiskalpolitischen Beziehungen zwischen den Regierungseinheiten im Bundessystem)

**federalism, horizontal**
horizontaler Zentralismus
(die gegenseitige Beziehung der einzelnen Bundesstaaten in der Union)

**federalism, layer-cake**
die traditionelle Sichtweise des „federalism", derzufolge die drei Regierungsebenen getrennt bleiben sollen; vgl. **federalism, marble-cake**

**federalism, marble-cake**
die Sichtweise des „federalism", derzufolge die drei Regierungszweige zusammenarbeiten und ihre Aktivitäten miteinander verbinden

sollen; vgl. **federalism, layer-cake**

**federalism, new**
(*hist*) neuer Zentralismus
(1. unter Nixon bezeichnete dieser Begriff ein eher traditionelles Regierungssystem, bei dem die Bundesstaaten von der Bundesregierung nicht durch **grants-in-aid**, sondern durch **revenue sharing** unterstützt werden sollten;
2. unter Reagan bezeichnete dieser Begriff ein Regierungssystem, das die Regierung dezentralisiert und den Bundesstaaten mehr finanzielle Mitbestimmung gibt)

**federalism, picket fence**
das Konzept, demzufolge Bürokraten auf verschiedenen Regierungsebenen (wie z.B. auf Bundes-, bundesstaatlicher und Kommunalebene) eine erhebliche Macht über Regierungsprogramme ausüben

**federalism, vertical**
vertikaler Zentralismus
(die Interaktion zwischen den Bundesstaaten und der Bundesregierung; im Gegensatz zum „horizontal federalism“ zwischen den Bundesstaaten, impliziert „vertical federalism“ eine Hierarchie zwischen der Bundesregierung und den Bundesstaaten)

**Federalist Papers**
(*hist*) Kommentar zur US-Verfassung und zu den dahinter stehenden politischen Theorien, von Alexander Hamilton, James Madison und John Jay geschrieben und in der Zeit von 1787-1788 veröffentlicht (ursprünglich in Form von Zeitungsartikeln, um New York dazu zu bewegen, die US-Verfassung zu ratifizieren)

**Federalist Party**
(*hist*) die erste amerikanische politische Partei, die während der Amtszeit von Präsident George Washington mit der Unterstützung von Alexander Hamilton und John Adams gebildet wurde; die Partei setzte sich für die Ausweitung der Macht der Bundesregierung, einschließlich der Einrichtung einer Nationalbank ein, was zu einem Dissens mit dem „antifederalist“ Thomas Jefferson führte; die Federalist Party entwickelte sich später zur Whig Party und schließlich zur Republican Party

**Federalists**
(*hist*) Vertreter einer starken Zentralregierung beim Verfassungskonvent von 1787; vgl. **Antifederalists**

**feeding frenzy**
(*derog*) der nicht zu stillende Hunger der Presse, unnach-

giebig über ein Thema zu berichten

**felony**
(*Jur*) Schwerverbrechen

**fence, to sit on the**
hinsichtlich einer Angelegenheit unentschieden sein

**fence sitter**
eine Person, die hinsichtlich einer Angelegenheit unentschieden ist

**FICA tax**
siehe **tax, FICA**

**fiduciary**
1. (*pol*) ein Amtsinhaber, der bei einer Abstimmung so handelt, wie er glaubt, dass seine Wähler handeln würden;
2. (*Fin*) Treuhänder; Vermögensverwalter

**fief**
Machtbereich

**fiefdom**
das Personal und der Zuständigkeitsbereich eines Unterausschussvorsitzenden

**field hearings**
Ausschuss- oder Unterausschussanhörungen, die außerhalb von Washington durchgeführt werden

**Fifteenth Amendment**
(*Const*) Fünfzehnter Verfassungszusatz
(ein 1870 angenommener Zusatzartikel zur US-Verfassung, der einem Bundesstaat untersagt, einem Bürger aufgrund seiner Rasse, Hautfarbe oder Dienstunterworfenheit, das Wahlrecht abzusprechen)

**Fifth, to take the**
(*Jur*) die Aussage verweigern (sich auf den Fünften Verfassungszusatz berufen, der besagt, dass man das Recht hat, eine Aussage zu verweigern, die einen selbst belastet)

**Fifth Amendment**
(*Const*) Fünfter Verfassungszusatz
(Zusatzartikel zur US-Verfassung von 1791 als Teil des Menschenrechtskatalogs, der Individuen bestimmte Rechte einräumt, wenn sie eines Kapitalverbrechens beschuldigt werden; dazu gehören die Anklage durch ein **grand jury**, der Schutz vor doppelter Strafverfolgung und Selbstanklage sowie das Recht auf einen ordentlichen Gerichtsprozess)

**fig leaf**
(*fig*) unbefriedigende oder substanzlose Lösung eines politischen Problems

**to fight**
(*crime, inflation*) bekämpfen

**fighting words**
Beleidigungen, die nicht unter den Schutz des im Ersten Verfassungszusatz verankerten Rechts auf Redefreiheit stehen

**to filibuster**
Dauerreden halten; filibustern; Obstruktion betreiben

**filibuster**
Dauerrede; Obstruktion

**filibusterer**
Dauerredner/in; Filibuster/in

**to file**
1. offiziell die Kandidatur für ein öffentlich wählbares Amt erklären;
2. eine Gesetzesvorlage beim Repräsentantenhaus oder Senat einreichen;
3. (*Fin*) eine Steuererklärung beim Finanzamt einreichen;
4. (*Jur*) die zur Einleitung eines Gerichtsverfahrens erforderlichen Dokumente einreichen;
5. einen Antrag auf Sozialhilfe, Arbeitslosengeld etc. stellen

**filing**
1. der Akt der offiziellen Erklärung der Kandidatur für ein öffentlich wählbares Amt;
2. der Akt des Vorbringens einer Gesetzesvorlage beim Repräsentantenhaus oder Senat durch einen Ausschuss;
3. (*Fin*) der Akt der Einreichung einer Steuererklärung bei einem Finanzamt;
4. (*Jur*) der Akt des Einreichens der erforderlichen Dokumente zur Einleitung eines Gerichtsverfahrens

**finance bill**
siehe **bill, finance**

**Finance Committee**
Finanzausschuss
(„A“ Committee im Senat)

**financial disclosure**
Offenlegung der Finanzen
(hohe Bundesbeamten und Kandidaten müssen die Quellen ihres privaten Einkommens offen legen)

**financial legislation**
Finanzgesetzgebung

**financial planning**
Finanzplannung

**financial resources**
Geldmittel

**findings**
Ergebnis(se); Erkenntnis

**fine**
(*Jur*) Geldstrafe

**fireside chats**
(*hist*) Kamingespräche
(politische Reden, die Präsident

Roosevelt in den dreißiger und vierziger Jahren im Radio hielt)

**First Amendment**
(*Const*) Erster Verfassungszusatz
(Zusatzartikel zur US-Verfassung von 1791 als Teil des Menschenrechtskatalogs, der den Bürgern Rede-, Presse-, Religions- und Versammlungsfreiheit garantiert)

**first branch**
(*Const*) erster Regierungszweig
(durch Artikel I der US-Verfassung festgelegte Bezeichnung des US-Kongresses)

**First Constitutional Revolution**
siehe **Constitutional Revolution, First**

**first-degree amendment**
ein Änderungsvorschlag, der sich direkt auf den Text einer Gesetzesvorlage bezieht; siehe **degrees of amendment**

**First Lady**
Ehefrau des Präsidenten

**first reading**
siehe **reading, first**

**fiscal federalism**
siehe **federalism, fiscal**

**fiscal law**
siehe **tax law**

**fiscal planning**
siehe **financial planning**

**fiscal policy**
Finanzpolitik; Fiskalpolitik; Geldpolitik
(Versuche, die Wirtschaft zu stabilisieren, indem Steuern erhöht oder gesenkt und die Regierungsausgaben verändert werden)

**fiscal year**
Finanzjahr; Haushaltsjahr; Rechnungsjahr
(reicht vom 1. Oktober eines Jahres bis zum 30. September des darauffolgenden Jahres)

**fishbowl**
wörtl.: Fischglas
(kleines Aquarium)
(das politische Leben in den Augen der Öffentlichkeit)

**fishing expedition**
Suchaktion
(Untersuchung, um Negatives oder Diffamierendes über einen Politiker herauszufinden)

**five-minute rule**
Fünf-Minuten-Regel
(nachdem eine allgemeine Debatte abgeschlossen ist, hat jedes Mitglied des Repräsentantenhauses die Möglichkeit, in fünf Minuten seine Änderungsvorschläge zu einer Gesetzesvorlage vorzustellen)

**fixed income**
siehe **income, fixed**

**flash returns**
frühe, schnelle und nicht offizielle Zählung der bei Wahlen abgegebenen Stimmen

**flat tax**
siehe **tax, flat**

**fleecing**
Verschwendung öffentlicher Gelder (für nutzlose Projekte oder Ideen)

**to flip flop**
1. die Stimme einer anderen Partei geben;
2. als Politiker die eigene Position ändern

**floater**
siehe **floating voter**

**floating vote**
siehe **vote, floating**

**floating voter**
Wechselwähler/in
(ein Wähler, der bei einer Wahl eine bestimmte Partei unterstützt, bei der nächsten Wahl jedoch seine Stimme einer anderen Partei gibt)

**floor**
Plenarsaal; Sitzungssaal
(des Senats oder des Repräsentantenhauses)

**floor, to be on the**
sich im Sitzungssaal
des Repräsentantenhauses
oder des Senats befinden

**floor, to command the**
den Sitzungssaal beherrschen
(mit Autorität im Sitzungssaal des Repräsentantenhauses oder des Senats auftreten)

**floor, to have the**
das exklusive Rederecht im Sitzungssaal haben
(ein Gesetzgeber im Senat hat so lange das Rederecht, bis er es freiwillig abgibt)

**floor, to hold the**
siehe **floor, to have the**

**floor, to lose the**
als Kongressmitglied aufgrund eines Verstoßes gegen eine Vorschrift das Recht, im Plenarsaal zu sprechen, zeitweilig verlieren

**floor, to yield the**
die Erlaubnis, im Plenarsaal zu sprechen, nicht weiter nutzen und damit anderen das Rederecht geben

**floor action**
Aufnahme der Gesetzgebungsarbeit im Sitzungssaal einer der beiden Kammern des Kongresses

**floor amendment**
eine Änderung zu einer Gesetzesvorlage, die im Sitzungssaal und nicht in einem Ausschuss vorgeschlagen wird; vgl. **committee amendment**

**floor debate**
Plenardebatte

**floor fight**
offene Debatte im Sitzungssaal des Repräsentantenhauses oder des Senats
(eine Debatte über eine strittige Gesetzesvorlage oder einen Änderungsvorschlag zu einer Gesetzesvorlage, die nicht in den Ausschüssen beigelegt werden konnte und daher im Sitzungssaal einer der beiden Kammern weitergeführt wird)

**floor leader**
Parteivorsitzende/r im Sitzungssaal
(für die Moderation einer Debatte im Sitzungssaal zuständig)

**floor manager**
Geschäftsführer/in im Sitzungssaal
(ein Kongressmitglied, für gewöhnlich der Vorsitzende des Ausschusses, der die Gesetzesvorlage eingebracht hat und diese durch Debatte und Revision bis hin zu ihrer Verabschiedung begleitet)

**floor privilege**
Erlaubnis, an einer Sitzung im Senat oder Repräsentantenhaus teilzunehmen
(gilt außer für Kongressmitglieder auch für den Präsidenten, ein Kabinettsmitglied, einen Richter am Obersten Gerichtshof, einen Gouverneur, den Außenminister und ein ehemaliges Kongressmitglied)

**floor stage**
die Phase des legislativen Prozesses, in dem das Repräsentantenhaus oder der Senat eine Gesetzesvorlage im Plenarsaal diskutiert; vgl. **committee stage**

**floor vote**
Plenarabstimmung

**floor wisdom**
allgemeine Abstimmungsweisheiten im Kongress

**to focus on**
(sich) konzentrieren auf

**focus**
Brennpunkt; Mittelpunkt

**focus group**
eine Gruppe willkürlich ausgewählter potenzieller Wähler, die Fragen über Kandidaten und deren Programme für Meinungsumfragen beantworten

**Food and Drug Administration**
Bundesbehörde für Lebensmittel und Medikamente
(die Bundesbehörde innerhalb des Gesundheitsministeriums, die sicherstellt, dass Lebensmittel, Medikamente, Kosmetika und medizinische Geräte unbedenklich in der Öffentlichkeit verkauft werden können)

**food give-away**
kostenlose Abgabe im Übermaß vorhandener Lebensmittel an die Armen

**Food Stamp Program**
Ernährungshilfe für Bedürftige in Form von Lebensmittelgutscheinen

**footprints**
wörtl.: Fußspuren
(der Einfluss eines führenden Politikers auf bedeutende Ereignisse)

**forces**
siehe **armed forces**

**forefront, to be at the**
an der Spitze sein; in vorderster Linie stehen

**foreign affairs**
internationale Angelegenheiten

**Foreign Affairs Committee**
Ausschuss für internationale Angelegenheiten
(Major Committee im Repräsentantenhaus)

**foreign aid**
Entwicklungshilfe

**foreign commerce**
siehe **foreign trade**

**foreign policy**
Außenpolitik

**foreign policy expert**
Außenpolitiker

**foreign relations**
Auslandsbeziehungen; internationale Beziehungen

**Foreign Relations Committee**
Ausschuss für internationale Beziehungen
(„A“ Committee im Senat)

**foreign service**
diplomatischer Dienst

**foreign trade**
Auslandshandel; Außenhandel

**foreign trade balance**
Außenhandelsbilanz

**foreigner**
Ausländer/in

**foreman**
siehe **foreperson**

**foreperson**
(*Jur*) Obmann

(ein Mitglied der Jury, das ausgewählt wurde, um für die Gesamtheit zu sprechen)

**forewoman**
siehe **foreperson**

**forthcoming**
(*election*) bevorstehend

**forward funding**
(*Fin*) in einem Rechnungsjahr Mittel für Programme bereitstellen, die erst im folgenden Rechnungsjahr greifen

**foundation**
1. Gründung; Errichtung;
2. Stiftung

**Founders**
siehe **Founding Fathers**

**Founding Fathers**
(*hist*) Gründungsväter

**four bells**
vier Glocken
(wenn im Kongress vier Glocken läuten, bedeutet das, dass ein Kongressmitglied verstorben ist)

**Fourteenth Amendment**
(*Const*) Vierzehnter Verfassungszusatz
(ein 1868 angenommener Zusatzartikel zur US-Verfassung, der es einem Bundesstaat verbietet, einen Bürger seines Lebens, seiner Freiheit oder seines Besitzes ohne ordentlichen Gerichtsprozess zu berauben, oder einem Bürger gleichen Rechtsschutz zu verweigern)

**Fourth Amendment**
(*Const*) Vierter Verfassungzusatz
(Zusatzartikel zur US-Verfassung von 1791 als Teil des Menschenrechtskatalogs, der die Bürger und ihren Besitz vor unzumutbaren Durchsuchungen, Festnahmen oder Beschlagnahmungen schützt)

**fourth branch of government**
vierter Regierungszweig
(Bezeichnung für den Verwaltungsapparat, die Lobbyisten oder die Presse)

**fourth estate**
Vierte Gewalt
(die Bezeichnung der Medien als vierter Regierungszweig)

**to frame**
(*plan*) ausarbeiten;
(*amendment, bill*) entwerfen;
(*opinion*) formulieren

**Framers (of the Constitution)**
Verfassungsväter

**framework**
(*of government*) grundlegende Struktur; Grundstruktur

**franchise**
Wahlrecht

**frank**
siehe **franking privilege**

**franking privilege**
das Privileg von Mitgliedern des Kongresses, ihre Post portofrei verschicken zu dürfen

**fraud**
(*Jur*) Betrug

**fraud, to be guilty of**
(*Jur*) eines Betruges schuldig sein

**fraudulent**
betrügerisch

**free conference**
siehe **conference, free**

**free exercise clause**
(*Const*) der Teil des Ersten Verfassungszusatzes, der es dem Kongress untersagt, die „freie Ausübung“ der Religion zu verbieten

**free press clause**
(*Const*) der Teil des Ersten Verfassungszusatzes, der es der Regierung untersagt, die „Pressefreiheit“ einzuschränken

**free ride**
das Streben nach einem höheren politischen Amt, obwohl man bereits ein Amt innehat, z.B. wenn man für die Präsidentschaft in einem Jahr kandidiert, in dem keine Gouverneurswahl stattfindet

**free rider**
Trittbrettfahrer/in
(eine Person, die keiner organisierten Gruppe, wie einer Gewerkschaft oder einer Partei, angehört, aber von ihren Aktivitäten profitiert)

**free speech clause**
(*Const*) der Teil des Ersten Verfassungszusatzes, der es dem Kongress untersagt, Gesetze zu erlassen, die die „Redefreiheit“ beeinträchtigen

**free-standing bill**
siehe **bill, free-standing**

**free trade**
Freihandel

**free trade agreement**
Freihandelsabkommen

**free trade area**
Freihandelszone
(ein Kooperationsvertrag zwischen mehreren Nationen zur Beseitigung von Barrieren, die den Handel untereinander einschränken)

**free vote**
siehe **vote, free**

**freedom**
Freiheit

**freedom, to preserve**
Freiheit bewahren

**freedom of assembly**
(*Const*) Versammlungsfreiheit
(dieses Recht ist durch den Ersten Verfassungszusatz geschützt)

**freedom of association**
(*Const*) Freiheit, sich in Verbindungen zusammenzuschließen
(das im Ersten Verfassungszusatz implizierte Recht, das es erlaubt, sich für politische, religiöse und soziale Zwecke zu versammeln)

**freedom of choice**
Wahlfreiheit
(das Recht einer Frau, ohne Beeinflussung durch die Regierung die Entscheidung für eine Abtreibung zu fällen)

**freedom of debate**
(*Const*) Diskussionsfreiheit
(gemäß Artikel I, Absatz 6 der US-Verfassung das Recht von Kongressmitgliedern, frei über Politik zu diskutieren, nachzudenken und zu handeln ohne Angst vor rechtlichen Konsequenzen)

**Freedom of Information Act**
Gesetz zur Informationsfreiheit
(Gesetz von 1966, das der Öffentlichkeit Zugang zu Informationen der Bundesbehörden verschafft; es sei denn, die Informationen sind für die Öffentlichkeit nicht vorgesehen)

**freedom of religion**
Religionsfreiheit;
siehe **establishment clause**

**freedom of speech**
(*Const*) Redefreiheit
(dieses Recht ist durch den Ersten Verfassungszusatz geschützt)

**freedom of the press**
(*Const*) Pressefreiheit
(dieses Recht ist durch den Ersten Verfassungszusatz geschützt)

**freshman**
Neuling (im Kongress)

**freshman lottery**
Zuweisung der Neulinge im Kongress an Ausschüsse per Los

**friend of the court**
siehe **amicus curiae**

**friendly primary**
siehe **primary, friendly**

**fringe group**
siehe **marginal group**

**front burner, to put legislation on the**
Gesetzesvorlagen an erste Stelle setzen; Gesetzesvorlagen höchste Priorität einräumen

**front loaded**
eine unverhältnismäßig hohe Anzahl von Vorwahlen zu einem frühen Zeitpunkt im Wahljahr, wodurch es für die Kandidaten schwierig wird, zu einem späteren Zeitpunkt in das Rennen einzusteigen

**front runner**
Spitzenbewerber/in; Spitzenkandidat/in
(ein/e Kandidat/in, der/die in dem Vorwahlkampf die besten Siegeschancen hat)

**frontage assessment**
(*Fin*) eine Steuer, die für Verbesserungen auf Lokalebene zu zahlen ist, wie z.B. für Bürgersteige und Abwassersysteme

**frostbelt**
siehe **rustbelt states**

**FRS**
siehe **Federal Reserve System**

**FTC**
siehe **Federal Trade Commission**

**FUCA tax**
siehe **tax, FUCA**

**full agenda**
siehe **agenda, full**

**full committee**
siehe **committee, full**

**full-court press**
extremer Druck eines Kongressmitglieds auf eine Bundesbehörde

**full faith and credit**
(*Const*) volles Vertrauen und Anerkennung
(Klausel in Artikel IV, Absatz 1 der US-Verfassung, die verlangt, dass ein Bundesstaat die zivilrechtlichen Entscheidungen eines anderen anerkennt)

**full funding**
Vollfinanzierung
(1. eine Zuteilung, die die gesamten geschätzten Kosten eines Projektes oder einer Aktivität, dessen/deren vollständige Ausführung mehrere Jahre im Anspruch nimmt, abdeckt;
2. eine Zuteilung, die die vom Gesetz für ein Projekt oder eine Aktivität erlaubte Summe voll abdeckt)

**full opinion**
siehe **opinion, full**

**full-time employment**
Vollzeitarbeit; Vollzeitjob

**functional consolidation**
die Kooperation zwischen zwei oder mehr Regierungseinheiten zum Zwecke des Einbringens einer Dienstleistung für die Einwohner, wie z.B. eine gemeinsame Wasserversorgung oder ein gemeinsames Abwassersystem

**to fund**
finanzieren

**fund**
1. Fonds;
2. Konto

**fund-raiser**
siehe **fund-raising campaign**

**fund-raising campaign**
Aktion zur Spendenbeschaffung

**fund-raising scandal**
Spendenaffäre

**fundamental**
fundamental; grundlegend

**fundamental decision**
Grundsatzentscheidung

**fundamental law**
grundlegendes Gesetz (US-Verfassung)

**fundamental rights**
Grundrechte

**fundamentalist**
Fundamentalist/in

**funding**
Finanzierung; Gelder; Mittel

**funding gap**
ein Zeitabschnitt, in dem eine Regierungsbehörde nicht befugt ist, Gelder auszugeben, da die Zuteilungen für diese Periode noch nicht gesetzlich verabschiedet wurden

**funds**
Gelder; Geldmittel; Mittel

**funds, to appropriate**
Mittel bewilligen

**funds, to approve**
siehe **funds, to appropriate**

**funds, to reduce**
Mittel kürzen

**funds, to raise**
Mittel beschaffen

**fusion**
die vorübergehende Verbindung von zwei oder mehr politischen Parteien zur Unterstützung eines gemeinsamen Kandidaten oder einer gemeinsamen Wahlliste

**FY**
siehe **fiscal year**

# G

**G-men**
siehe **government men**

**gag order**
(*Jur*) Beschränkung der Informationen, die über einen Prozess hinausdringen dürfen (z.B. an die Medien)

**gag rule**
Knebelbestimmung
(eine Bestimmung im Kongress, die die Debatten bezüglich einer Gesetzesvorlage, eines Änderungsvorschlags zu einer Gesetzesvorlage oder einer bestimmten Angelegenheit einschränkt)

**to gain**
erlangen; erwerben; erzielen; gewinnen

**gain**
Gewinn; Profit; Vorteil

**gallery**
Besuchertribüne
(die Balkone in Repräsentantenhaus und Senat, von denen aus Besucher zuschauen können)

**gallery pass**
Besucherausweis
(für Besucher des Kongresses)

**Gallup poll**
das berühmteste amerikanische Verfahren der Meinungsumfrage, das von George Horace Gallup entwickelt wurde und bei dem die Meinungen einer großen Population durch Befragen einer kleinen, repräsentativen Stichprobe eingeholt werden

**gang**
eine Gruppe ähnlich denkender Politiker und Lobbyisten

**GAO**
siehe **General Accounting Office**

**garbage**
wörtl.: Müll
((*derog*) Beschreibung eines Kongressausschusses, der sich mit unwichtigen Gesetzesvorlagen befasst)

**gas**
(*derog*) eine langatmige Rede im Kongress

**gatekeeper**
1. Vorsitzende/r eines Ausschusses oder Unterausschusses;
2. eine Person, die wichtige politische Entscheidungen in Hinblick auf Ernennungen und Gesetzen treffen kann

**GATT**
siehe **General Agreement on Tariffs and Trade**

**gavel to gavel**
(*fig*) von Hammer zu Hammer
(die Zeitspanne vom Zusammentreten eines Hauses des Kongresses bis zu seiner Vertagung)

**gay rights movement**
Schwulen- und Lesbenbewegung

**GDP**
siehe **gross domestic product**

**gender balance**
Geschlechtergleichgewicht
(die bislang nicht realisierte Situation, in der Männer und Frauen je die Hälfte der politischen Ämter innehaben)

**gender discrimination**
Geschlechterdiskriminierung

**gender gap**
Geschlechterkluft
(der Unterschied in der politischen Meinung zwischen Männern und Frauen)

**General Accounting Office**
Bundesrechnungshof
(eine Regierungsbehörde, an deren Spitze der **comptroller general** der USA steht und die Bundesbehörden und Bundesprogramme in den USA und im Ausland überprüft; man bezeichnet den Bundesrechnungshof als den „ermittelnden Arm des Kongresses“)

**General Agreement on Tariffs and Trade**
Allgemeines Zoll- und Handelsabkommen
(eine internationale Organisation, die den Handel zwischen ihren Mitgliedern dadurch fördert, dass sie Schutzzölle und andere Hemmnisse reduziert)

**general appropriation bill**
siehe **bill, general appropriation**

**general assembly**
Generalversammlung; Vollversammlung

**general debate**
eine Zeit vor der eigentlichen Arbeit im Repräsentantenhaus, während der beide Parteien ihre Argumente hinsichtlich der Gesetzgebung vorstellen

**general election**
siehe **election, general**

**general fund**
allgemeiner Topf
(Geld, das in einen Topf eingezahlt wird, der allgemeinen statt speziellen Zwecken dient; so ist „Straßensteuer“ z.B. nicht nur für den Straßenbau be-

stimmt, sondern deckt auch andere Kosten in einer Stadt ab)

**general jurisdiction**
siehe **jurisdiction, general**

**general order of business**
die durch die Regeln des Repräsentantenhauses oder Senats vorgeschriebene Reihenfolge der Tagesordnungspunkte an einem neuen Sitzungstag der Legislative

**general orders calendar**
siehe **calendar of business**

**general pair**
siehe **pair, general**

**general pardon**
siehe **pardon, general**

**general revenue**
alle an die Regierung gezahlten Steuern, die allgemeinen Zwecken dienen

**general revenue sharing**
siehe **revenue sharing**

**general rules**
siehe **guidelines**

**general schedule**
Rang und Gehalt von Beamten im öffentlichen Dienst, beginnend mit GS1 und aufhörend mit GN18

**General Services Administration**
eine wichtige unabhängige Behörde, die das Eigentum und die Akten der Bundesregierung verwaltet

**general welfare**
siehe **common good**

**general welfare, to promote the**
(*Const*) das Gemeinwohl fördern

**general welfare clause**
(*Const*) Klausel in Artikel I, Absatz 8 der US-Verfassung, derzufolge der Kongress befugt ist, Steuern für die allgemeine Verteidigung und das „allgemeine Wohl" der Bürger einzuholen

**generated mail**
Postkarten und Briefe, die an politische Amtsträger verschickt werden, als organisierte Maßnahme zur Beeinflussung der Gesetzgebung und Politik

**generic spots**
eine politische Werbesendung, die sich auf eine gesamte Partei oder ein ganzes Thema bezieht

**genocide**
Völkermord

**gentle lady**
formale Anrede für ein

weibliches Mitglied des Repräsentantenhauses

**gentlewoman**
siehe **gentle lady**

**gentrification**
Verdrängungsprozess der Armen durch Angehörige der Mittel- und Oberschicht in Wohnvierteln

**germ warfare**
siehe **warfare, germ**

**germane**
betreffend; von Belang sein; vgl. **nongermane**

**germane amendment**
ein Änderungsvorschlag, der für die Gesetzesvorlage, die er ergänzen soll, von Belang ist; vgl. **nongermane amendment**

**to gerrymander election districts**
Wahlkreisschiebungen vornehmen

**gerrymandering**
Wahlkreisschiebung
(einen Wahlkreis nach politischen und nicht nach geographischen Gesichtspunkten umformen, um den politischen Einfluss der regierenden Partei zu verbessern oder den Einfluss von unliebsamen Gruppen zu mindern)

**gerrymandering, affirmative**
siehe **gerrymandering, benign**

**gerrymandering, benign**
wohlwollende Wahlkreisschiebung
(einen Wahlkreis so umformen, dass Minderheitengruppen zusammenbleiben, um so ihren Einfluss auf die Wahlen zu maximieren; eine solche Wahlkreisschiebung ermöglicht es, dass auch Minderheiten im Kongress vertreten sein können)

**gerrymandering, racial**
Wahlkreisschiebung aufgrund von rassischen Gesichtspunkten
(einen Wahlkreis so umformen, dass Minderheiten, die in dem ursprünglichen Wahlbezirk die Mehrheit stellten, auf verschiedene Wahlbezirke verteilt werden, um ihren Einfluss bei den Wahlen zu mindern und ihren möglichen Einzug in den Kongress zu vereiteln)

**ghost employee**
Angestellter, der, obwohl er nicht arbeitet, ein Einkommen erhält

**ghost senator**
ein **administrative assistant**, der den Großteil der Arbeit für einen Senator übernimmt

**ghost speech**
eine Rede, die, obwohl sie

nie gehalten wurde, im **Congressional Record** abgedruckt ist

**ghost voting**
Wählen in Abwesenheit

**gift tax**
siehe **tax, gift**

**global economy**
siehe **world economy**

**GNP**
siehe **gross national product**

**gobbledygook**
(*derog*) die geschwollene Sprache der Bürokratie

**gold standard**
(*Econ*) Goldstandard (ein Währungssystem, bei dem die Währung eines Landes auf Gold basiert, einen in Gold gemessenen Wertstandard hat und gegen Gold eingetauscht werden kann)

**good-faith exception**
(*Jur*) wenn die Polizei einen Durchsuchungsbefehl erhält, den sie für gültig hält, werden die gefundenen Beweismittel nicht ausgeschlossen, wenn sich später herausstellt, dass der Durchsuchungsbefehl aus irgendeinem Grund ungültig war, z.B. aufgrund eines Verfahrens- oder Formfehlers

**GOP**
siehe **Grand Old Party**

**GOPAC**
das **PAC**, das mit der Wahl von **GOP**-Mitgliedern in den Kongress befasst ist

**to govern**
amtieren; regieren

**governing**
(*party*) amtierend; regierend

**governing body**
Entscheidungsgremium

**governing class**
alle Bürger, die sich für Politik interessieren

**governing party**
siehe **party in power**

**government**
Regierung

**government action**
das Handeln der Regierung

**government agency**
Regierungsbehörde

**government bond**
siehe **bond, government**

**government, branch of**
siehe **branch of government**

**government contract**
Regierungsauftrag

(ein Auftrag, den ein Militär- oder Industriebetrieb erhält, um für die Regierung Waffen oder Ausrüstungsgegenstände herzustellen)

**government, county**
siehe **county government**

**government, divided**
unterschiedliche Mehrheitsverhältnisse in der Legislative und Exekutive, d.h. der Präsident hat eine andere Parteizugehörigkeit als die Mehrheitspartei im Kongress

**government employee**
Beamter/Beamtin

**government, federal**
siehe **federal government**

**government, form of**
Regierungsform

**government, head of**
Regierungschef/in

**government, limited**
eine Regierung, die nicht allmächtig ist (wie z.B. die Regierung der USA), weil die Verfassung selbst bereits bestimmte Einschränkungen enthält, wie z.B. den Ersten Verfassungszusatz, den Zehnten Verfassungszusatz etc.

**government loan**
Regierungsdarlehen

**government, local**
siehe **local government**

**government men**
Regierungsagenten des FBI und Geheimdienstes

**government official**
Regierungsbeamter/-beamtin

**Government Operations Committee**
Ausschuss für Regierungsoperationen
(Nonmajor Committee im Repräsentantenhaus)

**government-owned**
staatseigen

**government ownership**
Staatseigentum

**government, participatory**
Mitbestimmung des Volkes in der Regierung
(ein Regierungssystem, in dem viele Bürger mitbestimmen, indem sie z.B. ein Amt bekleiden oder zur Politikgestaltung beitragen)

**government policy**
siehe **national policy**

**government, popular**
eine Regierung, die von ihren Bürgern Zustimmung erhält

**government, positive**
eine Regierung, deren Ziel es

ist, die sozialen und wirtschaftlichen Bedingungen zu verbessern

**Government Printing Office**
Regierungsdruckerei
(Druckerei für Dokumente des Kongresses)

**government program**
Regierungsprogramm

**government, representative**
repräsentative Regierung
(eine Regierungsform, bei der die Bürger Vertreter wählen, um an ihrer statt Entscheidungen zu treffen)

**government, republican form of**
republikanische Regierungsform
(eine Regierungsform, die auf gewählten Vertretern basiert und nicht auf direkter Regierung, wie dies bei einer reinen Demokratie der Fall ist; siehe **guarantee clause**)

**government revenue**
siehe **public revenue**

**government spending**
Regierungsausgaben

**government spending cuts**
Kürzungen der Regierungsausgaben

**government, state**
bundesstaatliche Regierung

**government, two layers of**
zwei Regierungsebenen
(die nationale Regierungsebene und die bundesstaatliche, wird auch als **dual federalism** oder **dual sovereignty** bezeichnet)

**government, unitary**
siehe **unitary state**

**governmental**
Regierungs-; staatlich; Staats-

**Governmental Affairs Committee**
Ausschuss für Regierungsangelegenheiten
(„A“ Committee im Senat)

**governor**
Gouverneur/in

**governor, lieutenant**
stellvertretende/r Gouverneur/in

**governorship**
Gouverneursamt;
Gouverneursposten

**GPO**
siehe **Government Printing Office**

**grab bag**
wörtl.: Greifbeutel
(eine Gesetzesvorlage, die so viele Bestimmungen enthält,

dass man quasi alles oder nichts in ihr finden kann)

**graft**
Korruption; Mauschelei; Schiebung

**graft, dishonest**
„unehrliche“ Mauschelei (im Amt an Bestechung, Erpressung und anderen illegalen Aktivitäten beteiligt sein)

**graft, honest**
„ehrliche“ Mauschelei (ein Amt ausnutzen, um sich (legale) Vorteile zu verschaffen oder an Informationen heranzukommen)

**grafter**
korrupte/r Beamter/Beamtin

**grand jury**
(*Jur*) eine Gruppe von 23 Geschworenen, von denen zwölf dem Staatsanwalt entweder zustimmen oder nicht zustimmen müssen, ob die Beweise ausreichen, um einen Angeklagten vor Gericht zu stellen; vgl. **petit jury**

**Grand Old Party**
wörtl.: altehrwürdige Partei (Republikanische Partei)

**grandfather clause**
(*hist*) Ausnahmeklausel (1. eine der Methoden, die Schwarze vom Wählen fernhalten sollte, nachdem Schwarze 1870 das Wahlrecht erhalten hatten; sie legte fest, dass nur diejenigen wählen durften, deren Vorfahren bereits vor 1867 wählen durften;
2. Bezeichnung für eine politische Linie, die es bestimmten Gruppen erlaubt, nach alten Gesetzen und Regeln anstatt nach den aktuell gültigen zu handeln)

**grant**
Beihilfe; Subvention; Zuschuss

**grant program**
Förderprogramm

**grants-in-aid**
Zweckzuweisung (wird vom Kongress bewilligt und an bundesstaatliche Regierungen oder Kommunalverwaltungen für genau spezifizierte Belange gezahlt)

**grassroots**
(*of a party*) Basis

**grassroots lobbying**
die Beeinflussung von Entscheidungsträgern innerhalb der Regierung durch Briefe und Anrufe der Wähler

**gray ghost**
siehe **ghost senator**

**Great Compromise**
(*hist*) der Große Kompromiss (der Kompromiss, der die Differenzen zwischen großen und kleinen Bundesstaaten auf dem Verfassungskonvent von 1787 beilegte, indem er einen Senat vorsah, in dem alle Bundesstaaten gleich vertreten sein würden, und ein Repräsentantenhaus, in dem die Bundesstaaten nach ihrer jeweiligen Bevölkerungszahl vertreten sein würden)

**the Great Depression**
Weltwirtschaftskrise ((*hist*) der Zeitabschnitt zwischen dem 29. Oktober 1929 und dem 2. Weltkrieg, als die USA und der Rest der Welt den größten wirtschaftlichen Rückgang des 20. Jahrhunderts erlebten)

**Great Society**
(*hist*) die Innenpolitik von Lyndon B. Johnson in den sechziger Jahren, die die Vorstellung vertrat, dass soziale und wirtschaftliche Probleme durch neue Regierungsprogramme gelöst werden könnten; dies war Johnsons bewusste Fortsetzung des **Progressive Movement**, des **New Deal** und des **Fair Deal**

**green**
Bezeichnung für die Gesetzgebung, die Mitglieder und die Programme der Grünen Partei

**green card**
(*Jur*) Daueraufenthaltserlaubnis; Daueraufenthaltsgenehmigung

**greenies**
(*derog*) die Grünen

**gridlock, political**
Politikstau (gegenseitige Blockade der politischen Gewalten)

**grievance**
Beschwerde; Klage

**grip-and-grin**
Bezeichnung für einen Fototermin zwischen einem Politiker und einem Geldgeber, bei dem sie einander die Hände „schütteln und grinsen"

**gross**
Brutto-

**gross earnings**
Bruttoverdienst

**gross income**
Bruttoeinkommen

**gross domestic product**
Bruttoinlandsprodukt

**gross national product**
Bruttosozialprodukt

**gross political product**
der gesamte Geldbetrag, der in einem bestimmten Jahr für Wahlen ausgegeben wird

**gross rating points**
die Häufigkeit, mit der eine politische Werbung von einer bestimmten Anzahl von Leuten gesehen wird

**ground troops**
(*mil*) Bodentruppen

**groundwork, to lay the**
die Vorarbeit leisten

**GRPs**
siehe **gross rating points**

**GS**
siehe **general schedule**

**GSA**
siehe **General Services Administration**

**to guarantee**
Garantie leisten; garantieren; gewährleisten; zusichern

**guarantee clause**
laut Artikel IV, Absatz 4 der US-Verfassung bietet die Bundesregierung jedem Bundesstaat eine republikanische Regierungsform an, d.h., jeder Bundesstaat kann durch gewählte Vertreter im Kongress vertreten sein

**gubernatorial election**
siehe **gubernatorial race**

**gubernatorial race**
Gouverneurswahl

**gubernatorial seat**
Gouverneurssitz

**Gucci Gulch**
(*derog*) die Flure vor den Räumen, in denen Kongressausschüsse tagen; sie werden so genannt, weil dort Lobbyisten, die exklusive Schuhe tragen, auf Kongressmitglieder warten

**guerrilla politics**
die Methode, Gesetzesvorlagen direkt in den Plenarsaal zu geben, ohne dass ein Ausschuss vorher die Chance gehabt hat, sie zu bearbeiten

**guerrilla warfare**
(*mil*) Guerillakrieg

**guidelines**
Richtlinien

**guidelines, to establish**
Richtlinien aufstellen

**guidelines, to set down**
siehe **guidelines, to establish**

**guilt by association**
(*Jur*) der Vorwurf von falschem oder kriminellem Verhalten an eine Person, weil diese in Verbindung mit einer bestimmten

anderen Person oder Gruppe steht

**guilty, to declare someone**
(*Jur*) jdn. für schuldig erklären; jdn. verurteilen

**Gulf of Tonkin Resolution**
(*hist*) die gemeinsame Resolution des Kongresses von 1964, die es der Regierung Johnsons gestattete, im Rahmen der Ausweitung des Vietnamkriegs eine große Anzahl von Truppen einzusetzen

**gun control legislation**
Waffenkontrollgesetzgebung

**gun law**
Waffengesetz; Waffenrecht

**gutter politics**
wörtl.: Politik der Gosse (die niedrigste oder schlechteste Taktik, die ein Politiker einsetzen kann, um gewählt zu werden)

**gypsy moth**
Großer Schwammspinner (althergebrachte Bezeichnung für Republikaner, die liberale politische Maßnahmen unterstützen; vgl. **boll weevil**)

# H

**habeas corpus**
siehe **writ of habeas corpus**

**Hall of the House**
offizieller Name des Sitzungssaals des Repräsentantenhauses

**hammers**
spezielle Bestimmungen, die in Gesetzesvorlagen geschrieben werden und angeben, wie und wann ein Gesetz in Kraft treten soll

**to hand down**
(*decision*) fällen

**to hand-walk a bill**
eine Gesetzesvorlage mit Leichtigkeit durch den legislativen Prozess bringen

**handholder caucus**
(*derog*) Bezeichnung für Abgeordnete im Repräsentantenhaus, die solange mit ihrer Stimmabgabe warten, bis sie gesehen haben, wofür die anderen stimmen

**handicapping**
der Prozess, mittels dessen PACs bestimmen, wie Wahlkampfspenden am besten eingesetzt werden sollten, um den größten Effekt zu erzielen

**to handle**
(*person*) behandeln;
(*negotiations*) führen;
(*situation*) umgehen mit

**handler**
1. der Wahlkampfmanager und seine Mitarbeiter, die ihren Kandidaten so steuern, dass dieser gewinnt;
2. ein Berater, der vom Weißen Haus einem nominierten Kandidaten während eines Bestätigungsverfahrens zugewiesen wird

**handout**
1. (*derog*) Geldzuwendung (von Seiten der Regierung); Unterstützung;
2. Presseerklärung oder Redezettel (eines Politikers)

**haphazard sampling**
siehe **sampling, haphazard**

**harassment**
Belästigung

**hard count**
Schätzung der Zahl der Delegierten, die einen Präsidentschaftskandidaten bei einer Nominierungsversammlung unterstützen werden

**hard funds**
siehe **hard money**

**hard line**
jede Politik, die auf Kompromisse weitgehend verzichtet

**hard-liner**
Vertreter/in der harten Linie

**hard money**
Wahlkampfspenden innerhalb des gesetzlich zulässigen Rahmens; vgl. **soft money**

**hardball**
Metapher aus dem Baseballspiel für eine Politik, bei der es um Machterwerb und Machtsicherung geht

**hardship case**
Härtefall

**hash**
wörtl.: Mischmasch
(eine chaotische Gesetzesvorlage, die aus vielen unterschiedlichen Teilen besteht)

**hat in the ring, to toss one's**
wörtl.: den Hut in den Ring werfen
(sich aktiv am politischen Leben beteiligen, indem man z.B. für ein Amt kandidiert)

**hawk**
(*derog*) Falke
(eine Person, die sich für militärische Interventionen und höhere Verteidigungsausgaben stark macht; abgeleitet von „War Hawks", Mitgliedern der Federalist Party, die den Krieg von 1812 auslösen wollten; vgl. **dove**)

**hawk, chicken**
eine prominente Person, die es vermeiden konnte, für den Vietnamkrieg eingezogen zu werden, jetzt jedoch eine harte außenpolitische Linie vertritt, die zur Truppenentsendung führen könnte

**head count**
eine Schätzung der Stimmenzahl für und gegen eine bestimmte Gesetzesvorlage oder einen Änderungsantrag zu einer Gesetzesvorlage

**head of state**
Staatschef/in;
Staatsoberhaupt/in

**Head Start Program**
Förderungsprogramm des Bundes, das Kindern aus einkommensschwachen Familien frühe Bildungsmöglichkeiten eröffnet

**Health and Human Services, Department of**
siehe **Department of Health and Human Services**

**health, board of**
Gesundheitsamt

**health care**
Gesundheitsfürsorge

**health care reform**
Gesundheitsreform

**health insurance**
Krankenversicherung

**health insurance, to be covered by**
krankenversichert sein

**health maintenance organization**
Organisation für Gesundheitsfürsorge
(eine medizinische Organisation, die für einen festgesetzten Jahresbetrag Gesundheitsdienste bereitstellt)

**Health, Secretary of**
siehe **Secretary of Health**

**hearing**
Anhörung

**hearing, to attend a**
an einer Anhörung teilnehmen

**hearing, to conduct a**
eine Anhörung veranstalten

**hearing, to hold a**
siehe **hearing, to conduct a**

**hearing, to participate in a**
siehe **hearing, to attend a**

**hearing announcements**
das Repräsentantenhaus und der Senat verlangen, dass ihre Ausschüsse Datum, Ort und Thema von Anhörungen mindestens eine Woche vor Beginn ankündigen

**hearing, closed**
Anhörung unter Ausschluss der Öffentlichkeit und Presse; nichtöffentliche Anhörung

**hearing examiner**
siehe **administrative law judge**

**hearing, joint**
eine Anhörung, die vor zwei oder mehr Ausschüssen oder Unterausschüssen entweder einer Kammer oder beider Kammern gleichzeitig stattfindet

**hearing officer**
siehe **administrative law judge**

**heavy hitter**
ein Lobbyist oder Kongressmitglied mit einem sehr großen Einfluss im Kongress

**heavyweight**
siehe **heavy hitter**

**heinous**
abscheulich; grässlich; verabscheuungswürdig

**heir apparent**
die Person, die beim Tode oder bei dem Abtritt eines führenden

Politikers die nächste ist, die seine Nachfolge antritt

**hidden agenda**
siehe **agenda, hidden**

**hideaway offices**
Privaträume im Kongress

**high crimes and misdemeanors**
(*Const*) schwere Straftaten und Vergehen
(gemäß Artikel II, Absatz 4 der US-Verfassung können der Präsident, der Vizepräsident und Beamte für diese nicht definierten Straftaten und Vergehen aus dem Amt entfernt werden)

**high-level**
auf hoher oder höchster Ebene; hochrangig

**high-level talks**
Spitzengespräche

**high negatives**
die sehr niedrigen Quoten eines Politikers bei öffentlichen Meinungsumfragen

**high-ranking member**
ranghohes Mitglied

**higher court**
siehe **court, higher**

**hike (in something)**
(*Fin*) Erhöhung (von etw.)

**the Hill**
siehe **Capitol Hill**

**hired gun**
ein politischer Berater, der des Geldes wegen arbeitet, nicht weil er sich mit dem Anliegen eines Kandidaten identifiziert

**Hispanics**
Amerikaner/innen spanischer oder portugiesischer Herkunft

**hit list**
jedes Individuum oder jede Gruppe, das/die zur Zielscheibe unfairer gegnerischer Maßnahmen wird

**hit men**
Wahlkampfberater, die Experten der Negativwerbung sind und die es meisterhaft beherrschen, politische Gegner kalt zu stellen

**HMO**
siehe **health maintenance organization**

**to hold**
(*Jur*) für Recht erkennen; die Auffassung vertreten

**to hold out**
aushalten; durchhalten; nicht nachgeben

**to hold someone liable**
(*Jur*) jdn. haftbar machen

**hold**
1. Bitte eines Senators, dass seine Parteiführer die Plenardebatten hinsichtlich einer bestimmten Gesetzesvorlage oder der Bestätigung eines vom Präsidenten nominierten Kandidaten verzögern;
2. (*fig*) Einfluss

**hold, to put something on**
etw. auf Eis legen

**holding company**
Dachgesellschaft;
Holdinggesellschaft

**the Hole**
der Name des Ausschussraumes, in dem geheime Senatsinformationen ausgetauscht werden, über die nichts nach außen dringen darf

**hollow law**
siehe **law, hollow**

**home rule**
Selbstbestimmung;
Selbstverwaltung
(die einer Kommunalregierung übertragene Befugnis, ihre eigene Satzung zu erstellen und zu ändern und ihre Angelegenheiten selbst zu regeln)

**home state**
Heimatbundesstaat

**home style**
die Art und Weise, wie Kongressmitglieder sich den Wählern in ihren Wahlbezirken präsentieren, um für ihre Wiederwahl Unterstützung zu gewinnen

**homeland**
Heimat; Heimatland; Vaterland

**the homeless**
Obdachlose

**honest broker**
eine dritte Partei, die neutral bleibt und anderen dabei hilft, eine Vereinbarung auszuhandeln

**honeymoon period**
Schonfrist
(die kurze Zeitspanne nach einer Wahl, während der der Präsident von Angriffen von Seiten der Presse oder des Kongresses verschont bleibt)

**honorable**
ehrenhaft; ehrenwert

**honorable member/judge**
Anrede für Kongressmitglieder und Richter

**honorarium**
Honorar
(Bezeichnung für das Honorar von Kongressmitgliedern, das sie für ihre Reden und Veröffentlichungen erhalten)

**hopper**
Ablage in Senat und Repräsentantenhaus für eingehende Gesetzesvorlagen, die im Kongress bearbeitet werden sollen

**horizontal federalism**
siehe **federalism, horizontal**

**horse**
Hauptbefürworter/in einer wichtigen Gesetzesvorlage

**horse and jockey**
ein Kandidat, der sein eigener Wahlkampfmanager ist

**horse race**
Kopf-an-Kopf-Rennen

**horse trading**
politische Gefälligkeiten austauschen

**horses, to have the**
die Stimmen oder die Macht haben, eine Wahl zu gewinnen

**hot-button issue**
heißes Eisen
(ein kontroverses Thema, an dem die Wählerschaft besonders interessiert ist, wie die Abtreibungsfrage oder Waffenkontrolle)

**hot line**
1. die Telefonleitung zwischen dem Weißen Haus und dem Kreml in Moskau;
2. jedes Kommunikationssystem zwischen den Regierungschefs zweier Regierungen;
3. (*mil*) die Kommunikationsverbindung zwischen einem Regierungschef und seinen militärischen Befehlshabern

**house**
(*of Congress*) eines der beiden Häuser des Kongresses

**the House**
siehe **House of Representatives**

**House, to win a majority in the**
eine Mehrheit im Repräsentantenhaus gewinnen

**House Administration Committee**
Ausschuss für Verwaltung im Repräsentantenhaus
(Nonmajor Committee im Repräsentantenhaus)

**House Bank**
eine scheckeinlösende Bank im Kapitol für Mitglieder des Repräsentantenhauses

**House calendar**
siehe **calendar, House**

**House Chamber**
Sitzungssaal des Repräsentantenhauses

**House, clerk of the**
leitender Beamter im Repräsentantenhaus (verantwortlich u.a. für die Durchführung von Abstimmungen, den reibungslosen Ablauf der Verabschiedung von Gesetzesvorlagen und für die Vorbereitung des Haushalts)

**House, Democratic-led**
Beschreibung einer Situation, in der die Demokraten die Mehrheit im Repräsentantenhaus stellen

**house list**
eine Liste von Personen, die Wahlkampfspenden geleistet haben, die aufgestellt wird, weil diese Personen gut auf vorangegangene Direktpost reagiert haben

**House Manual**
das Handbuch mit den Vorschriften und Regeln des Repräsentantenhauses, das für jede Kongressperiode neu veröffentlicht wird

**House of Representatives**
Repräsentantenhaus (die Kammer des US-Kongresses, in der die Bundesstaaten proportional zu ihrer Bevölkerungszahl vertreten sind, wobei jedem Bundesstaat mindestens ein Abgeordneter garantiert ist; die Gesamtanzahl der Abgeordneten ist auf 435 festgelegt plus vier Delegierte ohne Stimmrecht aus Guam, Amerikanisch-Samoa, den Jungferninseln, dem District of Columbia und ein **resident commissioner** aus Puerto Rico; siehe **apportionment** und **delegate, nonvoting**)

**House, Republican-led**
Beschreibung einer Situation, in der die Republikaner die Mehrheit im Repräsentantenhaus stellen

**House Speaker**
siehe **Speaker of the House**

**House, the People's**
siehe **the People's House**

**House Ways and Means Committee**
siehe **Ways and Means Committee**

**housekeeping amendment**
grammatikalische Korrekturen einer Gesetzesvorlage, ohne inhaltliche Veränderungen

**housing**
Wohnungsbau

**Housing and Urban Development, Department of**
siehe **Department of Housing and Urban Development**

**housing market**
Wohnungsmarkt

**Housing, Secretary of**
siehe **Secretary of Housing**

**HR**
die Bezeichnung für Gesetzesvorlagen, die ins Repräsentantenhaus eingebracht werden

**human resources**
allgemeiner Begriff für Dienstleistungsprogramme der Regierung, wie z.B. Sozialhilfe sowie Programme zur Förderung der Gesundheit und zur Unterstützung geistig Behinderter etc.

**human rights**
Menschenrechte

**human rights activist**
Menschenrechtler/in

**human rights movement**
Menschenrechtsbewegung

**human rights violation**
Menschenrechtsverletzung

**humanitarian aid**
humanitäre Hilfe

**humanitarian assistance**
siehe **humanitarian aid**

**hundred days**
die ersten hundert Tage nach Amtsantritt des Präsidenten

**hurry-up spending**
siehe **spending, hurry-up**

**hustings**
jeder Ort, an dem eine politische Rede gehalten wird

**hyper-pluralism**
siehe **pluralism, hyper-**

# I

**ICC**
siehe **Interstate Commerce Commission**

**identical pair**
siehe **pair, identical**

**ideologues**
Ideologen
(diejenigen, die fest an ein bestimmtes politisches System und seine Ideologie glauben)

**ideology**
Ideologie

**illegal**
gesetzwidrig; illegal; rechtswidrig; unerlaubt; ungesetzlich; unrechtmäßig

**illegal acts**
gesetzwidrige Aktion; illegale Machenschaften; rechtswidrige Aktionen

**illegal alien**
illegale/r Einwanderer/in

**illegality**
Gesetzwidrigkeit

**illicit**
gesetzwidrig; ungesetzlich; verboten

**image makers**
politische Berater, die einen Kandidaten in der Öffentlichkeit in einem günstigen Licht präsentieren

**IMF**
siehe **International Monetary Fund**

**immigration**
Einwanderung

**Immigration and Naturalization Service**
Einwanderungs- und Einbürgerungsbehörde

**immigration authorities**
Einwanderungsbehörde

**immigration, illegal**
illegale Einwanderung

**immigration quota**
Einwanderungsquote

**immigration restriction**
Einwanderungsbeschränkung

**immunity**
Immunität

**immunity, diplomatic**
diplomatische Immunität

**immunity, sovereign**
die Freiheit eines politischen Systems von Schadenersatzklagen

**immunity, use**
(*Jur*) Immunität, die garantiert,

dass ein Zeuge nicht für Straftaten belangt wird, die durch seine Zeugenaussage offengelegt werden

**immunization**
der Widerstand einer politischen Partei gegenüber neuen Ideen

**impact on, to have an**
Einfluss haben auf

**impasse**
ausweglose Situation; Sackgasse; verfahrene Situation

**to impeach someone**
jdn. eines Amtsvergehens anklagen

**impeachment**
(*Const*) Amtsanklage; Amtsenthebung
(bei einem schweren Amtsvergehen können der Präsident, Bundesrichter und Botschafter aus dem Amt entlassen werden, indem sie vom Repräsentantenhaus angeklagt und mit einer 2/3 Mehrheit im Senat verurteilt werden)

**impeachment, to be subject to**
(*Const*) einer Amtsanklage unterliegen; einer Amtsanklage unterworfen sein

**impeachment, to be tried for**
(*Const*) wegen eines Amtsvergehens angeklagt werden

**impeachment proceedings**
(*Const*) Amtsanklageverfahren; Amtsenthebungsverfahren

**impeachment proceedings, to start**
(*Const*) Amtsanklageverfahren einleiten; Amtsenthebungsverfahren einleiten

**imperial presidency**
machtvolle Präsidentschaft

**implied powers**
siehe **powers, implied**

**import**
Einfuhr; Import

**import duty**
Einfuhrzoll

**to impose**
(*conditions*) auferlegen; (*sanctions*) verhängen; (*taxes*) besteuern

**impoundment**
Bezeichnung für das Verhalten des Präsidenten, wenn er Gelder, die bereits vom Kongress für bestimmte Programme genehmigt wurden, nicht ausgibt oder die Ausgabe verzögert; bei den Programmen

handelt es sich meistens um solche, die der Präsident ablehnt

**impoundment of funds**
siehe **impoundment**

**impoundment resolution**
siehe **resolution, impoundment**

**to imprison**
einsperren; inhaftieren

**imprisonment**
Gefangenschaft; Inhaftierung

**impropriety**
Unanständigkeit; Ungehörigkeit; Unschicklichkeit

**in forma pauperis**
(*Jur*) Armenrecht
(ein Verfahren, bei dem eine finanziell schlecht gestellte Person aufgrund eines Antrags kostenfrei vom Gericht angehört werden kann)

**in-kind contributions**
die Bereitstellung von Sach- und Dienstleistungen anlässlich eines Wahlkampfes statt Geldspenden

**in-kind transfers**
eine Sozialhilfemaßnahme nicht in Form von Geld, sondern in Form von Kleidung, Lebensmitteln etc.

**inaction**
Untätigkeit; Tatenlosigkeit

**inalienable rights**
unveräußerliche Rechte
(die Worte aus Thomas Jeffersons *Declaration of Independence*, denen zufolge alle Menschen per Naturgesetz über bestimmte Rechte verfügen, die niemand wegnehmen kann)

**inaugural address**
Antrittsrede

**inaugural speech**
siehe **inaugural address**

**inauguration**
Amtseinführung

**to incarcerate**
siehe **to imprison**

**incarceration**
siehe **imprisonment**

**incentive**
Anreiz

**to incite**
anstiften; aufhetzen; aufwiegeln

**incitement**
Anstiftung; Aufhetzung; Aufwiegelung

**income**
Einkommen

**income, fixed**
festes Einkommen

**income, outside**
Nebeneinkünfte
(Einkünfte aus Tätigkeiten außerhalb der Kongressarbeit, was jedoch für Kongressmitglieder verboten ist)

**income, regular**
siehe **income, fixed**

**income tax**
Einkommensteuer

**Income Tax Amendment**
siehe **Sixteenth Amendment**

**income, tax-free**
steuerfreies Einkommen

**income tax, state**
siehe **state income tax**

**income, taxable**
steuerpflichtiges Einkommen

**income, unearned**
wörtl.: unverdientes Einkommen
(Einkommen aus Vermögen)

**incomes policy**
der Einfluss der Regierung auf Löhne, Preise und Profite

**incorporated**
als Aktiengesellschaft eingetragen sein

**incorporation doctrine**
das Konzept, demzufolge der Oberste Gerichtshof die Bestimmungen des Menschenrechtskataloges (mit Ausnahme des Zweiten, Dritten, Siebten und Zehnten Verfassungszusatzes) für die Bundesstaaten verbindlich gemacht hat

**to increase**
erhöhen; steigen; steigern; sich vergrößern; zunehmen

**increase in spending**
Ausgabenerhöhung

**incremental budget**
siehe **budget, incremental**

**incremental funding**
die in einem Rechnungsjahr durch den Kongress erfolgte Bewilligung nur eines Teils der geschätzten Kosten eines Projekts oder einer Aktivität, dessen bzw. deren Abschluss mehrere Jahre in Anspruch nimmt

**incrementalism**
eine Methode der Entscheidungsfindung durch die Regierung, bei der die Politiker Veränderungen nur langsam durchführen (einen Punkt nach dem anderen), um die Auswirkungen zu überprüfen

**to incriminate oneself**
(*Jur*) sich selbst belasten

**to incriminate someone**
(*Jur*) jdn. beschuldigen oder belasten

**incriminating**
(*Jur*) belastend

**incriminating evidence**
(*Jur*) belastendes Beweismaterial

**incrimination**
(*Jur*) Belastung

**incumbency**
Amtszeit

**incumbency effect**
siehe **incumbent's advantage**

**incumbent**
1. amtierend;
2. jetziger Amtsinhaber/in

**incumbent president**
amtierender Präsident

**incumbent's advantage**
Amtsinhabervorteil
(der entscheidende Vorteil eines Amtsinhabers über einen Herausforderer, wenn es um die Neubesetzung seines Amtes geht)

**indemnity**
(*Jur*) Abfindung; Entschädigung; Schadenersatz

**independent**
Unabhängige/r
(Wähler oder Kandidat, der keiner Partei angehört)

**independent agency**
unabhängige Behörde
(eine Bundesbehörde, die kein Teil der Exekutive ist)

**independent candidate**
unabhängige/r Kandidat/in
(eine/r Kandidat/in für ein öffentliches Amt ohne Parteizugehörigkeit)

**independent counsel**
siehe **special prosecutor**

**independent expenditure**
unabhängige Ausgaben
(Wahlkampfgelder, die von einer unabhängigen Quelle kommen, die nicht mit dem Wahlkampf des Kandidaten oder seiner Partei verbunden ist)

**independent regulatory commission**
unabhängige Aufsichtsbehörde
(eine Behörde, vor allem eine die von der Exekutive unabhängig ist, deren Aufgabe darin besteht, wichtige wirtschaftliche Bereiche zu regulieren; siehe **Interstate Commerce Commission** und **Federal Communications Commission**)

**independent spending**
siehe **independent expenditure**

**indeterminate sentence**
siehe **sentence, indeterminate**

**indexing**
ein System, in dem die Gehälter, die Sozialhilfe und die Renten automatisch der Inflationsrate angepasst werden

**Indian Affairs Committee**
Ausschuss für die Angelegenheiten von Indianern
(„C“ Committee im Senat)

**Indiana ballot**
siehe **ballot, Indiana**

**indicator precincts**
siehe **bellwether precincts**

**to indict**
(*Jur*) anklagen; Anklage erheben gegen

**indicted, to be**
(*Jur*) angeklagt werden

**indictment**
(*Jur*) 1. Anklage; Anklageerhebung;
2. Anklageschrift

**indirect election**
siehe **election, indirect**

**indirect initiative**
siehe **initiative, indirect**

**to indoctrinate**
(*derog*) beeinflussen; in eine bestimmte Richtung drängen; indoktrinieren

**indoctrination**
(*derog*) Indoktrination

**indoor relief**
Betreuung der Alten, der chronisch Kranken und der geistig Behinderten in öffentlichen Institutionen

**industrial policy**
die Regierungskontrolle der Produktionsfähigkeit einer Nation durch Gesetze, Steuern und Zuschüsse

**industrial representative**
wörtl.: Industrievertreter (Bezeichnung für einen Lobbyisten)

**inequality**
Ungleichheit

**inferior federal courts**
alle Bundesgerichte unter dem Obersten Gerichtshof

**infighter**
Politiker, der keinen internen Machtkampf scheut

**infighting**
interner Machtkampf

**to infiltrate**
(*government*) unterwandern;
(*spies*) einschleusen;
(*troops*) infiltrieren

**inflation**
Inflation

**inflation, to combat**
Inflation bekämpfen

**inflation rate**
Inflationsrate; Teuerungsrate

**inflation, rate of**
siehe **inflation rate**

**influence**
Einfluss

**influence, to exert**
Einfluss ausüben

**influence, to wield**
siehe **influence, to exert**

**influence peddler**
(*derog*) eine Person, die verspricht, ihre Kontakte und Einflüsse gegen eine Gebühr zu nutzen

**influence, sphere of**
Einflussbereich

**influential**
einflussreich

**informal congressional groups**
siehe **legislative service organizations**

**information, to leak**
Informationen durchsickern lassen

**information, to relay**
Informationen übermitteln

**to infringe**
übertreten; verletzen; verstoßen gegen

**to infringe upon someone's rights**
in jds. Rechte eingreifen; jds. Rechte verletzen;

**infringement**
Rechtsverletzung; Übertretung; Verstoß

**infringement of the law**
Gesetzesübertretung; Gesetzesverletzung

**inherent powers**
siehe **powers, inherent**

**inheritance law**
siehe **law, inheritance**

**inheritance tax**
siehe **tax, inheritance**

**initiative**
siehe **ballot propositions**

**initiative, constitutional**
Änderungen zu einer bundesstaatlichen Verfassung, die von Bürgern vorgeschlagen werden

**initiative, direct**
Gesetzesvorschläge, die den Wählern bei einer außerordentlichen Wahl oder einer Präsi-

dentschaftswahl direkt, d.h. ohne Zustimmung der Legislative, auf dem Stimmzettel zur Abstimmung unterbreitet werden; vgl. **initiative, indirect**

**initiative, indirect**
Gesetzesvorschläge, die der Legislative von Bürgern unterbreitet werden; sie werden an die Bürger zurückgegeben, wenn die Legislative sie ablehnt oder einen Ersatz vorschlägt; vgl. **initiative, direct**

**injunction**
(*Jur*) gerichtliche Anordnung; gerichtliche Verfügung

**injunction, interim**
siehe **injunction, temporary**

**injunction, permanent**
(*Jur*) Unterlassungsurteil

**injunction, preliminary**
siehe **injunction, temporary**

**injunction, temporary**
(*Jur*) einstweilige Verfügung

**injured party**
(*Jur*) der/die Geschädigte/r

**ink, to get a lot of**
große Publizität in der Presse erfahren

**inmate**
(*Jur*) Gefängnisinsasse/-insassin

**inner cabinet**
siehe **cabinet, inner**

**inner circle**
innerer Kreis
(eine loyale Gruppe von Insidern, die eine an der Macht befindliche Person unterstützen)

**inoculation**
wörtl.: Impfung
(Schritte, die ein Kandidat unternimmt, um sich vor Schaden, der von der Opposition ausgeht, zu schützen; so könnte ein Kandidat z.B. die Todesstrafe unterstützen, um sich von dem Vorwurf frei zu machen, er stehe der Kriminalität zu lasch gegenüber)

**inquest**
(*Jur*) gerichtliche Untersuchung (der Todesursache)

**inquiry**
Anfrage; Ermittlung; Untersuchung

**INS**
siehe **Immigration and Naturalization Service**

**inside strategy**
eine Methode, etwas zu erreichen, indem man innerhalb des Systems arbeitet und nach den Regeln des Systems spielt

**instant majority**
siehe **majority, instant**

**institution**
Einrichtung; Institution

**institutional discrimination**
institutionelle Diskriminierung
(Praktiken, die einer auf gleichen Beschäftigungschancen ausgerichteten Politik widersprechen, die jedoch zufällig auftreten, ohne die Absicht zu haben zu diskriminieren)

**institutional racism**
siehe **institutional discrimination**

**to instruct conferees**
die Anweisung eines der beiden Häuser des Kongresses an die Mitglieder eines Vermittlungsausschusses, hinsichtlich einer Gesetzesvorlage eine bestimmte Position im Ausschuss aufrechtzuerhalten; siehe **instructions**

**instructions**
Instruktionen
(genaue Anweisungen eines der beiden Häuser des Kongresses an die Mitglieder eines Vermittlungsausschusses, wie sie sich zu verhalten haben, z.B. dass sie nicht nachgeben oder auf bestimmten Punkte bestehen sollen)

**insurgent**
Aufständische/r

**integration**
Integration
(jede Politik, die die Interaktion zwischen den Rassen fördert)

**integrity**
Ehrlichkeit; Integrität

**intelligence**
das Sammeln von Informationen über die Fähigkeit und Absichten ausländischer Regierungen

**intelligence service**
Nachrichtendienst

**intent**
1. Absicht;
2. (*Jur*) Vorsatz

**intent, to do something with**
(*Jur*) etw. vorsätzlich tun

**interest**
1. Interesse;
2. (*Jur*) Befangenheit;
3. (*Fin*) Zins

**interest group**
siehe **lobby**

**interest-group politics**
siehe **client politics**

**interest rate**
(*Fin*) Zinssatz

**interest rate, to lower the**
(*Fin*) den Zinssatz senken

**interest rate, to raise the**
(*Fin*) den Zinssatz erhöhen

**interest rate cut**
(*Fin*) Zinssenkung

**interest rate, increase in**
(*Fin*) Zinssteigerung

**interested constituencies**
siehe **constituencies, interested**

**intergovernmental expenditure**
Geld, das von einer Regierungsebene an eine andere in Form von **revenue sharing** oder **grants-in-aid** bezahlt wird

**intergovernmental revenue**
siehe **intergovernmental expenditure**

**intergovernmental tax immunity**
die Befreiung einer bundesstaatlichen Behörde und einer Bundesbehörde von der gegenseitigen Steuerpflicht

**Interior and Insular Affairs Committee**
Ausschuss für innere Angelegenheiten
(Nonmajor Committee im Repräsentantenhaus)

**Interior, Department of the**
siehe **Department of the Interior**

**Interior, Secretary of the**
siehe **Secretary of the Interior**

**internal**
im Inland; innere; intern

**internal affairs**
innere Angelegenheiten

**internal efficacy**
siehe **efficacy, internal**

**Internal Revenue Service**
Finanzamt

**international affairs**
internationale Angelegenheiten

**international law**
siehe **law, international**

**international level**
siehe **level, international**

**International Monetary Fund**
Internationaler Währungsfonds

**to interpret**
(*law*) auslegen; interpretieren

**interpretation**
(*of law*) Auslegung; Interpretation

**interstate commerce**
Handel zwischen den Bundesstaaten

**Interstate Commerce Commission**
Kommission für den Handel zwischen den einzelnen Bundesstaaten
(die Bundesaufsichtsbehörde, die den Bodentransport zwischen Bundesstaaten regelt, einschließlich Bahn, Lastwagen, Bussen, Inlandschifffahrt etc.)

**interstate compact**
Vereinbarung zwischen den Bundesstaaten

**interstate rendition**
(*Const*) Auslieferung zwischen den Bundesstaaten
(die Verpflichtung in Artikel IV, Absatz 2 der US-Verfassung, die verlangt, dass Flüchtlinge an den Bundesstaat zurückgegeben werden müssen, aus dem sie geflohen sind)

**intervention**
Eingreifen; Intervention

**intimidation**
(*Jur*) Einschüchterung; Nötigung

**intrastate commerce**
Handel innerhalb eines Bundesstaates

**to introduce**
(*bill, motion*) einbringen

**introduction**
(*of bill, motion*) Einbringung

**invalid**
ungültig

**to invalidate**
ungültig machen

**to investigate**
Ermittlungen anstellen; überprüfen; untersuchen

**investigating committee**
siehe **committee, investigating**

**investigation**
Ermittlung; Überprüfung; Untersuchung

**investigation, to carry out an**
eine Ermittlung durchführen

**investigation, to run an**
siehe **investigation, to carry out an**

**investigation, to start an**
eine Ermittlung einleiten

**investigation findings**
Ermittlungsergebnis(se)

**investigative powers**
siehe **powers, investigative**

**investigative staff**
Personen, die von einem Kongressausschuss angestellt werden, um Ermittlungsarbeiten auszuführen

**investigator**
Ermittler/in; Untersuchungsbeamter/-beamtin

**investment**
(*Fin*) Investition

**investment income**
siehe **income, unearned**

**invisible primary**
siehe **primary, invisible**

**involuntary servitude**
(*Const*) Schutz vor Sklaverei unter dem Dreizehnten Verfassungszusatz

**involvement**
Beteiligung; Verwicklung

**Iowa bump**
der Vorteil, den ein Präsidentschaftskandidat sich von einem guten Abschneiden im Iowa Caucus verschafft; siehe **caucus, Iowa**

**Iowa caucus**
siehe **caucus, Iowa**

**to iron out differences**
Unterschiede ausbügeln

**iron triangle**
die Allianz zwischen einem Ausschuss, den Beamten einer Behörde in der Zuständigkeit dieses Ausschusses und Lobbyisten, die an den Programmen, die von dieser Behörde durchgeführt werden, interessiert sind

**IRS**
siehe **Internal Revenue Service**

**isolationism**
Isolationismus

**to issue**
(*documents*) ausstellen; (*warning*) aussprechen

**issue**
Angelegenheit; Frage; Problem; Streitfrage; Thema

**issue and policy concerns**
thematische und politische Angelegenheiten

**issue of national concern**
Frage von nationalem Interesse

**issue of something, to make an**
etw. aufbauschen

**issue voting**
siehe **voting, issue**

**itemized appropriation**
siehe **appropriation, itemized**

# J

**Jacksonian democracy**
siehe **democracy, Jacksonian**

**jawboning**
die Rolle des Präsidenten, wenn es darum geht, auf Schlüsselpersonen und Entscheidungsträger im Bereich von Handel, Arbeit und Wirtschaft Druck auszuüben, sodass ihr Verhalten mit den nationalen wirtschaftlichen Zielen und der Preis- und Lohnstabilität in Einklang steht

**Jeffersonian democracy**
siehe **democracy, Jeffersonian**

**Jefferson's Manual**
eine Sammlung von Verfahrensregeln und Sitten des englischen Parlaments, die von Thomas Jefferson während seines Vorsitzes über den Senat als Vizepräsident von 1797 bis 1801 zusammengestellt wurde und die auch heute noch als die Grundlage vieler Regeln im Kongress gilt

**Jim Crow Laws**
(*hist*) Jim-Crow-Gesetze (Name für Gesetze, die die Rassensegregation betrafen und die heute nicht mehr verfassungsgemäß sind)

**job**
Arbeit; Arbeitsplatz; Beschäftigung; Tätigkeit

**job, to lose one's**
arbeitslos werden

**job applicant**
Arbeitssuchende/r

**Job Corps**
ein Regierungsprogramm auf Basis des **Economic Opportunity Act of 1964**, das arbeitslosen Jugendlichen zwischen 16 und 21 Jahren ermöglicht, in Ausbildungszentren und Naturschutzgebieten zu arbeiten

**job hunter**
siehe **job applicant**

**job market**
Arbeitsmarkt

**job security**
Arbeitsplatzsicherheit

**job seeker**
siehe **job applicant**

**jobless rate**
Arbeitslosenquote

**jobs, to abolish**
Arbeitsplätze abbauen

**jobs, to create**
Arbeitsplätze schaffen

**to join**
(*party*) einer Partei beitreten; in eine Partei eintreten

**Joint Chiefs of Staff**
Gruppe der Generalstabschefs (besteht aus den Stabschefs des Heeres, der Luftwaffe und der Marine sowie dem Generalstabschefvorsitzenden)

**Joint Chiefs of Staff Chairman**
Generalstabschefvorsitzende/r

**joint committee**
siehe **committee, joint**

**Joint Economic Committee**
Ausschuss für wirtschaftliche Zusammenarbeit („B" Committee im Senat)

**joint hearing**
siehe **hearing, joint**

**joint meeting**
siehe **meeting, joint**

**joint opinion**
siehe **opinion, joint**

**joint plaintiff**
(*Jur*) (*civil law*) Nebenkläger/in

**joint referral**
siehe **referral, multiple**

**joint resolution**
siehe **resolution, joint**

**joint rules**
siehe **rules, joint**

**joint session**
siehe **session, joint**

**joint sponsorship**
zwei oder mehr Kongressmitglieder, die die gleiche Gesetzesvorlage unterstützen

**joint staff**
ein Personalstab, der aus zwei oder mehr Dienstorganisationen eines Landes zusammengestellt ist, wie z.B. aus zwei oder mehr Truppengattungen

**Joint Taxation Committee**
Besteuerungsausschuss („C" Committee im Senat)

**joker**
ein Änderungsantrag, der mit einer Gesetzesvorlage nichts zu tun zu haben scheint, der jedoch später bewirkt, dass die Gesetzesvorlage unwirksam wird oder zu erheblichen Rechtsstreitigkeiten führt

**Journal**
siehe **Congressional Journal**

**Journal approval**
den Vorschriften entsprechend muss jede Kammer zu Beginn einer Sitzung ihren Eintrag im **Congressional Journal** vom vorangegangenen Sitzungstag der Legislative genehmigen

**judge**
Richter/in

**judge, to be appointed**
zum Richter ernannt werden

**judge, appellate**
siehe **appellate judge**

**judge, chief**
oberste/r Richter/in

**judge, district**
Bezirksrichter/in

**judge, federal**
Bundesrichter/in

**judge-made law**
siehe **law, judge-made**

**judgeship**
Richteramt

**judgment**
(*Jur*) Urteil

**judicial**
gerichtlich; richterlich

**judicial activism**
1. Bezeichnung für die Tätigkeiten der Bundesgerichte 1980, als sie zahlreiche Entscheidungen zur Erweiterung der Rechte der Bürger, wie die des **right of privacy**, trafen
2. die Tendenz von Richtern, nach ihren persönlichen Überzeugungen zu urteilen

**judicial branch**
(*of government*) Judikative

**Judicial Conference of the United States**
Rechtskonferenz der Vereinigten Staaten (eine Gruppe von Bundesrichtern, an deren Spitze der Oberste Bundesrichter steht, die die Politik des Bundesgerichtssystems bestimmen)

**judicial error**
Justizirrtum

**judicial nominee**
Kandidat/in für das Richteramt

**judicial officer**
siehe **court official**

**judicial order**
richterliche Anordnung

**judicial review**
richterliches Prüfungsrecht (das Recht des Obersten Gerichtshofes, die Verfassungsmäßigkeit von Gesetzen des Bundes und der Bundesstaaten zu prüfen; erstmalig vom Obersten Gerichtshof im Jahre 1803 in *Marbury v Madison* geltend gemacht)

**judicial self-restraint**
die Tendenz von Richtern, eine eingeschränkte Interpretation der Gesetze zu akzeptieren und die Politikgestaltung der Legis-

lative und Exekutive zu überlassen

**judicial system**
Gerichtswesen; Justizsystem; Justizwesen

**judiciary**
Gerichtsbehörden; Gerichtswesen; Judikative; Justiz; Justizwesen; Richterschaft

**Judiciary Committee**
Rechtsausschuss
(„A" Committee im Senat und Major Committee im Repräsentantenhaus)

**judicious**
besonnen; umsichtig

**juice bill**
siehe **bill, juice**

**junior senator**
siehe **senator, junior**

**junk bond**
siehe **bond, junk**

**junk vote**
siehe **vote, junk**

**junket**
(*derog*) Vergnügungsreisen (von Mitgliedern des Kongresses) auf Kosten der Steuerzahler

**junketeer**
ein Kongressmitglied, das häufig Vergnügungsreisen auf Kosten der Steuerzahler unternimmt

**jurisdiction**
1. Jurisdiktion; Rechtsprechung;
2. Gerichtsbarkeit; Zuständigkeit(sbereich)

**jurisdiction, admiralty**
Seegerichtsbarkeit
(die Befugnis der Bundesgerichte, Fälle, bei denen es um die Schifffahrt und den Handel innerhalb der Hoheitsgewässer der USA geht, zu verhandeln)

**jurisdiction, appellate**
siehe **appellate jurisdiction**

**jurisdiction, concurrent**
(*Jur*) gemeinsame Zuständigkeit
(Befugnis eines oder mehrerer Gerichte (für gewöhnlich bundesstaatliche und Bundesgerichte), Fälle gleichen Inhalts zu behandeln)

**jurisdiction, exclusive**
(*Jur*) ausschließliche Zuständigkeit
(die Befugnis eines Gerichts, unter Ausschluss aller anderen Gerichte alleine in einer Sache zu verhandeln)

**jurisdiction, general**
(*Jur*) unbeschränkte Zuständigkeit
(die Befugnis eines Gerichts, jede Art von Fall als Gericht erster Instanz zu verhandeln, unabhängig vom Gegenstand oder vom Streitwert; vgl. **jurisdiction, limited**)

**jurisdiction, limited**
(*Jur*) beschränkte Zuständigkeit (die Beschränkung, dass ein Gericht, einen Fall nur als Prozessgericht verhandeln darf, was eine Einschränkung sowohl hinsichtlich des Gegenstands als auch des Streitwertes bedeutet; vgl. **jurisdiction general**)

**jurisdiction, original**
1. (*Const*) Zuständigkeit in erster Instanz
(Befugnis des Obersten Gerichtshofes gemäß Artikel III, Absatz 2 der US-Verfassung, einen Fall, der ausländische Botschafter oder Streitigkeiten zwischen Bundesstaaten betrifft, direkt zu verhandeln, ohne dass dieser vorher von einer anderen Instanz behandelt wurde; vgl. **appellate jurisdiction**);
2. (*pol*) die Befugnis bestimmter Ausschüsse im Repräsentantenhaus oder Senat, Gesetzesvorlagen zu entwerfen und sie in die entsprechende Kammer einzubringen; so entwirft der Bewilligungsausschuss des Repräsentantenhauses z.B. Gesetzesvorlagen zu Bewilligungen von Geldern und bringt sie in das Repräsentantenhaus ein

**jurisdictional dispute**
1. eine Meinungsverschiedenheit zwischen zwei Regierungen (oder zwei Regierungsebenen) in Bezug auf Fragen der Befugnis und Kompetenz;
2. eine Meinungsverschiedenheit zwischen zwei Gewerkschaften in Bezug auf die Frage, welche von ihnen für eine bestimmte Berufsaktivität zuständig ist; siehe auch **jurisdictional strike**

**jurisdictional strike**
ein Streik, der aus einem Disput zwischen Gewerkschaften resultiert und nicht aus einem Disput zwischen einer Gewerkschaft und einem Arbeitnehmer; siehe auch **jurisdictional dispute 2**

**jurisprudence**
Jura; Jurisprudenz; Rechtswissenschaft

**jurist**
Jurist/in; Rechtswissenschaftler/in

**juror**
Geschworene/r

**juror, alternate**
Ersatzgeschworener
(ein Geschworener zusätzlich zur erforderlichen Anzahl in einer **petit jury**, der zwar bei der gesamten Gerichtsverhandlung anwesend ist, der jedoch an der Beratung nur teilnimmt, wenn einer der regulären Geschworenen plötzlich verhindert ist)

**jury**
Geschworene

**jury, to be tried by a**
vor ein Geschworenengericht kommen

**jury, to impanel a**
die Geschworenenliste zusammenstellen
(die teilnehmenden Parteien einigen sich hinsichtlich der Geschworenen bei einer Gerichtsverhandlung)

**jury, to instruct a**
die Geschworenen über das Gesetz belehren

**jury, to sequester a**
Geschworene abkapseln (während einer Gerichtsverhandlung)

**jury, to sit on a**
Geschworener sein

**jury box**
Geschworenenbank

**jury, charge to the**
eine Erläuterung des Richters am Ende einer Gerichtsverhandlung, die den Geschworenen bei der Urteilsfindung helfen soll

**jury commissioner**
Beamter, der für die Auswahl der Geschworenen zuständig ist

**jury duty**
die Pflicht, als Geschworener zu dienen

**jury duty, to excuse someone from**
jdn. von der Pflicht, als Geschworener zu dienen, entbinden

**jury, grand**
siehe **grand jury**

**jury, hung**
entscheidungsunfähige Jury
(Geschworenengericht, das sich nicht einstimmig auf ein Urteil einigen kann)

**jury panel**
eine Gruppe von Personen, die aufgefordert werden, vor Gericht zu erscheinen und aus denen dann die tatsächlichen Geschworenen ausgewählt werden

**jury, petit**
siehe **petit jury**

**jury selection**
der Prozess der Auswahl der Geschworenen für ein Gerichtsverfahren

**jury tampering**
Beeinflussung der Geschworenen

**jury trial**
Schwurgerichtsverfahren (eine Gerichtsverhandlung, in der die Geschworenen über den Sachverhalt entscheiden; vgl. **bench trial**)

**jury, trial by**
siehe **jury trial**

**juryman**
Geschworener

**jury's deliberation**
Beratungen der Geschworenen untereinander

**jurywoman**
Geschworene

**jus sanguinis**
Blutrecht
(diese Bezeichnung bedeutet, dass ein Kind automatisch nach der Geburt die gleiche Staatsangehörigkeit wie seine Eltern besitzt)

**jus soli**
Bodenrecht
(diese Bezeichnung bedeutet, dass ein Kind automatisch die Staatsangehörigkeit des Landes erhält, in dem es geboren wird; in den USA gilt Bodenrecht)

**justice**
1. Gerechtigkeit;
2. Richter/in

**justice, to administer**
Recht sprechen

**justice, to bring someone to**
jdn. vor Gericht bringen

**justice, to establish**
Gerechtigkeit schaffen

**justice, chief**
siehe **chief justice**

**Justice, Department of**
siehe **Department of Justice**

**justice of the peace**
Friedensrichter/in

**Justice, Secretary of**
siehe **Secretary of Justice**

**juvenile court**
siehe **court, juvenile**

# K

**kaffeeklatsch**
eine soziale Veranstaltung während des Wahlkampfes, bei der ein Kandidat sich privat mit einer kleinen Wählergruppe trifft

**kamikaze Democrat**
ein kompromissloser links stehender Demokrat

**kamikaze mission**
ein Antrag, der mit Sicherheit scheitern wird, der jedoch des politischen Effektes wegen gestellt wird

**kamikaze tactic**
eine destruktive Strategie, die eingesetzt wird, um die Opposition zu diskreditieren

**kangaroo court**
siehe **court, kangaroo**

**kangaroo ticket**
ein Stimmzettel, bei dem die zweite Position (Vizepräsident) stärker als die erste (Präsident) ist (ein Känguru zeichnet sich dadurch aus, dass es starke Hinterbeine und schwache Vorderbeine hat)

**keynote address**
programmatische Rede (die Rede auf dem Nominierungsparteitag, die den Tenor für den nachfolgenden Wahlkampf vorgibt)

**keynote speech**
siehe **keynote address**

**kickback**
(*bribe*) Provision; Prozente

**kicker**
eine versteckte, unerwartete Bestimmung in einem Gesetz

**killer amendment**
ein Änderungsvorschlag, der eine Neufassung einer Gesetzesvorlage darstellt oder den Sinn und Zweck einer früheren Gesetzesvorlage völlig untergräbt

**king cash**
(*derog*) das Vorherrschen spezieller Interessen bei Gesetzgebern aufgrund politischer Spenden und Lobbyismus

**king of the hill rule**
eine Regel im Repräsentantenhaus, die besagt, dass der jeweils letzte Änderungsantrag zu einer Gesetzesvorlage der gültige ist; vgl. **queen of the hill rule**

**king of the mountain**
siehe **king of the hill rule**

**kingfish**
eine Person, die uneingeschränkte Macht besitzt

**kingpin**
Nummer eins; Hauptstütze (ein Parteivorsitzender oder eine Schlüsselfigur innerhalb der Partei)

**Kitchen Cabinet**
siehe **Cabinet, Kitchen**

**kitty**
Kasse
(Wahlkampfgelder eines Politikers)

**knee-jerk liberals**
(*derog*) eine Bezeichnung von Konservativen für Liberale, die, ohne nachzudenken, alle Vorschläge der politischen Linken begrüßen

**knifing**
siehe **cutting**

**Know-Nothing Party**
(*hist*) politische Partei der fünfziger Jahre des 19. Jahrhunderts, die die Einwanderung einschränken, die Forderung eines Wohnsitzes als Bedingung für die Staatsbürgerschaft verstärken und die Katholiken und Ausländer von der Amtsausübung fernhalten wollte

# L

**LA**
siehe **legislative assistant**

**Labor and Human Resources Committee**
Ausschuss für Arbeit und menschliche Ressourcen („A“ Committee im Senat)

**labor court**
Arbeitsgericht

**Labor, Department of**
siehe **Department of Labor**

**labor force**
Arbeitskräfte

**labor market**
Arbeitsmarkt

**Labor, Secretary of**
siehe **Secretary of Labor**

**labor union**
Gewerkschaft

**lame duck**
wörtl.: lahme Ente (ein handlungsunfähiger Amtsinhaber, der den Rest einer festgesetzten Amtsperiode abdient, nachdem er eine Wahl verloren hat oder nicht mehr zur Wahl angetreten ist)

**lame-duck amendment**
Bezeichnung für den Zwanzigsten Verfassungszusatz, der besagt, dass die Amtszeit eines Präsidenten bereits am 20. Januar und nicht erst am 4. März beginnen soll

**lame-duck appointment**
Bezeichnung für eine Ernennung, die ein Amtsinhaber kurz vor dem Ende seiner Amtszeit ausspricht

**lame-duck Congress**
die Sitzungsperiode des Kongresses zwischen den Novemberwahlen und dem 3. Januar, dem ersten Tag, an dem der neue Kongress einberufen wird

**lame-duck president**
Präsident, dessen bevorstehender Abschied ihn in der Ausübung seines Amtes lähmt

**lame-duck sessions**
die Sitzungen des Kongresses, die nach der Wahl im November, aber vor der Konstituierung eines neuen Kongresses am 3. Januar abgehalten werden

**land grant**
die Zuteilung von öffentlichem Land für ein College, eine Eisenbahnlinie etc. durch die Bundesregierung

**landmark decision**
(*Jur*) grundlegende Entscheidung; Entscheidung von historischer Bedeutung

**landslide victory**
wörtl.: Erdrutschsieg
(ein Wahlsieg, bei dem der Präsidentschaftskandidat die überwältigende Mehrheit der **electoral votes** erhalten hat)

**language (of a bill)**
Gesetzestext
(die Formulierung eines Gesetzes)

**lap dog**
wörtl.: Schoßhund
((*derog*) eine Person oder Behörde, die bereitwillig das tut, was ein führender Politiker verlangt; vgl. **attack dog**)

**last hurrah**
der letzte Wahlkampf eines erfahrenen Politikers

**last train out**
die letzte Gesetzesvorlage in einer Legislaturperiode, die verabschiedet werden muss

**last word amendment**
siehe **pro forma amendment**

**late money**
Geld, das während der letzten Tage oder Wochen eines Wahlkampfes gespendet wird; es ist ein Zeichen dafür, dass der Wahlkampf gut läuft; vgl. **early money**

**lateral entry**
Seitenstieg
(Einstieg in die Politik, ohne zunächst ein untergeordnetes Amt innegehabt zu haben; Ronald Reagan konnte sich z.B. aufgrund der Tatsache, dass er ein Filmstar war, zunächst als Gouverneurs-, dann als Präsidentschaftskandidat aufstellen lassen)

**laundering money**
Geldwäsche

**laundry list**
1. die legislativen Ziele einer Regierung
2. der Teil einer politischen Rede, in dem konkrete Ziele und Abhilfemaßnahmen für Beschwerden aufgeführt werden

**law**
1. Gesetz (von beiden Häusern des Kongresses verabschiedet und vom Präsidenten unterzeichnet);
2. Jura; Recht; Rechtswissenschaft

**law, to amend a**
ein Gesetz abändern

**law, to apply a**
ein Gesetz anwenden

**law, to be governed by a**
unter ein Gesetz fallen

**law, to be subject to a**
siehe **law, to be governed by a**

**law, to become**
rechtskräftig werden

**law, to break a**
ein Gesetz übertreten;
ein Gesetz verletzen

**law, to enact a**
ein Gesetz erlassen;
ein Gesetz verabschieden

**law, to enforce a**
für die Einhaltung eines Gesetzes sorgen

**law, to execute a**
ein Gesetz vollstrecken

**law, to interpret a**
ein Gesetz auslegen

**law, to keep within the**
sich im Rahmen des Gesetzes bewegen

**law, to overturn a**
ein Gesetz kippen

**law, to pass a**
siehe **law, to enact a**

**law, to repeal a**
ein Gesetz aufheben;
ein Gesetz außer Kraft setzen

**law, to revise a**
siehe **law, to amend a**

**law, to uphold a**
ein Gesetz hüten

**law, to violate a**
siehe **law, to break a**

**law-abiding**
gesetzestreu

**law, administrative**
Verwaltungsrecht

**law and order**
Recht und Ordnung

**law, by**
siehe **bylaw**

**law, canon**
kanonisches Recht

**law, case**
siehe **law, judge-made**

**law, civil**
bürgerliches Recht; Zivilrecht

**law, code**
siehe **law, statutory**

**law, commercial**
Handelsrecht; Wirtschaftsrecht

**law, common**
Gewohnheitsrecht
(die Grundlage des englischen Rechts, bei dem frühere Gerichtsentscheidungen von

Richtern auf aktuelle Fälle angewendet werden)

**law, constitutional**
Verfassungsrecht

**law, contract**
Vertragsrecht

**law, corporation**
Gesellschaftsrecht

**law court**
siehe **court of law**

**law, criminal**
Strafrecht

**law, decisional**
siehe **law, judge-made**

**law enforcement officer**
Polizeibeamter/-beamtin; Vollstreckungsbeamter/-beamtin

**law, equity**
siehe **equity**

**law, evasion of the**
Gesetzesumgehung

**law, ex post facto**
rückwirkendes Gesetz
(ein Gesetz, das rückwirkend etwas für illegal erklärt; es ist der Bundesregierung gemäß Artikel I, Absatz 9 der US-Verfassung sowie einzelnen Bundesstaaten gemäß Artikel I, Absatz 10 nicht gestattet, ein rückwirkendes Gesetz zu erlassen)

**law, family**
siehe **family law**

**law, federal**
Bundesgesetz; Bundesrecht

**law, fiscal**
siehe **tax law**

**law, gap in the**
Gesetzeslücke

**law, hollow**
hohles Gesetz
(ein Gesetz, das eher Symbolcharakter und nur eine geringe tatsächliche Bedeutung hat)

**law, inheritance**
Erbrecht

**law, international**
internationales Recht

**law, judge-made**
richterliches Recht
(Gesetze auf Basis gerichtlicher Präzedenzfälle statt auf der Grundlage von Statuten, z.B. **common law** und **equity**)

**law-making**
gesetzgebend

**law-making body**
gesetzgebendes Organ
(der Oberste Gerichtshof hat durch das richterliche Prüfungs-

recht die Möglichkeit, in die Gesetzgebung einzugreifen und dadurch quasi selbst Gesetze zu erlassen)

**law-making power**
siehe **legislative power**

**law, martial**
siehe **martial law**

**law, natural**
Naturrecht

**law of the land**
Bezeichnung für die Verfassung der USA

**law, private**
Privatrecht
(ein Gesetz, das sich mit privaten Angelegenheiten Einzelner befasst)

**law, public**
öffentliches Recht
(ein Gesetz, das sich mit öffentlichen Angelegenheiten befasst)

**law, retroactive**
siehe **law, ex post facto**

**law, slip**
die erste offizielle Veröffentlichung einer Gesetzesvorlage, nachdem sie rechtskräftig geworden ist; sie erscheint auf normalem Papier und als ungebundenes Manuskript

**law, state**
Bundesstaatengesetz

**law, statutory**
Gesetzesrecht; kodifiziertes Recht
(schriftlich niedergelegtes Recht wie **civil law**, **criminal law** und **public law**)

**law, sumptuary**
ein Gesetz zur Kontrolle des Verkaufs oder Gebrauchs von schädigenden Produkten

**law, sunset**
Gesetz, das die regelmäßige Kontrolle und Bestätigung von Programmen oder Behörden, die ohne Befürwortung durch den Kongress nicht auf Dauer bestehen bleiben können, erfordert

**law, sunshine**
die Forderung, dass öffentliche Behörden die Öffentlichkeit zu ihren Sitzungen zulassen

**law, violation of the**
Gesetzesübertretung; Gesetzesverletzung

**lawful**
gesetzmäßig; legal; rechtmäßig

**lawfully**
legal

**lawfulness**
Gesetzmäßigkeit; Rechtmäßigkeit

**lawless**
gesetzlos

**lawlessness**
Gesetzlosigkeit

**lawmaker**
Gesetzgeber/in

**lawsuit**
Klage; Prozess

**lawsuit, to bring a ~ against someone**
einen Prozess gegen jdn. anstrengen

**lawyer**
Jurist/in; Rechtsanwalt/ Rechtsanwältin

**lawyer's bill**
siehe **bill, lawyer's**

**layer-cake federalism**
siehe **federalism, layer-cake**

**layoff**
Entlassung aus betrieblichen Gründen

**layover rules**
Regeln im Repräsentantenhaus und Senat, denen zufolge es notwendig ist, dass eine gewisse Zeit verstreichen muss, bevor bestimmte Gesetzesvorlagen, Anträge etc. behandelt werden dürfen

**to lead**
anführen; führen; leiten

**lead**
siehe **margin**

**leader**
führender Politiker (ein Kongressmitglied, das eine Führungsposition eingenommen hat; siehe **majority leader** und **minority leader**)

**leader time**
siehe **leadership time**

**leadership**
Führung; Leitung; Vorsitz

**leadership fundraiser**
eine Veranstaltung, die von den führenden Politikern einer Legislative organisiert und gesponsert wird, um Spenden für die eigene Partei einzutreiben

**leadership ladder**
die Leiter zur Macht im Kongress

**leadership PAC**
ein **PAC**, das von der Führung einer Legislative gegründet wird, um finanzielle Mittel für

Kandidaten der eigenen Partei, die ein Amt in dieser Legislative anstreben, aufzutreiben

**leadership position**
Führungsposition

**leadership time**
die Zeit, die zu Beginn der täglichen Senatssitzungen den **majority leader** und **minority leader** für politische Stellungnahmen eingeräumt wird

**leading indicators**
siehe **economic indicators**

**leading politician**
siehe **politician, leading**

**league**
siehe **alliance**

**leak**
absichtliches Durchsickernlassen von geheimen Informationen

**leaners**
Wähler, die zwar grundsätzlich unentschlossen sind, die jedoch dazu neigen, einen bestimmten Kandidaten zu wählen

**leaning**
Beschreibung des Verhaltens eines Abgeordneten, der hinsichtlich einer anstehenden Abstimmung noch unentschieden ist, sich jedoch bereits einer Seite zuneigt

**least dangerous branch**
wörtl.: der am wenigsten gefährliche Regierungszweig (ein anderer Name für die Judikative oder den Obersten Gerichtshof)

**leave of absence**
die formale Erlaubnis für ein Mitglied des Repräsentantenhauses oder Senats, bei den Beratungen abwesend zu sein

**leave to print**
die formale Erlaubnis, Bemerkungen, die im Plenarsaal nicht gemacht wurden, nach einstimmigem Beschluss noch in den **Congressional Record** einzubringen

**leave to sit**
die formale Erlaubnis für einen Ausschuss, während der Beratungen seiner eigenen Kammer zu tagen, was normalerweise nicht gestattet ist

**leaving the station**
Beschreibung einer Gesetzesvorlage, die so gut wie verabschiedet ist

**the left**
siehe **left, the political**

**left, the political**
die politisch links Stehenden

**left wing**
linker Flügel

(die liberale Seite einer Partei oder Kammer; der Begriff hat seinen Ursprung darin, dass die Mitglieder mit liberalen Ansichten die Stühle auf der linken Seite der Kammer besetzen)

**left-wing politician**
links stehender Politiker

**leftover funds**
siehe **excess campaign funds**

**leftovers**
siehe **excess campaign funds**

**leg counsel**
siehe **legislative counsel**

**legal**
gesetzlich; gesetzmäßig; legal; rechtlich; rechtmäßig

**legal, to become**
rechtskräftig werden

**legal action**
Gerichtsverfahren; Klage; Prozess

**legal action against someone, to take**
eine Klage gegen jdn. erheben; gegen jdn. gerichtlich vorgehen; jdn. verklagen

**legal adviser**
Rechtsberater/in

**legal expert**
Jurist/in

**legal language**
Gesetzessprache

**legal loophole**
Gesetzeslücke

**legal matter**
Rechtsangelegenheit

**legal offense**
strafbare Handlung

**legal proceedings**
Gerichtsverfahren; Prozess

**legal protection**
Rechtsschutz

**legal rights**
gesetzlich verankerte Rechte

**legal tender**
gesetzliches Zahlungsmittel

**legal terminology**
siehe **legal language**

**legality**
Gesetzmäßigkeit; Rechtmäßigkeit

**to legalize**
legalisieren; rechtskräftig machen

**legally binding**
rechtsverbindlich

**legiscide**
die Verringerung der Macht der Legislative durch kontinuierliches Erlassen von Gesetzen, die der Exekutive mehr Macht geben

**to legislate**
ein Gesetz erlassen

**legislation**
Gesetz; Gesetzentwurf; Gesetzesinitiative; Gesetzesvorlage; Gesetzesvorschlag; Gesetzgebung

**legislation, to accept**
eine Gesetzesvorlage annehmen

**legislation, to author**
eine Gesetzesvorlage verfassen

**legislation, to block**
eine Gesetzesvorlage stoppen

**legislation, to bring up**
siehe **legislation, to initiate**

**legislation, to consider**
eine Gesetzesvorlage aufnehmen

**legislation, to defeat**
eine Gesetzesvorlage ablehnen

**legislation, to draft**
eine Gesetzesvorlage ausarbeiten; eine Gesetzesvorlage entwerfen

**legislation, to enact**
siehe **law, to enact a**

**legislation, to handwalk**
eine Gesetzesvorlage schnell durch den Gesetzgebungsprozess bringen

**legislation, to initiate**
eine Gesetzesvorlage einbringen

**legislation, to introduce**
siehe **legislation, to initiate**

**legislation, to kill**
eine Gesetzesvorlage an den zuständigen Ausschuss zurücküberweisen und ihr somit die Chance nehmen, im Plenarsaal behandelt zu werden

**legislation, to pass**
siehe **law, to enact a**

**legislation, to present**
eine Gesetzesvorlage vorlegen

**legislation, to promote**
eine Gesetzesvorlage unterstützen

**legislation, to propose**
eine Gesetzesvorlage vorschlagen

**legislation, to reconsider**
eine Gesetzesvorlage wieder aufnehmen

**legislation, to reject**
siehe **legislation, to defeat**

**legislation, to shelve**
eine Gesetzesvorlage zurückstellen

**legislation, to sign**
eine Gesetzesvorlage unterzeichnen

**legislation, to sponsor**
siehe **legislation, to promote**

**legislation, to steer**
eine Gesetzesvorlage über die Hürden im Kongress bringen

**legislation, to support**
siehe **legislation, to promote**

**legislation, to table**
siehe **legislation, to shelve**

**legislation, to veto**
ein Veto gegen eine Gesetzesvorlage einlegen

**legislation, to void**
eine Gesetzesvorlage ungültig machen; eine Gesetzesvorlage für nichtig erklären

**legislation, dead**
für tot erklärte Gesetzesvorlage (eine Gesetzesvorlage, die keine Chance hat, verabschiedet zu werden, oder eine Gesetzesvorlage, die abgeblockt wurde)

**legislation, direct**
direkte Gesetzgebung (der Einsatz direkter demokratischer Techniken wie z.B. Volksentscheide oder Gesetzesvorschläge auf dem Stimmzettel)

**legislation, enabling**
eine Gesetzesvorlage, die einer Regierungseinheit oder einem Regierungsbeamten die Befugnis gibt, Vereinbarungen zu treffen

**legislation, favorable**
vorteilhafte Gesetze oder Gesetzesvorlagen

**legislation on the back burner, to put**
siehe **legislation, to shelve**

**legislation, piece of**
siehe **legislation**

**legislation, reciprocal**
Gesetze, die von zwei oder mehr Bundesstaaten erlassen werden und die gegenseitigen Beziehungen regeln

**legislation, vetoed**
eine Gesetzesvorlage, gegen die ein Veto eingelegt wurde

**legislative**
gesetzgebend; legislativ

**legislative assembly**
gesetzgebende Versammlung

**legislative assistant**
der persönliche Referent eines Kongressmitglieds, der für ihn forscht, Gesetzesvorlagen schreibt, Reden verfasst, an Treffen zur Behandlung von Gesetzesvorlagen teilnimmt etc.

**legislative body**
gesetzgebendes Organ

**legislative branch**
(*of government*) Legislative

**legislative calendar**
siehe **calendar of business**

**legislative clearance**
Überprüfung der Haushaltsvorschläge der Exekutive (das **Office of Management and Budget** hat die Möglichkeit, die Haushaltsvorschläge, die von den Behörden der Exekutive ausgearbeitet werden, zu kontrollieren und gegebenenfalls regulierend einzugreifen)

**legislative committee**
ein Ausschuss, der befugt ist, seiner Kammer über Gesetzesvorlagen zu berichten, im Unterschied zu einem **select committee**, das nicht befugt ist, seiner Kammer über Gesetzesvorlagen zu berichten

**legislative council**
ein Ausschuss in bundesstaatlichen Legislativen, der sich mit Programmen und Gesetzgebungsproblemen befasst, in der Zeit, in der die Legislative nicht tagt

**legislative counsel**
wörtl.: Ratgeber der Legislative (Bezeichnung für einen Lobbyisten)

**Legislative Counsel's Office**
der Stab von Anwälten im Repräsentantenhaus und im Senat, die unparteiliche Expertenhilfe bieten, wenn es darum geht, für Ausschüsse Gesetzesvorlagen, Resolutionen und Änderungsanträge zu Gesetzesvorlagen zu verfassen

**legislative court**
ein Gericht, das vom Kongress aufgrund seiner ihm durch die US-Verfassung übertragenen Befugnisse eingerichtet wurde und nicht durch den Obersten Gerichtshof, der laut Artikel III der US-Verfassung auch die Befugnis besitzt, ein Gericht einzurichten

**legislative dance**
die einzelnen Schritte, die eine Gesetzesvorlage bis zu ihrer Verabschiedung durchlaufen muss

**legislative day**
Legislativtag; Sitzungstag der Legislative

**legislative district**
siehe **state legislative district**

**legislative district lines**
siehe **state legislative district lines**

**legislative electoral district lines**
siehe **state legislative district lines**

**legislative history**
1. die Debatten, die stattfinden, wenn eine Gesetzesvorlage behandelt wird;
2. die offiziellen Dokumente zu einer Gesetzesvorlage, die im **Congressional Record** oder in den Ausschussberichten erscheinen

**legislative immunity**
siehe **congressional immunity**

**legislative intent**
der Zweck oder die Rechtfertigung für die Verabschiedung einer Gesetzesvorlage, die zu einem späteren Zeitpunkt, wenn die Gesetzesvorlage überarbeitet wird, in Frage gestellt werden könnte

**legislative liaison**
die Zusammenarbeit zwischen Exekutive und Legislative in Bezug auf Programme des Präsidenten

**legislative measure**
siehe **measure 1**

**legislative oversight**
siehe **congressional oversight**

**legislative party**
die Mitglieder einer politischen Partei, die während einer Legislaturperiode Sitze innehaben

**lcgislative period**
Legislaturperiode; Wahlperiode

**legislative power**
Gesetzgebungsbefugnis; Gesetzgebungsgewalt

**legislative priorities**
siehe **wish list**

**legislative process**
Gesetzgebungsprozess; Gesetzgebungsverfahren (die Etappen des Erlassens von Gesetzen vom Einbringen der Vorlage bis zu ihrer Verabschiedung)

**legislative proposal**
Gesetzentwurf; Gesetzesinitiative; Gesetzesvorlage; Gesetzesvorschlag;

**legislative review**
siehe **congressional oversight**

**legislative seat**
siehe **state legislative seat**

**legislative service organizations**
Ausschüsse oder Gremien im Kongress
(die Mitglieder dieser Ausschüsse teilen bestimmte Meinungen, Interessen oder soziale Charakteristika, wie z.B. der **Black Caucus** oder die **Democratic Study Group** und arbeiten dahingehend, dass Gesetze, die ihre besonderen Interessen berücksichtigen, erlassen werden)

**legislative session**
eine Senatssitzung, auf der Gesetzesvorlagen statt Verträge und Nominierungen behandelt werden

**legislative supremacy**
Vormachtstellung der Legislative
(das Konzept, das besagt, dass es drei gleichgestellte Regierungszweige gibt, dass jedoch die Legislative an erster Stelle steht)

**legislative term**
siehe **legislative period**

**legislative veto**
Veto der Legislative
(ein Verfahren, durch das der Kongress dem Präsidenten Handlungsbefugnis gibt, aber für sich das Recht behält, seine Handlungen abzulehnen oder zu überstimmen, wenn der Kongress nicht mit dem, was der Präsident macht, übereinstimmt; 1983 hat der Oberste Gerichtshof diese Praxis für verfassungswidrig erklärt)

**legislative work**
Gesetzgebungsarbeit

**legislative year**
Sitzungsperiode

**legislator**
Gesetzgeber/in;
Mitglied der Legislative

**legislator, chief**
siehe **chief legislator**

**legislature**
1. gesetzgebende Gewalt;
Legislative;
2. Legislaturperiode

**legitimacy**
wenn die Bürger ein politisches System oder ein Regierungssystem als richtig und rechtmäßig akzeptieren und sich ihm bereitwillig unterwerfen

**legitimate**
berechtigt; gesetzmäßig;
legitim; rechtmäßig

**lengthy**
langwierig

**level**
Ebene; Grad; Höhe; Niveau

**level, diplomatic**
diplomatische Ebene

**level, federal**
Bundesebene

**level, international**
internationale Ebene

**level, national**
nationale Ebene

**level playing field**
die Fairness, die eine Mehrheit einer Minderheit gegenüber zeigt

**level, state**
bundesstaatliche Ebene

**leverage**
Einfluss; „Seilschaft"; „Vitamin B"

**leverage, to exert**
Einfluss ausüben

**to levy**
(*taxes*) einziehen; erheben

**liaison**
Verbindung; Zusammenarbeit

**liaison officer**
Verbindungsbeamter/-beamtin

**libel**
(schriftliche) Verleumdung

**liberal**
1. liberal; 2. Liberale/r

**liberalization**
Liberalisierung
(eine Reduzierung der Zölle und andere Erleichterungen zur Vereinfachung und Förderung des internationalen Handels)

**to liberalize**
liberalisieren

**Libertarian Party**
eine Drittpartei, deren politische Philosophic cinc Kombination aus Konservatismus und Liberalismus ist; sie betont die Gleichheit aller Individuen, die Waffenkontrolle, den Wert des persönlichen Eigentums und die individuelle Initiative

**libertarianism**
politische Bewegung, der die Annahme zugrunde liegt, dass die Regierung so wenig wie möglich unternehmen sollte, um das Leben einzelner Bürger zu beeinflussen, mit der Ausnahme der Bereitstellung von Polizei- und Militärschutz

**liberty**
Freiheit

**Library Committee**
Bibliotheksausschuss
(„C" Committee im Senat)

**Library of Congress**
Kongressbibliothek

**lieutenant**
1. der/die Berater/in eines Ausschussvorsitzenden oder Fraktionsführers im Kongress; 2. (*mil*) Leutnant

**life, liberty and the pursuit of happiness**
das Recht auf Leben, Freiheit und das Streben nach Glück (das Zitat stammt aus der Unabhängigkeitserklärung)

**lifetime appointment**
Amt auf Lebenszeit; Ernennung auf Lebenszeit

**likely voters**
Wahlberechtigte, für die es sehr wahrscheinlich ist, dass sie bei einer bevorstehenden Wahl von ihrem Wahlrecht Gebrauch machen werden

**to limit**
beschränken; einschränken

**limitation**
Beschränkung; Einschränkung

**limited**
beschränkend; einschränkend

**limited government**
siehe **government, limited**

**limited jurisdiction**
siehe **jurisdiction, limited**

**limited liability corporation**
Gesellschaft mit beschränkter Haftung (GmbH)

**limited war**
(*mil*) begrenzter Krieg (ein Krieg mit konventionellen Waffen, dessen Ziel nicht die völlige Vernichtung des Feindes ist)

**limousine conservative**
(*derog*) Bezeichnung für eine/n Konservative/n mit einem anspruchsvollen Lebensstil

**limousine liberal**
(*derog*) Bezeichnung für eine/n reiche/n Liberale/n, der/die viel über Sozialprogramme und gleiche Bildungschancen für alle redet, aber die eigenen Kinder auf eine Privatschule schickt

**line-item budget**
siehe **budget, line-item**

**line-item veto**
siehe **veto, line-item**

**linkage institution**
jede Partei oder Behörde, die „Verbindungen“ zwischen den gewöhnlichen Bürgern und den gewählten Politikern herstellt, sodass die Bürger die Regierungspläne beeinflussen können

**list of speakers**
Rednerliste

(die Liste befindet sich beim leitenden Beamten, der den Senatoren in der aufgelisteten Reihenfolge das Rederecht erteilt)

**literacy test**
(*hist*) Lese- und Schreibtest (nach der Einführung des Wahlrechts 1870 für schwarze Männer versuchten viele Südstaaten, Schwarze vom Wählen abzuhalten; eine Methode war ein Test zur Überprüfung der Lese- und Schreibfähigkeit, den viele Schwarze nicht bestehen konnten, da sie Analphabeten waren)

**litigants**
(*Jur*) prozessführende Parteien

**litigation**
(*Jur*) Prozess; Rechtsstreit

**litmus test**
(*fig*) entscheidender Test (heiß umstrittene Themen, wie z.B. die Abtreibungsfrage, werden zum „Lackmustest" für die Integrität von Politikern)

**live pair**
siehe **pair, live**

**live quorum**
siehe **quorum, live**

**living Constitution**
siehe **Constitution, living**

**loan**
Darlehen

**lobby**
Interessengruppe; Interessenverband; Lobby

**lobbying, indirect**
siehe **grassroots lobbying**

**lobbyism**
Lobbyismus

**lobbyist**
Lobbyist/in

**local**
Kommunal-; Lokal-

**local community**
Gemeinde

**local council**
siehe **town council**

**local council elections**
siehe **town council elections**

**local elections**
Kommunalwahlen

**local government**
Kommunalregierung

**local government administration**
Gemeindeverwaltung; Kommunalverwaltung

**local issues**
Themen und kontroverse

Punkte, die während eines politischen Wahlkampfes diskutiert werden und wichtig für kommunale Interessen sind

**local option**
die einer Kommunalregierung erteilte Befugnis, mittels Direktwahl darüber entscheiden zu lassen, ob eine bestimmte Maßnahme (z.B. der Verkauf von Alkohol) in einer Gemeinde erlaubt sein soll

**local politics**
Kommunalpolitik

**local residency rules**
eine Forderung im Wahlgesetz, dass die Kandidaten ihren Wohnsitz in dem Zuständigkeitsbereich haben müssen, in dem sie kandidieren

**locality rule**
die Gepflogenheit eines Mitglieds des Repräsentantenhauses, in dem Wahlbezirk zu leben, den er repräsentiert

**to lock something up**
eine Sache abschließen; zum Ende bringen

**lockout**
Ausschluss
(Maßnahme eines Arbeitgebers, die darin besteht, dass er seinen Betrieb schließt, um seine Arbeiter an der Arbeit zu hindern und sie auf diese Weise zu zwingen, in einer Kontroverse seinen Standpunkt zu akzeptieren)

**locks**
registrierte Wähler, auf die Verlass ist, dass sie einen bestimmten Kandidaten oder eine politische Partei unterstützen

**log jam**
zu viele anstehende Gesetzesvorlagen
(für gewöhnlich am Ende einer Sitzungsperiode; der Begriff entstammt dem Wassertransport von Baumstämmen, bei dem es hin und wieder zu einem Stau kommt, weil zu viele Baumstämme auf einmal transportiert werden)

**logrolling**
(*fig*) Kuhhandel
(gegenseitige Unterstützung zur Verabschiedung von Gesetzesvorlagen; der Begriff stammt aus amerikanischen Frontierzeiten, in denen ein Siedler dem anderen dabei half, große Baumstämme von seinem Land zu rollen)

**lollipop**
wörtl.: Lutscher
(ein süß schmeckendes, aber substanzloses Geschenk eines Politikers, um sich dadurch einen politischen Vorteil zu erhalten)

**long-arm statute**
siehe **statute, long-arm**

**long ballot**
siehe **ballot, long**

**long-standing**
langjährig

**long-term**
langfristig

**long-term basis, on a**
siehe **long-term**

**long-term policy**
langfristige Politik

**longest-serving member of Congress**
Kongressmitglied mit den höchsten Dienstalter

**longest-serving senator**
Senator/in mit den höchsten Dienstalter

**loop, to be in the**
auf der Verteilerliste verschiedener Arten von politischer Information stehen

**loophole in the law**
siehe **legal loophole**

**loose cannon**
(*derog*) jemand, dessen Reden und Handlungen so unkontrolliert sind, dass er dadurch sich selbst und anderen schaden kann

**loose money policy**
Finanzpolitik des **Federal Reserve Board**, bei der Geld und Kredit freier zugänglich gemacht werden, um auf diese Weise die Deflation zu bremsen und eine Rezession zu bekämpfen

**love fest**
(*derog*) die offene Zurschaustellung der Kooperation von zwei Parteien

**to lower**
herabsetzen; senken; verringern

**lower body**
Unterhaus
(Bezeichnung für das Repräsentantenhaus)

**lower chamber**
siehe **lower body**

**lower class**
Unterschicht

**lower court**
siehe **court, lower**

**lower house**
siehe **lower body**

**lower middle-class**
untere Mittelschicht

**loyal opposition**
in einem Zweiparteiensystem die Partei, die nicht an der Re-

gierung ist, die jedoch den Landesinteressen gegenüber loyal ist

**loyalty**
Treue; Loyalität

**LSO**
siehe **legislative service organizations**

**lump-sum**
Pauschalbetrag

**luxury tax**
siehe **tax, luxury**

# M

**mace**
Amtsstab

**machine politics**
eine von gut organisierten Parteien beherrschte Politik, vor allem in großen Städten

**Madam Chairman**
Frau Vorsitzende

**Mafia**
(*derog*) Mafia
(die engsten Vertrauten des Präsidenten, die aus seinem Heimatstaat stammen)

**main question**
ein zur Debatte stehender Antrag oder eine Gesetzes-vorlage im Unterschied zu den dazu gehörenden Änderungsvorschlägen

**mainstream**
politische Mitte

**maintaining election**
siehe **election, maintaining**

**major committee**
siehe **committee, major**

**major party**
siehe **party, major**

**major player**
ein wichtiger Beteiligter in einer politischen Angelegenheit

**majoritarian politics**
eine Politik, bei der alle oder die meisten Bürger einen Nutzen erzielen und die Kosten bezahlen

**majority**
Mehrheit

**majority, absolute**
siehe **absolute majority**

**majority, constitutional**
siehe **absolute majority**

**majority, extraordinary**
siehe **majority, super**

**majority floor leader**
siehe **majority leader**

**majority in Congress, to have a**
die Mehrheit im Kongress haben

**majority in the House, to win a**
eine Mehrheit im Repräsen-tantenhaus gewinnen

**majority, instant**
die unerwartete Zustimmung zu einer Gesetzesvorlage, die die Position der Parteiführung schwächt

**majority leader**
Mehrheitsführer/in;

Mehrheitsfraktionsführer/in (Vorsitzende/r der Regierungspartei im Repräsentantenhaus und Senat)

**majority leader, assistant**
siehe **whip**

**majority-minority district**
siehe **district, majority-minority**

**majority of voters**
Mehrheit der Wähler/innen

**majority of votes**
Stimmenmehrheit

**majority of votes, to gain a**
eine Stimmenmehrheit erhalten

**majority of votes, to receive a**
siehe **majority of votes, to gain a**

**majority of votes, to secure a**
siehe **majority of votes, to gain a**

**majority opinion**
1. Mehrheitsentscheidung;
2. (*Jur*) Urteilsbegründung der Mehrheit (der Obersten Bundesrichter/innen)

**majority, overwhelming**
überwältigende Mehrheit

**majority party**
Mehrheitsfraktion; Mehrheitspartei; Regierungspartei

**majority rule**
Prämisse demokratischer Gesellschaften: die Partei, die die meisten Stimmen erhält, soll regieren

**majority secretary**
ein Mitarbeiter, der den Mehrheitsführer im Senat unterstützt

**majority, simple**
einfache Mehrheit

**majority staff**
Angestellte, die die Mitglieder eines Ausschusses, die der Mehrheitsfraktion angehören, unterstützen

**majority, super**
die überwältigende Mehrheit, die für einige Abstimmungen im Kongress erforderlich ist, wie z.B. für die Billigung neuer Verfassungszusätze

**majority system**
Mehrheitswahlsystem (ein Wahlsystem, bei dem ein Kandidat die einfache Mehrheit der Stimmen erhalten muss, um gewählt zu werden)

**majority vote**
Mehrheitsbeschluss

**majority whip**
stellvertretende/r Mehrheitsführer/in im Repräsentantenhaus und im Senat

**malapportionment**
ungleiche Anzahl von Wählern in verschiedenen Wahlbezirken

**man in the green hat**
(*fig*) Bezeichnung für eine verdächtige Person, die im Geheimen Kongressmitgliedern Vorteile verschafft

**to manage**
(*organization*) leiten; (*affairs*) regeln; (*assets*) verwalten; (*tasks*) bewältigen; zurechtkommen mit

**managed trade**
wörtl.: kontrollierter Handel (Bezeichnung für einen Handel, der durch Maßnahmen, die Importe aus Japan und Entwicklungsländern beschränken, geschützt ist; zu diesen Maßnahmen gehören z.B. Quoten, Sondersteuern und Regierungssubventionen für einheimische Produkte)

**management**
(*organization*) Leitung; (*affairs*) Regelung; (*assets*) Verwaltung

**managers**
1. der offizielle Titel für Mitglieder eines Vermittlungsausschusses;
2. Kongressmitglieder, die die ersten Plenardebatten um eine Gesetzesvorlage führen;
3. der offizielle Titel von Mitgliedern des Repräsentantenhauses, die dem Senat Amtsanklageartikel vorlegen und während des Amtsanklageverfahrens im Senat als Kläger im Auftrag des Repräsentantenhauses auftreten

**mandate**
Mandat; Wählerauftrag (politische oder Wählerunterstützung eines Programms, einer politischen Partei oder eines besonderen Kandidaten)

**mandate from the electorate**
siehe **mandate**

**mandatory appropriation**
siehe **appropriation, mandatory**

**mangy dog**
wörtl.: räudiger Hund ((*derog*) Bezeichnung für eine Gesetzesvorlage, die viele Mängel aufweist)

**manual**
informelle Bezeichnung für die offiziellen Handbücher des Repräsentantenhauses und Senats; siehe **House Manual** und **Senate Manual**

**marble-cake federalism**
siehe **federalism, marble-cake**

**margin**
Vorsprung

**margin, to win by a narrow/ large**
mit knappem/großem Vorsprung gewinnen

**marginal group**
Randgruppe

**marginal district**
siehe **district, marginal**

**marginal seat**
ein Wahlbezirk, bei dem es schwierig ist, eine Prognose darüber abzugeben, ob ein Amtsinhaber wieder gewählt wird

**to mark up**
(*bill*) überarbeiten

**mark-up session**
eine Sitzung, in der ein Ausschuss eine Gesetzesvorlage sprachlich und inhaltlich für den Gesetzgebungsprozess vorbereitet

**market economy**
Marktwirtschaft

**Marshall Plan**
(*hist*) eine Initiative des Außenministers George C. Marshall im Jahr 1947 zum breit angelegten wirtschaftlichen Wiederaufbau des vom Krieg zerstörten Länder Westeuropas

**martial law**
Kriegsrecht

**martial law, to declare**
Kriegsrecht verhängen

**mass demonstration**
Massendemonstration; Massenkundgebung

**mass media**
Massenmedien

**mass party**
Volkspartci
(eine politische Partei, die für jedermann offen ist, im Gegensatz zu einer Elitepartei wie z.B. die kommunistische Partei in der ehemaligen Sowjetunion)

**mass popular movement**
Massenbewegung

**mass rally**
Großveranstaltung; Massenveranstaltung

**mass-transit**
siehe **public transportation**

**Massachusetts ballot**
siehe **ballot, Massachusetts**

**the masses**
die Massen

**matching funds**
Mittel, die von einer Regierungsebene für einen speziellen Zweck zur Verfügung gestellt werden unter der Bedingung, dass eine andere Ebene zusätzliche Mittel für den gleichen Zweck bereitstellt; z.B. die Zusammenarbeit zwischen der Bundesregierung und den bundesstaatlichen Regierungen bei einem Projekt

**to max out**
den erlaubten Maximalbetrag für einen Wahlkampf spenden

**maximum deficit amounts**
das maximale Defizit im Bundeshaushalt für jedes Rechnungsjahr

**maximum-security prison**
Hochsicherheitsgefängnis

**Mayflower**
(*hist*) Name des Schiffs, das 105 Personen (unter ihnen zahlreiche Pilger) im Jahr 1620 von Plymouth, England, über den Atlantik in die Neue Welt brachte

**Mayflower Compact**
(*hist*) Mayflower-Vereinbarung (eine Vereinbarung, die im Jahr 1620 von allen männlichen Erwachsenen an Bord der **Mayflower** unterzeichnet wurde; die Vereinbarung war die Grundlage der ersten Regierung in Neuengland und machte deutlich, dass eine Regierung ein sozialer Vertrag ist)

**mayor**
Bürgermeister/in

**mayor-council plan**
Modell einer Kommunalregierung, bei dem ein Bürgermeister gewählt wird, der das Amt des obersten Beamten ausübt und ein gewählter Rat als gesetzgebende Gewalt fungiert

**MC**
siehe **member of Congress**

**means test**
Einkommensnachweis (zum Nachweis einer Anspruchsberechtigung auf finanzielle Leistungen)

**means-tested programs**
Programme, bei denen bestimmte Bürger aufgrund eines Einkommensnachweises Unterstützung erhalten; es handelt sich hierbei vor allem um **entitlement programs**

**measure**
1. siehe **bill** oder **joint resolution**;
2. Maßnahme

**meat axe**
wörtl.: Fleischerbeil (Metapher im Kongress für

Haushaltskürzungen, die alle Bereiche betreffen)

**media**
siehe **mass media**

**media events**
Wahlkampfveranstaltungen, die für die Massenmedien attraktiv sind, wie z.B. Fernsehdebatten, Pressekonferenzen, Fototermine etc.

**media filter**
Medienfilter
(Überprüfung und Aufbereitung von Informationen durch die Medien selbst, bevor sie als Nachrichten gesendet oder gedruckt werden)

**media kits**
Medienpakete
(Informationspakete, die Medienvertretern überreicht werden und die das Foto eines Kandidaten, eine kurze Biographie und gedruckte Broschüren enthalten)

**media state**
Medienstaat
(ein Staat, in dem die Medien das politische Geschehen dominieren)

**media, verticle**
jede politische Werbung außer Radio-, Fernsehen- und Wurfsendungswerbung; z.B. Aufkleber, Buttons, Hüte etc.

**media wave**
umfassende politische Werbemaßnahmen während eines kurzen Zeitabschnitts

**mediation**
Vermittlung

**mediator**
Vermittler/in

**Medicaid**
Krankenversicherung und Gesundheitsfürsorge für Einkommensschwache und Behinderte
(wird von der Bundesregierung gefördert und von den bundesstaatlichen Regierungen durchgeführt und verwaltet)

**medical insurance**
siehe **health insurance**

**medical insurance, to be covered by**
siehe **health insurance, to be covered by**

**Medicare**
Krankenversicherung und Gesundheitsfürsorge der Bundesregierung für ältere Bürger/innen
(für Bürger über 65 und für Behinderte, die aus der Sozialversicherung unterstützt werden)

**to meet**
(*committee*) tagen

**meeting**
Sitzung; Tagung; Versammlung

**meeting, to adjourn a**
eine Sitzung vertagen

**meeting, to attend a**
an einer Sitzung teilnehmen

**meeting, to call a**
eine Sitzung einberufen

**meeting, to chair a**
siehe **meeting to preside over a**

**meeting, to convene a**
siehe **meeting to call a**

**meeting, to open a**
eine Sitzung eröffnen

**meeting, to postpone a**
eine Sitzung verschieben

**meeting, to preside over a**
eine Sitzung leiten

**meeting, to recess a**
eine Sitzung unterbrechen

**meeting, to take part in a**
siehe **meeting, to attend a**

**meeting, closed**
siehe **meeting closed to the public**

**meeting closed to the public**
nichtöffentliche Sitzung

**meeting hour**
die Uhrzeit, die jede Kammer für den Beginn der täglichen Sitzungen festgesetzt hat

**meeting, joint**
eine gemeinsame Sitzung des Repräsentantenhauses und des Senats, bei der es sich jedoch nicht um eine **joint session** handelt

**meeting, minutes of a**
siehe **meeting, record of a**

**meeting, open**
siehe **meeting open to the public**

**meeting open to the public**
öffentliche Sitzung

**meeting, record of a**
Sitzungsprotokoll

**melting pot**
Schmelztiegel
(die Vorstellung, dass die USA eine Verbindung aus vielen verschiedenen Völkern darstellen)

**member**
1. siehe **member of Congress**;
2. jemand, der in einem Ausschuss mitarbeitet

**member of Congress**
Abgeordnete/r;
Kongressabgeordnete/r
(Mitglied einer der beiden Kammern des Kongresses)

**members' allowances**
offizielle Ausgaben für Kongressmitglieder

**memorandum opinion**
siehe **opinion, memorandum**

**memorial**
Denkmal; Denkschrift; Gedenken an

**memorials**
Resolutionen von bundesstaatlichen Legislativen und Stadträten, in denen der Kongress aufgefordert wird, bestimmte Maßnahmen zu ergreifen

**men's club**
(*derog*) Männerklub (Bezeichnung für den Senat)

**mentor**
ein älteres Kongressmitglied, das einem jüngeren hilft

**mercantilism**
(*hist*) Merkantilismus (die Theorie des 17. und 18. Jahrhunderts in Europa, die besagte, dass Wohlstand eine Grundvoraussetzung der Macht sei; um diesen Wohlstand zu erlangen, war es nötig, die Importe einzuschränken und durch die Produktion von Waren und die Entwicklung natürlicher Ressourcen ein günstiges Handelsgleichgewicht zu erreichen)

**Merchant Marine and Fisheries Committee**
Ausschuss für Handelsmarine und Fischerei (Nonmajor Committee im Repräsentantenhaus)

**merger**
Fusion; Vereinigung; Zusammenschluss

**merit**
Leistung; Verdienst; Vorzug

**merit system**
Leistungsprinzip im öffentlichen Dienst (Vergabe von Regierungsämtern nach Verdienst, nicht nach Parteibuch)

**to message**
eine Mitteilung vom Repräsentantenhaus an den Senat oder umgekehrt und vom Präsidenten an eine der Kammern oder umgekehrt senden

**message**
ein Akt offizieller Kommunikation zwischen dem Repräsentantenhaus und dem Senat oder zwischen dem Präsidenten und einer der Kammern

**messaged veto**
siehe **veto, messaged**

**method of equal protections**
die mathematische Formel zur

Zuteilung der 435 Sitze im Repräsentantenhaus; da die US-Verfassung jedem Bundesstaat mindestens einen Abgeordneten im Repräsentantenhaus garantiert, werden 50 Sitze von der Gesamtzahl abgezogen, wobei 385 Sitze übrigbleiben; die verbliebenen Sitze werden dann proportional zur Bevölkerung verteilt, wobei mit dem Bundesstaat mit der größten Bevölkerung begonnen wird und erst danach die weniger bevölkerten an die Reihe kommen

**metropolitan government**
die Zentralregierung für eine Stadt

**mid-session budget review**
der vom **Office of Management and Budget** vorbereitete Bericht an den Kongress, der den Haushaltsplan des Präsidenten aktualisiert; der Präsident darf seinen Haushaltsbericht nicht später als am 15. Juli jedes Jahres abgeben

**middle class**
Mittelschicht

**middle of the road**
Politik der Mitte;
politische Mitte

**middle of the road program**
Programm der politischen Mitte

**middle of the roader**
Bezeichnung für eine/n Politiker/in der Mitte

**midterm election**
siehe **election, midterm**

**migration**
Binnenwanderung;
Abwanderung innerhalb des Landes

**migration, ideological**
Sinneswandel

**military**
das Militär

**military base**
Stützpunkt

**military budget**
Militäretat

**military commander**
Befehlshaber/in

**military court**
siehe **court, military**

**military equipment**
Rüstung

**military government**
Militärregierung

**military-industrial complex**
militärisch-industrieller Komplex
(eine Allianz zwischen wichtigen Entscheidungsträgern der

Streitkräfte, der Regierung und der Industrie hinsichtlich der Waffenproduktion)

**military intelligence**
siehe **intelligence**

**military service**
Militärdienst; Wehrdienst

**military service, to be called up for**
zum Militärdienst einberufen werden

**military service, compulsory**
Wehrpflicht

**military spending**
Militärausgaben

**militia**
Bürgerwehr; Miliz

**millionaire's club**
(*derog*) Klub der Millionäre (Bezeichnung für den Senat)

**minimum wage**
Mindestlohn

**minimum wage, to raise the**
den Mindestlohn erhöhen

**minor committee**
siehe **committee, minor**

**minor party**
siehe **party, minor**

**minority**
Minderheit

**minority district**
ein Kongresswahlbezirk, der hauptsächlich aus Minderheiten besteht

**minority floor manager**
siehe **floor manager**

**minority leader**
Minderheitsführer/in; Minderheitsfraktionsführer/in (Vorsitzende/r der Oppositionspartei im Repräsentantenhaus und Senat)

**minority leader, assistant**
siehe **whip**

**minority opinion**
siehe **opinion, minority**

**minority party in Congress**
Minderheitsfraktion; Oppositionspartei

**minority president**
siehe **president, minority**

**minority rights**
Minderheitenrechte

**minority staff**
Mitarbeiter, die die der Oppositionspartei angehörenden Ausschussmitglieder unterstützen

**minority whip**
stellvertretende/r

Oppositionsführer/in im Repräsentantenhaus und im Senat

**minutes**
Protokoll

**minutes, to keep the**
siehe **minutes, to take the**

**minutes, to take the**
das Protokoll führen

**Miranda warning**
(*Jur*) die Rechte, die einer Person bei ihrer Verhaftung vorgelesen werden und die sie darüber informieren, dass sie das Recht auf einen Anwalt und Aussageverweigerung hat (Entscheidung des Obersten Gerichtshofes 1966, *Miranda v Arizona*)

**to misappropriate**
siehe **to embezzle**

**misappropriation**
siehe **embezzlement**

**miscegenation law**
jedes Gesetz, dass die Heirat zweier Personen unterschiedlicher Rassen verbietet

**misconduct**
Fehlverhalten im Amt

**misdemeanor**
(*Jur*) Vergehen
(kann mit Gefängnis von unter einem Jahr bestraft werden)

**to mislead**
irreführen; täuschen

**mistrial**
(*Jur*) aus formalen Gründen ungültiges Verfahren

**to misuse**
missbrauchen

**misuse of power**
Amtsmissbrauch; Machtmissbrauch

**mobilization**
(*mil*) Mobilisierung; Mobilmachung

**mob**
Mob; Pöbel

**mobocracy**
Regierung durch den Mob

**moderate**
1. gemäßigt;
2. Gemäßigte/r

**to modify**
mäßigen; modifizieren; verändern

**modus vivendi**
eine Übereinkunft zwischen zwei Ländern oder Parteien über eine gute Zusammenarbeit, auch wenn man nicht in allen Punkten übereinstimmt

**monetarism**
(*Econ*) eine Wirtschaftstheorie, die besagt, dass die freie Marktwirtschaft effektiv funktioniert, wenn das Geld fließt

**monetary policy**
siehe **fiscal policy**

**money, to coin**
Geld prägen

**money chase**
das konstante Bemühen von Kongressmitgliedern, Wahlkampfspenden aufzutreiben

**money committee**
siehe **committee, money**

**money man**
eine Person, die eine beträchtliche Geldsumme für einen Kandidaten oder eine Partei aufbringt

**money spigot, to turn off the**
(*fig*) den Geldhahn zudrehen

**monopoly**
Monopol

**Monroe Doctrine**
(*hist*) die einseitige Proklamation der amerikanischen Außenpolitik durch Präsident James Monroe im Jahr 1823 gegen jegliche europäische Intervention in nord- und/oder südamerikanische Angelegenheiten

**moratorium**
1. (*pol*) (*treaty*) Moratorium;
2. Stillhalteabkommen;
3. (*Fin*) Stopp; vorläufige Einstellung; Zahlungsaufschub

**morning business**
morgendliche Tätigkeiten (jegliche Aktivitäten, die vormittags an Sitzungstagen im Senat oder Repräsentantenhaus stattfinden, wie das Einbringen von Gesetzesvorlagen oder das Abfassen von Ausschussberichten)

**morning hour**
Morgenstunde
(die Stunde vor Beginn der Gesetzgebungsarbeit im Senat, die für Reden und Ankündigungen reserviert ist)

**morning House speeches**
an Montagen und Dienstagen kommt das Repräsentantenhaus früh zusammen, sodass Mitglieder fünfminütige Reden halten können

**moss party**
eine politische Partei, der jeder beitreten kann

**mossback**
(*derog*) ein Erzkonservativer, der so selten und langsam seine

Position ändert, dass Moos auf seinem Rücken wachsen könnte

**most-favored nation status**
Meistbegünstigung (internationale Handelspolitik, bei der die USA bestimmten Ländern wesentliche Handelsvorteile einräumen)

**motion**
Antrag

**motion, to back a**
einen Antrag unterstützen

**motion, to defeat a**
einen Antrag ablehnen

**motion, to endorse a**
siehe **motion, to back a**

**motion, to propose a**
einen Antrag stellen

**motion, to reject a**
einen Antrag ablehnen

**motion, to second a**
siehe **motion, to back a**

**motion, to support a**
siehe **motion, to back a**

**motion, to withdraw a**
einen Antrag zurückziehen

**motion, debate-ending**
ein Antrag, die Debatte über eine anhängige Angelegenheit unverzüglich abzubrechen

**motion, dilatory**
siehe **dilatory motion**

**motion to adjourn**
Vertagungsantrag

**motion to bring to a vote**
Antrag auf Abstimmung

**motion to instruct**
Antrag auf Revision einer Gesetzesvorlage mit bestimmten Vorgaben

**motion to lay on the table**
Antrag auf permanente Zurückstellung einer Gesetzesvorlage

**motion to lie on the table**
Antrag auf vorübergehende Zurückstellung einer Gesetzesvorlage

**motion to postpone debate**
Antrag auf Verschiebung der Debatte

**motion to proceed to consider**
ein Antrag, der normalerweise vom Vorsitzenden der Regierungspartei gestellt wird, eine Gesetzesvorlage oder andere Maßnahme zur Prüfung vorzubringen

**motion to recess**
Antrag auf eine kurze Sitzungsunterbrechung

**motion to recommit**
Antrag auf Zurücküberweisung

einer Gesetzesvorlage an den zuständigen Ausschuss

**motion to reconsider**
Antrag auf Wiederaufnahme einer Gesetzesvorlage

**motion to table**
Antrag auf Zurückstellung einer Gesetzesvorlage

**motor voter**
Bezeichnung für eine Gesetzesvorlage, die es Wählern erlaubt, sich bei der Verlängerung ihres Führerscheins ins Wählerverzeichnis eintragen zu lassen

**mouthpiece**
(*fig*) Sprachrohr

**to move**
beantragen; einen Antrag stellen; etw. unternehmen; Maßnahmen ergreifen

**to move for something**
etw. beantragen

**movers and shakers**
Mitglieder einer Gemeinschaft, die die öffentliche Meinung bestimmen und über genug politischen und wirtschaftlichen Einfluss verfügen, um Dinge in Bewegung zu setzen

**Mr. Chairman**
Herr Vorsitzender

**muckraking**
Sensationsmache; Skandalhascherei

**to muddy the water**
eine Sache verworren machen

**mudfest**
schmutzige Taktiken, die in einem knappen politischen Wahlkampf eingesetzt werden

**mudslinging**
(*fig*) Schlammschlacht; Verunglimpfung

**mudslinging campaign**
Verleumdungskampagne

**mugwump**
1. eine Person, die von ihrer politischen Linie abweicht und einen Kandidaten einer anderen Partei wählt;
2. ein sich selbst sehr wichtig nehmender führender Politiker, der über der Parteipolitik steht und glaubt, höherwertige Anschauungen zu vertreten

**multilateral**
mehrere Seiten betreffend; mehrseitig; multilateral

**multimember district**
siehe **district, multimember**

**multinational**
multinational

**multiparty system**
Vielparteiensystem
(ein Regierungssystem, das typisch für kontinentaleuropäische Demokratien ist, bei denen mehrere Parteien einen Koalition bilden und die Regierung stellen)

**multiple referral**
siehe **referral, multiple**

**multiyear appropriation**
siehe **appropriation, multiyear**

**municipal**
städtisch

**municipal bond**
siehe **bond, municipal**

**municipal ordinance**
kommunale Verordnung

**municipality**
Kommune

**must list**
Mussliste
(umfasst die Gesetzesvorlagen, die unbedingt während der Sitzungsperiode des Kongresses verabschiedet werden sollen)

**must pass bill**
siehe **bill, must pass**

**mutual**
gegenseitig

**mutual fund**
(*Fin*) Investmentfonds

# N

**NAACP**
siehe **National Association for the Advancement of Colored People**

**NAFTA**
siehe **North American Free Trade Agreement**

**name recognition**
die Fähigkeit der Wähler, ihren Abgeordneten anhand seines Namens zu identifizieren

**named bill**
siehe **bill, named**

**NARA**
siehe **National Archives and Records Administration**

**narcotics**
(*Jur*) Betäubungsmittel; Rauschgift

**narrow bill**
siehe **bill, narrow**

**NASA**
siehe **National Aeronautics and Space Administration**

**nation**
Nation; Volk

**national**
1. Bundes-; des Landes; des Staates; national; Regierungs-; Staats-; staatlich;
2. siehe **national of the United States**

**National Aeronautics and Space Administration**
Bundesbehörde für Luft- und Raumfahrt
(die im Jahr 1958 gegründete Bundesbehörde zur Erforschung des Weltraums innerhalb und außerhalb der Erdatmosphäre)

**national anthem**
Nationalhymne

**National Archives and Records Administration**
Bundesbehörde für die Akten- und Dokumentenverwaltung
(die Bundesbehörde, die die Akten und Dokumente der US-Regierung verwaltet)

**National Association for the Advancement of Colored People**
Nationale Vereinigung für die Förderung der farbigen Bevölkerung
(Interessenverband von Schwarzen, gegründet 1909, der sich für Bürgerrechtsgesetze einsetzt und Musterprozesse in Bundesgerichten führt)

**national border**
Staatsgrenze

**national chairman**
siehe **national committee chairperson**

**national chairperson**
siehe **national committee chairperson**

**national chairwoman**
siehe **national committee chairperson**

**national committee**
Bundesparteienausschuss (die Bundesorganisation für Demokraten und Republikaner, die aus 50 männlichen und 50 weiblichen Ausschussmitgliedern besteht (zwei aus jedem Bundesstaat), deren Aufgabe es ist, Vorbereitungen für die **national convention** zu treffen; vgl. **state committee**)

**national committee chairperson**
Bundesparteivorsitzende/r

**national committee headquarters**
Bundesparteizentrale

**national convention**
Bundesparteitag; Nominierungskongress; Nominierungsparteitag; Nominierungsversammlung (die Versammlung von Parteidelegierten aus allen Bundesstaaten, die im Abstand von vier Jahren zusammenkommen, um den Präsidenten und Vizepräsidenten zu nominieren, die Parteipolitik festzusetzen und ihre Partei auf Bundesebene attraktiv zu machen; vgl. **state convention**)

**national debt**
Staatsverschuldung

**national defense**
nationale Verteidigung

**national emergency**
nationaler Notstand

**National Guard**
Nationalgarde (militärische Kräfte der Bundesstaaten)

**National Guard, to send in the**
die Nationalgarde einsetzen

**national holiday**
gesetzlicher Feiertag; Nationalfeiertag

**national interest**
nationales Interesse (die politischen Ziele, die als besondere Angelegenheiten einer Nation angesehen werden)

**national level**
siehe **level, national**

**national objective**
die Ziele und Aufgaben einer Nation

**national of the United States**
ein Bürger der Vereinigten Staaten oder eine Person, die den Vereinigten Staaten treuepflichtig ist

**National Organization for Women**
Nationale Frauenorganisation (eine im Jahr 1966 in Washington, D.C. gegründete Interessenvertretung für die Belange von Frauen)

**National Park Service**
die vom Innenministerium finanzierte Organisation, die für den Schutz und die Unterhaltung der Nationalparks und der darin lebenden Tiere verantwortlich ist

**national party committee**
siehe **national committee**

**national party convention**
siehe **national convention**

**national planning**
Sozialplanung, die auf Bundes- statt auf Regionalebene stattfindet

**national policy**
Regierungspolitik

**National Rifle Association**
die einflussreichste Waffenlobby in Washington, besonders, wenn es um die Unterstützung von Kandidaten im Wahlkampf geht

**national security**
nationale Sicherheit

**National Security Act**
Nationales Sicherheitsgesetz (das Gesetz von 1947, das die Verteidigungsstruktur der USA reorganisierte, indem das Heer, die Marine und die Luftwaffe in einem gemeinsamen Verteidigungsministerium zusammengefasst wurden)

**national security adviser**
Nationalsicherheitsberater/in

**National Security Council**
Nationaler Sicherheitsrat (1947 gegründet; besteht aus dem Präsidenten, dem Vizepräsidenten, dem Außenminister und dem Verteidigungsminister)

**national service**
Wehrdienst

**national supremacy**
siehe **supremacy clause**

**national technical means**
Satelliten, die Fotos machen, um festzustellen, ob ein Land sich an ein Waffenkontrollabkommen hält, indem es z.B. keine unterirdischen Raketenabschussrampen installiert

**national territory**
Hoheitsgebiet; Staatsgebiet

**National Transportation Safety Board**
eine unabhängige Regierungsbehörde, die für die Untersuchung von Flug- und Zugunglücken verantwortlich ist und die Forschung zur Verbesserung der Sicherheit durchführt

**nationalism**
Nationalismus

**nationality**
Nationalität;
Staatsangehörigkeit;
Staatsbürgerschaft

**to nationalize**
nationalisieren; verstaatlichen

**nationalization**
Nationalisierung;
Verstaatlichung

**nationwide**
bundesweit

**native**
Eingeborene/r

**native Americans**
die amerikanischen Indianer

**NATO**
siehe **North Atlantic Treaty Organization**

**natural born American citizen**
gebürtige/r Amerikaner/in

**natural law**
siehe **law, natural**

**natural resources**
Naturschätze

**natural rights**
Naturgesetze
(der in der amerikanischen Politik vorherrschende Glaube, dass der Mensch von seinem Schöpfer mit bestimmten Rechten ausgestattet wurde, die von der Regierung nicht eingeschränkt werden dürfen)

**naturalized American citizen**
eingebürgerte/r Amerikaner/in

**naturalized citizen, to become a**
eingebürgert werden

**naturalization**
Einbürgerung

**naval base**
Marinestützpunkt;
Seestützpunkt

**naval forces**
Seestreitkräfte

**naval power**
Seemacht

**Navy**
Kriegsmarine; Marine

**Navy, department of the**
siehe **department of the Navy**

**Navy, secretary of the**
siehe **secretary of the Navy**

**necessary and proper clause**
notwendig und angemessen (die Klausel in Artikel I, Absatz 8 der US-Verfassung, die es dem Kongress ermöglicht, Gesetze zu erlassen, die zur Wahrnehmung ihrer Verantwortlichkeiten „notwendig" und „angemessen" sind)

**need to know**
ein Kriterium, das bei Sicherheitsvereinbarungen Anwendung findet, indem diejenigen, denen Zugang zu Geheimsachen gewährt werden soll, nachweisen müssen, dass sie diese Informationen brauchen, um ihre Pflichten zu erfüllen

**needy people**
Bedürftige

**negative advertising**
Negativwerbung (politische Werbemaßnahmen, die darauf abzielen, eine andere Person oder Partei zu verunglimpfen)

**negative campaign**
siehe **campaign, negative**

**negative voting**
siehe **voting, negative**

**to negotiate**
verhandeln

**negotiations**
Verhandlungen

**negotiations, to break off**
Verhandlungen abbrechen

**negotiations, to continue**
Verhandlungen fortsetzen

**negotiations, to conduct**
Verhandlungen führen

**negotiations, to enter into**
Verhandlungen eintreten, in

**negotiations, to initiate**
Verhandlungen einleiten

**negotiations, to postpone**
Verhandlungen verschieben

**negotiations, to resume**
Verhandlungen wieder aufnehmen

**negotiations, to suspend**
Verhandlungen aussetzen

**negotiations, to take up**
Verhandlungen aufnehmen

**neighborhood guy**
ein Abgeordneter des Repräsentantenhauses, der sich

sehr mit seinem eigenen Wahlbezirk identifiziert

**neighborhood watch**
ein Programm zur Vorbeugung gegen Kriminalität, bei dem die Einwohner einer Gemeinde die Polizei über verdächtige Aktivitäten informieren

**nepotism**
Nepotismus; Vetternwirtschaft

**net**
Netto-

**net earnings**
Nettogewinn

**net income**
Nettoeinkommen

**neutral**
neutral;
(*person*) Neutrale/r;
(*country*) neutrales Land

**neutrality**
Neutralität

**to neutralize**
neutralisieren

**New Deal**
(*hist*) die Sozialprogramme von Präsident Franklin D. Roosevelt aus den Jahren 1933 bis 1945 zur Beendigung der Weltwirtschaftskrise

**new federalism**
siehe **federalism, new**

**New Freedom**
(*hist*) die Innenpolitik von Präsident Woodrow Wilson (1913-1921), der Antitrustgesetze unterstützte und sich für das Aufbrechen großer Industriezusammenschlüsse einsetzte

**New Frontier**
(*hist*) die Politik und die Programme der Regierung unter Präsident John F. Kennedy

**New Hampshire primary**
siehe **primary, New Hampshire**

**New Jersey plan**
(*hist*) der Vorschlag William Patersons auf dem Verfassungskonvent von 1787, eine Legislative mit nur einer Kammer einzurichten, in der alle Bundesstaaten gleich repräsentiert sind

**New Nationalism**
(*hist*) die Innenpolitik von Theodore Roosevelt im Wahlkampf seiner Progressive Party gegen Woodrow Wilson im Jahr 1912, die durch die Unterstützung großer Industriezusammenschlüsse gekennzeichnet war

**new world order**
neue Weltordnung

(internationale Ausrichtungen nach dem Kalten Krieg)

**news**
1. Nachrichten;
2. Neuigkeiten

**news advisory**
Ankündigung eines besonderen Ereignisses

**news ban**
siehe **news blackout**

**news blackout**
Nachrichtensperre

**news conference**
siehe **press conference**

**news management**
das Bemühen einer Regierung, die Medien zu ihrem eigenen Vorteil zu benutzen

**news source**
Nachrichtenquelle

**newscast**
Nachrichtensendung

**Nineteenth Amendment**
Neunzehnter Verfassungszusatz (ein 1920 angenommener Zusatzartikel zur US-Verfassung, der es jedem Bundesstaat untersagt, einem Bürger aufgrund seines Geschlechtes die Wahlbeteiligung zu verbieten)

**Ninth Amendment**
Neunter Verfassungszusatz (Zusatzartikel zur US-Verfassung von 1791 als Teil des Menschenrechtskatalogs, der die unveräußerlichen Rechte der Bürger über die Regierungsmacht schützt)

**Nixon Doctrine**
(*hist*) Präsident Nixons Doktrin von 1969, die die Rolle der USA als Weltpolizei reduzierte

**no bill**
siehe **bill, no**

**no first use**
die strategische Politik, derzufolge ein Land sich bereit erklärt, nicht als erstes Nuklearwaffen in einer Konfrontation einzusetzen

**no-show job**
ein Regierungsjob, für den der Amtsinhaber zwar ein Gehalt erhält, aber nicht anwesend sein muss

**no-year appropriation**
siehe **appropriation, no-year**

**nod, to get the**
ausgesucht werden (für ein Amt); nominiert werden

**nolo contendere**
(*Jur*) keine Anfechtung der Anklage

**to nominate**
(*candidate*) ernennen; nominieren

**nominated, to be**
nominiert werden

**nominating convention**
Nominierungskonvent; Nominierungsparteitag; Nominierungsversammlung (eine offizielle Sitzung, auf der Kandidaten für ein öffentliches Amt ernannt werden)

**nomination**
(*of candidate*) Ernennung; Nominierung

**nomination, to hold a**
die Bestätigung einer Nominierung zurückhalten (eine informelle Bitte, dass die Zustimmung zu einer Nominierung noch nicht auf die Tagesordnung des Senats gesetzt wird)

**nomination hearing**
eine vom Senat durchgeführte Anhörung, bei der eine Ernennung durch den Präsidenten entweder angenommen oder abgelehnt wird

**nominee**
ernannte/r Kandidat/in; nominierte/r Kandidat/in; vorgeschlagene/r Kandidat/in

**Non-Proliferation Treaty**
Atomwaffensperrvertrag (das im Jahr 1968 von mehr als 115 Ländern unterzeichnete Übereinkommen über die Nichtverbreitung von Nuklearwaffen)

**non-self-enforcing rules**
Regeln, die ein Vorsitzender nicht alleine in Kraft setzt, sondern die auf die Bitte eines anderen Mitglieds in Kraft gesetzt werden

**nondebatable motions**
Anträge, die ohne Diskussion sogleich zur Abstimmung gelangen müssen

**nongermane**
nicht betreffend; nicht von Belang für; vgl. **germane**

**nongermane amendment**
Änderungsvorschlag, der für die Gesetzesvorlage, die er ergänzen soll, nicht von Belang ist; vgl. **germane amendment**

**nonlegislative period**
der Senatsbegriff für die offizielle Sitzungspause des Kongresses, während der Senatoren ihre Bundesstaaten besuchen und ihre Wähler treffen können

**nonmajor committee**
siehe **committee, nonmajor**

**nonpartisan**
unparteilich

**nonpartisan ballot**
siehe **ballot, nonpartisan**

**nonpartisan election**
eine Wahl, bei der Kandidaten ohne Parteizugehörigkeit auf dem Stimmzettel aufgeführt sind

**nonprofit organization**
gemeinnützige Organisation

**nonvoting delegate**
siehe **delegate, nonvoting**

**normal vote**
siehe **vote, normal**

**North American Free Trade Agreement**
Nordamerikanisches Freihandelsabkommen (das Abkommen von 1992 errichtete einen gemeinsamen Markt zwischen den USA, Kanada und Mexiko und beseitigte alle Handelsbeschränkungen)

**North Atlantic Treaty Organization**
Nordatlantikvertragsorganisation

**not in order**
siehe **out of order**

**notarization**
Beurkundung durch einen Notar; notarielle Beglaubigung

**notary**
siehe **public notary**

**notice quorum call**
siehe **quorum call, notice**

**notorious**
berühmt-berüchtigt

**NOW**
siehe **National Organization for Women**

**NPT**
siehe **Non-Proliferation Treaty**

**NRA**
siehe **National Rifle Association**

**NRC**
siehe **Nuclear Regulatory Commission**

**NSC**
siehe **National Security Council**

**NTSB**
siehe **National Transportation Safety Board**

**nuclear holocaust**
(*mil*) Atominferno

**Nuclear Non-Proliferation Treaty**
siehe **Non-Proliferation Treaty**

**Nuclear Regulatory Commission**
Nukleare Kontrollbehörde (die Bundesbehörde, die den Einsatz von Atomkraft aus Gründen des Gesundheits- und Umweltschutzes kontrolliert)

**nuclear warhead**
siehe **atomic warhead**

**nuclear weapons**
Atomwaffen

**nuclear weapons, long-range**
atomare Langstreckenwaffen

**nuclear weapons, short-range**
atomare Kurzstreckenwaffen

**null and void**
null und nichtig

**nullification**
Annullierung; Aufhebung

**to nullify**
annullieren; für nichtig erklären; rechtsungültig erklären

**numbered amendments**
Änderungsanträge zu Gesetzesvorlagen im Senat, die für den Druck durchnummeriert werden

# O

**"O" research**
siehe **opposition research**

**OAS**
siehe **Organization of American States**

**oath**
Eid

**oath, to administer an**
einen Eid abnehmen

**oath, to give an**
siehe **oath, to administer an**

**oath, to take an**
einen Eid ablegen; einen Eid leisten

**oath, to swear an**
siehe **oath, to take an**

**oath, to testify under**
unter Eid aussagen

**oath of office**
Amtseid

**oath of office, to administer an**
einen Amtseid abnehmen

**oath of office, to give an**
siehe **oath of office, to administer an**

**oath of office, to take an**
einen Amtseid ablegen; einen Amtseid leisten

**oath of office, to swear an**
siehe **oath of office, to take an**

**obligated balance**
Bewilligungsbetrag, der zwar zugeteilt, aber nicht ausgegeben wurde

**obligation**
eine verpflichtende Zusage durch eine Bundesbehörde über Dienstleistungen oder Güter

**observance**
Beachtung; Einhaltung

**obstructing justice**
(*Jur*) Behinderung der Justiz

**obstructionism**
Obstruktionspolitik

**obstructionist**
Obstruktionspolitiker/in

**to occasion**
Anlass geben zu; verursachen

**occasion**
Anlass; Ereignis; Gelegenheit; Grund; Veranlassung

**occupation**
1. Beruf; Tätigkeit;
2. (*mil*) Besatzung; Besetzung; Okkupation

**occupational health and safety regulations**
Vorschriften zu Gesundheit und Sicherheit im Beruf

**October surprise**
eine so spät während des Wahlkampfes eintretende Entwicklung, dass der Gegner keine Zeit mehr hat, angemessen zu reagieren

**off-budget**
nicht unter den Haushaltsplan fallen

**off-budget entities**
Posten, die nicht vom Bundeshaushaltsplan abgedeckt sind

**off-budget federal agency**
eine Bundesbehörde, die nicht vom Bundeshaushaltsplan abgedeckt ist

**off the record**
im Vertrauen; inoffiziell

**off year**
1. Jahr, in dem keine Präsidentschaftswahlen stattfinden;
2. Jahr, in dem keine Wahlen stattfinden

**off-year election**
siehe **election, off-year**

**offender**
(*Jur*) Straftäter/in

**offender, habitual**
(*Jur*) Wiederholungstäter/in

**offense**
(*Jur*) Straftat; Vergehen

**offense, to commit an**
(*Jur*) eine Straftat begehen; sich strafbar machen

**office**
Amt; Behörde

**office, to appoint someone to**
jdn. in ein Amt berufen

**office, to assume**
siehe **office, to take**

**office, to be elected to**
in ein Amt gewählt werden

**office, to be in**
siehe **office, to hold**

**office, to be out of**
nicht im Amt sein

**office, to be sworn into**
einen Amtseid leisten; im Amt vereidigt werden

**office, to enter**
siehe **office, to take**

**office, to hold**
ein Amt bekleiden; ein Amt innehaben; im Amt sein

**office, to leave**
ein Amt verlassen

**office, to occupy**
siehe **office, to hold**

**office, to remove someone from**
jdn. aus dem Amt entfernen; jdn. des Amtes entheben

**office, to resign from**
ein Amt niederlegen; von einem Amt zurücktreten

**office, to run for**
für ein Amt kandidieren

**office, to step down from**
siehe **office, to resign from**

**office, to take**
ein Amt antreten

**office-block ballot**
siehe **ballot, Massachusetts**

**office, change in**
Amtswechsel

**office manager**
Mitarbeiter, der zusammen mit dem **administrative assistant** die Tagesgeschäfte für ein Kongressmitglied erledigt

**Office of Immigration**
Einwanderungsbehörde

**Office of Legislative Council**
Behörde für Legislative Beratung
(Behörde mit unparteiischem juristischen Personal im Repräsentantenhaus und Senat, das den Kongressmitgliedern hilft, Gesetzestexte in der richtigen Sprache zu verfassen und zu überarbeiten)

**Office of Management and Budget**
Behörde für Haushaltserstellung und -kontrolle (Exekutivbehörde, an deren Spitze ein Direktor steht, der die Hauptverantwortung für die Wirtschaftspolitik der Regierung sowie die Vorbereitung des Haushalts trägt)

**Office of Policy Development**
Behörde, die den Präsidenten bei der Formulierung, Koordinierung und Umsetzung innenpolitischer Konzepte unterstützt

**Office of Technology Assessment**
Behörde, die eingerichtet wurde, um den Kongress bei der Bewertung wissenschaftlicher und technischer Gesetzesvorschläge zu unterstützen

**office, removal from**
Amtsenthebung

**office, term of**
Amtszeit; Regierungszeit

**officeholder**
Amtsinhaber/in

**officer**
1. Beamter/Beamtin;
2. (*mil*) Offizier

**officers of the Senate**
(*Const*) der Titel, der dem Sprecher des Repräsentantenhauses und dem Präsidenten des Senats durch die US-Verfassung gegeben wurde

**official**
1. amtlich; offiziell;
2. Beamter/Beamtin

**official business, on**
dienstlich

**official capacity, in an**
siehe **official business, on**

**official channels, through**
auf dem Dienstweg

**official objectors**
die Mitglieder des Repräsentantenhauses, die den **private calendar** durchgehen und entscheiden, welche Gesetzesvorlagen behandelt werden sollen

**official title**
eine knappe Beschreibung des Gegenstandes einer Gesetzesvorlage, die über der Einführungsformel erscheint

**officialese**
siehe **gobbledygook**

**officially**
amtlich; dienstlich; offiziell

**Ohio Clock**
die große Mahagoni-Uhr vor dem Sitzungssaal des Senats, in deren Nähe häufig Pressekonferenzen durchgeführt werden

**old guard**
alte Garde
(eine schon lange existierende politische Gruppe, die nicht an Veränderungen interessiert ist)

**old walruses**
siehe **old guard**

**OMB**
siehe **Office of Management and Budget**

**ombudsman/ombudswoman**
Ombudsmann/-frau
(Beauftragte/r einer gesetzgebenden Körperschaft, an den/die sich jeder Bürger zum Schutz vor behördlicher Willkür wenden kann)

**omnibus bill**
siehe **bill, omnibus**

**on the floor**
siehe **floor, to be on the**

**on the record**
aktenkundig sein; protokolliert sein

**one-house bill**
siehe **bill, one-house**

**one man, one vote**
Entscheidung des Obersten Gerichtshofes 1964, dass allen Einteilungen von Kongresswahlbezirken die gleiche Bevölkerungszahl zugrunde liegen muss (*Reynolds v Sims*)

**one-minute speech**
einminütige Rede
(eine einminütige Rede eines Mitglieds des Repräsentantenhauses am Anfang eines Tages)

**one of its own**
wörtl.: einer von den ihren (Redensart, die benutzt wird, wenn ein Mitglied des Repräsentantenhauses oder des Senats von einem Mitglied seiner eigenen Partei entweder geschützt oder getadelt wird)

**one of their own**
siehe **one of its own**

**one-year appropriation**
siehe **appropriation, one-year**

**onus**
Bürde; Last; Pflicht; Verantwortung

**OPD**
siehe **Office of Policy Development**

**open agenda**
siehe **agenda, open**

**open convention**
eine Nominierungsversammlung auf Bundes- oder bundesstaatlicher Ebene, bei der ein Kandidat von Delegierten gewählt wird; vgl. **brokered convention**

**open district**
siehe **district, open**

**open-end program**
ein Berechtigungsprogramm wie z.B. **Medicare**, das hinsichtlich der Haushaltsausgaben keinen Beschränkungen unterliegt

**open-market operation**
(*Fin*) der Kauf und Verkauf von Staatspapieren oder öffentlichen Anleihen, Wechseln und anderen Wertpapieren durch das **Federal Open Market Committee** zum Zweck der Kontrolle der Finanzpolitik

**open primary**
siehe **primary, open**

**open rule**
Anweisung des Regelausschusses im Repräsentantenhaus, die es erlaubt, dass eine Gesetzesvorlage im Sitzungssaal noch beraten und verändert werden kann

**open seat**
offener Sitz
(ein Sitz, für den ein Amtsinhaber nicht mehr kandidiert)

**opening speech**
Eröffnungsrede

**opening speech, to give the**
die Eröffnungsrede halten

**opening speech, to make the**
siehe **opening speech, to give the**

**opening meeting**
Eröffnungssitzung

**opening session**
siehe **opening meeting**

**operating budget**
siehe **budget, operating**

**opinion**
Ansicht; Auffassung; Meinung; Stellungnahme

**opinion, to deliver an**
(*Jur*) eine Entscheidung fällen; ein Urteil fällen

**opinion, to frame an**
(*Jur*) eine Urteilsbegründung formulieren

**opinion, concurring**
(*Jur*) übereinstimmende Meinung
(die Meinung eines Richters, der das Urteil der Mehrheit des Gerichts unterstützt, aber hinsichtlich der Urteilsbegründung geteilter Auffassung ist)

**opinion day**
(*Jur*) der Tag, normalerweise ein Montag, an dem der Oberste Gerichtshof in einer offenen Sitzung seine Entscheidungen zu behandelten Fällen äußert

**opinion, dissenting**
(*Jur*) abweichende Meinung
(die Meinung eines Richters oder mehrerer Richter, die sich von der Meinung der Mehrheit des betreffenden Gerichts unterscheidet)

**opinion, draft**
(*Jur*) Urteilsentwurf
(eine Urteilsbegründung, die von einem Richter des Obersten Gerichtshofes im voraus entworfen wird, sodass die anderen Richter sie überarbeiten und begutachten können)

**opinion, extended**
(*Jur*) eine Urteilsbegründung, die sich in Teilen mit der Auffassung des Gerichts deckt und in anderen Teilen von ihr unterscheidet

**opinion, full**
(*Jur*) eine schriftliche Erklärung, in der die einer Entscheidung zugrunde liegenden Gründe beschrieben werden)

**opinion, joint**
(*Jur*) gemeinsame Urteilsbegründung

**opinion leader**
Meinungsbildner

**opinion, majority**
siehe **majority opinion**

**opinion, memorandum**
(*Jur*) eine kurze Beschreibung der Gründe für eine gerichtliche Entscheidung

**opinion, minority**
(*Jur*) die abweichende Entscheidung von einem Richter oder mehr Richtern eines Gerichts

**opinion, per curium**
(*Jur*) eine vom gesamten Gericht vertretene Urteilsbegründung

**opinion poll**
Meinungsumfrage

**opinion poll, to carry out an**
siehe **opinion poll, to conduct an**

**opinion poll, to conduct an**
eine Meinungsumfrage durchführen

**opinion poll, to take an**
siehe **opinion poll, to conduct an**

**opponent**
Gegner/in

**opposition**
Opposition; Widerstand

**opposition party in Congress**
Oppositionspartei

**opposition party, to vote with the**
mit der Oppositionspartei stimmen; zur Oppositionspartei übergehen

**opposition research**
Nachforschungen in der Opposition (Nachforschungen über den Gegner anstellen, um Informationen aufzudecken, die ihm schaden können)

**optional charter**
ein in bestimmten Bundesstaaten existierender Plan, der es Städten gestattet, ihre Satzung aus mehreren vom Bundesstaat angebotenen auszuwählen

**orange pouch**
orangefarbiger Postsack (Postsack für Eilzustellungen für den Wahlbezirk oder Bundesstaat eines Kongressmitglieds)

**orator**
siehe **public speaker**

**order**
1. (*Jur*) Anordnung; Beschluss; Verfügung;
2. Disziplin; Ordnung;
3. (*Congress*) Verfahrensordnung

**order, to call to**
zur Ordnung rufen

**order, to maintain**
Disziplin (aufrechter)halten; Ordnung wahren

**order of business**
siehe **general order of business**

**order of, on the**
auf Anweisung von

**ordinance**
Verordnung

**Organization of American States**
Organisation der amerikanischen Staaten (eine auf der Bogotá-Konferenz von 1948 gegründete regionalpolitische Organisation, die sich aus den USA und 20 lateinamerikanischen Republiken zusammensetzt)

**organizational explanation**
siehe **explanation, organizational**

**to organize**
(*party*) organisieren;
(*work*) einteilen

**organized crime**
organisiertes Verbrechen

**organized labor**
gewerkschaftlich organisierte Arbeiterschaft

**original bill**
siehe **bill, original**

**original intent**
(*Const*) ursprüngliche Absicht der Verfassungsväter

**original jurisdiction**
siehe **jurisdiction, original**

**to originate**
ausgehen von; entstehen

**origination clause**
(*Const*) die Klausel in Artikel I, Absatz 7 der US-Verfassung, derzufolge alle Gesetzesvorlagen zur Erhebung öffentlicher Einnahmen aus dem Repräsentantenhaus kommen müssen

**OTA**
siehe **Office of Technology Assessment**

**to oust**
(*from office*) jdn. aus dem Amt vertreiben;

(*the president from power*) den Präsidenten entmachten; stürzen

**out front, to be**
bezüglich einer bestimmten Angelegenheit die Führungsrolle innehaben

**out of order**
1. unangemessenes Verhalten eines Mitglieds des Repräsentantenhauses oder des Senats während einer Sitzung;
2. ein unvorschriftsmäßiges Verfahren während einer Sitzung

**outcome**
Ergebnis; Resultat

**outdoor relief**
die Bereitstellung finanzieller Unterstützung oder von Lebensmitteln sowie von medizinischer Versorgung für bedürftige Personen außerhalb öffentlicher Institutionen

**to outlaw something**
etw. verbieten; etw. für ungesetzlich erklären

**outlay**
Aufwendungen; Auslagen; Kosten(aufwand)

**outside income**
siehe **income, outside**

**outyear**
das nächste Haushaltsjahr, für das Haushaltsvorschläge gemacht werden

**Oval Office**
Büro des Präsidenten im Weißen Haus

**overbreadth doctrine**
(*Jur*) Gerichtspolitik, derzufolge Gesetze als nicht verfassungskonform erklärt werden können, wenn sie zu weit reichen und durch die US-Verfassung geschützte Freiheiten einschränken

**to overlap**
sich teilweise decken; sich überschneiden

**to override**
(*decision*) aufheben; für ungültig erklären; (*veto*) aufheben; überstimmen

**to overrule**
(*decision*) aufheben; für ungültig erklären; (*objection*) ablehnen; abweisen; (*by majority*) überstimmen

**overseas**
in Übersee

**overseas aid**
siehe **foreign aid**

**to oversee**
beaufsichtigen

**overseer**
Aufseher/in

**oversight**
(*supervision*) Aufsicht, Beaufsichtigung;
(*mistake*) Versehen

**oversight, congressional**
siehe **congressional oversight**

**oversight, political**
der Einsatz des **congressional oversight** zur parteilichen Vorteil, weil der Präsident und der Kongress gegnerischen politischen Parteien angehören

**to overturn**
(*law*) ein Gesetz kippen

**overwhelming majority**
siehe **majority, overwhelming**

# P

**PAC**
siehe **political action committee**

**pacifism**
Pazifismus

**Pacifist**
Pazifist/in

**pack journalism**
(*derog*) Berichterstattung bei der alle Medien identische politische Nachrichten übermitteln

**package**
Gesetzespaket
(eine Reihe von Gesetzesvorschlägen, die ein gemeinsames Ziel haben)

**packing**
Minderheiten in einem Kongresswahlbezirk zusammenfassen, um ihren Einfluss in weiteren Wahlbezirken zu minimieren

**pact**
Pakt

**page**
Bote/Botin im Kongress
(in der Regel Jugendliche zwischen 16 und 18 Jahren)

**page and line identification**
Angabe der Seite und Zeile (gemeint ist der Verweis auf die genaue Seite und Zeile einer Gesetzesvorlage für Debatten über Änderungsvorschläge im Kongress)

**paid staff**
siehe **staff, paid**

**pair, dead**
siehe **pair, identical**

**pair, general**
zwei Gesetzgeber mit entgegengesetzten Positionen zu einem Thema, die bei der Abstimmung nicht anwesend sind, deren Namen, aber nicht deren Positionen, ins Protokoll aufgenommen werden

**pair, identical**
zwei Gesetzgeber mit entgegengesetzten Positionen zu einem Thema, die bei der Abstimmung nicht anwesend sind, deren Namen und Positionen zu dem Thema jedoch im Protokoll erscheinen

**pair, live**
zwei Gesetzgeber mit entgegengesetzten Positionen zu einem Thema, von denen einer nicht anwesend ist und der andere sich der Stimme enthält, deren Namen und Positionen zu dem Thema jedoch im Protokoll erscheinen

**pair, special**
siehe **pair, identical**

**pair, specific**
siehe **pair, identical**

**pairing**
Pairing
(zwei Gesetzgeber mit entgegengesetzten Positionen zu einem Thema, die sich darauf verständigen, dass sie beide bei der Abstimmung nicht anwesend sind und so durch ihre Abwesenheit das Ergebnis nicht beeinflussen)

**palace guard**
Palastgarde
(bewaffnete Leibwächter, die den Präsidenten schützen)

**palm card**
siehe **slate card**

**pander bear**
(*derog*) ein/e Kandidat/in, der/die die Interessen verschiedener Wahlbezirke befriedigen will
(Wortspiel zwischen „panda bear" und „pander" = jemand, der die Bedürfnisse anderer befriedigen will)

**panel**
1. (*Jur*) Geschworenenliste;
2. Gremium

**panel back poll**
siehe **poll, panel back**

**paramilitary forces**
paramilitärische Streitkräfte

**paranoid style**
die Annahme politischer Minderheiten im politischen Leben Amerikas, dass es gegen sie Verschwörungen gibt; so glauben einige Schwarze z.B., dass Drogen erfunden wurden, um sie niederzuhalten; manche Homosexuelle glauben, dass AIDS entwickelt wurde, um sie zu töten

**parasites**
(*derog*) Parasiten
(1. Politiker;
2. Personen, die von der Gesellschaft leben, ohne Beiträge zu leisten)

**to pardon someome**
jdn. begnadigen

**pardon**
Begnadigung

**pardon to someone, to grant a**
siehe **to pardon someone**

**pardon, absolute**
siehe **absolute pardon**

**pardon, conditional**
eine Begnadigung, die erst wirksam wird, wenn eine Person bestimmte Bedingungen erfüllt hat

**pardon, executive**
die Befugnis des Präsidenten, bei Regierungsverbrechen außer Amtsanklageverfahren gemäß Artikel II, Absatz 2 der US-Verfassung eine Begnadigung aussprechen zu können

**pardon, general**
Generalamnestie

**pardon, power to grant a**
(*governor, president*)
Begnadigungsrecht

**parish**
1. eine Unterteilung von Bundesstaaten, die besonders in Louisiana zu finden ist;
siehe **county**;
2. Gemeinde (eine Kirchengemeinde)

**parity**
Gleichheit; Gleichgewicht; Parität

**parity, effective**
das nukleare Gleichgewicht zwischen zwei Staaten

**parity, employment**
eine ausgewogene Verteilung von Arbeitsplätzen gemäß der prozentualen Vertretung einer bestimmten Gruppe in einem geografischen Bereich

**parity, farm**
ein festgesetzter Preis, den die Bundesregierung auf Basis einer früheren Periode für Güter zu zahlen bereit ist

**parity, nuclear**
siehe **parity, effective**

**parity, racial**
Situation, in der der wirtschaftliche Status aller Rassengruppen in einer Gesellschaft im Wesentlichen gleich ist

**parity, wage**
die Forderung, dass der Lohn für gleichartige Berufsgruppen, z.B. Feuerwehrleute und Polizisten, gleich sein sollte

**parliamentarian**
die Person, die den leitenden Beamten einer Legislative in Verfahrensfragen berät

**parliamentary government**
parlamentarische Regierung (ein politisches System, bei dem die Legislative den Regierungschef (Premierminister) wählt)

**parliamentary inquiry**
eine Frage bezüglich der Regeln und Verfahren der Legislative, die ein Mitglied an den leitenden Beamten richtet

**parliamentary law**
die formalen Regeln, die den Verfahren, Beratungen und De-

batten innerhalb einer Legislative zugrunde liegen

**parliamentary procedure**
parlamentarisches Verfahren (das ordnungsgemäße Verfahren innerhalb einer Legislative, dem bestimmte Regeln zugrunde liegen)

**parliamentary system**
siehe **parliamentary government**

**parole**
(*Jur*) Entlassung auf Bewährung

**parole, to be on**
(*Jur*) unter Bewährung stehen

**parole, to release on**
(*Jur*) auf Bewährung entlassen

**parole officer**
(*Jur*) Bewährungshelfer/in

**parolee**
(*Jur*) auf Bewährung Entlassene/r

**part-time employment**
Teilzeitarbeit; Teilzeitjob

**participation**
Beteiligung; Mitbestimmung; Teilnahme

**participatory democracy**
siehe **democracy, participatory**

**participatory government**
siehe **government, participatory**

**to particularize**
ins Detail gehen; spezifizieren

**partisan**
parteilich

**partisan identification**
Identifizierung mit einer Partei

**partisan loyalty**
Parteitreue

**partisanship**
Parteilichkeit

**party**
Partei

**party, to be affiliated with a**
einer Partei angehören

**party, to declare a**
eine Parteimitgliedschaft bekannt geben

**party, to desert a**
eine Partei im Stich lassen

**party, to join a**
einer Partei beitreten; in eine Partei eintreten

**party, to leave a**
aus einer Partei austreten

**party affiliation**
siehe **party membership**

**party boss**
(*hist*) Parteiboss
(eine politische Führungspersönlichkeit, die eine große Parteiorganisation kontrolliert)

**party-column ballot**
siehe **ballot, Indiana**

**party competition**
Parteienwettkampf

**party contributions**
Parteispenden

**party convention**
Parteikongress; Parteitag; Parteiversammlung
(ein Treffen von Delegierten einer Partei auf nationaler, bundesstaatlicher oder kommunaler Ebene, um über das politische Programm zu entscheiden)

**party, Democratic**
siehe **Democratic party**

**party discipline**
Parteidisziplin

**party discipline, to balk at**
sich der Parteidisziplin entziehen

**party, doctrinal**
eine Minderheitspartei, z.B. die Socialist oder die Libertarian Party, die aufgrund von Parteiloyalität in der Lage ist, bei mehreren Wahlen einen Präsidentschaftskandidaten auf den Stimmzettel zu bringen

**party donations**
siehe **party contributions**

**party financing**
Parteienfinanzierung

**party fund-raisers**
Spendenbeschaffungen für die Parteien

**party fund-raising scandal**
Parteispendenaffäre

**party headquarters**
Parteizentrale

**party identification**
Identifizierung mit einer Partei

**party in government**
siehe **party in power**

**party in power**
Regierungspartei

**party leader**
Parteichef/in; Parteiführer/in; Parteivorsitzender/in

**party leadership**
Parteiführung

**party line**
Parteilinie

**party line, to follow**
sich an die Parteilinie halten

**party-line vote**
siehe **vote, party**

**party-line voting**
siehe **voting, party-line**

**party-liner**
linientreues Parteimitglied

**party lines, to cut across**
quer durch die Parteilinien ziehen

**party loyalty**
Parteiloyalität

**party, major**
große Partei
(Demokratische und Republikanische Partei)

**party member**
Parteimitglied

**party membership**
Parteimitgliedschaft

**party, minor**
kleine Partei
(eine Partei, die nur einen geringen Einfluss auf die politische Struktur des Landes und keine Chance auf einen Wahlsieg hat)

**party platform**
Parteiprogramm

**party policy**
Parteipolitik; politische Inhalte einer Partei

**party politics**
Parteipolitik

**party, Republican**
siehe **Republican party**

**party, ruling**
siehe **party in power**

**party, splinter**
Splitterpartei
(eine Partei, die durch Abspaltung einer Gruppe von einer größeren Partei gegründet wird)

**party tables**
Parteientische
(die Tische im Sitzungssaal des Repräsentantenhauses auf der republikanischen und der demokratischen Seite des Gangs, die für die jeweiligen Parteimitglieder reserviert sind, wenn diese darauf verzichten, vom Podium aus zu sprechen)

**party, third**
Drittpartei
(eine Partei, die meist in Präsidentschaftswahljahren auftaucht oder sich bildet und den Wahlausgang für die beiden großen Parteien beeinflussen kann)

**party, transient**
Übergangspartei
(eine Partei, die als Ergebnis einer Protestaktion entsteht und danach häufig wieder völlig verschwindet)

**party unity**
1. die Wiederkehr von Parteimitgliedern, um sich nach hart umkämpften Vorwahlen innerhalb der Partei um einen Präsidentschaftskandidaten zu versammeln;
2. die Unterstützung, die von allen Parteimitgliedern innerhalb einer Legislative für die gesetzgeberischen Vorschläge der eigenen Partei erwartet wird

**party vote**
siehe **vote, party**

**party unity vote**
siehe **vote, party unity**

**to pass**
(*law*) billigen; erlassen; verabschieden

**passage**
(*of law*) Billigung; Erlass; Verabschiedung

**Pastore Rule**
eine Senatsregel, die besagt, dass die Debatte über eine bestimmte Gesetzesvorlage während der ersten drei Stunden auf ein bestimmtes Thema beschränkt sein sollte

**paternalism**
(*derog*) Bevormundung
(1. bezieht sich auf die Haltung von Organisationen gegenüber ihren Arbeitnehmern und Arbeitnehmerinnen;
2. ein sexistisches Verhalten von Männern, indem sie Frauen wie Kinder behandeln;
3. die übermäßige Sorge einer Regierung für das Wohlergehen ihrer Bürger)

**patronage**
1. Schirmherrschaft;
2. die Bevorzugung von Mitarbeitern oder Parteifreunden für hohe politische Ämter

**patronage, direct**
Vergünstigungen, die ein Kongressmitglied für seine Wählerschaft erreichen kann, z.B. **pork barrel** Projekte

**patronage, pinstripe**
die Belohnung bedeutender Wahlkampfspender mit Regierungsaufträgen; die Bezeichnung „pinstripe" kommt von den Nadelstreifenanzügen der Auftragnehmer

**patronage, social**
die Fähigkeit eines Präsidenten, seinen Einfluss zu nutzen, um politische Kritiker zu treffen und umzustimmen

**patronize**
1. bevormunden;
2. fördern; unterstützen

**payment in kind**
Sachleistung

**payroll**
Lohn- und Gehaltssumme

**payroll padding**
das Setzen fiktiver Namen von Arbeitnehmern auf die Beschäftigtenliste der Regierung

**payroll tax**
siehe **tax, payroll**

**PC**
siehe **politically correct**

**peace**
Frieden

**peace, to break the**
den Frieden brechen

**peace, to keep the**
den Frieden erhalten;
den Frieden wahren

**peace, to jeopardize**
den Frieden gefährden

**peace, to maintain**
siehe **peace, to keep the**

**peace, to preserve**
siehe **peace, to keep the**

**peace, to safeguard**
den Frieden sichern

**peace, to restore**
den Frieden wieder herstellen

**peace agreement**
Friedensabkommen

**peace conference**
Friedenskonferenz

**Peace Corps**
Friedenskorps

**peace, disturbing the**
(*Jur*) öffentliche Ruhestörung

**peace movement**
Friedensbewegung

**peace negotiations**
Friedensverhandlungen

**peace rally**
Friedenskundgebung

**peace talks**
Friedensgespräche

**peace, terms of**
Friedensbedingungen

**peace treaty**
Friedensvertrag

**peaking**
der Zeitpunkt, zu dem ein Kandidat die größte öffentliche Unterstützung erfährt und seine Siegeschance somit am größten ist

**pecking order**
wörtl.: Hackordnung
(die Hierarchie im Kongress in Bezug auf den Politikgestaltungsprozess)

**pending**
anhängig; anstehend; bevorstehend; laufend

**pending amendments**
Änderungsvorschläge zu einer Gesetzesvorlage, die noch im Repräsentantenhaus oder Senat verhandelt werden müssen

**pending business**
Gesetzesvorlagen oder andere Angelegenheiten, die noch im Repräsentantenhaus oder Senat verhandelt werden müssen

**penitentiary**
Gefängnis; Justizvollzugs-anstalt; Strafanstalt

**Pennsylvania Avenue**
der Boulevard in Washington, D.C., der das Weiße Haus und das Kapitol miteinander verbindet

**Pennsylvania Avenue, the other end of**
das andere Ende der Pennsylvania Avenue (so bezeichnen sich der Kongress und das Weiße Haus gegenseitig)

**pension**
Altersversorgung; Pension; Rente; Ruhegeld

**pension, to be entitled to a**
Anspruch auf eine Rente haben; rentenberechtigt sein

**the Pentagon**
Pentagon (Verteidigungsministerium)

**Pentagon Papers**
(*hist*) die unredigierten Dokumente zur Geschichte der amerikanischen Beteiligung am Vietnamkrieg, die 1971 der Presse zugespielt und von dieser veröffentlicht wurden

**Pentagonese**
Bezeichnung für die Sprache der Bediensteten im Pentagon

**people**
Bevölkerung; Leute; Menschen

**the people**
das Volk

**the People's House**
Bezeichnung für das Repräsentantenhaus

**per capita**
pro Person

**per curium**
(*Jur*) eine Entscheidung aller Richter eines Gerichts

**per curium opinion**
siehe **opinion, per curium**

**per curium rejection**
(*Jur*) gerichtliche Verweigerung (indem ein Berufungsgericht die Entscheidung einer unteren Instanz nicht unterzeichnet,

weigert es sich, diese Entscheidung zur Berufung anzunehmen)

**peremptory challenge**
(*Jur*) das Recht jeder Seite in einem Schwurgerichtsverfahren, einen Zeugen ohne Angabe von Gründen abzulehnen

**to perfect**
eine Gesetzesvorlage oder einen Änderungsvorschlag zu einer Gesetzesvorlage ändern

**perfecting amendment**
siehe **amendment, perfecting**

**performance budget**
ein Regierungshaushalt, der auf Basis tatsächlicher Aktivitäten und Dienstleistungen der Regierung und nicht auf der Grundlage antizipierter Ausgaben entworfen wird

**peripheral voter**
siehe **voter, peripheral**

**periodic registration**
siehe **registration, periodic**

**to perjure**
siehe **perjury, to commit**

**perjurer**
(*Jur*) Person, die einen Meineid schwört

**perjury**
(*Jur*) Meineid

**perjury, to be convicted of**
(*Jur*) wegen eines Meineids verurteilt werden

**perjury, to commit**
(*Jur*) einen Meineid schwören

**perjury, subordination of**
(*Jur*) eine andere Person durch Überzeugung, Bestechung oder Bedrohung dazu bringen, einen Meineid zu leisten

**perk**
Vergünstigung (in einem politischen Amt)

**permanent appropriation**
siehe **appropriation, permanent**

**permanent authorization**
siehe **appropriation, permanent**

**permanent Congress**
siehe **Congress, permanent**

**permanent injunction**
siehe **injunction, permanent**

**Permanent Record**
die gebundene Ausgabe des **Congressional Record**, die nach einer Sitzungsperiode des Kongresses veröffentlicht wird

**permanent registration**
siehe **registration, permanent**

**to perpetrate**
(*crime*) begehen

**perpetrator**
(*of crime*) Täter/in

**to perpetuate**
(*power*) aufrechterhalten

**to persecute**
verfolgen

**persecution**
Verfolgung

**persona non grata**
in einem fremden Staat nicht mehr zur Vertretung zugelassener Diplomat

**personal office staff**
das Büropersonal eines einzelnen Kongressmitglieds

**personal privilege**
Fragen, die die Rechte, den Ruf und das Verhalten individueller Mitglieder des Repräsentantenhauses betreffen

**personal property tax**
siehe **tax, personal property**

**personal staff**
siehe **staff, personal**

**personnel**
Personal

**persuasion, to be of left-wing**
linke Ansichten haben

**petit jury**
(*Jur*) die zwölf Personen, die als Querschnitt aus einem Stadtbezirk ausgewählt werden, um als Geschworene in einem Gerichtsverfahren zu fungieren; vgl. **grand jury**

**to petition**
einen Antrag stellen

**petition**
1. Bittschrift; Petition;
2. Unterschriftenliste

**petition, discharge**
Entlassungsantrag (der Antrag einer Mehrheit von Mitgliedern des Repräsentantenhauses, eine Gesetzesvorlage, die 30 Tage in einem Ausschuss war, im Plenarsaal vorzulegen)

**petitioner**
1. (*Jur*) (*family law*) Antragssteller/in;
2. Bittsteller/in

**petty offense**
(*Jur*) Ordnungswidrigkeit

**photo finish**
siehe **horse race**

**photo op**
siehe **photo opportunity**

**photo opportunity**
Fotogelegenheit (Fotografiermöglichkeit für die Presse in Sitzungen, in denen normalerweise keine Kameras zugelassen sind)

**the physically challenged**
die Behinderten

**to picket**
Streikposten aufstellen

**picket**
Streikposten

**picket fence federalism**
siehe **federalism, picket fence**

**pigeonholing**
das Aussitzen einer Gesetzesvorlage, indem sie in dem zuständigen Ausschuss liegen gelassen und nicht in den Plenarsaal des Repräsentantenhauses oder des Senats weitergeleitet wird

**pinko**
(*derog*) Kommunist/in

**pinstripe patronage**
siehe **patronage, pinstripe**

**pipeline, to be in the**
Gelder, die in einem Finanzjahr bewilligt werden, aber noch nicht sofort, sondern erst zu einem bestimmten Zeitpunkt in der Zukunft ausgegeben werden dürfen

**pivotal states**
die Bundesstaaten mit den meisten Wahlmännerstimmen, die für den Sieg bei der Präsidentschaftswahl wichtig sind

**plaintiff**
(*Jur*) (*civil law*) Kläger/in

**platform**
politisches Programm

**platform committee**
siehe **committee, platform**

**plea**
(*Jur*) Einlassung (des Angeklagten), z.B. schuldig, nicht schuldig, keine Anfechtung der Anklage

**plea bargaining**
Verhandlungen zwischen Staatsanwalt und Verteidigung über die Möglichkeit, bestimmte Anklagepunkte fallenzulassen, wenn der Angeklagte sich in anderen Punkten schuldig bekennt

**plea of guilty/not guilty, to enter a**
ein Schuldgeständnis ablegen/Unschuld erklären

**to plead no contest to charges**
(*Jur*) die Anklage nicht anfechten

**plebiscite**
Plebiszit; Volksabstimmung; Volksentscheid

**pledge**
Versprechen
(ein Wahlversprechen eines Politikers)

**pledge of allegiance**
siehe **allegiance, pledge of**

**plenary session**
Plenarsitzung

**plum**
Traumjob
(ein Job, der vor allem Botschaftern oder hohen Beamten vorbehalten bleibt)

**to plunge**
stürzen

**plunge**
Sturz

**plural executive**
siehe **executive, plural**

**pluralism**
Pluralismus

**pluralism, cultural**
Kulturpluralismus
(die Vorstellung, dass es für Amerika am besten ist, wenn ethnische Gruppen ihre eigene Kultur behalten, statt in den Schmelztiegel aufgenommen zu werden)

**pluralism, hyper-**
Hyperpluralismus
(eine Situation, in der viele Gruppen um die politische Macht streiten, sodass sie dezentralisiert und nichts erledigt wird)

**pluralism, political**
ein Regierungssystem, das auf dem Prinzip der Gewaltenteilung beruht, wie in den USA, wo die Macht auf drei Regierungszweige verteilt ist, und somit wechselseitige Hemmungen und Gleichgewichte bestehen

**pluralistic democracy**
siehe **democracy, pluralistic**

**plurality**
(einfache) Mehrheit

**plurality system**
System des Stimmenvorsprungs
(Wahlsystem, bei dem der Kandidat gewinnt, der die meisten Stimmen erhält, auch wenn diese keine absolute Mehrheit der Stimmen darstellen)

**plutocracy**
Geldherrschaft; Plutokratie

**p.o.**
siehe **photo opportunity**

**pocket veto**
siehe **veto, pocket**

**pocketbook issue**
Geldangelegenheit
(Angelegenheit, die Auswirkungen auf Einkünfte, Preise und Jobs im Wahlbezirk eines Kongressmitglieds hat)

**pocketbook voting**
Stimmabgabe auf Basis wirtschaftlicher Aspekte

**point man**
der führende Kandidat in den Vorwahlen, der die meiste Kritik einstecken muss

**point of order**
ein in einem Ausschuss oder im Plenarsaal erhobener Einspruch bezüglich eines angeblichen Verstoßes gegen eine Vorschrift verbunden mit der Forderung an den Vorsitzenden, auf die Einhaltung der Vorschriften zu achten

**pol**
siehe **politico 2**

**polarization**
Polarisierung
(ins Extreme entwickelte politische Handlungen und Anschauungen zweier Parteien, z.B. zur Abtreibung, zum **busing** oder zum Freihandel)

**police action**
(*mil*) eine militärische Aktion gegen einen ausländischen Gegner ohne Kriegserklärung durch den Kongress

**police power**
polizeiliche Macht;
Polizeimacht

**police state**
Polizeistaat

**policing, soft**
eine Maßnahme der bewussten Konfliktminimierung in Innenstädten durch Verzicht auf strenges Durchsetzen der Gesetze

**policy**
Politik; politische Inhalte

**policy, to shape**
Politik gestalten

**policy agenda**
Themen, die die allgemeine Öffentlichkeit für wichtig genug hält, um zum Gegenstand politischer Debatten und des Regierungshandelns zu werden

**policy analysis**
Techniken der Untersuchung von Problemen, die mit einer bestimmten Politik verbunden sind, ehe diese Politik überhaupt einsetzt

**policy committee**
Ausschuss für politische Gestaltung

(1. eine informelle Organisation von Republikanern oder Demokraten, die versucht, die Parteipositionen zu definieren;
2. die Beratergruppe eines Kandidaten)

**policy debate**
politische Debatte

**policy decision**
politische Entscheidung

**policy disagreement**
politische Unstimmigkeiten; politische Meinungsverschiedenheiten

**policy entrepreneurs**
Personen innerhalb und außerhalb der Regierung, die imstande sind, zu Themen, die durch die Regierung nur ungenügend vertreten werden, eine legislative Mehrheit zusammenzustellen

**policy, long-term**
langfristige Politik

**policy lunches**
Arbeitsessen
(Arbeitsessen zur politischen Planung, die von Demokraten und Republikanern an jedem Dienstag während der Sitzungsperiode des Senats abgehalten werden)

**policy-making**
Politikgestaltung

**political**
politisch

**political access**
die Fähigkeit, die Aufmerksamkeit führender Politiker zu gewinnen und ihre Entscheidungen zu beeinflussen

**political action**
politische Handlung
(alle organisierten Versuche, einen Einfluss auf politische Prozesse auszuüben)

**political action committee**
politisches Aktionskomitee
(zuständig für die Beschaffung von Wahlkampfgeldern für Kandidaten, die ein politisches Amt anstreben)

**political activism**
politischer Aktivismus
(Bemühungen von außerhalb der Regierung, die Politik zu beeinflussen)

**political activist**
politische/r Aktivist/in

**political advertising**
politische Werbung
(die im Wahlkampf eingesetzten Mittel und Maßnahmen, einen bestimmten Kandidaten für die Wähler attraktiv zu machen)

**political adviser**
siehe **political consultant**

**political agenda**
siehe **agenda, political**

**political alienation**
politische Entfremdung
(das Gefühl eines Bürgers, dass die Regierung nicht auf seine Wünsche und Bedürfnisse reagiert, was zu Misstrauen oder Verachtung gegenüber dem politischen System führt)

**political amateurs**
politische Amateure
(Aktivisten, die sich aus ideologischen oder persönlichen Motiven für einen Kandidaten oder ein Thema engagieren)

**political ambiguity**
politische Zweideutigkeit
(der vage Umgang mit Wörtern, Phrasen oder Handlungen durch einen Politiker, wodurch er unterschiedliche Wählergruppen zugleich ansprechen kann)

**political analyst**
politische/r Beobachter/in

**political appointee**
jemand, der seinen Regierungsjob aufgrund von Verbindungen statt durch eigenen Verdienst erlangt hat

**political base**
politische Basis
(der harte Kern der Unterstützung für einen Kandidaten)

**political camp**
politisches Lager

**political campaign**
Wahlkampf

**political capital**
politisches Kapital
(Einfluss, der der Karriere eines Politikers dienlich ist, z.B. anderen einen Gefallen tun, das Offenlegen von Skandalen auf der Seite des Gegners etc.)

**political clearance**
die Unterstützung, die Anwärter für politische Ämter von der Partei benötigen

**political consultant**
politische/r Berater/in
(Profis im Wahlkampfmanagement, die für die Kandidaten ein breites Spektrum an Dienstleistungen erbringen)

**political corruption**
politische Korruption
(der Missbrauch eines öffentlichen Amtes zu privatem Vorteil, z.B. durch Bestechung, Erpressung und den Missbrauch von Insiderinformationen)

**political culture**
politische Kultur

**political drive**
politischer Elan

**political economy**
politische Ökonomie
(die Verbindung zwischen der Ökonomie und der Politik in einem Land)

**political efficacy**
siehe **efficacy, political**

**political event**
politische Veranstaltung

**political executive**
politische Exekutive
(Personen, wie der Präsident, ein Gouverneur oder ein Bürgermeister, die Verantwortung hinsichtlich der politischen Gemeinschaft haben)

**political football**
Bezeichnung für jegliches Thema, jegliche Ernennung oder Gesetzesvorlage, die wie ein Fußball hin und her gestoßen und von allen Seiten behandelt wird

**political function**
siehe **political event**

**political gridlock**
siehe **gridlock, political**

**political infighting**
siehe **infighting**

**political institution**
politische Einrichtung

**political involvement**
politisches Engagement

**political issue**
politische Angelegenheit

**political judgment**
ein solides und ausgewogenes Verständnis von der politischen Welt auf der Grundlage von Wissen und Erfahrung

**political junkie**
Politik-Junkie
(jemand, der süchtig nach Politik ist, sei es als Beobachter oder als Beteiligter)

**political language**
politische Sprache
(die Umkehrung der normalen Wortbedeutung)

**the political left**
siehe **left, the political**

**political loyalties**
politische Bekenntnisse

**political machine**
(*hist*) inoffizielle Organisation, die die Regierung durch Korruption kontrollierte

**political neutrality**
politische Neutralität
(die Vorstellung, dass im öffentlichen Dienst Beschäftigte sich nicht parteipolitisch engagieren sollten)

**political obligation**
politische Verpflichtung
(1. die Verantwortung, die die Bürger eines Staates für einander haben;
2. Gefallen, die ein Politiker einem anderen schuldet)

**political observer**
siehe **political analyst**

**political officer**
ein Beamter des diplomatischen Dienstes, der sich auf politische Angelegenheiten spezialisiert hat

**political orientation**
politische Orientierung
(die politische Überzeugung oder Parteizugehörigkeit einer Person)

**political oversight**
siehe **oversight, political**

**political party**
politische Partei

**political participation**
das politische Engagement einer einzelnen Person oder Gruppe

**political period**
der 45-tägige Zeitabschnitt vor den Vorwahlen oder der 60-tägige Zeitabschnitt vor einer Präsidentschaftswahl, in denen die Kandidaten zu normalen Tarifen Radio- und Fernsehwerbung betreiben dürfen

**political persuasion**
politische Ansichten

**political platform**
siehe **agenda, political**

**political pluralism**
siehe **pluralism, political**

**political power**
politische Macht
(die Fähigkeit, den Wahlprozess und die Entscheidungen, die aus ihm resultieren, beeinflussen zu können)

**political prisoner**
politische/r Gefangene/r

**political pundit**
Journalisten, Kommentatoren oder Akademiker, die Experten in politischen Sachfragen sind

**political-question doctrine**
die Doktrin, derzufolge der Oberste Gerichtshof seine eigenen Kompetenzen begrenzt, indem er es ablehnt, in Streitigkeiten politischer Natur Sachurteile zu fällen

**political rate**
der Geldbetrag, den Radio- und Fernsehsender den Kandidaten für politische Werbung in Rechnung stellen müssen; dieser Betrag darf den Betrag

für die besten Kunden nicht übersteigen

**political refugee**
politischer Flüchtling

**political resources**
politische Mittel; politische Ressourcen

**the political right**
siehe **right, the political**

**political rights**
die Rechte eines Bürgers, die durch die Verfassung garantiert und in den Naturgesetzen angelegt sind

**political risk**
politisches Risiko
(das Risiko, das ein Land eingeht, indem es sich in einem politisch instabilen Land geschäftlich engagiert)

**political science**
Politologie;
Politikwissenschaften

**political scientist**
Politologe;
Politikwissenschaftler/in

**political socialization**
politische Sozialisation
(die Weitergabe politischer Überzeugungen in einer Gesellschaft von Generation zu Generation auf dem Wege der familiären Erziehung und Bildung)

**political spin**
siehe **spin, political**

**political stability**
politische Stabilität

**political subculture**
politische Subkultur

**political system**
politisches System

**political views**
politische Ansichten

**political warfare**
politische Kriegsführung
(1. ein Wahlkampf;
2. eine aggressive Politik gegenüber einem anderen Land)

**political whore**
siehe **hired gun**

**politically aware, to be**
politisches Bewusstsein haben

**politically correct**
politisch korrekt

**politically speaking**
politisch gesehen

**politician**
Politiker/in

**politician, conviction**
Politiker, der aus ideologischen und nicht aus politischen Gründen handelt

**politician, crossover**
Politiker einer Minderheitsgruppe, der Stimmen sowohl von den Minderheitswählern als auch von der breiten Öffentlichkeit erhält

**politician, leading**
führende/r Politiker/in

**politician, tinhorn**
ein Politiker, der glaubt, Einfluss und Fähigkeiten zu besitzen, tatsächlich jedoch weder über das eine, noch das andere verfügt

**politicking**
(*derog*) politischer Aktionismus

**politico**
1. ein gewählter Staatsdiener;
2. ein Politiker, der nur an seiner eigenen Wiederwahl und seinem persönlichen Fortkommen interessiert ist

**politics**
Politik; politische Ansichten

**politics, to influence**
die Politik beeinflussen

**politics, to play**
die eigenen politischen Ambitionen oder parteilichen Interessen über das Gemeininteresse stellen

**politics, to practice**
Politik machen

**politics, attack**
Angriffspolitik
(eine aggressive Methode der Politikausübung durch Diffamierung des politischen Gegners)

**politics, checkbook**
Scheckbuch-Politik
(Kongresswahlen, die von speziellen Interessengruppen, PACs und wichtigen Spendern beherrscht werden)

**politics is local**
Politik ist eine lokale Angelegenheit
(die politische Philosophie des ehemaligen Repräsentantenhaussprechers Tip O'Neill, der der Meinung war, dass man das Verhalten von Kongressmitgliedern nur verstehen kann, wenn man die Probleme ihrer Wahlbezirke und Wählerschaft kennt)

**politics, power**
Machtpolitik

**politics, practical**
praktische Politik
(politische Praktiken, die die Grenzen der Legalität und Moral überschreiten)

**politics, retail**
Kleinpolitik
(das Betreiben von Politik auf einer persönlichen Eins-zu-Eins-Basis)

**politics, wholesale**
Großpolitik
(das Betreiben von Politik im großen Raum des Fernsehens oder vor einem großen Publikum)

**polity**
politische Ordnung; Regierungsform

**to poll**
befragen

**to poll well**
gute Ergebnisse bei Meinungsumfragen erzielen

**poll**
siehe **opinion poll**

**poll, to conduct a**
eine Meinungsumfrage durchführen

**poll, to take a**
siehe **poll, to conduct a**

**poll, benchmark**
Meinungsumfrage, die Informationen über die Einstellung der Wählerschaft gibt, sodass eine Wahlkampfstrategie geplant werden kann

**poll, opinion**
siehe **opinion poll**

**poll, panel back**
eine Meinungsumfrage, die während eines Wahlkampfes mehrfach mit den gleichen Leuten durchgeführt wird, um ihre sich wandelnden Anschauungen zu bestimmen

**poll tax**
Kopfsteuer
(eine Steuer, die gezahlt werden muss, um wählen zu dürfen; 1964 durch den Vierundzwanzigsten Verfassungszusatz abgeschafft)

**poll, tracking**
eine Meinungsumfrage, die über Tage und Wochen hinweg durchgeführt wird, um die Reaktionen der Öffentlichkeit auf aktuelle Entwicklungen zu verfolgen

**poll watcher**
Wahlkampfbeobachter/in

**pollbook**
Verzeichnis berechtigter Wähler

**polling day**
siehe **election day**

**polling, exit**
siehe **polls, exit**

**polling place**
siehe **polling station**

**polling station**
Wahllokal

**polling, tactical**
die Gestaltung der Fragen bei einer Meinungsumfrage so, dass man die richtigen Antworten erhält

**polls**
siehe **polling station**

**polls, to go to the**
die Stimme abgeben; wählen gehen; zur Wahl gehen

**polls, to sweep the**
die Wahlen haushoch gewinnen

**polls, exit**
Hochrechnungen
(statische Prognose des Ergebnisses einer Wahl aufgrund einer repräsentativen Stichprobe oder einer Umfrage zum Wahlverhalten direkt nach der Wahl)

**pollster**
Demoskop/in;
Meinungsforscher/in

**pool reporter**
ein Reporter, der die gesamte Presse repräsentiert, wenn die Anwesenheit einer größeren Gruppe von Reportern nicht möglich ist

**popes**
die Vorsitzenden von Bewilligungsausschüssen, die die Macht haben, die Zuteilung von Geldern zu beeinflussen; siehe **College of Cardinals**

**populace**
breite Masse; Volk

**popular**
populär

**popular consent**
Zustimmung des Volkes

**popular election**
siehe **election, direct**

**popular government**
siehe **government, popular**

**popular political currents**
politische Strömungen im Volk

**popular rule**
Volksherrschaft

**popular sovereignty**
siehe **sovereignty, popular**

**popular support**
Unterstützung durch das Volk

**popular titles**
die inoffiziellen Namen, unter denen formale Gesetzesvorlagen bekannt sind; so war z.B. der „Balanced Budget and Emergency Deficit Control Act of 1985“ in der Öffentlichkeit bekannt als „Gramm-Rudman-Holdings Act“

**popular vote**
Wählerstimme
(die Stimmen einzelner Wähler im Gegensatz zu Wahlmännerstimmen)

**popularity**
Beliebtheit; Popularität

**population**
Bevölkerung

**population census**
siehe **census**

**populism**
Populismus

**populist**
Populist/in

**populistic**
populistisch

**populous state**
bevölkerungsreicher Staat

**porcupine power**
siehe **power, porcupine**

**pork**
siehe **pork barrel**

**pork barrel**
Bevorzugung eines Wahlbezirks oder Bundesstaates durch z.B. vorteilhafte Gesetze oder Gelder von der Bundesregierung, um deren Unterstützung zu gewinnen

**pork barrel legislation**
siehe **pork barrel**

**pork barrel politics**
siehe **pork barrel**

**pork committee**
siehe **committee, pork**

**pork meister**
ein Kongressmitglied, dessen Spezialität die Finanzierung von Pork-Projekten für seinen Wahlbezirk oder Bundesstaat ist

**pork panic**
die Reaktion einer Legislative, wenn Pork-Projekte bedroht sind

**position**
1. (*job*) Position; Stellung;
2. (*point of view*) Einstellung; Haltung; Position; Standpunkt

**position, to modify one's**
die eigene Position mäßigen

**position, to take a**
Position beziehen; Stellung nehmen

**position paper**
Positionspapier
(eine formale Meinungsäußerung oder politische Äußerung, die ein Kandidat für Interessengruppen, Gewerkschaften etc. herausgibt)

**positioning**
Stellung beziehen
(auf Basis einer Marktanalyse und dessen, was die Leute hören wollen, Stellung zu einem Thema beziehen)

**positive government**
siehe **government, positive**

**post-cloture filibuster**
eine Dauerrede, nachdem der Senat bereits Maßnahmen zur Beendigung der Obstruktion ergriffen hat

**Post Office and Civil Service Committee**
Ausschuss für Post und Öffentlichen Dienst
(Nonmajor Committee im Repräsentantenhaus)

**postal service**
Postdienst

**postcard pressure**
der in großem Umfang erfolgende Versand vorgedruckter Postkarten durch Wähler an politische Abgeordnete mit der Aufforderung, bestimmte Punkte entweder zu unterstützen oder sich gegen sie zu wehren

**Postmaster General**
Päsident der Oberpostdirektion

**to postpone**
aufschieben; hinausschieben; verschieben; zurückstellen

**postwar period**
Nachkriegszeit

**Potomac fever**
die Bezeichnung für den Zustand, mit Leib und Seele in der politischen Welt Washingtons zu stecken (Washington liegt am Potomac River)

**poverty**
Armut

**poverty level**
siehe **poverty line**

**poverty line**
Armutsgrenze

**poverty trap**
Armutsfalle
(das Problem, dem Sozialhilfeempfänger ausgesetzt sind und das darin besteht, dass eine schlecht bezahlte Tätigkeit dazu führt, dass sie keine Sozialhilfe mehr bekommen (die dem Arbeitslohn nahezu gleichkommt))

**power**
Befugnis; Gewalt; Macht

**power, to abuse**
Macht missbrauchen

**power, to exercise**
Macht ausüben

**power, to hold**
Macht innehaben

**power, to perpetuate**
die Macht aufrechterhalten

**power, to retain**
an der Macht bleiben

**power, to seize**
die Macht ergreifen

**power, to wield**
siehe **power, to exercise**

**power, abuse of**
siehe **abuse 2**

**power, balance of**
siehe **balance of power 1** und **2**

**power base**
siehe **political base**

**power broker**
siehe **wire-puller**

**power, corridors of**
Korridore der Macht
(die Orte, an denen politische Entscheidungen gefällt werden)

**power, delegation of**
Delegieren von Befugnissen der Legislative an die Exekutive (der Kongress delegiert ihm laut US-Verfassung zugeordnete Befugnisse an den Präsidenten, sodass Exekutivbehörden und -ämter dazu beitragen können, die Arbeitsbelastung der Legislative zu mildern)

**power, executive**
siehe **executive power**

**power holder**
Machthaber/in

**power of attorney**
(*Jur*) Handlungsvollmacht

**power of the purse**
die Befugnis des Kongresses, die Finanzen der Regierung gemäß Artikel I, Absatz 8 und 9 der US-Verfassung zu kontrollieren

**power politics**
siehe **politics, power**

**power, porcupine**
die Befugnis, die Gesetzgebung oder politische Veränderungen zu behindern

**power, removal**
die Befugnis des Präsidenten, ernannte Beamte zu entlassen

**power to legislate**
siehe **legislative power**

**powerful**
(*government*) mächtig; einflussreich; (*argument*) durchschlagend

**powerless**
machtlos

**powers, concurrent**
gemeinsame Befugnisse
(Macht, die die Bundesregierung und die bundesstaatliche Regierungen gemeinsam innehaben, z.B. das Steuer-, Gerichts- und Bankwesen)

**powers, constitutional**
siehe **constitutional powers**

**powers, delegated**
delegierte Befugnisse
(die laut US-Verfassung explizit und implizit der Bundesregierung übertragenen Befugnisse)

**powers, emergency**
siehe **emergency powers**

**powers, enumerated**
explizite Befugnisse
(die ausdrücklich in der US-Verfassung verankerten Rechte und Pflichten der Bundesregierung)

**powers, exclusive**
exklusive Befugnisse
(die Befugnisse, die exklusiv einer Regierungsebene (Bundesebene, bundesstaatliche Ebene, kommunale Ebene) zugeordnet sind)

**powers, expressed**
ausdrückliche Befugnisse
(ausdrücklich in der US-Verfassung zugewiesene Befugnisse)

**powers, inherent**
die Befugnisse der Bundesregierung, vor allem im Bereich der Außenpolitik, die nicht auf ausdrücklich in der US-Verfassung verankerten Befugnissen beruhen

**powers, implied**
implizite Befugnisse
(die Rechte und Pflichten der Bundesregierung, die nicht ausdrücklich in der US-Verfassung festgelegt sind)

**powers, investigative**
die Befugnis des Kongresses und seiner Ausschüsse, Untersuchungen durchzuführen, die für Kongressangelegenheiten von Relevanz sind

**powers, reserved**
Befugnisse der Bundesstaaten
(alle Befugnisse, die in der US-Verfassung nicht ausdrücklich der Bundesregierung zugeordnet werden, sind Befugnisse der Bundesstaaten; laut dem Zehnten Verfassungszusatz)

**powers, residuary**
siehe **powers, reserved**

**powers, resulting**
die Befugnisse, die sich aus den der Regierung übertragenen Befugnissen ergeben

**practical politics**
siehe **politics, practical**

**pragmatic**
pragmatisch

**pragmatism**
Pragmatismus

**pragmatist**
Pragmatiker

**to pre-empt**
zuvorkommen

**preamble**
Präambel

**preamble to the Constitution**
Verfassungspräambel

**precedence of motions**
die Reihenfolge der Priorität, mit der Anträge im Repräsentantenhaus und Senat behandelt werden

**precedent**
Präzedenzfall

**precedent, to follow a**
einen Präzedenzfall befolgen

**precedent, to set a**
einen Präzedenzfall schaffen

**precedent, binding**
bindender Präzedenzfall

**precinct**
Wahlkreis in einer Stadt
(die kleinste Organisationseinheit einer politischen Partei; mehrere Wahlkreise ergeben ein **ward**)

**precinct captain**
Wahlkreisleiter
(die Person, die für die Interessen einer politischen Partei in einem **precinct** verantwortlich ist)

**to preclude**
ausschließen

**predecessor**
(*in office*) Amtsvorgänger/in

**predominant**
(*person*) beherrschend;
(*idea*) vorherrschend

**preeminent**
herausragend; überragend

**preeminent branch of government**
siehe **branch of government, preeminent**

**preferential motion**
ein Antrag, dessen Behandlung vor anderen Anträgen Vorrang hat

**preferential primary**
siehe **ballot, advisory**

**preferential recognition**
die Praxis, dass bestimmte Mitglieder des Repräsentantenhauses oder Senats vor anderen sprechen dürfen

**preferential voting**
ein Wahlsystem, bei dem die Wähler die Kandidaten ihrer Wahl in eine Rangfolge bringen

**preferred-position doctrine**
(*Jur*) die Doktrin, die besagt, dass die Rechte im Ersten Verfassungszusatz wichtiger als andere Teile des Menschenrechtskatalogs sind

**to prejudice**
beeinflussen; beeinträchtigen; durch ein Vorurteil benachteiligen

**prejudice**
Befangenheit; Voreingenommenheit; Vorurteil

**prerogative**
Prärogativ; Vorrecht
(die exklusiven Befugnisse des Kongresses, wie z.B. Bestätigung von Nominierungen, Erheben von Amtsanklagen oder das Ratifizieren von Verträgen)

**to preserve**
aufrechterhalten; bewahren; erhalten; wahren

**to preside over**
den Vorsitz haben; präsidieren

**presidency**
Präsidentschaft

**presidency, to run for the**
siehe **president, to run for**

**president**
Präsident/in

**president, to run for**
für das Amt des Präsidenten kandidieren; für die Präsidentschaft kandidieren

**president, to run for the office of**
siehe **president, to run for**

**president, acting**
Titel des Vizepräsidenten, wenn dieser vorübergehend die Amtsgeschäfte übernimmt (laut dem Fünfundzwanzigsten Verfassungszusatz)

**president designate**
siehe **president elect**

**president elect**
designierter Präsident; gewählter Präsident; künftiger Präsident
(Bezeichnung für den gerade gewählten Präsidenten, der das Amt noch nicht angetreten hat (Übergangszeit November-Januar))

**president, incumbent**
siehe **incumbent president**

**president, minority**
ein Präsident, der weniger als 50 % der Wählerstimmen, aber

eine Mehrheit der Wahlmännerstimmen erhalten hat (z.B. George W. Bush bei der Präsidentschaftswahl im Jahr 2000)

**president of the Senate**
Vorsitzende/r des Senats (für gewöhnlich der Vizepräsident)

**president pro tempore**
erste/r Vorsitzende/r des Senats in Abwesenheit des Vizepräsidenten

**president, sitting**
amtierender Präsident

**presidential accountability**
das Ausmaß, in dem ein Präsident gegenüber den Bürgern rechenschaftspflichtig ist

**presidential agreement**
ein Regierungsabkommen, bei dem der Präsident sich auf seine verfassungsmäßigen Befugnisse bezieht

**presidential bid**
das Anstreben des Präsidentenamtes; Kandidatur für das Amt des Präsidenten

**presidential campaign**
siehe **presidential election campaign**

**presidential candidate**
Präsidentschaftskandidat/in; Präsidentschaftsbewerber/in

**presidential commission**
siehe **commission, presidential**

**presidential contest**
siehe **presidential election**

**presidential debate**
Präsidentschaftsdebatte

**presidential election**
Präsidentschaftswahl; Präsidentschaftswahlkampagne; Präsidentschaftswahlkampf

**presidential election campaign**
Präsidentschaftswahlkampagne; Präsidentschaftswahlkampf

**Presidential Election Campaign Fund**
Steuerzahler können zur Unterstützung des Wahlkampfes der Präsidentschaftskandidaten drei Dollar zahlen, indem sie das auf ihrer Einkommensteuererklärung dafür vorgesehene Feld ankreuzen

**presidential government**
Präsidialregierung (der Präsident als stärkste Macht in der Regierung; Vorherrschaft des Präsidenten)

**presidential immunity**
die Immunität des Präsidenten gegenüber richterlichen Klagen

**presidential lobby**
die Exekutivbeamten, die

die Gesetzesvorschläge des Präsidenten den Kongressausschüssen vorlegen

**presidential misconduct**
Fehlverhalten des Präsidenten

**presidential primary**
siehe **primary election**

**presidential qualification**
die formalen Voraussetzungen, die ein Präsidentschaftskandidat gemäß Artikel II, Absatz 1 der US-Verfassung erfüllen muss: der Kandidat muss gebürtiger amerikanischer Staatsbürger sein, er muss mindestens 35 Jahre alt sein und er muss seit mindestens 14 Jahren seinen Wohnsitz in den Vereinigten Staaten haben

**presidential race**
siehe **presidential election**

**presidential succession**
Nachfolge des Präsidenten (die Nachfolge ist im Fünfundzwanzigsten Verfassungszusatz geregelt)

**presidential transition**
Übergangszeit des Präsidenten (die Zeit zwischen der Wahl im November und dem Amtsantritt im Januar)

**presidential year**
Präsidentschaftsjahr (das Jahr, in dem Präsidentschaftswahlen stattfinden)

**president's budget**
siehe **budget, president's**

**president's cabinet**
siehe **cabinet, president's**

**presiding judge**
(*Jur*) der vorsitzende Richter

**presiding officer**
leitende/r Beamtin/Beamter

**press**
Presse

**press assistant**
ein Mitarbeiter, der die Pressearbeit für ein Kongressmitglied erledigt

**press card**
Presseausweis

**press conference**
Pressekonferenz

**press conference, to hold a**
eine Pressekonferenz abhalten

**press coverage**
Berichterstattung

**press, freedom of the**
siehe **freedom of the press**

**press gallery**
Pressetribüne
(über den Sitzungssälen des

Repräsentantenhauses und des Senats)

**press perks**
bevorzugte Behandlung von Pressevertretern, die über den Kongress berichten

**press photographer**
Pressefotograf/in

**press release**
Pressemitteilung

**press secretary**
Pressesprecher/in

**press, yellow**
Boulevardpresse; Sensationspresse

**pressure group**
siehe **lobby**

**prestige committee**
siehe **committee, prestige**

**previous question**
ein Antrag im Repräsentantenhaus auf Unterbrechung der Debatte, um über anstehende Gesetzgebungsmaßnahmen abzustimmen

**price fixing**
(*Econ*) Preisabsprache

**price support**
(*Econ*) Preisstützung (durch die Bundesregierung)

**primary**
siehe **primary election**

**primary, to enter a**
in die Vorwahlen eintreten

**primary, to hold a**
Vorwahlen abhalten

**primary, to run in a**
bei den Vorwahlen kandidieren

**primary, blanket**
Vorwahlen in Alaska und im Bundesstaat Washington, bei denen ein Wähler seine Stimme splitten kann, indem er Kandidaten verschiedener Parteien wählt

**primary, closed**
geschlossene Vorwahlen (Vorwahlen für die Mitglieder einer Partei)

**primary, direct**
siehe **primary election**

**primary election**
Vorwahl
(Wahlen, die vor der Präsidentschaftswahl in zahlreichen Bundesstaaten stattfinden und zum Ziel haben, per Stimmzettel und Urne festzustellen, welcher Kandidat die besten Chancen hat, von seiner Partei als Präsidentschaftskandidat aufgestellt zu werden)

**primary, free love**
siehe **primary, blanket**

**primary, friendly**
eine Vorwahl, die zwischen zwei Amtsinhabern derselben Partei, die für einen Sitz in der bundesstaatlichen Legislative oder im US-Kongress kandidieren, stattfindet, weil ihre jeweiligen Wahlbezirke neu aufgeteilt werden

**primary, invisible**
die informelle Serie von Vorwahlen, die nach der Wahl des letzten Präsidenten beginnt und drei Jahre lang andauert, bis zur Nominierung der Kandidaten für die nächste Präsidentschaftswahl

**primary, New Hampshire**
New Hampshire eröffnet traditionsgemäß den Vorwahlkampf; der Wahlausgang ist entscheidend für die weitere politische und finanzielle Unterstützung der Kandidaten

**primary, open**
offene Vorwahlen
(eine Vorwahl, die unabhängig von der Parteizugehörigkeit jedem berechtigten Wähler offen steht)

**primary, preferential**
siehe **ballot, advisory**

**primary, presidential**
siehe **primary election**

**primary, runoff**
das Nominierungssystem in vielen Südstaaten, in denen eine zweite Vorwahl durchgeführt wird, weil kein Kandidat die absolute Stimmenmehrheit bekommen hat

**primary, southern**
siehe **Super Tuesday**

**prime time**
Haupteinschaltzeit (im Fernsehen)

**principle**
Grundsatz; Prinzip

**Printing Committee**
Ausschuss für das Druckwesen („C“ Committee im Senat)

**prior restraint**
eine Form der Zensur, bei der der Presse im Voraus mitgeteilt wird, was sie drucken darf

**prison**
Gefängnis

**prison sentence**
Freiheitsstrafe

**prison system**
Strafvollzugssystem

**prisoner**
Gefangene/r

**privacy**
privater Bereich; Privatleben; Privatsphäre

**privacy, right of**
siehe **right of privacy**

**private bill**
siehe **bill, private**

**private calendar**
siehe **calendar, private**

**private enterprise**
privates Unternehmen

**private law**
siehe **law, private**

**privilege**
Privileg; Sonderrecht; Vorrecht

**privilege of the House**
legislative Angelegenheiten, die die Sicherheit, Würde und Integrität des Repräsentantenhauses betreffen

**privileged bill**
siehe **bill, privileged**

**privileges and immunities clause**
(*Const*) Privilegien- und Immunitätsklausel
(die Klausel in Artikel IV, Absatz 2 der US-Verfassung, die besagt, dass die Bürger eines Bundesstaates die Privilegien und Immunität jedes anderen Bundesstaates so genießen, als wären sie Bürger dieses Staates)

**pro choice advocate**
Abtreibungsbefürworter/in

**pro forma amendment**
Pro-forma-Änderung
(eine minimale Änderung einer Gesetzesvorlage, um Zeit für die Debatte zu gewinnen; die Veränderung besteht häufig nur darin, dass man das letzte Wort oder mehrere Wörter aus dem Originaldokument streicht)

**pro forma session**
Pro-forma-Sitzung
(die kurze Sitzung einer der Kammern, die abgehalten wird, um die verfassungsmäßige Forderung zu umgehen, dass die betreffende Kammer die Genehmigung der anderen Kammer braucht, um Sitzungen mehr als drei Tage zu vertagen)

**pro life advocate**
Abtreibungsgegner/in

**pro tem**
siehe **president pro tempore**

**pro tempore**
siehe **president pro tempore**

**probable cause**
(*Jur*) dringender Tatverdacht

**probate**
(*Jur*) gerichtliche Testamentsbestätigung

**probate court**
siehe **court, probate**

**probation**
Bewährung

**probation officer**
Bewährungshelfer/in

**to probe**
untersuchen

**probe**
Untersuchung

**procedural**
verfahrensmäßig; verfahrensrechtlich; verfahrenstechnisch

**procedural irregularity**
Verfahrensfehler

**procedural issue**
Verfahrensfrage

**procedural question**
siehe **procedural issue**

**procedural law**
Verfahrensrecht

**procedural rights**
(*Jur*) die Verfahren, durch die die persönlichen Rechte geschützt werden, wie z.B. das Recht auf ein ordentliches und faires Gerichtsverfahren

**procedure**
Verfahren
(die Vorschriften, nach denen im Kongress vorgegangen wird)

**proceed to consider**
der häufigste Antrag im Senat, um eine Angelegenheit zur Behandlung vorzuschlagen

**proceedings**
Verfahren; Verhandlungen

**proceedings, record of**
Verhandlungsprotokoll

**proclamation**
Proklamation
(eine öffentliche Ankündigung eines Mitglieds der Exekutive in einem Bundesstaat oder einer Gemeinde)

**programs**
siehe **social programs**

**programs, to cut**
siehe **social programs, to cut**

**Progressive Movement**
(*hist*) die Periode im amerikanischen politischen Leben zwischen 1890 und 1920, in der die Bankreform, die Antitrustgesetze, Kinderarbeit, Gesundheitsfürsorge und die Sicherheit am Arbeitsplatz behandelt wurden

**progressive tax**
siehe **tax, progressive**

**to prohibit**
untersagen; verbieten

**prohibited by law**
gesetzlich verboten

**promise**
siehe **pledge**

**to promote**
(*bill*) sich einsetzen für; unterstützen

**promotion**
(*of bill*) Einsatz für; Unterstützung

**proof**
(*Jur*) Beweis

**property**
1. Eigentum;
2. (Grund)Besitz; Immobilie

**property tax**
siehe **tax, real estate**

**proponent**
Befürworter/in

**proportional representation**
siehe **representation, proportional**

**proposal**
(*of candidate*) Ernennung; Nominierung;
(*of motion*) Einbringen

**to propose**
(*candidate*) ernennen; nominieren;
(*motion*) einbringen; stellen

**proposition**
Antrag; Vorschlag

**propriety**
Korrektheit; Richtigkeit

**proprietary colony**
(*hist*) eine der drei Arten von Regierungen im kolonialen Amerika (vgl. **charter colony** und **royal colony**); bei dieser Regierungsform wurden Ländereien vom englischen König zugesprochen

**to prosecute**
(*Jur*) strafrechtlich verfolgen

**prosecuted, to be**
(*Jur*) strafrechtlich verfolgt werden

**prosecuting attorney**
siehe **district attorney**

**prosecuting attorney's office**
siehe **district attorney's office**

**prosecution**
(*Jur*) 1. Staatsanwaltschaft;
2. Strafverfolgung

**prosecutor**
(*Jur*) Staatsanwalt/Staatsanwältin

**prospective voting**
siehe **voting, prospective**

**prosperity**
Wohlstand

**to protect**
schützen; beschützen

**protected groups**
siehe **affirmative action groups**

**protective tariff**
siehe **tariff, protective**

**protest vote**
siehe **vote, protest**

**protester**
siehe **demonstrator**

**protocol**
Protokoll
(Verhaltenskodex für Politiker in internationalen Beziehungen)

**protracted**
langwierig

**to prove**
beweisen; den Beweis erbringen; nachweisen

**provision**
Bestimmung; Verordnung; Vorschrift

**provisional**
provisorisch; vorläufig

**proviso**
Bedingung; Vorbehalt

**to provoke**
herausfordern; provozieren; reizen;
(*violence, war*) auslösen;
(*reaction*) hervorrufen

**proxy**
1. Bevollmächtigte/r;
2. Handlungsvollmacht

**proxy candidate**
ein Kandidat, der vorübergehend den Platz eines anderen Kandidaten auf einem Stimmzettel einnimmt, bis der ursprüngliche Kandidat qualifiziert ist, um für das Amt zu kandidieren

**proxy vote**
durch einen Bevollmächtigten abgegebene Stimme

**proxy voting**
die Praxis, einem Kollegen zu erlauben, zusätzlich zu seiner eigenen Stimme eine Stimme für einen nicht anwesenden Kollegen abzugeben

**prune**
(*derog*) ein Politiker, der schon sehr lange an seiner Position festhält

**psephological**
Wahlforschungs-

**psephologist**
Wahlforscher/in

**psephology**
Wahlforschung

**public**
1. allgemein; öffentlich
2. Allgemeinheit; Öffentlichkeit

**public assistance**
siehe **welfare**

**public bill**
siehe **bill, public**

**public debt**
siehe **national debt**

**public defender**
siehe **court-appointed attorney**

**public domain**
Allgemeingut

**public enterprise**
öffentliches Unternehmen

**public financing**
eine Methode, die Präsidentschaftswahl mit Hilfe öffentlicher Mittel zu finanzieren

**public funding**
siehe **public financing**

**public funds**
öffentliche Mittel

**public good**
siehe **common good**

**public hearing**
öffentliche Anhörung

**public housing**
sozialer Wohnungsbau

**public knowledge**
Allgemeinwissen

**public law**
siehe **law, public**

**public notary**
Notar/in

**public nuisance**
öffentliches Ärgernis

**public office**
öffentliches Amt

**public official**
Beamter/Beamtin

**public opinion**
öffentliche Meinung

**public opinion poll**
siehe **opinion poll**

**public ownership**
siehe **government ownership**

**public parks**
öffentliche Parkanlagen

**public policy**
Handlungsentscheidungen einer Regierung

**public revenue**
öffentliche Einnahmen; Staatseinkünfte; Staatseinnahmen

**public school**
staatliche Schule

**public sector**
öffentlicher Sektor

**public service**
siehe **civil service**

**public speaker**
Redner/in

**public support**
öffentliche Unterstützung

**public transportation**
öffentliche Verkehrsmittel

**public trial**
öffentliches Gerichtsverfahren

**public utilities**
öffentlicher Versorgungsbetrieb

**public welfare**
siehe **common good**

**public works**
öffentliche Bauvorhaben

**Public Works and Transportation Committee**
Ausschuss für Bundesbauvorhaben und Verkehr (Major Committee im Repräsentantenhaus)

**pump priming**
die Verwendung von Regierungsgeldern zur Ankurbelung der Wirtschaft

**punishable by law**
gesetzlich strafbar

**pundit**
siehe **political pundit**

**purge**
Säuberung(saktion)

**purse strings**
Finanzen; Geldhahn

**purse strings, to hold the**
die Finanzen in der Hand haben; über die Finanzen bestimmen

**to put forward**
(*candidate*) ernennen; nominieren

# Q

**quasi-judicial agency**
gerichtsähnliche Behörde (eine Behörde, die viele Funktionen erfüllen kann, die normalerweise von den Gerichten erfüllt werden)

**quasi-legislative**
Beschreibung für die Macht einer Aufsichtsbehörde, Gesetze zu erlassen, ohne im eigentlichen Sinne eine Legislative darzustellen

**queen of the hill rule**
eine besondere Regel im Regelausschuss des Repräsentantenhauses, derzufolge es erlaubt ist, über eine Reihe von Änderungsvorschläge zu einer Gesetzesvorlage abzustimmen, wobei allerdings nur der Änderungsvorschlag, der die meisten Stimmen erhält, durchkommt; vgl. **king of the hill rule**

**question**
der legislative Begriff für einen Antrag, eine Gesetzesvorlage oder einen Änderungsvorschlag zu einer Gesetzesvorlage, die/der zur Abstimmung ansteht

**questionnaire**
Fragebogen

**questions of privilege**
1. siehe **privilege of the House**;
2. siehe **personal privilege**

**quick fix**
eine vermeintlich schnelle und leichte Methode, ein politisches Problem zu lösen

**quick study**
ein Kongressmitglied oder ein Referent eines Kongressmitglieds, das/der eine komplexe Angelegenheit schnell versteht, wenn es/er mit ihr konfrontiert wird

**quid pro quo**
Gegenleistung

**quorum**
beschlussfähige Anzahl; Beschlussfähigkeit; Quorum

**quorum, to count a**
die Mitglieder zählen, um festzustellen, ob eine beschlussfähige Anzahl anwesend ist

**quorum, to have a**
beschlussfähig sein

**quorum, not to have a**
beschlussunfähig sein

**quorum, absence of**
Nichtvorhandensein der zur Abwicklung von Geschäften erforderlichen Anzahl von

Mitgliedern einer Kammer oder eines Ausschusses

**quorum call**
die Forderung, dass die Beschlussfähigkeit geprüft wird (oft eine Hinauszögerungstaktik, damit bereits begonnene Beratungen noch nicht zum Abschluss geführt werden können)

**quorum call, notice**
die Mitteilung des Ausschussvorsitzenden des **Committee of the Whole**, dass die erforderliche Anzahl von Mitgliedern, um eine Beschlussfähigkeit zu erreichen, nicht anwesend ist (100 Mitglieder sind zur Beschlussfähigkeit notwendig)

**quorum, disappearing**
nicht mehr vorhandene Beschlussfähigkeit (wenn die Mitglieder, die in beschlussfähiger Anzahl vertreten sind, auf einen **quorum call** nicht antworten, erlischt die Beschlussfähigkeit)

**quorum, live**
eine Aufforderung, die Beschlussfähigkeit zu überprüfen, wobei die Senatoren dadurch antworten sollen, indem sie in den Plenarsaal treten; diese Methode wird häufig eingesetzt, um eine Verhandlungspause einzulegen, in der Privatangelegenheiten besprochen werden können

**quorum, notice**
siehe **quorum, short**

**quorum, rolling**
eine Methode, mit der jede Kammer die Anwesenheit einer beschlussfähigen Anzahl von Mitgliedern überprüft: Kongressmitglieder können in der Kammer eintreffen und ihre Anwesenheit irgendwann während eines Aufrufs oder einer Abstimmung registrieren lassen, danach können sie gehen

**quorum, short**
der Aufruf der Namen im **Committee of the Whole**, der vom Vorsitzenden abgebrochen wird, sobald eine zur Beschlussfähigkeit ausreichende Mindestzahl von Mitgliedern (100) festgestellt wurde

**quota**
Quota

**quota rule**
Quotenregelung

**quota sampling**
siehe **sampling, quota**

**quota system**
Quotensystem

# R

**R**
Abkürzung für Republican („R-New York“ bedeutet: ein republikanischer Senator oder ein republikanisches Mitglied des Repräsentantenhauses aus New York)

**Race**
1. Rasse;
2. Wahl; Wahlkampf

**race card**
jeder Versuch der Unruhestiftung durch Einbringen rassischer Aspekte in eine Angelegenheit

**race card, to play the**
Unruhe dadurch stiften, dass man Rassenfragen in eine Angelegenheit bringt

**race, close-run**
Wahl mit knappem Ausgang

**race, three-way**
eine Wahl, bei der drei Parteien gegeneinander antreten

**racial**
Rassen-; rassisch

**racial discrimination**
Rassendiskriminierung

**racial gerrymandering**
siehe **gerrymandering, racial**

**racial minority**
Rassenminderheit

**racial parity**
siehe **parity, racial**

**racial segregation**
siehe **segregation, racial**

**racism**
Rassismus

**racketeering**
kriminelle Geschäfte; organisiertes Verbrechen

**raid**
die Auffassung eines Komitees, dass in seine Zuständigkeit dadurch eingegriffen wurde, dass eine Gesetzesvorlage an ein anderes Komitee verwiesen wurde

**raiding**
Stimmabgabe bei der Vorwahl einer anderen politischen Partei, sodass ein schwacher Kandidat dieser Partei für die Präsidentschaftswahl nominiert wird

**to railroad**
(*a bill*) eine Gesetzesvorlage mit Druck durch den Kongress bringen

**rainmaker**
1. jeder mit der Macht, die gesetzgeberischen Angelegenheiten zu regeln;

2. ein Lobbyist, der in der Lage ist, eine große Geldsumme für einen Wahlkampf aufzubringen

**rainy-day war chest**
siehe **excess campaign funds**

**to raise**
1. (*prices, taxes, wages*) anheben; erhöhen;
2. (*taxes*) erheben

**raise**
Gehaltserhöhung; Lohnerhöhung

**to rally behind someone**
sich hinter jdn. stellen

**rally**
1. (*Econ*) Kurserholung;
2. (*pol*) Versammlung

**rallying effect**
Abnahme der Beliebtheit eines Präsidenten mit zunehmender Amtszeit, es sei denn, er kann spektakuläre außenpolitische Erfolge vorweisen

**the Ramseyer**
die tatsächlichen Änderungen eines existierenden Gesetzes gemäß der **Ramseyer Rule**

**Ramseyer Rule**
die Vorschrift im Repräsentantenhaus, die besagt, dass alle Auswirkungen, die eine neue Gesetzesvorlage auf bestehendes Recht hat, im Ausschussbericht kursiv gedruckt werden müssen; vgl. **Cordon Rule**

**rank**
Dienstgrad; Rang

**rank and file**
(*fig*) die breite Masse

**rank and file of the party**
einfache Parteimitglieder

**ranking member**
ranghohes Mitglied

**ranking minority member**
der älteste Mitglied der Oppositionspartei in einem Ausschuss

**ranks**
Parteimitglieder

**ranks, to break**
1. eine andere Meinung als die Parteilinie vertreten;
2. mit einer anderen Partei stimmen

**ranks, to close**
sich an die Parteilinie halten

**rate of growth**
(*Econ*) Wachstumsrate

**rate of increase**
(*Econ*) Zuwachsrate

**rate of inflation**
(*Econ*) Inflationsrate

**rate of unemployment**
Arbeitslosenquote

**ratification**
Ratifizierung

**ratification procedure**
siehe **ratification process**

**ratification process**
Ratifizierungsverfahren

**to ratify**
ratifizieren

**ratifying convention**
Ratifizierungsversammlung

**rating**
Beurteilung; Einschätzung

**re-referral**
die erneute Überweisung einer Gesetzesvorlage, die dem falschen Ausschuss zugesandt wurde

**reactionary**
1. reaktionär;
2. Reaktionär

**reading**
(*of a bill*) Lesung

**reading, first**
erste Lesung einer Gesetzesvorlage in einem der beiden Häuser des Kongresses

**reading, third**
dritte und letzte Lesung einer Gesetzesvorlage, bevor sie verabschiedet wird

**real estate tax**
siehe **tax, real estate**

**realigning election**
siehe **election, realigning**

**realignment**
Neuordnung politischer Loyalitäten; vgl. **dealignment**

**to reappoint**
wieder einstellen; wieder ernennen

**reappointment**
Wiedereinstellung; Wiederernennung

**reapportionment**
Neuzuteilung von Sitzen (eine Neuzuteilung der Sitze eines Bundesstaates im Repräsentantenhaus aufgrund einer neuen Volkszählung; vgl. **redistricting**)

**reappropriation**
die legislative Aktion der erneuten Genehmigung oder Verlängerung einer Bundesfinanzierung, die sonst auslaufen würde

**reasonable doubt**
(*Jur*) berechtigter Zweifel

**to reassert**
bekräftigen; nachdrücklich behaupten

**to reassess**
neu bewerten; neu veranlagen; überprüfen

**rebuttal**
Widerlegung

**recall**
ein Verfahren, durch das die Wähler einen Amtsinhaber vor Ablauf seiner Amtszeit seines Amtes entheben können

**recapitulation of a vote**
die Wiederholung einer Abstimmung, um ihr Ergebnis zu bestätigen

**reception**
Empfang

**to recess**
1. (Sitzung) unterbrechen;
2. sich vertagen (auf einen anderen Zeitpunkt)

**recess**
(*of Congress*) 1. Sitzungspause; Sitzungsunterbrechung;
2. die Zeit, in der der Kongress nicht tagt

**recess appointment**
die Ernennung eines Bundesbeamten durch den Präsidenten in der Zeit, in der der Senat nicht tagt

**recess committee**
siehe **committee, recess**

**recession**
(*Econ*) Rezession

**recidivism**
(*Jur*) Rückfälligkeit
(die Tendenz vorbestrafter Krimineller nach Haftentlassung wieder straffällig zu werden)

**recidivist**
rückfällige/r Täter/in

**recipient**
Empfänger/in

**reciprocal**
siehe **mutual**

**reciprocal legislation**
siehe **legislation, reciprocal**

**reciprocal trade agreement**
gegenseitiges Handelsabkommen

**reciprocity**
Gegenseitigkeit; Reziprozität
(Austausch von Privilegien zwischen verschiedenen Bundesstaaten oder Nationen)

**reciprocity, relative**
relative Gegenseitigkeit

(in gegenseitigen Handelsabkommen zwischen Entwicklungsländern und Industrieländern besteht häufig eine „relative Gegenseitigkeit“ zugunsten der Entwicklungsländer)

**recognition**
Anerkennung
(1. (*Const*) alleinige Befugnis des Präsidenten gemäß Artikel II, Absatz 2 der US-Verfassung, einen Staat anzuerkennen und diplomatische Beziehungen aufzunehmen;
2. Redeerlaubnis durch den Vorsitzenden für ein Mitglied, das vor dem Senat oder Repräsentantenhaus sprechen möchte)

**to recognize**
als Vorsitzender einem Senator oder Abgeordneten des Repräsentantenhauses die Erlaubnis geben, im Plenarsaal zu sprechen

**to recommit to committee**
eine Gesetzesvorlage an den Ausschuss zurücküberweisen, der sie behandelt hat

**recommittal**
Zurücküberweisung
(einer Gesetzesvorlage an den Ausschuss, der sie behandelt hat)

**reconciliation bill**
siehe **bill, reconciliation**

**reconciliation instruction**
Anordnung des Haushaltsausschusses des Repräsentantenhauses, die Ausgaben im Bundeshaushalt zu reduzieren

**reconciliation resolution**
siehe **resolution, reconciliation**

**reconnaissance flight**
(*mil*) Aufklärungsflug

**to reconsider**
(*bill*) wieder aufnehmen

**reconsideration**
(*of bill*) erneute Erwägung; Revision; Wiederaufnahme

**to reconstitute**
(*committee*) neu einrichten; rekonstituieren

**to reconvene**
1. (*meeting*) neu einberufen;
2. (*court*) erneut zusammenkommen; erneut zusammentreten

**to record**
dokumentieren; protokollieren; (*vote*) abgeben

**record**
1. Protokoll;

2. siehe **Congressional Record**;
3. (*Jur*) Gerichtsakten

**record, to have a criminal**
(*Jur*) vorbestraft sein

**recorded vote**
schriftlich festgehaltene Stimmabgabe
(schriftliche Festlegung der Stimmabgabe jedes einzelnen Mitglieds im Kongress)

**recorded vote by clerks**
ein Abstimmungsverfahren im Repräsentantenhaus, bei dem die Mitglieder durch einen „aye" oder „no" Gang gehen und die entsprechende (grüne) „yea" oder (rote) „no" Karte in eine Wahlurne stecken; die Stimmen werden von Angestellten gezählt und das Ergebnis dem Vorsitzenden mitgeteilt

**records**
Akten; Dokumente; Unterlagen

**to recount**
(*votes*) nachzählen

**recount**
Nachzählung

**recount, hand**
siehe **recount, manual**

**recount, machine**
maschinelle Nachzählung

**recount, manual**
Handauszählung

**red-baiting**
Vorwurf an einen politischen Gegner, ein Kommunist zu sein oder kommunistische Politik zu unterstützen

**red committee**
siehe **committee, red**

**red scare**
eine Zeit unsinniger und unbegründeter Angst vor kommunistischer Subversion

**red tape**
Behördenkram; Papierkrieg
(steht für exzessive Bürokratie; die Bezeichnung stammt von dem roten Band, mit dem die Büroangestellten offizielle Dokumente im 19. Jahrhundert zusammenbanden)

**redistribution**
die politische Ideologie, die die Forderung vertritt, dass das Vermögen und Vergünstigungen durch Gesetze und Steuermaßnahmen von einem Segment der Bevölkerung zu einem anderen verschoben werden sollten, nämlich von den Reichen zu den Armen

**redistricting**
Neueinteilung von Bezirken
(Neubestimmung der geografischen Größe von Kongress-

bezirken innerhalb eines bestimmten Bundesstaates; vgl. **reapportionment**)

**redlining**
Verweigerung von Darlehen für Bauvorhaben in Armengegenden

**to redress**
1. (*grievance*) beseitigen;
2. (*wrongs*) wieder gutmachen

**to reduce**
(*prices*) herabsetzen;
(*expenses*) kürzen;
(*pressure*) reduzieren;
verringern;
(*taxes*) senken

**reduction**
(*prices*) Herabsetzung;
(*expenses*) Kürzung;
(*pressure*) Reduzierung;
Verringerung;
(*taxes*) Senkung

**reduction in force**
Personalkürzungen in Bundesbehörden

**reelection**
Wiederwahl

**reelection, to bid for**
sich um die Wiederwahl bewerben

**reelection, to run for**
sich zur Wiederwahl stellen

**reelection, to seek**
siehe **reelection, to run for**

**reelection, to stand for**
siehe **reelection, to run for**

**reentry permit**
Erlaubnis zur Wiedereinreise

**reestimates**
Revision der Haushaltsberechnungen (für die Exekutive und die Legislative aufgrund von wirtschaftlichen Veränderungen)

**to refer**
(*bill to a committee*)
überweisen

**referendum**
Referendum;
Volksabstimmung;
Volksentscheid

**referendum, to hold a**
ein Referendum abhalten

**referendum, to vote on a**
in einem Referendum abstimmen

**referral**
(*of bill to committee*)
Überweisung

**referral bill**
siehe **bill, referral**

**referral, joint**
siehe **referral, multiple**

**referral, multiple**
die Überweisung einer Gesetzesvorlage an mehrere Ausschüsse gleichzeitig

**referral, sequential**
die Überweisung einer Gesetzesvorlage an einen Ausschuss und dann an einen weiteren Ausschuss

**referral, split**
die Überweisung verschiedener Teile einer Gesetzesvorlage an mehrere Ausschüsse
(eine Regel des Repräsentantenhauses, die es dem Sprecher erlaubt, eine Gesetzesvorlage in zwei oder mehr Teile zu trennen, sodass sie an getrennte Ausschüsse verwiesen werden können, die für ihren Inhalt zuständig sind)

**reform**
Reform

**reform advocate**
Reformbefürworter/in

**refugee**
Flüchtling

**refugee camp**
Flüchtlingslager

**refugees, flood of**
Flüchtlingsstrom

**refugees, flow of**
siehe **refugees, flood of**

**regicide**
wörtl.: Königsmord
(Absetzung eines Ausschussvorsitzenden durch ein geheimes Treffen hinter verschlossenen Türen)

**regime**
Regierungssystem; Regime

**regionalism**
eine Unterteilung des Landes in geographische Regionen statt in Bundesstaaten

**to register in person**
persönlich erscheinen, um sich in das Wählerverzeichnis einzutragen

**to register to vote**
sich in das Wählerverzeichnis eintragen

**registered voter**
siehe **voter, registered**

**registration, periodic**
ein Registrierungsverfahren für Wähler, bei dem die Wähler sich zu einem bestimmten Zeitpunkt vor einer Wahl registrieren lassen

**registration, permanent**
ein Registrierungsverfahren für Wähler, bei dem die Wähler dauernd registriert bleiben, auch ohne bei vorherigen Wahlen gewählt zu haben

**registration, voter**
Eintragung in das Wählerverzeichnis

**regressive tax**
siehe **tax, regressive**

**regular meeting days**
reguläre Sitzungstage
(die Tage eines Monats, die von einem Ausschuss für die normalen Geschäfte reserviert sind)

**regular order**
reguläre Ordnung
(1. die korrekte Reihenfolge des Tagesgeschäftes auf Basis der Regeln und Praktiken des Repräsentantenhauses und Senats;
2. die Ausführung bestimmter Regeln und Praktiken)

**to regulate**
lenken; ordnen; regeln; regulieren

**regulation**
Bestimmung; Regelung; Regulierung; Verordnung; Vorschrift

**regulatory agency**
Aufsichtsbehörde; Regulierungsbehörde

**regulatory commission**
Aufsichtskommission; Regulierungskommission

**regulatory tax**
siehe **tax, regulatory**

**to reimburse**
(*person*) entschädigen;
(*costs*) ersetzen; zurückerstatten

**reimbursement**
(*person*) Entschädigung;
(*costs*) Rückzahlung; Zurückerstattung

**to reinforce**
(*decision*) bestärken;
(*opinion*) bestätigen;
(*argument*) untermauern

**to relate to**
betreffen; in Verbindung bringen mit; in Zusammenhang stehen mit

**relations**
Beziehungen

**relations, to break off**
Beziehungen abbrechen

**relations, to deepen**
Beziehungen vertiefen

**relations, to develop**
Beziehungen ausbauen

**relations, to enter into**
Beziehungen aufnehmen

**relations, to improve**
Beziehungen verbessern

**relations, to intensify**
siehe **relations, to develop**

**relations, to maintain**
Beziehungen unterhalten

**relations, to reestablish**
Beziehungen wieder aufnehmen

**relations, to resume**
siehe **relations, to reestablish**

**relations, to sever**
siehe **relations, to break off**

**relations, to take up**
siehe **relations, to enter into**

**relative reciprocity**
siehe **reciprocity, relative**

**relaxation**
(*rules*) Lockerung

**to release**
(*from obligation*) entbinden; befreien; (*person*) entlassen; freilassen; (*information*) veröffentlichen

**relevant**
siehe **germane**

**relief**
siehe **welfare**

**relief, to be on**
siehe **welfare, to be on**

**religion, freedom of**
siehe **establishment clause**

**religious observances**
Einhaltung religiöser Gepflogenheiten

**religious test**
(*Const*) Religionszugehörigkeitsnachweis
(laut Artikel VI und Erstem Verfassungszusatz der US-Verfassung ist es verboten, die Qualifikation eines Bewerbers für ein öffentliches Amt von seiner Religionszugehörigkeit abhängig zu machen)

**to rely (up)on**
1. angewiesen sein auf;
2. sich verlassen auf

**to remain silent**
(*Jur*) die Aussage verweigern

**remedial**
Hilfs-

**remedy**
Ausweg; Lösung; Mittel

**removal power**
siehe **power, removal**

**to render**
(*decision*) fällen

**to repass**
(*law*) erneut verabschieden

**to repeal**
(*law*) abschaffen; aufheben; außer Kraft setzen

**repeal**
(*of law*) Abschaffung; Aufhebung; Außerkraftsetzung

**to report**
(*bill*) 1. als Ausschuss der eigenen Kammer über eine Gesetzesvorlage berichten;
2. als leitender Beamter den Titel und Text einer Gesetzesvorlage oder eines Änderungsantrags zu einer Gesetzesvorlage auf Aufforderung des Vorsitzenden dem gesamten Kongress vorlesen

**report**
Bericht
(das Dokument, das die Erläuterungen eines Ausschusses oder Unterausschusses zu seiner Behandlung einer Gesetzesvorlage schriftlich festhält)

**reporting**
Berichterstattung

**representation, actual**
eine legislative Vertretung, bei der Gesetzgeber dem Willen der Wähler entsprechend abstimmen, unabhängig davon, was sie selbst glauben

**representation, agency**
eine Situation, in der die Wähler die Macht haben, ihre gewählten Vertreter anzustellen und zu entlassen

**representation, proportional**
Verhältniswahl(recht)
(Vertretung der einzelnen Bundesstaaten im Repräsentantenhaus nach Einwohnerzahl)

**representation, sociological**
eine Situation, in der die gewählten Vertreter denselben rassischen, ethnischen oder religiösen Hintergrund haben wie die Personen, denen sie dienen

**representation, virtual**
1. eine Situation, in der die gewählten Vertreter einen anderen rassischen, ethnischen oder religiösen Hintergrund haben als die Personen, denen sie dienen;
2. eine legislative Vertretung, bei der die Mitglieder der Legislative ihrem eigenen Willen entsprechend abstimmen, unabhängig von dem, was die Wähler glauben

**representational explanation**
siehe **explanation, representational**

**representative**
1. Abgeordnete/r (im Repräsentantenhaus);
2. Vertreter/in

**representative bureaucracy**
repräsentative Bürokratie
(ein Konzept, demzufolge alle soziale Gruppen das Recht

haben, sich an ihren regierenden Institutionen zu beteiligen)

**representative democracy**
siehe **democracy, representative**

**representative government**
siehe **government, representative**

**representative race**
eine vergangene Wahl, von der angenommen wird, dass sie in wichtiger Ansicht einer aktuellen oder bevorstehenden Wahl ähnlich ist

**reprieve**
1. (*Jur*) Begnadigung; Strafaufschub;
2. (*fig*) Gnadenfrist

**reprieve, to grant a**
(*Jur*) begnadigen

**reprimand**
Tadel; Verweis

**reprisal**
Gegenschlag; Repressalie; Vergeltungsmaßnahme

**reprogramming**
die Verschiebung finanzieller Mittel von einem Zweck zum nächsten innerhalb eines Titels

**republic**
Republik

**Republican**
Republikaner/in

**Republican chairman**
die Bezeichnung für den ranghöchsten Republikaner innerhalb eines Ausschusses oder Unterausschusses

**Republican conference**
siehe **conference, Republican**

**Republican, country-club**
Republikaner, der sich vor allem mit Steuerpolitik etc. beschäftigt und aufgrund dessen über sehr viel Macht verfügt

**republican form of government**
siehe **government, republican form of**

**Republican-led House**
siehe **House, Republican-led**

**Republican National Committee**
siehe **national committee**

**Republican party**
Republikanische Partei

**Republican Policy Committee**
Republikanischer Ausschuss für politische Gestaltung

**Republican, religious right**
Republikaner, der gegen Abtreibung und für Schulgebete eintritt

**Republican State Committee**
siehe **state committee**

**Republican tent**
das gesamte Spektrum der republikanischen Partei, das zahlreiche Ansichten umfasst

**Republican Wednesday Group**
die Gruppe liberaler Republikaner, die versucht, die konservative Führung des Repräsentantenhauses zu beeinflussen und die sich Mittwochs trifft, um legislative Angelegenheiten zu diskutieren

**to request a conference**
eine Konferenz beantragen (ein formaler Antrag einer Kammer an die andere, dass sich ihre Mitglieder in einem Vermittlungsausschuss treffen mögen, um Meinungsverschiedenheiten hinsichtlich einer Gesetzesvorlage beizulegen)

**requisite number of words**
siehe **pro forma amendment**

**repudiation**
Nichtanerkennung; Verstoß; Zurückweisung

**res judicata**
(*Jur*) rechtskräftig abgeschlossener Fall

**to rescind**
eine getroffene Maßnahme annullieren oder für ungültig erklären

**rescission**
eine Gesetzesvorlage oder gemeinsame Resolution, die eine Haushaltsbewilligung, die vom Kongress früher verabschiedet wurde, zum Teil oder gänzlich aufhebt

**research**
Forschung; wissenschaftliche Untersuchung

**reservation**
1. die Modifizierung oder Ausweitung der Bedingungen eines internationalen Abkommens, sodass es völlig akzeptiert werden kann;
2. Land, das von der Regierung für bestimmte Zwecke reserviert wird;
3. Indianerreservat

**to reserve a point of order**
die Erklärung eines Mitglieds des Repräsentantenhauses, dass es beabsichtigt, zu einem späteren Zeitpunkt einen Einspruch gegen einen **point of order** zu erheben; auf diese Weise vermeidet das betreffende Mitglied, diesen Punkt vor Beginn der Debatte vorbringen zu müssen

**to reserve the balance of time**
als Befürworter oder Gegner einer Gesetzesvorlage die

verbliebene Zeit in einer Debatte reservieren, sodass andere Vertreter ihres Standpunktes auch noch Redezeit haben

**to reserve the right to object**
die Erklärung eines Mitglieds des Repräsentantenhauses, dass es beabsichtigt, gegen einen **unanimous consent request** zu einem späteren Zeitpunkt Einspruch zu erheben

**reserve ratio**
(*Fin*) der Prozentsatz liquiden Vermögens über den eine Bank als Reserve verfügt, um Einlagen und Abhebungen abzudecken

**reserve requirement**
siehe **reserve ratio**

**reserved for, to be**
reserviert sein für; vorbehalten sein für

**reserved powers**
siehe **powers, reserved**

**reserves**
(*mil*) Reserven

**reservist**
(*mil*) Reservisten

**to reshuffle**
(*cabinet*) umbilden

**reshuffling**
(*of cabinet*) Umbildung

**residence permit**
Aufenthaltserlaubnis

**residency requirement**
die Zeitdauer, die ein Bürger in einem bestimmten Bezirk wohnen muss, um sein Wahlrecht ausüben zu dürfen

**resident alien**
ansässiger Ausländer (jemand, der nicht Bürger des Landes ist, in dem er lebt)

**resident commissioner**
der besondere Titel des/der Delegierten aus Puerto Rico, der/die von der Bevölkerung dieses Staatsgebietes dazu gewählt wurde, sie im Repräsentantenhaus der USA zu vertreten; er/sie besitzt jedoch kein Wahlrecht; siehe **delegate, nonvoting**

**resident commissioner from Puerto Rico**
siehe **resident commissioner**

**to resign**
(*from office*) das Amt niederlegen; zurücktreten

**resignation**
(*from office*) Amtsniederlegung; Rücktritt

**resolution**
Resolution

**resolution, to pass a**
eine Resolution verabschieden

**resolution, concurrent**
gemeinsame Resolution ohne Gesetzesstatus
(Gesetzgebung, die von beiden Kammern des Kongresses verabschiedet werden muss, die aber nicht der Unterschrift des Präsidenten bedarf und nicht die Kraft eines Gesetzes hat)

**resolution, continuing**
siehe **continuing resolution**

**resolution, discharge**
Entlastungsresolution
(ein spezieller Antrag, den jeder Senator einbringen kann, um einen Ausschuss von der Bearbeitung einer Gesetzesvorlage zu befreien)

**resolution, impoundment**
eine Resolution, die die Missbilligung des Repräsentantenhauses oder des Senats über die Verzögerung bereits gebilligter Ausgaben durch den Präsidenten zum Ausdruck bringt; beide Kammer können einen Antrag einbringen, dass die Gelder freigegeben werden

**resolution, joint**
gemeinsame Resolution mit Gesetzesstatus
(Gesetzgebung, die von beiden Kammern des Kongresses verabschiedet werden muss, die die Kraft eines Gesetzes hat und dem Vetorecht des Präsidenten unterliegt; **joint resolutions** werden häufig eingesetzt, um Verfassungszusätze vorzuschlagen)

**resolution, reconciliation**
eine gemeinsame Resolution, die von beiden Häusern des Kongresses verabschiedet wird und die zum Ziel hat, die tatsächlichen Ausgaben mit dem vorgesehenen Haushaltsrahmen zu vereinbaren

**resolution, simple**
Resolution nur einer Kammer des Kongresses
(eine Resolution, die die inneren Angelegenheiten eines der beiden Häuser des Kongresses betrifft und nur von dem betroffenen Haus angenommen werden kann, nicht vom Präsidenten unterzeichnet werden muss und nicht die Kraft eines Gesetzes hat)

**resolving clause**
die Formulierung am Anfang einer **joint resolution**

**respondent**
(*Jur*) (*family law*)
Antragsgegner/in

**restraint**
Einschränkung

**to restrict**
begrenzen; beschränken; einschränken

**restriction**
Begrenzung; Beschränkung; Einschränkung

**restrictions on something, to place**
etw. einschränken

**restrictive**
einschränkend; restriktiv

**restrictive rule**
siehe **rule, restrictive**

**resulting powers**
siehe **powers, resulting**

**to resume**
(*negotiations*) wieder aufnehmen

**retail politics**
siehe **politics, retail**

**retaliation**
Konterschlag; Vergeltung; Vergeltungsschlag

**retaliatory measures**
Vergeltungsmaßnahmen

**retaliatory tariff**
siehe **tariff, retaliatory**

**retirement**
Pensionierung; Ausscheiden aus dem Arbeitsleben

**retirement pay**
Altersrente

**retrenchment**
die Reduzierung des in einer Gesetzesvorlage zur Bewilligung von Geldern enthaltenen Betrags

**retrenchment amendment**
ein Änderungsvorschlag, der den in einer Gesetzesvorlage zur Bewilligung von Geldern enthaltenen Betrag reduziert

**retrospective voting**
siehe **voting, retrospective**

**reunion**
Wiedervereinigung

**to reunite**
wieder vereinen; wieder zusammenführen

**revenue**
siehe **public revenue**

**revenue, to raise**
öffentliche Einnahmen erheben

**revenue enhancement**
Euphemismus für Steuern

**revenue gainer**
Euphemismus für Steuern

**revenue legislation**
Gesetzgebung zur Steuererhebung
(gemäß Artikel I, Absatz 7 der US-Verfassung initiiert das Repräsentantenhaus Gesetzgebung zur Steuererhebung, der Senat kann jedoch Änderungen vorschlagen; das **House Ways and Means Committee** und das **Senate Finance Committee** sind für diese Gesetzgebung zuständig)

**revenue raisers**
Euphemismus für Steuern

**revenuc sharing**
eine Bestimmung, die vorsieht, dass die Bundesregierung einen bestimmten Satz aus den Einnahmen der Einkommensteuer an die Bundesstaaten und die Kommunen zahlt

**revenue shortfall**
Euphemismus für Defizit

**to reverse**
1. grundlegend revidieren; umkehren;
2. (*Jur*) (*decision*) rückgängig machen

**reverse discrimination**
umgekehrte Diskriminierung
(Diskriminierung gegen Weiße)

**to review**
(*Jur*) (*decision*) überprüfen

**review**
(*Jur*) (*of decision*) Überprüfung

**to revise**
(*bill*) revidieren; überarbeiten

**to revise and extend**
überarbeiten und ergänzen
(das Recht der Kongressmitglieder, Äußerungen, die während der Debatten im Repräsentantenhaus und Senat gemacht werden, vor ihrer Veröffentlichung im **Congressional Record** zu überarbeiten und ergänzen)

**revision**
(*of bill*) Revision; Überarbeitung

**to revolt**
aufbegehren; revoltieren

**revolt**
Aufruhr; Aufstand; Rebellion; Revolte

**revolution**
Revolution

**revolving door**
(*fig*) Drehtür
(eine Metapher zur Bezeichnung der Praxis von Regierungsbeamten, öffentliche Ämter zugunsten von Jobs in der privaten Großindustrie aufzugeben)

**revolving fund**
(*Fin*) Haushaltstitel einer Regierungsbehörde, der finanzielle Mittel enthält, die von der betreffenden Behörde für Geschäftszwecke benutzt werden und ihr ermöglichen, sich selbst zu tragen

**to revote**
neu wählen

**revote**
Neuwahl; Wahlwiederholung

**rich men's club**
(*derog*) Klub der reichen Männer
(Bezeichnung für den Senat)

**Riddick's Senate Procedure**
ein einbändiges Kompendium von Senatsverfahren und -praktiken, das von Floyd M. Riddick zusammengestellt wurde

**rider**
ein Änderungsvorschlag zu einer Gesetzesvorlage, der normalerweise alleine nicht verabschiedet würde, der jedoch einer wichtigen Gesetzesvorlage beigefügt und daher durchgedrückt wird

**RIF**
siehe **reduction in force**

**riffing**
die Durchführung einer **RIF**

**rifleshot**
ein Steuergesetz, das einer einzelnen Person, Kapitalgesellschaft, einen Industrieunternehmen oder einer Gruppe einen Steuervorteil verschafft

**right**
Recht

**the right**
siehe **right, the political**

**right, the political**
die politisch rechts Stehenden

**right to an attorney**
(*Jur*) Anspruch auf eine/n Pflichtverteidiger/in
(Entscheidung des Obersten Gerichtshofes 1963, *Gideon v Wainwright*)

**right to counsel**
(*Const*) Anspruch auf Rechtsbeistand
(der Sechste Verfassungszusatz besagt, dass ein Angeklagter in einem Strafprozess einen Anspruch auf Rechtsbeistand hat)

**the right to keep and bear arms**
siehe **arms, the right to keep and bear**

**right of privacy**
Schutz der Privatsphäre
(der Oberste Gerichtshof hat in einer Reihe von Entscheidun-

gen den Schutz der Privatsphäre betont; die bis heute umstrittenste Entscheidung dazu war 1973 *Roe v Wade*, die den Frauen das Selbstbestimmungsrecht über ihren Körper gab und damit auch das Abtreibungsrecht)

**right to vote**
Stimmberechtigung; Stimmrecht; Wahlberechtigung; Wahlrecht

**right to vote, to deprive someone of the**
das Wahlrecht entziehen

**right to vote, to exercise the**
das Wahlrecht ausüben

**right to vote, to give someone the**
das Wahlrecht verleihen

**right wing**
rechter Flügel
(die konservative Seite einer Partei oder Kammer; der Begriff hat seinen Ursprung darin, dass die Mitglieder mit konservativen Ansichten die Stühle auf der rechten Seite der Kammer besetzen)

**right-wing extremists**
siehe **right-wing radicals**

**right-wing radicals**
Rechtsradikale

**rightful**
rechtmäßig

**rights**
Rechte

**riot(s)**
Aufruhr; Ausschreitungen; Krawalle; Tumult; Unruhen

**riot, to incite a**
Krawalle initiieren; Krawalle provozieren

**to rise**
eine Ausschusssitzung beenden (wenn das **Committee of the Whole** seine Arbeit beendet, erheben sich seine Mitglieder und der Vorsitzende teilt dem gesamten Repräsentantenhaus seine Empfehlungen mit)

**rival**
Gegner/in; Rivale/Rivalin

**RNC**
siehe **Republican National Committee**

**roll**
die offizielle Liste der Mitglieder in jeder Kammer

**roll call**
ein Aufruf der Mitglieder einer Kammer, um festzustellen, ob ein Quorum vorhanden ist, um ein Quorum herzustellen oder um in einer Sache abzustimmen

**roll-call vote**
namentliche Abstimmung

**rolling quorum**
siehe **quorum, rolling**

**roorback**
ein unrichtiger Medienbericht, der darauf abzielt, einen politischen Kandidaten bloßzustellen

**rose garden rubbish**
die unwichtige Rede, die der Präsident während der **rose garden strategy** hält

**rose garden strategy**
der Einsatz des „Rosengartens" des Weißen Hauses durch den Präsidenten, der sich zur Wiederwahl stellt; in diesem Garten findet eine Pressekonferenz statt, um einen Eindruck vom häuslichen Leben des Präsidenten zu vermitteln

**rotten borough**
ein Kongressbezirk mit einer hohen Anzahl von Abgeordneten trotz einer geringen Bevölkerungsdichte; diese Entwicklung ist das Ergebnis eines allmählichen Ausdünnens der Bevölkerungszahl bei einer gleichbleibenden Anzahl von Abgeordneten

**Rotunda**
Rotunde
(der Rundbau unter der Kuppel des Kongresses)

**royal colony**
(*hist*) eine der drei Arten von Regierungen im kolonialen Amerika (vgl. **charter colony** und **proprietary colony**); bei dieser Regierungsform wurde die untere Kammer der Legislative gewählt, während die obere Kammer und der Gouverneur vom König ernannt wurden

**to rub elbows**
an einer Spendenaktion teilnehmen und wichtige Leute treffen

**rubber-chicken circuit**
Bezeichnung für einen Wahlkampf, während dessen ein Kandidat gezwungen wird, an zahlreichen Geld einbringenden Abendessen teilzunehmen und „zähes Hühnchenfleisch zu essen"

**rubber stamp Congress**
siehe **Congress, rubber stamp**

**to rule**
beherrschen; herrschen; regieren

**rule**
1. Bestimmung; Regel; Vorschrift;
2. Herrschaft; Regierungszeit

**rule citation**
die Art und Weise, wie jede Kammer ihre Geschäftsord-

nungsregeln aufführt (das Repräsentantenhaus führt an: Regel I, Klausel 1, Paragraph (a), Unterparagraph (a); der Senat favorisiert folgendes Schema: Regel I, Paragraph 1, Unterparagraph (a))

**rule-making authority**
1. die durch die US-Verfassung erteilte Befugnis jeder Kammer, ihre eigenen Verfahrensregeln festzulegen;
2. die von einer **administrative agency** ausgeübten Befugnisse, die Gesetzeskraft haben

**rule-making power**
siehe **rule-making authority**

**rule-making statutes**
Gesetze, die die Verfahrensregeln einer Kammer oder beider Kammern festlegen

**rule, restrictive**
die legislative Regel, die die Anzahl und Art der Änderungsanträge zu einer behandelten Gesetzesvorlage einschränken

**Rule Twenty-Two**
siehe **cloture**

**ruled**
der/die Beherrschte

**ruler**
der/die Herrschende; Herrscher/in

**rules**
1. die Vorschriften, auf deren Basis jede Kammer ihre Geschäfte führt; siehe **constitutional rules**; **Jefferson's Manual**; **standing orders**; **standing rules**; **statutory rules**

**Rules and Administration Committee**
Regel- und Verwaltungsausschuss („B" Committee im Senat)

**Rules Committee**
Regelausschuss
(dieser bedeutende Ausschuss gibt die Regeln zur Bearbeitung von Gesetzesvorlagen im Plenarsaal vor, d.h., er weist die Redezeiten zu und bestimmt, inwieweit die Gesetzesvorlage im Plenarsaal noch verändert werden kann) (Exclusive Committee im Repräsentantenhaus)

**rules governing debate**
Vorschriften zur Regelung der Debatten im Senat

**rules, joint**
Vorschriften, die die Verfahren beider Kammern, die ein gemeinsames Handeln erfordern, regeln

**rules of engagement**
die ungeschriebenen Regeln und Vorschriften im Kongress, die die Grenzen der Fairness

bei politischen Auseinandersetzungen festlegen

**rules of procedure**
Verfahrensregeln

**ruling**
1. (*party*) amtierend; regierend;
2. Entscheid; Entscheidung

**ruling party**
siehe **party in power**

**to run**
(*for Congress, office*)
kandidieren

**to run ahead of the ticket**
mehr Stimmen bei einer Wahl erhalten als der favorisierte Kandidat der Partei

**to run for the Democratic/Republican party**
kandidieren für die Demokratische oder Republikanische Partei

**to run on the Democratic/Republican ticket**
siehe **to run for the Democratic/Republican party**

**to run scared**
als Kandidat trotz großen Vorsprungs einen harten Wahlkampf führen

**run**
Wahlkampf

**running mate**
Kandidat/in für die Vizepräsidentschaft; Vizepräsidentschaftskandidat/in

**runoff election**
Stichwahl

**runoff election, to hold a**
eine Stichwahl durchführen

**runoff primary**
siehe **primary, runoff**

**rustbelt states**
wird synonym mit **snowbelt states** verwendet; der Ausdruck bezeichnet die brachliegenden, „rostigen“ Industriereste in diesen Staaten

# S

**S**
das Kürzel für Gesetzesvorlagen, die in den Senat eingebracht werden

**sacred cow**
(*fig*) heilige Kuh (Bezeichnung für politische Themen, an denen nicht gerührt werden soll)

**sacrificial lamb**
(*fig*) Opferlamm
(ein Parteikandidat, der gegen einen Amtsinhaber antritt, der seinen Sitz sozusagen sicher hat)

**safe seat**
sicheres Mandat
(Wahlbezirk, in dem der Amtsinhaber keinen ernst zu nehmenden Gegenkandidaten hat)

**to safeguard**
schützen; sichern; wahren

**safeguard**
Sicherheitsmaßnahme; Sicherheitsvorrichtung

**safety net**
Sicherheitsnetz

**to sail through**
(*bill*) ohne Gegenstimme verabschiedet werden

**salary**
Gehalt

**salary grab**
(*derog*) Gehaltserhöhungen, die der Kongress sich selbst gewährt

**sales tax**
siehe **tax, sales**

**to salt a document**
wörtl.: ein Dokument salzen (herausfinden, wer Informationen an die Presse weitergibt, indem man den Wortlaut der Kopie für eine bestimmte Person ändert)

**sample**
Querschnitt; Stichprobe

**sample survey**
Stichprobenerhebung

**sampling, area**
das Entnahme einer Stichprobe, die auf einen bestimmten geographischen Bereich beschränkt ist, z.B. auf ein Land, eine Stadt etc.

**sampling error**
Stichprobenfehler

**sampling, haphazard**
unwissenschaftliche Stichprobenentnahme

**sampling, quota**
Stichprobenentnahme auf Basis

einer bestimmten geographischen, rassischen oder religiösen Gruppe

**sampling, systematic**
Stichprobenerstellung durch Entnahme jedes zehnten oder zwanzigsten Namens aus einer Liste

**sanctions**
Sanktionen

**sanctions, to impose**
Sanktionen verhängen

**sanctions, to lift**
Sanktionen aufheben

**sanctions, to tighten**
Sanktionen verschärfen

**to sanitize**
(*fig*) entschärfen (aus einem Dokument, Protokoll oder einer Rede Stellen herausstreichen, die zu scharf formuliert sind)

**savings and loan institutions**
Banken und Sparkassen

**scandal**
Skandal

**scandal, to expose a**
einen Skandal aufdecken

**scandalmonger**
(*press*) Skandalsüchtige/r

**to schedule**
ansetzen; planen; terminieren; vorsehen

**schedule**
Arbeitspensum; Terminplan; Zeitplan

**to scheme**
im Schilde führen

**scheme**
Plan; Programm; Projekt

**school prayer**
Schulgebet

**Science, Space and Technology Committee**
Ausschuss für Forschung, Weltraum und Technologie (Nonmajor Committee im Repräsentantenhaus)

**scope**
(*of investigation*) Umfang; (*of responsibility*) Kompetenzbereich

**seal**
Siegel

**search and destroy mission**
ein Versuch, abträgliche Informationen über einen Kandidaten zu sammeln, um ihm Schaden zuzufügen

**search and seizure**
(*Const*) Hausdurchsuchungen und Beschlagnahmungen

(der Vierte Verfassungszusatz verbietet „grundlose“ Durchsuchungen und Beschlagnahmungen bei der Beweisaufnahme und bei Verhaftungen; stattdessen ist ein Durchsuchungsbefehl mit dem Zeitpunkt der Durchsuchung und der Adresse des zu durchsuchenden Gebäudes erforderlich)

**search warrant**
(*Jur*) Durchsuchungsbefehl

**seat**
Mandat; Sitz

**seat in Congress**
siehe **congressional seat**

**seat in Congress, to lose a**
ein Mandat im Kongress verlieren

**seat in Congress, to win a**
ein Mandat im Kongress erringen

**seat of government**
Regierungssitz

**seat on a committee**
Ausschusssitz

**seat-warmer**
wörtl.: Platzwärmer
(ein Senator oder Abgeordneter, der von einem Gouverneur dazu bestimmt wurde, einen offenen Posten zu besetzen unter dem Vorbehalt, dass dieser Job nur vorübergehend ist und, dass der Betreffende nicht für eine Wiederwahl kandidieren wird)

**SEC**
siehe **Securities and Exchange Commission**

**to secede from the union**
(*hist*) sich von der Union abspalten
(bezieht sich auf die Südstaaten vor dem Bürgerkrieg)

**secession**
Abspaltung; Sezession

**to second**
(*motion*) formal unterstützen; fördern

**Second Amendment**
(*Const*) Zweiter Verfassungszusatz
(Zusatzartikel zur US-Verfassung von 1791 als Teil des Menschenrechtskatalogs, der Personen das Recht gibt, Waffen zu tragen)

**Second Constitutional Revolution**
siehe **Constitutional Revolution, Second**

**second-degree amendment**
Änderungsvorschlag zu einem Änderungsvorschlag einer Ge-

setzesvorlage; siehe **degrees of amendment**

**second election**
siehe **election, second**

**secondary items**
unwichtige Posten im Haushalt des Pentagons, deren Streichung allerdings Milliarden Dollar einsparen würde

**secret agent**
Geheimagent/in

**secret ballot**
siehe **ballot, secret**

**secret service**
Geheimdienst
(siehe **Secret Service, United States**)

**Secret Service, United States**
die 1860 gegründete Bundesbehörde, die die Einhaltung der US-Gesetze überwacht, die Geldfälscherei verhindern sollen; darüber hinaus bietet diese Behörde Personenschutz für den Präsidenten und Vizepräsidenten

**secretariat**
das Büro eines gesetzgebenden Organs oder einer internationalen Organisation, an deren Spitze ein Generalsekretär steht

**secretary**
Minister/in

**secretary general**
Generalsekretär/in

**Secretary of Agriculture**
Landwirtschaftsminister/in

**Secretary of Commerce**
Wirtschaftsminister/in;
Handelsminister/in

**Secretary of Defense**
Verteidigungsminister/in (Zivilist/in, der/die vom Präsidenten mit Zustimmung des Senats ernannt wird und gleichzeitig Kabinettsmitglied ist)

**Secretary of Education**
Bildungsminister/in

**Secretary of Energy**
Energieminister/in

**Secretary of Health**
Gesundheitsminister/in

**Secretary of Housing**
Bundesbauminister/in

**Secretary of Justice**
Justizminister/in

**Secretary of Labor**
Arbeitsminister/in

**Secretary of State**
Außenminister/in

**secretary of the Air Force**
Abteilungsleiter/in Luftwaffe im Verteidigungsministerium

**secretary of the Army**
Abteilungsleiter/in Heer im Verteidigungsministerium

**Secretary of the Interior**
Innenminister/in

**secretary of the Navy**
Abteilungsleiter/in Marine im Verteidigungsministerium

**Secretary of the Senate**
leitende/r Beamte/Beamtin im Senat
(zu den Aufgaben gehören u.a. die Organisation von Abstimmungen, die Arbeitsüberwachung der Angestellten im Senat, die Ausbildung der Pagen und die Registrierung von Lobbyisten)

**Secretary of the Treasury**
Finanzminister/in

**Secretary of Transportation**
Verkehrsminister/in

**section**
Absatz
(eine Unterteilung einer Gesetzesvorlage oder eines Gesetzes)

**section-by-section**
Absatz für Absatz
(eine Analyse einer Gesetzesvorlage Absatz für Absatz)

**sectional interests**
einzelne Interessen; Partikularinteressen

**sectionalism**
Partikularismus
(der Einfluss kommunaler oder regionaler Loyalität auf die Regierungspolitik)

**sector**
Sektor

**to secure**
1. garantieren; sichern;
2. (*votes*) erhalten

**securities**
(*Fin*) Wertpapiere

**Securities Act of 1933**
Wertpapiergesetz von 1933
(das Gesetz, dass von Gesellschaften, die Wertpapiere anbieten, verlangte, sich bei der **Federal Trade Commission** oder nach 1933 bei der **Securities and Exchange Commission** registrieren zu lassen und alle Daten offen zu legen)

**Securities and Exchange Commission**
Börsenaufsichtskommission
(die Aufsichtskommission auf Bundesebene, die 1934 auf Basis des **Securities Act of 1933** gegründet wurde und die die Aktien- und Finanzmärkte der USA überwacht)

**security**
Sicherheit

**security adviser**
Sicherheitsberater/in

**security clearance**
die Festlegung, dass eine einzelne Person berechtigt ist, Geheimsachen einsehen zu können

**Security Council (UN)**
UNO Sicherheitsrat

**security measures**
Sicherheitsmaßnahmen; Sicherheitsvorkehrungen

**security risk**
Sicherheitsrisiko

**sedition**
Aufruhr; Aufwiegelung

**seditious**
aufrührerisch; staatsgefährdend

**seed money**
Geld, das in einen politischen Wahlkampf fließt, bevor dieser beginnt

**segment**
Abschnitt; Bereich; Segment; Teil

**to segregate**
segregieren; trennen

**segregation, de facto**
Rassentrennung aufgrund von sozialen oder wirtschaftlichen Bedingungen

**segregation, de jure**
Rassentrennung von Rechts wegen

**segregation, racial**
Rassentrennung

**to select**
auswählen

**select committee**
siehe **committee, select**

**select committee on committees**
siehe **committee on committees, select**

**Select Committees on Aging and Intelligence**
Sonderausschüsse für Altern und Intelligenz
(„B" Committee im Senat)

**selection**
Auswahl; Wahl

**selective service**
das Rekrutierungssystem, mit dessen Hilfe die Bundesregierung Männer zum Wehrdienst einzieht

**self-determination, right to**
Selbstbestimmungsrecht

**self-financing candidate**
ein Kandidat, der seinen Wahlkampf selbst finanziert

**self-incrimination**
(*Const*) Selbstbelastung
(der Fünfter Verfassungszusatz besagt, dass niemand in einem Strafverfahren gegen sich selbst aussagen muss)

**Senate**
Senat
(eine der zwei legislativen Kammern des US-Kongresses, die sich aus 100 Senatoren zusammensetzt, zwei aus jedem der 50 Bundesstaaten; ein Drittel der Senatoren stellt sich alle zwei Jahre zur Wiederwahl; vor dem Siebzehnten Verfassungszusatz aus dem Jahr 1913 wurden die Senatoren ernannt, heute werden sie jedoch vom Volk gewählt; der Senat teilt sich sehr viele Befugnisse mit der Exekutive, denn er besitzt die Macht, Abkommen zu ratifizieren und Ernennungen durch den Präsidenten zu bestätigen)

**Senate, to win a majority in the**
eine Mehrheit im Senat gewinnen

**Senate approval**
Senatszustimmung

**Senate chamber**
Sitzungssaal des Senats

**Senate elections**
Senatswahlen

**Senate, elections to the**
siehe **Senate elections**

**Senate Finance Committee**
siehe **Finance Committee**

**Senate Manual**
das Handbuch der Senatsvorschriften und -gesetze, das von Kongress zu Kongress fortlaufend geführt wird

**Senate Procedure**
siehe **Riddick's Senate Procedure**

**Senate race**
siehe **Senate elections**

**Senate seat**
Senatssitz

**senator**
Senator/in

**senator, junior**
1. der zuletzt gewählte Senator eines Bundesstaates;
2. (*derog*) siehe **administrative assistant**

**senator, senior**
siehe **senior senator**

**senatorial**
des Senators/der Senatorin

**senatorial courtesy**
die Sitte, keinen Nominierungen des Präsidenten für Richter- oder andere wichtige Beamtenposten im Senat zuzustimmen, bis die Senatoren des Bundesstaates, aus denen die Nominierten stammen, ihre Zustimmung gegeben haben

**senators, classes of**
die 33 oder 34 Senatoren, die gleichzeitig für eine Dauer von sechs Jahren gewählt werden

**senior member**
Mitglied mit hohem Dienstalter

**senior member of Congress**
Kongressmitglied mit hohem Dienstalter

**senior official**
siehe **top official**

**senior senator**
Senator/in mit hohem Dienstalter

**seniority**
Anciennität; höherer Rang; höheres Dienstalter

**seniority, loss of**
eine Strafe, mit der ein Kongressmitglied seinen Vorsitz in einem Ausschuss verliert

**seniority rule**
Anciennitätsprinzip

**seniority system**
die Tradition im Kongress, dienstälteren Mitgliedern bestimmte Privilegien zu gewähren, wie z.B. den Vorsitz in wichtigen Ausschüssen

**to sentence**
(*Jur*) das Strafmaß festsetzen; die Strafe verhängen; verurteilen

**sentence**
(*Jur*) Strafe; Strafmaß; Urteil

**sentence, indeterminate**
(*Jur*) Freiheitsstrafe von unbestimmter Strafdauer (es werden nur die Unter- und Obergrenzen durch das Gericht festgelegt)

**sentences, concurrent**
(*Jur*) zu einer Gesamtstrafe zusammengefasste Einzelstrafen

**separability clause**
siehe **severability clause**

**separate but equal**
(*hist*) Prinzip der Rassentrennung, das getrennte, aber gleichwertige Einrichtungen für Schwarze und Weiße vorsah; (Entscheidung des Obersten Gerichtshofes 1896, *Plessy v Ferguson*)

**separation of church and state**
(*Const*) Trennung von Kirche und Staat
(gestützt durch den Ersten Verfassungszusatz, der die Verabschiedung jedes Gesetzes verbietet, auf dessen Basis eine Staatsreligion eingerichtet werden soll)

**separation of powers**
Gewaltenteilung
(das Prinzip, demzufolge die Exekutive, Legislative und Judikative ihre getrennten Rollen und Pflichten beibehalten)

**sequential referral**
siehe **referral, sequential**

**to sequester**
(*Jur*) Geschworene abkapseln

**sequestration**
1. der Prozess der Streichung finanzieller Mittel für Projekte, um innerhalb der gesetzlich festgelegten Haushaltsgrenzen zu bleiben;
2. (*Jur*) der Prozess, der verhindert, dass Geschworene mit Außenstehenden reden

**sergeant-at-arms**
Exekutivbeamter/-beamtin im Kongress
(für die Herstellung von Ordnung zuständig)

**serial bond**
siehe **bond, serial**

**to serve for life**
siehe **tenure, to have lifetime**

**service**
Dienst

**service, to be in the**
(*mil*) beim Militär sein

**service fees**
Benutzergebühren, die nicht durch die allgemeine Besteuerung bezahlt werden, z.B. die Eintrittsgebühren für Nationalparks

**session**
1. Legislaturperiode;
2. Sitzung;
3. Sitzungsperiode

**session, biennial**
zweijährliche Sitzung
(eine regelmäßig alle zwei Jahre in den meisten Bundesstaaten stattfindende Sitzung der Legislative; ursprünglich wurde sie als ein Mittel des Geldsparens angesehen)

**session, closed**
siehe **executive session 2**

**session, dugout**
eine 15-minütige Pressekonferenz des Mehrheitsführers des Senats mit Reportern, um die Tagesordnung zu diskutieren

**session, joint**
gemeinsame Sitzung beider Häuser des Kongresses
(diese Sitzung findet immer im Repräsentantenhaus statt und wird dann einberufen, wenn der Präsident seine Rede zur Lage der Nation gibt, um eine Kriegserklärung ersucht oder die Wahlmännerstimmen in einer Präsidentschaftswahl gezählt werden müssen)

**session of Congress**
siehe **Congress, session of**

**session, secret**
siehe **executive session 2**

**session, special**
Sondersitzung
(die Sitzung einer Legislative, die für einen bestimmten Zweck vom Präsidenten oder von einem bundesstaatlichen Gouverneur einberufen wird)

**to set aside a decision**
die Entscheidung einer unteren Instanz durch die Entscheidung einer höheren Instanz aufheben

**to set off**
(*violence, war*) auslösen

**setback**
Rückschlag

**settlement**
1. (*Jur*) Abfindung;
2. Siedlung

**Seventeenth Amendment**
(*Const*) Siebzehnter Verfassungszusatz
(ein 1913 angenommener Zusatzartikel zur US-Verfassung, der die Direktwahl der US-Senatoren durch die Wähler jedes Bundesstaat vorschreibt)

**Seventh Amendment**
(*Const*) Siebter Verfassungszusatz
(Zusatzartikel zur US-Verfassung von 1791 als Teil des Menschenrechtskatalogs, der einzelnen Bürgern das Recht auf ein Gerichtsverfahren in Fällen des Gewohnheitsrechts garantiert)

**severability clause**
Klausel, die besagt, dass, wenn irgendein Teil eines Gesetzes durch die Gerichte als ungültig erklärt wird, die verbleibende Teile ihre Gültigkeit behalten

**severance pay**
Entlassungsabfindung

**severance tax**
siehe **tax, severance**

**sewer money**
siehe **soft money 1**

**sex discrimination**
Geschlechtsdiskriminierung
(Diskriminierung in einem Arbeitsverhältnis aufgrund des Geschlechts)

**sexual assault**
sexuelle Nötigung; Vergewaltigung

**sexual harassment**
sexuelle Belästigung

**shadow chairperson**
ein ranghohes Ausschussmitglied, das der Oppositionspartei angehört und die Befugnis besitzt, Personal einzustellen und Entscheidungen zu beeinflussen

**shadow government**
die Oppositionspartei

**shadow members**
die drei Kongressmitglieder (zwei Senatoren und ein Abgeordneter) aus Washington D.C., die im Falle, dass Washington zu einem Bundesstaat erklärt werden würde, diesen im Kongress repräsentieren würden

**shadow representative**
der Abgeordnete aus Washington D.C., der keine Rechte und Pflichten eines Abgeordneten hat, da Washington kein Bundesstaat ist

**shadow senators**
die beiden Senatoren aus Washington D.C., die keine Rechte und Pflichten eines Senators haben, da Washington kein Bundesstaat ist

**shaped by, to be**
geformt sein; geprägt sein

**share index**
(*Fin*) Aktienindex

**share price**
(*Fin*) Aktienkurs

**shareholder**
(*Fin*) Aktionär/in

**shared revenue**
siehe **revenue sharing**

**shares**
(*Fin*) Aktien; Anteile; Fondsanteile

**to shelve**
(*plan*) ad acta legen; auf Eis legen;
(*problem*) aufschieben;
(*bill*) zurückstellen

**shield laws**
1. Gesetze, die Opfer oder Zeugen von der Aussagepflicht vor Gericht schützen;
2. Gesetze, die es Reportern ermöglichen, die Vertraulichkeit ihrer Quellen zu schützen

**shift**
(*opinion, policy*) Umschwung; Wandel;
(*emphasis*) Verlagerung

**shifters**
Wähler, die ihre Unterstützung einer Partei oder eines Kandi-

daten während eines Wahlkampfes wechseln

**shock ad**
politischer Werbespot, der darauf abzielt, dem Ansehen des Gegenkandidaten zu schaden

**shoestring district**
siehe **district, shoestring**

**short ballot**
siehe **ballot, short**

**short count**
Wahlbetrug, bei dem die Wahlbeamten die Stimmen bewusst falsch zählen

**short quorum**
siehe **quorum, short**

**short-term**
kurzfristig

**short-term basis, on a**
siehe **short-term**

**short-term forces**
Einflüsse auf das Wahlverhalten, die nur von kurzer Dauer sind (nur ein einziger Wahlzyklus)

**short title**
ein kurzer, beschreibender Titel unter der Einführungsformel eines Gesetzes

**shortfall**
siehe **revenue shortfall**

**show boat**
ein/e angeberische/r Gesetzgeber/in

**showing**
siehe **election turnout**

**shuttle diplomacy**
Pendeldiplomatie (diplomatische Verhandlungen zwischen feindlichen Ländern oder Gruppen, die von einem Vermittler, der zwischen den beteiligten Parteien hin- und herreist, geführt werden)

**side-by-side**
ein Dokument, das die Versionen einer Gesetzesvorlage beider Häuser des Kongresses nebeneinander aufführt, um sie im Vermittlungsausschuss gleichzeitig beraten zu können

**sidekick**
Berater/in; Mitarbeiter/in

**siege, to be under**
(*mil*) belagert werden

**to sign**
(*treaty*) unterzeichnen

**signatory**
(*of treaty*) Unterzeichner/in

**signing**
(*of treaty*) Unterzeichnung

**silent majority**
schweigende Mehrheit
(die große Gruppe der Amerikaner, die weder wählen, noch politisch interessiert sind)

**silk stocking district**
siehe **district, silk stocking**

**simple conference**
siehe **conference, simple**

**simple majority**
siehe **majority, simple**

**simple resolution**
siehe **resolution, simple**

**sine die**
siehe **adjournment sine die**

**single-handedly**
im Alleingang; ohne Hilfe

**single-issue politics**
Situationen, in denen politische Unterstützung von einzelnen Themen abhängt, z.B. Abtreibung, Umwelt etc.

**single-member district**
siehe **district, single-member**

**sit-in**
Sitzstreik

**sitting**
amtierend; im Amt sein

**sitting president**
siehe **president, sitting**

**Sixteenth Amendment**
(*Const*) Sechzehnter Verfassungszusatz
(ein 1913 angenommener Zusatzartikel zur US-Verfassung, der dem Kongress die Befugnis erteilt, Einkommenssteuer zu erheben, ohne diese entsprechend der Bevölkerungszahl der einzelnen Bundesstaaten anteilmäßig festzulegen; vor diesem Verfassungszusatz erhob der Kongress Einkommenssteuer nur entsprechend der Bevölkerungszahl der Bundesstaaten gemäß Artikel 1, Absatz 9 der US-Verfassung)

**Sixth Amendment**
(*Const*) Sechster Verfassungszusatz
(Zusatzartikel zur US-Verfassung von 1791 als Teil des Menschenrechtskatalogs, der einzelnen Bürgern bestimmte Rechte in Strafverfahren garantiert; dazu gehören das Recht auf ein schnelles und öffentliches Gerichtsverfahren, eine unparteiische Jury, ein Gerichtsverfahren in der Region, in der das Verbrechen begangen wurde, die Mitteilung der Anklagepunkte, das Recht Zeugen zu befragen, die Beschaffung von Entlastungszeugen und das Recht auf Beratung)

**to slander**
beleidigen; verleumden

**slander**
(mündliche) Verleumdung; üble Nachrede

**slanderous campaign**
Verleumdungskampagne

**to slate**
(*candidate*) auf eine Liste setzen; aufstellen

**slate**
siehe **ticket**

**slate card**
eine handgroße Karte, mit den Namen und Orten der Kandidaten einer Partei, die am Wahltag als Service an die Wähler abgegeben wird

**sleeper bill**
siehe **bill, sleeper**

**slip law**
siehe **law, slip**

**slush fund**
Bestechungsgelder; Schmiergelder

**Small Business Committee**
Ausschuss für Kleinunternehmen
(„B“ Committee im Senat und Nonmajor Committee im Repräsentantenhaus)

**small claims court**
siehe **court, small claims**

**smoke and mirrors**
(*fig*) Schein und Trug
(Bezeichnung im Kongress für alles, was trügerisch oder irreführend ist)

**smoke-filled room**
(*fig*) Rauchsalon
(ein Ort, an dem geheime oder unethische Absprachen stattfinden)

**smoking gun**
(*fig*) unwiderlegbare Beweise für einen Skandal oder ein Verbrechen, so wie eine noch rauchende Waffe, nachdem mit ihr geschossen wurde

**snake oil**
(*derog*) verzerrte oder in die Irre führende Information
(„Schlangenöl“ wurde von Quacksalbern als vermeintliches Heilmittel verkauft)

**snakecheck**
die abschließende Durchsicht einer politischen Rede, um sicherzustellen, dass sie nichts Unpassendes enthält; das Wort stammt aus dem Camping, wo man sicherstellt, dass sich keine Schlangen im Zelt befinden

**snowbelt states**
wörtl.: Schneegürtelstaaten
(Bundesstaaten im Nordosten und mittleren Westen)

**social background**
sozialer Hintergrund

**social democracy**
Sozialdemokratie
(die Demokratisierung aller sozialen Institutionen im Gegensatz zur alleinigen Demokratisierung der Regierungsinstitutionen)

**social indicators**
Parameter zur Bestimmung des sozialen Milieus, z.B. Einkommen, Gesundheit etc.

**social insurance**
alle Leistungen, die der Staat seinen Bürgern zur Verfügung stellt

**social patronage**
siehe **patronage, social**

**social policy**
Sozialpolitik

**social programs**
Sozialprogramme

**social programs, to cut**
Sozialprogramme kürzen

**social responsibility of business**
die Annahme, dass Unternehmen die moralische und ethische Pflicht haben, zum Wohlergehen der Gesellschaft beizutragen

**social safety net**
siehe **safety net**

**social security**
Sozialversicherung

**Social Security Act**
Sozialversicherungsgesetz

**Social Security Administration**
Sozialversicherungsbehörde
(die Behörde des Gesundheitsministeriums, die das Sozialversicherungsprogramm verwaltet)

**social security benefits**
Leistungen aus Sozialversicherung

**social security contributions**
Sozialversicherungsbeiträge

**social security recipient**
Sozialversicherungsempfänger/in

**social security system**
Sozialversicherungssystem

**Social Security Trust Fund**
der imaginäre Topf, in den Geld für die Sozialversicherung eingezahlt wird; in Wirklichkeit wird das Geld verwandt, um die Gesamthaushaltsschulden zu reduzieren

**social worker**
Sozialarbeiter/in

**socialism**
Sozialismus

**socialism, creeping**
das allmähliche Vordringen von Sozialprogrammen in die Regierungspolitik und in die Regierungsinstitutionen

**socialized medicine**
gesetzliche Krankenkasse

**sociological representation**
siehe **representation, sociological**

**soft landing**
wörtl.: weiche Landung (ein guter Job im Anschluss an eine Kongresskarriere, mit gutem Einkommen, Vorteilen und Macht)

**soft money**
1. Spenden an die Parteien, nicht an die Präsidentschaftskandidaten, die dadurch nicht den gesetzlichen Beschränkungen von Wahlkampfspenden unterliegen, aber häufig für Wahlkampfzwecke missbraucht werden; vgl. **hard money**;
2. Geld, das in ein Programm fließt, das sporadisch finanziert wird statt durch regelmäßige Jahreszahlungen

**soft policing**
siehe **policing, soft**

**soft vote**
siehe **vote, soft**

**softball**
eine leichte Frage, die ein erfahrener Politiker problemlos beantworten kann

**solicitor**
Justizbeamter/Justizbeamtin

**Solicitor General**
der ranghöchste Beamter im Justizministerium, der die Bundesregierung vor dem Obersten Gerichtshof und anderen Gerichten als Staatsanwalt vertritt

**Solicitor General of the United States**
siehe **Solicitor General**

**sophomore**
ein Kongressmitglied in seiner zweiten Amtszeit

**sovereign**
Herrscher; Oberhoheit

**sovereign immunity**
siehe **immunity, sovereign**

**sovereignty**
Oberherrschaft; Oberhoheit; Souveränität

**sovereignty, consumer**
siehe **consumer sovereignty**

**sovereignty, dual**
siehe **federalism, dual**

**sovereignty, popular**
die Annahme in der amerikanischen Politik, dass die Macht dem Volk gehört

**sovereignty, squatter**
(*hist*) das Recht jedes Bundesstaates, der der Union vor dem Bürgerkrieg beigetreten war, zu entscheiden, ob er die Sklaverei erlaubte oder nicht

**Speaker**
siehe **Speaker of the House**

**Speaker of the House**
Sprecher/in des Repräsentantenhauses
(der vorsitzende Beamte des Repräsentantenhauses, der von den Abgeordneten gemäß Artikel I, Absatz 2 der US-Verfassung gewählt wird; der Sprecher ernennt alle Sonderausschüsse und Vermittlungsausschüsse, hat die Befugnis, den Abgeordneten die Redeerlaubnis zu erteilen, entscheidet über viele wichtige Vorschriften im Repräsentantenhaus und stimmt im Falle einer Stimmengleichheit ab; zusammen mit dem Vorsitzenden der Regierungspartei bestimmt er die Parteipolitik)

**Speaker Pro Tempore**
der zeitweilige Vertreter des Sprecher des Repräsentantenhauses; er wird entweder vom Sprecher des Repräsentantenhauses ernannt oder er wird von den Abgeordneten des Repräsentantenhauses gewählt

**Speaker, White House**
siehe **White House Speaker**

**speakers list**
siehe **list of speakers**

**Speaker's vote**
die Stimme des Sprechers des Repräsentantenhauses, die zwar nicht erforderlich ist, die er jedoch abgibt, um ein Unentschieden herzustellen oder aufzulösen oder um sein besonderes Interesse in einer Angelegenheit deutlich zu machen

**to spearhead something**
etw. anführen

**special committee**
siehe **committee, select**

**special correspondent**
Sonderberichterstatter/in

**special district**
siehe **district, special**

**special election**
siehe **election, special**

**special envoy**
Sonderbeauftragte/r

**special events**
Wahlkampfveranstaltungen, bei denen es sowohl darum

geht, Wählerstimmen zu gewinnen als auch finanzielle Mittel aufzutreiben

**special federal voter**
ein Briefwähler, der in einer Wahl für den Präsidenten, einen Senator oder einen Abgeordneten des Repräsentantenhauses abstimmt

**special function**
besonderer Anlass
(ein Empfang oder eine Feierlichkeit im Kongress)

**special interest caucuses**
siehe **legislative service organizations**

**special interests**
Sonderinteressen
(Interessen von Lobbyisten, die Gesetzgebung durch Wahlkampfspenden und politischen Druck zu beeinflussen)

**special order**
eine zeitweilige Regelung oder Direktive

**special order of business**
alle Geschäfte im Repräsentantenhaus, die die normalen Tagesgeschäfte ersetzen

**special order speech**
eine zeitweilige Vorschrift, die jedem Mitglied gestattet, sich an seine Kammer zu wenden und jede Angelegenheit anzusprechen, wenn diese Kammer im Moment die Tagesgeschäfte nicht bespricht

**special prosecutor**
Sonderstaatsanwalt
(ein Anwalt, der mit der Untersuchung der Beweislast in einem Verfahren beauftragt wird, weil der eigentlich zuständige Anwalt sich in einem möglichen Interessenkonflikt befindet)

**special session**
siehe **session, special**

**speech, to deliver a**
eine Rede halten

**speech and debate clause**
siehe **congressional immunity**

**speech, freedom of**
siehe **freedom of speech**

**speedy trial**
(*Const*) Forderung des Sechsten Verfassungszusatzes, dass Strafverfahren ohne unnötige Verzögerung durchgeführt werden müssen

**spellbinder**
eine Rede oder ein Politiker, die/der die Aufmerksamkeit der Zuhörer fesselt

**spending**
Ausgaben

**spending, to curtail**
siehe **spending, to cut**

**spending, to cut**
Ausgaben kürzen; Etat kürzen

**spending, to increase**
Ausgaben erhöhen;
Etat erhöhen

**spending, to reduce**
Ausgaben reduzieren;
Etat kürzen

**spending cuts**
Ausgabenkürzungen;
Etatkürzungen

**spending, hurry-up**
die Ausgabe zugeteilter Gelder vor Ende eines Steuerjahres

**spending increase**
Ausgabenerhöhung;
Etaterhöhung

**spending reduction**
siehe **spending cuts**

**spending limit**
Ausgabenbeschränkung

**to spin out**
in die Länge ziehen

**to spin out of control**
außer Kontrolle geraten

**spin control**
Kontrolle der Medien
(Versuche einer Regierung oder eines Politikers, die Medien dahingehend zu beeinflussen, dass sie Skandale oder peinliche, politisch schädigende Enthüllungen vertuschen oder zumindest herunterspielen)

**spin doctor**
eine Person, die Schadensbegrenzung in den Medien übt

**spin, political**
politische Perspektive;
politische Version

**spin, the White House**
die offizielle Version des Weißen Hauses

**spinner**
eine Person, die versucht, ihre politische Perspektive an die Medien weiterzugeben

**splinter party**
siehe **party, splinter**

**to split one's ticket**
panaschieren
(eine Stimme auf verschiedene Parteien verteilen)

**split referral**
siehe **referral, split**

**split-ticket voting**
siehe **ticket splitting**

**spoiler**
wörtl.: Verderber
(ein Kandidat für ein öffentliches Amt, der den Wahlkampf weiterführt, obwohl er keine Siegeschance hat, sondern nur die Chancen seiner Gegner verringert)

**spoils system**
Vergabe von Regierungsämtern nach Parteibuch, nicht nach Verdienst

**spokesman**
Sprecher

**spokesperson**
Sprecher/in

**spokeswoman**
Sprecherin

**to sponsor**
befürworten; fördern; sponsern; unterstützen

**sponsor**
Befürworter/in; Förderer/Förderin; Sponsor/in; Spender/in; Verfechter/in

**sponsorship**
Finanzierung; Förderung; Unterstützung

**spots**
politische Werbesendungen im Fernsehen oder Radio

**to spy**
spionieren

**spy-ring**
Spionagering

**squatter sovereignty**
siehe **sovereignty, squatter**

**to squeeze money out of someone**
Geld aus jdm. herausquetschen

**SSI**
siehe **Supplemental Security Income**

**stacking**
die Taktik, bei der Neueinteilung von Bezirken eine kleine politische Gruppe oder eine soziale Minderheit mit einer größeren gegnerischen Gruppe zu kombinieren, um den Einfluss der kleineren Gruppe zu vermindern

**to staff out**
der Prozess, sich mehrere Ansichten zu einem Thema anzuhören, sodass eine sinnvolle Entscheidung getroffen werden kann

**staff**
Mitarbeiter/in; Personal

**staff, to hire**
Personal einstellen

**staff director**
der Assistent oder persönliche Referent eines Ausschussvorsitzenden

**staff, paid**
Wahlkampfhelfer, die im Gegensatz zu Freiwilligen ein Gehalt bekommen

**staff, personal**
Mitarbeiter, die im Wahlbezirk eines Gesetzgebers arbeiten

**staffer**
ständige/r Mitarbeiter/in (Person, die einen politischen Mitarbeiterstab angehört)

**staffing process**
das Verfahren, innerhalb dessen Reden und Stellungnahmen des Präsidenten von 30 bis 50 Angestellten von Bundesbehörden redigiert und korrigiert werden

**stagflation**
hohe Arbeitslosigkeit und Inflation zur gleichen Zeit

**staggered term in office**
gestaffelte Amtszeit
(der Begriff bezeichnet die Amtszeit der Senatoren, die sechs Jahre beträgt, wobei jeweils 1/3 der Senatoren alle zwei Jahre neu gewählt wird)

**to stake out**
1. einen frühen Standpunkt zu einem Thema einnehmen oder einen frühen Anspruch auf eine Ausschussmitgliedschaft erheben;
2. als Journalist stundenlang bei einer nichtöffentlichen Sitzung warten, um herauszufinden, was bei der Sitzung herausgekommen ist

**stake, to be at**
auf dem Spiel stehen

**stalemate**
(*fig*) Pattsituation

**stalking-horse**
(*fig*) Strohmann
(ein Politiker, der vorgibt, für eine Wahl anzutreten, um dem eigentlichen Kandidaten Zeit zu geben, seine Kandidatur vorzubereiten)

**stall**
siehe **delaying tactics**

**stalwart**
(getreue/r) Anhänger/in

**stance**
Einstellung; Standpunkt

**stand**
siehe **stance**

**stand, to take the**
(*Jur*) in den Zeugenstand treten

**standard**
Maßstab; Norm; Standard

**standard procedure, to be**
Vorschrift sein

**standards, to establish**
Maßstäbe setzen; Standards setzen

**standards, to meet**
den Anforderungen genügen

**standing**
1. (*Jur*) Klagebefugnis; Prozessführungsrecht
(das Recht einer Person, rechtliche Schritte einzuleiten, wenn sie direkten Schaden erlitten hat);
2. etwas, das von Dauer ist, wie z.B. ein ständiger Ausschuss)

**standing, to be in good**
gute Beziehungen haben

**standing committee**
siehe **committee, standing**

**standing order**
eine Vorschrift im Repräsentantenhaus und Senat, die die Wirkung einer Regel hat, ohne jedoch Teil der offiziellen Regeln dieser Kammer zu sein; vgl. **standing rules**

**standing rules**
Geschäftsordnung
(die Regeln des Repräsentantenhauses und des Senats, die im **Senate Manual** unter dem Titel „Standing Rules of the Senate“ und im **House Manual** unter dem Titel „Rules of the House of Representatives, with Notes and Annotations“ publiziert sind)

**standing vote**
siehe **vote, standing**

**standpatter**
1. stramme/r Konservative/r;
2. ein Wähler, der bei zwei oder mehreren hintereinander folgenden Wahlen für den Kandidaten derselben Partei stimmt

**star print**
ein Neudruck einer Gesetzesvorlage, einer Resolution, eines Änderungsantrags zu einer Gesetzesvorlage oder eines Ausschussberichts, in dem die technischen Fehler der letzten Druckversion korrigiert werden; diese Version wird so genannt aufgrund des kleinen schwarzen „Sterns“ auf der Titelseite

**Star-Spangled Banner**
Sternenbanner
(1. Nationalhymne;
2. Fahne der Vereinigten Staaten)

**stare decisis**
(*Jur*) „die Entscheidung stehen lassen“
(die Praxis, Gerichtsentscheidungen entsprechend ähnlichen, früheren Fällen zu treffen)

**stars and stripes**
die Fahne der Vereinigten Staaten

**state**
1. Bundesstaat;
2. Staat;
3. staatlich

**state, to carry a**
alle Wahlmänner in einem Bundesstaat bei einer Präsidentschaftswahl gewinnen

**state, to lay in**
(als verstorbener Präsident oder hoher Beamter) öffentlich aufgebahrt sein

**state aid**
finanzielle Mittel, die an den Kommunalregierungen von den Bundesstaaten als **grants-in-aid** oder **revenue sharing** gewährt werden

**state auditor**
der Rechnungsprüfer auf bundesstaatlicher Ebene, der entweder gewählt oder vom Gouverneur ernannt wird

**state authority**
Staatsgewalt

**state central committee**
siehe **state committee**

**state chairman**
siehe **state chairperson**

**state chairperson**
der Vorsitzende einer **state committee**, der als Chefberater des Gouverneurs in politischen Fragen fungiert und der bestimmt, wer sich um ein Amt bewirbt und wie die Parteigelder ausgegeben werden

**state chairwoman**
siehe **state chairperson**

**state committee**
der regierende Ausschuss einer politischen Partei in einem einzelnen Bundesstaat; parteiorganisatorisch ist dieser Ausschuss zwischen dem **county committee** und dem **national committee** angeordnet

**state committeeman/ committeewoman**
ein Mitglied eines **state committee**

**state constitution**
siehe **constitution, state**

**state constitutional amendment**
siehe **constitutional amendment, state**

**state convention**
ein Parteitag auf bundesstaatlicher Ebene; vgl. **national convention**

**state delegates**
Delegierte aus den einzelnen

Bundesstaaten, die bei dem Nominierungsparteitag den Präsidentschaftskandidaten wählen

**state delegation**
Delegiertenversammlung eines Bundesstaates

**State Department**
siehe **Department of State**

**State Department, little**
die außenpolitischen Berater des Präsidenten, die zum Mitarbeiterstab des Weißen Hauses gehören

**State, Department of**
siehe **Department of State**

**state government**
siehe **government, state**

**state income tax**
Einkommensteuer auf bundesstaatlicher Ebene

**state law**
siehe **law, state**

**state legislative district**
Wahlbezirk einer bundesstaatlichen Legislative

**state legislative district lines**
die Grenzen der Wahlbezirke einer bundesstaatlichen Legislative

**state legislative seat**
ein Mandat in einer bundesstaatlichen Legislative

**state legislature**
bundesstaatliche Legislative

**state level**
siehe **level, state**

**state of emergency**
Ausnahmezustand; Notstand

**state of emergency, to declare a**
den Ausnahmezustand verhängen

**state of emergency, to lift a**
den Ausnahmezustand aufheben

**state of the union message**
Rede zur Lage der Nation (jährliche Botschaft des Präsidenten vor beiden Häusern des Kongresses, in der der Präsident gemäß Artikel II, Absatz 3 der US-Verfassung sein Legislativprogramm vorstellt)

**state of the world message**
Rede zur Lage der Welt (die jährliche Rede des Präsidenten, in der er über die Rolle, die die USA in der Weltpolitik spielen sollte, spricht)

**state-owned**
siehe **government-owned**

**state party convention**
siehe **state convention**

**state-run**
staatlich

**state secret**
Staatsgeheimnis

**State, Secretary of**
siehe **Secretary of State**

**state visit**
Staatsbesuch

**statecraft**
die Kunst und Wissenschaft des Regierens, der Führung und der Politik

**statehood, to achieve**
den Status eines selbständigen Bundesstaates erreichen

**statehouse**
Kongressgebäude
(in der Hauptstadt eines Bundesstaates)

**stateless**
staatenlos

**stateless person**
Staatenloser

**statelessness**
Staatenlosigkeit

**statement**
Aussage; Erklärung; Stellungnahme

**statement, to make a**
(*Jur*) aussagen

**statement, to refuse to make a**
(*Jur*) die Aussage verweigern

**statement, official**
offizielle Erklärung

**statement of the managers**
siehe **explanatory statement**

**state's attorney**
1. der Justizminister eines Bundesstaates;
2. der Staatsanwalt, der einen Bundesstaat in einem Strafverfahren vertritt

**states, powers reserved to the**
(*Const*) Befugnisse der Bundesstaaten

**states' rights**
Rechte der Bundesstaaten

**statesman**
Staatsmann

**stateswoman**
Staatsfrau

**statewide**
im ganzen Bundesstaat

**to station**
(*troops*) stationieren

**station, leaving the**
Bezeichnung für eine Gesetzes-

vorlage, die kurz vor ihrer Verabschiedung steht

**stationing**
(*of troops*) Stationierung

**statism**
der Glaube an die Souveränität der einzelnen Bundesstaaten

**Statue of Freedom**
die Bronzestatue auf der Kuppel des Kapitols, die eine weibliche Person darstellt, die in der einen Hand einen Kranz und in der anderen ein Schwert in der Scheide hält

**status quo**
ein Begriff aus der internationalen Politik, der die existierende Machtverteilung in der Welt beschreibt

**statute**
Gesetz; Statut
(aus dem schriftlich niedergelegten oder kodifizierten Recht wie **civil law**, **criminal law** und **public law**)

**statute, to overturn a**
ein Gesetz kippen

**statute, long-arm**
ein Gesetz, das den Gerichten in einem Bundesstaat erlaubt, Anspruch auf die Gerichtsbarkeit in der Angelegenheit eines anderen Bundesstaates zu erheben

**statute of limitations**
Verjährungsgesetz

**statute of limitations, to become subject to the**
verjähren

**statute of limitations, to fall under the**
siehe **statute of limitations, to become subject to the**

**statute, organic**
ein Gesetz, das ein Behörde erlässt

**statutes at large**
eine chronologisch publizierte Liste der von einer bestimmten Legislatur (z.B. dem Kongress) erlassenen Gesetze

**statutory**
gesetzlich; gesetzlich festgelegt; gesetzlich vorgeschrieben

**statutory basis**
rechtliche Basis

**statutory law**
siehe **law, statutory**

**statutory offense**
ein Verbrechen, das gegen das kodifizierte Recht statt gegen das Gewohnheitsrecht verstößt

**statutory limitation**
Verjährung

**statutory rules**
die Verfahrensregeln des Repräsentantenhauses und des Senats, die vom Gesetz vorgeschrieben sind

**steamroller tactic**
(*fig*) Holzhammermethode (z.B. um ein Gesetz durch den Kongress zu peitschen)

**steering committee**
siehe **committee, steering**

**stem-winder**
eine eindrucksvolle Rede, die die Zuhörer fesselt

**to step down**
(*from office*) das Amt niederlegen; zurücktreten

**stewardship**
Verwaltung

**stewardship theory**
eine Theorie, die besagt, dass der Präsident das Recht und die Pflicht hat, die Nation und das amerikanische Volk zu beschützen, es sei denn, es ist durch die US-Verfassung verboten)

**to stipulate**
festlegen; fordern; sich ausbedingen; verlangen; zur Auflage machen

**stipulation**
Auflage; Ausbedingung; Bedingung; Forderung

**stock broker**
Aktienhändler/in; Börsenmakler/in

**stock exchange**
Börse

**stock market**
Börse(nmarkt)

**stock speech**
siehe **stump speech**

**stock trading**
Aktienhandel

**stockholder**
Aktionär/in

**stocks**
Aktien

**storefront**
innerstädtische oder lokale Wahlkampfbüros, die sehr gut erkennbar sind, um die öffentliche Aufmerksamkeit zu erregen

**straight party vote**
siehe **voting, straight-ticket**

**straight-ticket voting**
siehe **voting, straight-ticket**

**to strain**
(*relations*) belasten

**strain**
(*on relations*) Belastung

**strategic voting**
siehe **voting, strategic**

**strategist**
Stratege/Strategin

**straw vote**
siehe **vote, straw**

**straw vote prohibition**
siehe **vote prohibition, straw**

**street-level bureaucrats**
Bezeichnung für Beamte, die den Bürgern am nächsten stehen, wie z.B. Polizisten, Sozialarbeiter oder Lehrer

**street lists**
eine Liste von Wählern, die den Namen, die Adresse, die Parteimitgliedschaft und die Telefonnummer jeder einzelnen Person enthält

**street money**
Bargeld, das freiwilligen Wahlhelfern am Wahltag gegeben wird, um sie für ihre Unkosten, z.B. Ausgaben für Benzin, um Wähler zum Wahllokal zu fahren, oder für den Druck von Stimmzetteln etc. zu entschädigen; dieses Geld ist auch schon eingesetzt worden, um Wählerstimmen zu kaufen

**stretch race**
siehe **horse race**

**strict constructionist**
siehe **approach, strict-constructionist**

**to strike**
streiken

**to strike from the Record**
eine beleidigende oder kontroverse Bemerkung aus dem **Congressional Record** streichen lassen

**to strike out**
einen Textteil aus einer Gesetzesvorlage, einem Abkommen etc. streichen

**to strike the last word**
siehe **pro forma amendment**

**strike**
Streik

**strike, to be on**
siehe **to strike**

**strike, to call a**
einen Streik ausrufen

**strike, to go on**
siehe **to strike**

**to stump**
herumreisen und Wahlreden halten

**stump**
der Ort, an dem eine **stump speech** gehalten wird

**stump speech**
Wahlkampfrede; Wahlrede
(die Bezeichnung kommt daher, dass die ersten Reden auf einem „Baumstumpf" gehalten wurden)

**subcommittee**
Unterausschuss

**subject to (something), to be**
(einer Sache) unterworfen sein

**subnational government**
Regierungen auf bundesstaatlicher und kommunaler Ebene

**subordinate**
1. Untergebene/r;
2. nachgeordnet

**subordinate to someone, to be**
jdm. unterstellt sein

**subpoena**
(Zeugen)Vorladung vor Gericht

**subpoena, to serve someone a**
jdn. vorladen

**subpoena duces tecum**
wörtl.: unter Strafe wirst du mit dir führen
(eine Vorladung, bei der der Zeuge bestimmte Dokumente vorlegen muss)

**subpoena power**
die Befugnis von Kongressausschüssen, einzelne Personen aufzufordern, zu erscheinen und auszusagen und relevante Dokumente vorzulegen

**to subsidize**
subventionieren; unterstützen

**subsidy**
Fördermittel; Subvention; Zuschuss

**substantive rights**
(*Const*) die Rechte, die von der Verfassung zur Wahrung der persönlichen Freiheit garantiert werden, z.B. die Rede-, Presse-, Religions- und die Versammlungsfreiheit sowie der gleiche Schutz unter dem Gesetz

**substitute**
eine Gesetzesvorlage, ein Antrag oder ein Änderungsvorschlag zu einer Gesetzesvorlage, die/der eine andere Gesetzgebung ersetzt

**subversion**
Staatsfeindlichkeit; Subversion

**subversive**
staatsfeindlich; subversiv

**succession**
(*in office*) Amtsnachfolge

**successor**
(*in office*) Amtsnachfolger/in

**to sue**
(*Jur*) (gerichtlich) belangen;

einen Prozess anstrengen; Klage erheben; verklagen

**suffrage**
Stimmrecht; Wahlrecht

**suffragette**
(*hist*) Frauenrechtlerin; Suffragette

**suit**
(*Jur*) Prozess; Verfahren

**suit, to file a**
(*Jur*) Klage erheben

**suit against someone, to bring a**
(*Jur*) jdn. verklagen

**suit, citizen**
(*Jur*) Klage von Bürgern oder Aktionsgruppen, die nicht direkt vom Klagegegenstand betroffen sind, aber durch eine Klage erreichen wollen, dass Gesetze oder die Politik verändert werden

**suit, criminal**
(*Jur*) Strafverfahren

**suit, federal**
(*Jur*) Klage vor einem Bundesgericht

**summit**
siehe **summit meeting**

**summit agreement**
Gipfelabkommen

**summit conference**
Gipfelkonferenz

**summit meeting**
Gipfeltreffen

**summit talks**
Gipfelgespräche

**to summon**
(*Congress*) einberufen; (*Jur*) vorladen

**summons**
(Zeugen)Vorladung vor Gericht

**sumptuary law**
siehe **law, sumptuary**

**sunbelt states**
wörtl.: Sonnengürtelstaaten (Bundesstaaten im Süden, Südwesten und Westen)

**sunset law**
siehe **law, sunset**

**sunset legislation**
siehe **law, sunset**

**sunshine law**
siehe **law, sunshine**

**sunshine rules**
Vorschriften, die verlangen, dass Ausschusssitzungen in beiden Häusern des Kongresses für die Öffentlichkeit zugänglich sein müssen

**super majority**
siehe **majority, super**

**Super Tuesday**
Superdienstag
(der Tag, an dem gleichzeitig eine Reihe von Vorwahlen für den Präsidenten stattfinden)

**superpower**
Großmacht

**to supervise**
beaufsichtigen; die Aufsicht haben; überwachen

**supervision**
Aufsicht; Beaufsichtigung; Supervision; Überwachung

**supervisor**
Aufseher/in; Aufsichtsperson; Vorgesetzte/r

**supervisory board**
Aufsichtsrat

**supplemental appropriation**
siehe **appropriation, supplemental**

**supplemental appropriation bill**
siehe **bill, supplemental appropriation**

**supplemental, minority, and additional views**
abweichende Bemerkungen und andere Kommentare von Ausschussmitgliedern, die in einen Ausschussbericht aufgenommen werden müssen

**Supplemental Security Income**
Einkommenshilfe für Bedürftige, Senioren, Blinde und Behinderte

**supply and demand**
(*Econ*) Angebot und Nachfrage

**supply-side economics**
(*Econ*) die Annahme, dass niedrigere Steuern vermehrte Investitionen in die Wirtschaft anregen und dass dadurch Arbeitsplätze und wirtschaftliches Wachstum geschaffen werden

**to support**
(*candidate*) fördern; unterstützen;
(*bill, motion*) befürworten; unterstürzen

**support**
(*of candidate*) Förderung; Unterstützung;
(*of bill, motion*) Befürwortung; Unterstützung

**support agencies**
siehe **congressional support agencies**

**supporter**
(*of party*) Anhänger;
(*of policy*) Befürworter/in

**supremacy clause**
(*Const*) Klausel über die Vormachtstellung von Bundesgesetzen
(die Klausel in Artikel VI der US-Verfassung, die besagt, dass jegliche Gesetze, die die Bundesregierung erlässt, für das ganze Land gelten und nicht von bundesstaatlichen Gesetzen unterlaufen werden können)

**Supreme Court**
Oberster (Bundes)Gerichtshof

**Supreme Court Justice**
Richter/in am Obersten Gerichtshof

**Supreme Court Justice, Chief**
Oberste/r Bundesrichter/in
(dieses leitende Mitglied des Obersten Gerichtshofes wird gemäß Artikel II, Absatz 2 der US-Verfassung vom Präsidenten auf Lebenszeit ernannt und vom Senat bestätigt)

**supreme law of the land**
höchstes Gesetz des Landes (US-Verfassung)

**surplus**
(*Econ*) Überschuss

**surrogates**
Personen, die politische Kandidaten offiziell vertreten, wenn diese nicht in der Lage sind, an einer besonderen Wahlkampfveranstaltung teilzunehmen

**surtax**
Zusatzsteuer

**survey**
Meinungsumfrage; Untersuchung

**to suspend the rules**
die Vorschriften im Repräsentantenhaus vorübergehend außer Kraft setzen, um Gesetzesvorlagen ohne Debatte sofort zu verabschieden

**suspension days**
Tage, an denen im Repräsentantenhaus die Vorschriften vorübergehend außer Kraft gesetzt werden und unkomplizierte Gesetzesvorlagen behandelt werden

**suspension of the rules**
vorübergehendes Außerkraftsetzen der Vorschriften
(eine zeitsparende Maßnahme, um Gesetzesvorlagen im Repräsentantenhaus ohne Debatte sofort zu verabschieden)

**sustained**
einen Einspruch stattgegeben (zustimmende Entscheidung des Vorsitzenden auf einen **point of order**)

**to swear in**
vereidigen

**swearing-in**
Vereidigung

**swearing-in ceremony**
siehe **swearing-in**

**sweetener**
Anreiz
(einer Gesetzesvorlage Änderungsvorschläge hinzufügen, um sie attraktiver für Kollegen zu machen oder um Widerstände des Weißen Hauses zu vermeiden)

**sweetening**
Geld, das für eine **pork barrel** Gesetzesvorlage gespendet wird

**swimming upstream**
wörtl.: Flussaufwärtsschwimmen
(Bezeichnung dafür, dass ein politischer Kandidat aufgrund eines Nachteils in einem politischen Wettkampf mit Rückstand an den Start geht)

**to swing**
(*voters*) auf die eigene Seite ziehen; beeinflussen; herumkriegen

**swing**
1. Meinungsumschwung;
2. (*in voters*) Wählerwanderung

**swing district**
ein Wahlbezirk, in dem der Wahlausgang noch offen ist

**swing state**
ein Bundesstaat, in dem der Wahlausgang noch offen ist

**swing vote**
1. eine Stimme, die von jemandem abgegeben wird, dem es an politischer Loyalität mangelt und der je nach Parteipolitik oder Persönlichkeit einmal dem einen oder dem anderen politischen Kandidaten zugeneigt ist;
2. (*Jur*) eine Stimme im Obersten Gerichtshof, die ein 4:4-Unentschieden auflöst

**swing voter**
unentschiedene/r Wähler/in

**to switch**
die Stimme wechseln

**switcher**
siehe **floating voter**

**sworn in, to be**
vereidigt werden

**the System**
1. die amerikanische Regierung;
2. der amerikanische politische Prozess

**system of representation**
Repräsentationssystem;
Prinzip der Volksvertretung

**systematic sampling**
siehe **sampling, systematic**

# T

**to table**
(*bill*) zurückstellen

**tabloid**
Boulevardzeitung

**tabloid journalism**
Boulevardpresse; Sensationspresse

**tactical polling**
siehe **polling, tactical**

**tactical voting**
siehe **voting, tactical**

**Taftian theory**
siehe **contractual theory**

**tag team**
wörtl.: Abklatschstaffel (Obstruktion betreibende Senatoren wechseln sich mit Dauerreden im Plenarsaal ab)

**to take up**
(*legislation*) aufgreifen; aufnehmen

**the take**
Bestechungsgelder; Korruption; politische Vergünstigungen

**talking heads**
(*derog*) Politiker oder politische Analysten, die stundenlang im Fernsehen reden

**talks**
Gespräche

**talks, to conduct**
Gespräche führen

**talks, to continue**
Gespräche fortführen

**talks, to resume**
Gespräche wieder aufnehmen

**to tally**
(*votes*) auszählen

**tally**
(*of votes*) Auszählungsergebnis

**tallying**
(*of votes*) Auszählung; Stimmenauszählung

**Tammany Hall**
ein Gebäude in New York City, wo sich früher die Demokraten trafen; heute ist die Bezeichnung eine Metapher für politische Korruption

**to tamper with**
(*witness*) beeinflussen; (*evidence*) verfälschen

**to tap**
(*sources for money*) anzapfen

**target cost**
Richtkosten; Vorgabekosten

**target date**
angesetzter Termin;
angestrebter Termin

**target figure**
Richtsumme; Sollzahlen;
Zielgrößen

**targeting**
Taktik, die von politischen Aktionskomitees eingesetzt wird (z.B. ein negativer Wahlkampf oder die Versorgung eines politischen Kandidaten mit finanziellen Mitteln), um einen Gegner bei einer Wahl zu schlagen

**tariff**
Zoll

**tariff barriers, to dismantle**
Zoll abbauen

**tariff barriers, to erect**
Zoll errichten

**tariff, discriminatory**
unterschiedliche Zölle auf Waren verschiedener Länder

**tariff, protective**
Schutzzoll

**tariff, retaliatory**
Vergeltungszoll
(Zölle, die darauf zielen, ein Land zu zwingen, künstliche Handelsbarrieren für die Einfuhr von Waren aufzuheben)

**task force**
Sonderkommission

**task force, to head a**
eine Sonderkommission leiten

**to tax**
besteuern

**tax**
Steuer

**tax, to impose a ~ on something**
etwas besteuern

**tax, to levy a ~ on something**
siehe **tax, to impose a ~ on something**

**tax advantage**
Steuerentlastung;
Steuererleichterung;
Steuervergünstigung;
Steuervorteil

**tax allowance**
Steuerfreibetrag;
Steuervergünstigung

**tax-and-spend Democrat**
Bezeichnung konservativer Republikaner für liberale Demokraten, die mehr Geld für Sozialprogramme ausgeben wollen

**tax audit**
Steuerprüfung

**tax authority**
Finanzbehörde; Steuerbehörde

**tax avoidance**
Steuerumgehung;
Steuervermeidung

**tax base**
Steuerbemessungsgrundlage

**tax bracket**
Steuerstufe

**tax break**
siehe **tax advantage**

**tax burden**
Steuerbelastung; Steuerlast

**tax, capital gains**
Kapitalertragsteuer;
Kapitalgewinnsteuer

**tax checkoff**
siehe **Presidential Election Campaign Fund**

**tax, consumption**
Verbrauchssteuer
(eine Steuer, die auf Waren oder Dienstleistungen für den direkten Verbrauch erhoben wird, z.B. Mehrwertsteuer)

**tax, corporation**
Körperschaftssteuer

**tax credit**
Steueranrechnung

**tax cut**
Steuersenkung

**tax cut plan**
Steuersenkungsplan

**tax deduction**
Steuerabzug

**tax, direct**
direkte Steuer

**tax dodger**
siehe **tax evader**

**tax, estate**
Nachlasssteuer

**tax evader**
Steuerhinterzieher/in

**tax evasion**
Steuerhinterziehung

**tax, excess profits**
Übergewinnsteuer

**tax, excise**
siehe **tax, consumption**

**tax exempt**
steuerfrei

**tax exemption**
Steuerbefreiung

**tax, FICA**
auch bekannt unter den Namen „social security tax“; Arbeitgeber und Arbeitnehmer zahlen gleich hohe Beträge für

die Altersversorgung gemäß dem „Federal Insurance Contribution Act“

**tax, flat**
einheitlicher Steuersatz

**tax fraud**
Steuerbetrug

**tax-free income**
siehe **income, tax-free**

**tax, FUCA**
eine Arbeitslosenversicherung, die der Arbeitgeber gemäß dem „Federal Unemployment Contribution Act“ zahlt

**tax, gift**
Schenkungssteuer

**tax haven**
Steueroase; Steuerparadies

**tax hike**
siehe **tax increase**

**tax, income**
siehe **income tax**

**tax increase**
Steuererhöhung

**tax, indirect**
indirekte Steuer

**tax, inheritance**
Erbschaftssteuer

**tax law**
Steuergesetz; Steuerrecht

**tax loophole**
Steuerlücke

**tax, luxury**
Luxussteuer

**tax package**
Steuerpaket

**tax, payroll**
Arbeitgeberanteil an Sozialversicherung

**tax, personal property**
Steuer auf bewegliches Vermögen (andere Wertgegenstände als Grundvermögen)

**tax policy**
Steuerpolitik

**tax, progressive**
Progressivsteuer
(eine Steuer, die Gutverdienende stärker als Geringverdienende belastet)

**tax, property**
siehe **tax, real estate**

**tax, real estate**
Grundsteuer

**tax refund**
Steuerrückerstattung; Steuerrückvergütung; Steuerrückzahlung

**tax, regressive**
Regressivsteuer
(eine Steuer, die Geringverdienende stärker als Gutverdienende belastet)

**tax, regulatory**
nichtfiskalische Steuer

**tax return**
Steuererklärung

**tax revenue**
Steueraufkommen; Steuereinnahmen

**tax, sales**
Mehrwertsteuer

**tax, severance**
Förderabgabe
(Steuer, die von der Regierung auf das Ausschöpfen natürlicher Ressourcen aus Land und Wasser erhoben wird)

**tax shelter**
steuerfreie Investition

**tax, social security**
siehe **tax, FICA**

**tax, unemployment**
siehe **tax, FUCA**

**tax, wealth**
Vermögenssteuer

**tax, withholding**
Abgabesteuer; Quellensteuer
(Steuer, die von der Quelle, aus der das Einkommen stammt, erhoben wird im Gegensatz zu der Steuer, die der Empfänger des Einkommens nach Erhalt des Geldes zahlt)

**tax write-off**
steuerliche Abschreibung

**tax year**
Steuerjahr

**taxable**
steuerpflichtig

**taxable income**
siehe **income, taxable**

**taxation**
Besteuerung

**taxes, to collect**
Steuern einnehmen; Steuern einziehen; Steuern erheben

**taxes, to cut**
Steuern kürzen

**taxes, to lower**
Steuern senken

**taxes, to raise**
1. Steuern erheben;
2. Steuern erhöhen

**taxes, to reduce**
siehe **taxes, to lower**

**taxpayer**
Steuerzahler/in

**telephone bank**
siehe **boiler room**

**televised debate**
siehe **television debate**

**televised proceedings**
Fernseh- und Radioübertragungen der Plenardebatten im Repräsentantenhaus und Senat

**television debate**
Fernsehdebatte
(die Fernsehdebatten, die die Präsidentschaftskandidaten der beiden großen Parteien vor einer Präsidentschaftswahl führen)

**teller vote**
siehe **vote, teller**

**temporary injunction**
siehe **injunction, temporary**

**temporary order**
(*Jur*) einstweilige Anordnung

**Tenth Amendment**
(*Const*) Zehnter Verfassungszusatz
(der letzte Verfassungszusatz im Menschenrechtskatalog, demzufolge die Bundesstaaten alle Befugnisse erhalten, die nicht von der US-Verfassung verboten werden oder die nicht an die Bundesregierung delegiert sind)

**tenure**
1. Amtszeit; 2. Dauerstellung

**tenure, to have lifetime**
auf Lebenszeit im Amt sein

**term**
siehe **term of office**

**term length**
Amtsdauer

**term limit**
Begrenzung der Amtszeit
(ein Gesetzesvorschlag, der vorsieht, die Amtszeiten für Abgeordnete und Senatoren zu begrenzen, die derzeit noch unbegrenzt oft wieder gewählt werden können)

**term limitation**
siehe **term limit**

**term of office**
Amtsperiode; Amtszeit

**term of service**
Amtszeit

**territorial court**
ein Gerichtshof, der vom Kongress in den US-Territorien von Guam, Puerto Rico, den Nördlichen Mariana Inseln, den Jungferninseln und der Panama-Kanal-Zone eingerichtet wurde

**territorial rights**
Hoheitsrechte

**territorial waters**
Hoheitsgewässer;
Territorialgewässer

**territory**
Hoheitsgebiet; Staatsgebiet;
Territorium
(ein Gebiet, das Teil der USA ist, aber nicht innerhalb ihrer Grenzen liegt wie Guam, Puerto Rico, Samoa und die Jungferninseln)

**terrorist**
Terrorist

**terrorist attack**
Terroranschlag

**terrorist group**
siehe **terrorist organization**

**terrorist organization**
terroristische Vereinigung

**to test the water**
wörtl.: das Wasser testen
(in Erwägung ziehen, für ein Amt zu kandidieren)

**to testify**
(*Jur*) aussagen

**to testify under oath**
(*Jur*) unter Eid aussagen

**testimonial**
Geschenk
(bei Spendenbeschaffungsereignissen bringen Anhänger einer Partei Geschenke als Zeichen der Anerkennung oder Unterstützung)

**testimony**
(*Jur*) Aussage (vor Gericht)

**think tank**
Expertenstab

**Third Amendment**
(*Const*) Dritter
Verfassungszusatz
(Zusatzartikel zur US-Verfassung von 1791 als Teil des Menschenrechtskatalogs, der besagt, dass die Regierung keine Truppen in privaten Häusern oder Wohnungen einquartieren darf ohne die ausdrückliche Zustimmung der Eigentümer; der Verfassungszusatz bezieht sich auf die Einquartierung von britischen Truppen in Kolonialhäusern vor dem Revolutionskrieg)

**Third House of Congress**
1. Vermittlungsausschüsse (weil sie Kompromisse erarbeiten und viele Gesetze erlassen);
2. (*derog*) Lobbyisten

**third party**
siehe **party, third**

**third reading**
siehe **reading, third**

**Third World**
Dritte Welt

**Thirteenth Amendment**
(*Const*) Dreizehnter Verfassungszusatz
(ein 1865 angenommener Zusatzartikel zur US-Verfassung, der Sklaverei und unfreiwillige Knechtschaft in den gesamten USA verbietet)

**threat**
Bedrohung

**threat, to face a**
einer Bedrohung ausgesetzt sein

**threat, to pose a**
eine Bedrohung darstellen

**Three-Fifths Compromise**
(*hist*) Kompromiss auf dem Verfassungskonvent von 1787 zur Sklavenfrage
(bei der Aufteilung der Sitze im Repräsentantenhaus nach Einwohnerzahl wurden die Sklaven mitgerechnet und zwar sollten fünf Sklaven soviel zählen wie drei Weiße)

**throw-away vote**
siehe **vote, throw-away**

**ticket**
Kandidatenliste; Wahlliste

**ticket, to run on the Democratic/Republican**
für die Demokratische/Republikanische Partei kandidieren

**ticket splitter**
ein Wähler, der bei einer Wahl seine Stimme auf zwei verschiedene Parteien aufsplittet

**ticket splitting**
Stimmenaufspaltung
(Aufsplittung der Stimme bei einer Wahl auf zwei verschiedene Parteien; vgl. **voting, straight-ticket**)

**tie**
(*vote*) Patt; Stimmengleichheit; Stimmgleichstand

**tie-breaker**
1. entscheidende Stimme;
2. die Stimme, die der Vizepräsident im Falle eines Patts bei einer Abstimmung im Senat abgibt

**tie vote**
siehe **vote, tie**

**tight money policy**
(*Fin*) Finanzpolitik des **Federal Reserve Board**, bei der der Geldumlauf strikt kontrolliert wird, um Phasen des Aufschwungs zu verlängern und die Inflation zu bekämpfen)

**time-agreement**
Zeitabsprache
(eine Absprache darüber, wie viel Zeit jeder Seite in einer

Debatte im Senat zugestanden werden soll)

**time in office**
Amtsdauer; Amtsperiode; Amtszeit

**time limits on debate**
Zeitlimit für Debatten (die Vorschrift im Repräsentantenhaus, die die Zeit für alle Debatten begrenzt; im Senat ist die Zeit nur in bestimmten Situation begrenzt, wie z.B. bei einer **cloture**)

**tinhorn politician**
siehe **politician, tinhorn**

**title**
1. die Hauptunterteilung einer Gesetzesvorlage oder eines Gesetzes, die durch eine römische Ziffer gekennzeichnet ist;
2. siehe **caption**

**titular leader**
ein unterlegener Präsidentschaftskandidat, der formal nur so lange Vorsitzende seiner Partei bleibt, bis die Partei auf ihrem nächsten Nominierungsparteitag einen anderen Präsidentschaftskandidaten wählt

**token number**
Scheinzahl

**token opposition**
ein unbedeutender Herausforderer für einen bereits amtierenden Amtskandidaten

**top candidate**
Spitzenbewerber/in; Spitzenkandidat/in

**top leader**
Führungsspitze

**top official**
Spitzenbeamter/-beamtin

**totalitarianism**
Totalitarismus

**town**
1. die größte Einheit der Kommunalregierung in Neuengland;
2. Stadt oder kleiner Stadtbezirk in anderen Teilen der USA

**town council**
Gemeinderat

**town council elections**
Gemeinderatswahlen

**town meeting**
Stadtversammlung

**township**
die Unterteilung einer **county** in den meisten Bundesstaaten

**track system**
ein System der Beschleunigung der Gesetzgebung im Senat durch die Unterteilung einer

Tagessitzung in zwei oder mehr Zeitabschnitte, die „tracks“ genannt werden; auf diese Weise können mehrere Gesetzesvorlagen gleichzeitig behandelt und Dauerreden vermieden werden

**tracking poll**
siehe **poll, tracking**

**trade**
Handel

**trade agreement**
Handelsabkommen

**trade balance**
siehe **balance of trade**

**trade barriers**
Handelsblockaden; Handelsschranken

**trade barriers, to dismantle**
Handelsschranken abbauen

**trade barriers, to eliminate**
siehe **trade barriers, to remove**

**trade barriers, to erect**
Handelsschranken errichten

**trade barriers, to remove**
Handelsschranken beseitigen

**trade deficit**
Handelsdefizit

**trade embargo**
Handelsembargo; Handelssperre

**trade embargo, to impose a**
ein Handelsembargo verhängen

**trade embargo, to lift a**
ein Handelsembargo aufheben

**trade embargo, to tighten a**
ein Handelsembargo verschärfen

**trade group representative**
wörtl.: Gewerkschaftsvertreter (Bezeichnung für einen Lobbyisten)

**trade negotiations**
Handelsverhandlungen

**trade policy**
Handelspolitik

**trade relations**
Handelsbeziehungen

**trade restrictions**
Handelsbeschränkungen

**trade surplus**
Handelsüberschuss

**trade union**
siehe **labor union**

**trade, volume of**
Handelsvolumen

**trade war**
Handelskrieg

**trading**
siehe **vote trading**

**trading partner**
Handelspartner

**trading session**
(*Econ*) Börsensitzung

**transfer payments**
Transferzahlungen (Geld, das von der Regierung für **entitlement programs** ausgegeben wird)

**transient party**
siehe **party, transient**

**transition**
Übergang

**transition period**
Übergangszeit

**Transportation, Department of**
siehe **Department of Transportation**

**Transportation, Secretary of**
siehe **Secretary of Transportation**

**treason**
Verrat

**treason, to be tried for**
wegen Verrats vor Gericht stehen

**treason, to commit**
einen Verrat begehen

**treason, high**
Hochverrat

**treasonable**
verräterisch

**treasurer**
Schatzmeister

**Treasury Department**
siehe **Department of Treasury**

**Treasury, Department of**
siehe **Department of Treasury**

**treasury bond**
(*Fin*) Staatsschuldverschreibung

**treasury note**
(*Fin*) Schatzanweisung

**Treasury, Secretary of the**
siehe **Secretary of the Treasury**

**treaty**
Abkommen; (Staats)Vertrag

**treaty, to conclude a**
einen Vertrag abschließen

**treaty, to negotiate a**
einen Vertrag aushandeln

**treaty, to ratify a**
einen Vertrag ratifizieren

**treaty, to sign a**
einen Vertrag unterzeichnen

**treaty, to violate a**
einen Vertrag verletzen

**treaty, conditions of a**
Vertragsbedingungen

**treaty-making power**
siehe **treaty power**

**Treaty on the Non-Proliferation of Nuclear Weapons**
siehe **Non-Proliferation Treaty**

**treaty, partner to a**
Vertragspartner/in

**treaty power**
Befugnis des Präsidenten, internationale Verträge abzuschließen
(vom Präsidenten abgeschlossene Verträge müssen jedoch noch von einer 2/3 Mehrheit des Senats bestätigt werden)

**treaty, ratification of a**
Vertragsratifizierung

**treaty, terms of a**
siehe **treaty, conditions of a**

**treaty, violation of a**
Vertragsbruch

**tree-huggers**
(*derog*) Bezeichnung für übertrieben eifrige Umweltschützer

**trial**
Gerichtsverhandlung; Prozess; Verhandlung

**trial, to bring someone to**
jdn. vor Gericht stellen

**trial, to stand**
sich vor Gericht verantworten

**trial balloon**
(*fig*) Versuchsballon
(das absichtliche Durchsickernlassen von geheimen Informationen, um zu sehen, welche Reaktion das hervorruft)

**trial, bench**
siehe **bench trial**

**trial, civil**
siehe **civil trial**

**trial court**
siehe **court, trial**

**trial jury**
siehe **petit jury**

**trial, non-jury**
siehe **bench trial**

**trickle-down economics**
siehe **supply-side economics**

**to trigger**
(*violence, war*) auslösen

**to trim**
(*budget, social programs*) kürzen

**trimmer**
ein Kollege in der Politik, der Unterstützung verspricht, dies jedoch nie in die Tat umsetzt

**triple alliance**
siehe **iron triangle**

**troop movement**
(*mil*) Truppenbewegung

**troop reduction**
(*mil*) Truppenabbau; Truppenreduzierung

**troop reinforcement**
(*mil*) Truppenverstärkung

**troop withdrawal**
(*mil*) Truppenabzug

**troops**
(*mil*) Streitkräfte; Truppen

**troops, to commit**
(*mil*) Truppen verpflichten

**troops, to deploy**
(*mil*) Truppen einsetzen

**troops, to dispatch**
(*mil*) Truppen entsenden

**troops, to reduce**
(*mil*) Truppen verringern

**troops, to send**
siehe **troops, to dispatch**

**troops, to station**
(*mil*) Truppen stationieren

**troops, to withdraw**
(*mil*) Truppen abziehen

**Trophy**
siehe **Trophy City**

**Trophy City**
das, was Washington, D.C. für erfolgreiche Kongress-kandidaten darstellt

**true believer**
ein Wähler, der sich strikt an einer besonderen politischen Philosophie orientiert

**true bill**
siehe **bill, true**

**Truman Doctrine**
(*hist*) die Politik von Präsident Harry Truman im Jahr 1947, der Unterstützung für alle freien Völker der Welt forderte, die sich Angriffen von Außen widersetzen; insbesondere bot er der Türkei und Griechenland militärische und ökonomische Unterstützung zur Abwehr der kommunistischen Expansions-politik in Südosteuropa an

**trust**
Treuhand(schaft)

**trust fund**
Treuhandfonds
(ein Fonds, der von der Regierung eingerichtet wird, um spezifische Programme, z.B. die Sozialversicherung, zu bezahlen)

**trustee**
Treuhänder/in; (Vermögens)Verwalter/in

**trusteeship**
Treuhandschaft

**truth squad**
eine Gruppe von Parteimitgliedern, die einem politischen Gegner im Wahlkampf folgen und ihn als Lügner hinstellen, indem sie ihre Version der Wahrheit erzählen

**to try someone**
(*Jur*) jdn. vor Gericht stellen

**Tuesday-to-Thursday Club**
(*derog*) die Bezeichnung für Kongressmitglieder, die am Donnerstagabend von Washington in ihre jeweiligen Bundesstaaten reisen, um erst am Dienstagmorgen wieder zum Kapitol zurückzukehren

**turf**
der Verantwortungsbereich eines Ausschusses oder Unterausschusses, der vom Ausschussvorsitzenden eifersüchtig bewacht wird

**turf battle**
siehe **turf war**

**turf war**
Konflikte, die entstehen, weil der Verantwortungsbereich eines Ausschusses oder Unterausschusses übertreten wird

**turnout**
siehe **election turnout**

**turnout at the polls**
siehe **election turnout**

**Twelfth Amendment**
(*Const*) Zwölfter Verfassungszusatz
(ein 1804 angenommener Zusatzartikel zur US-Verfassung, der verlangt, dass der Präsident und Vizepräsident durch die Wahlmänner getrennt gewählt werden)

**Twentieth Amendment**
(*Const*) Zwanzigster Verfassungszusatz
(ein 1933 angenommener Zusatzartikel zur US-Verfassung, der den Beginn der Amtszeit des Präsidenten und Vizepräsidenten vom 4. März auf den 20. Januar und den Beginn der Kongressperiode von 4. März auf den 3. Januar verlegte;

siehe **lame-duck president** und **lame-duck sessions**)

**Twenty-Fifth Amendment**
(*Const*) Fünfundzwanzigster Verfassungszusatz
(ein 1967 angenommener Zusatzartikel zur US-Verfassung, der das Verfahren im Falle eines Nachfolgers für den Präsidenten und Vizepräsidenten regelt)

**Twenty-First Amendment**
(*Const*) Einundzwanzigster Verfassungszusatz
(ein 1933 angenommener Zusatzartikel zur US-Verfassung, der den Verkauf von Alkohol in den USA erlaubte; er hob den Achtzehnten Verfassungszusatz auf, der den Verkauf von Alkohol im ganzen Land verboten hatte)

**Twenty-Fourth Amendment**
(*Const*) Vierundzwanzigster Verfassungszusatz
(ein 1964 angenommener Zusatzartikel zur US-Verfassung, der die Erhebung einer Kopfsteuer bei Vorwahlen oder Präsidentschaftswahlen verbietet)

**Twenty-Second Amendment**
(*Const*) Zweiundzwanzigster Verfassungszusatz
(ein 1951 angenommener Zusatzartikel zur US-Verfassung, der die Präsidentschaft auf zwei Amtszeiten begrenzt)

**Twenty-Seventh Amendment**
(*Const*) Siebenundzwanzigster Verfassungszusatz
(ein 1992 angenommener Zusatzartikel zur US-Verfassung, der den Kongressmitgliedern verbietet, sich selbst Gehaltserhöhungen zu genehmigen, die vor den nächsten Kongresswahlen in Kraft treten würden)

**Twenty-Sixth Amendment**
(*Const*) Sechsundzwanzigster Verfassungszusatz
(ein 1971 angenommener Zusatzartikel zur US-Verfassung, der das Mindestwahlalter in den USA auf 18 Jahre senkte)

**Twenty-Third Amendment**
(*Const*) Dreiundzwanzigster Verfassungszusatz
(ein 1961 angenommener Zusatzartikel zur US-Verfassung, der es den Einwohnern des District of Columbia ermöglicht, an der Präsidentschaftswahl teilzunehmen)

**two-day rule**
Zwei-Tage-Regel
(Senatsvorschrift, die die Beratung einer Gesetzesvorlage im Plenarsaal verbietet ehe ein diesbezüglicher gedruckter Ausschussbericht für mindestens zwei Tage den Senatoren vorgelegt hat)

**two-hour debate**
zweistündige Debatte
(im Repräsentantenhaus ist die Debatte über legislative Angelegenheiten, die auf **calendar Wednesday** angesetzt wird, auf zwei Stunden beschränkt und gleichermaßen zwischen Befürwortern und Gegnern aufgeteilt)

**two-party system**
Zweiparteiensystem

**two-speech rule**
die Vorschrift im Senat, die besagt, dass ein Senator auf zwei Reden zu jeder legislativen Angelegenheit an einem Sitzungstag der Legislative beschränkt ist

**two-thirds majority**
Zweidrittelmehrheit

# U

**ultimatum**
Ultimatum

**ultimatum, to deliver an**
ein Ultimatum stellen

**ultimatum, to issue an**
siehe **ultimatum, to deliver an**

**ultimatum, to present an**
siehe **ultimatum, to deliver an**

**ultras**
Liberale und Konservative, die weit rechts und weit links stehen

**umbrella group**
eine Lobby-Organisation, die für eine große Anzahl von Gruppen spricht

**umbrella party**
eine große politische Partei, die eine große Anzahl von Ideologien und Interessen vereint

**UN general assembly**
UNO-Vollversammlung; Generalversammlung der Vereinten Nationen

**UN peace-keeping troops**
UNO-Blauhelmsoldaten

**UN Secretary General**
UNO Generalsekretär/in

**UN Security Council**
UNO-Sicherheitsrat

**UN Special Envoy**
UNO-Sonderbeauftragte/r

**unanimity**
Einstimmigkeit

**unanimous**
einstimmig

**unanimous consent**
siehe **unanimous consent agreement**

**unanimous consent agreement**
einstimmige Zustimmung (eine Vereinbarung im Kongress, eine Gesetzesvorlage direkt im Plenarsaal zu beraten, vorausgesetzt, die Debatte ist begrenzt und die Änderungsanträge sind von Belang)

**unanimous consent request**
der Antrag eines Kongressmitglieds, eine oder mehrere Vorschriften zur Beratung einer Gesetzesvorlage im Plenarsaal zu übergehen

**unanimous decision**
einstimmiger Beschluss

**unanimous verdict**
(*Jur*) einstimmiges Geschworenenurteil

**unanimous vote**
siehe **unanimity**

**unanimously**
einstimmig

**unauthorized appropriation**
siehe **appropriation, unauthorized**

**unauthorized committee**
siehe **committee, unauthorized**

**Uncle Sam**
der mythologische alte Mann, der die US-Regierung personifizicrt

**unconstitutional**
nicht verfassungskonform; verfassungswidrig

**unconstitutional, to declare a law**
ein Gesetz für verfassungswidrig erklären

**unconstitutionality**
Verfassungswidrigkeit

**uncontrollable categories**
siehe **uncontrollable expenditures**

**uncontrollable expenditures**
unkontrollierbare Ausgaben (Haushaltsposten, über die der Kongress „keine Kontrolle" hat, wie z.B. die Sozialversicherung, **Medicare** oder Lebensmittelgutscheine; vgl. **controllable expenditures**)

**undecided**
nicht entschieden; unentschieden

**undecideds**
Unentschiedene
(Wähler, die nicht genau wissen, welchen Kandidaten sie wählen sollen)

**underclass**
Unterschicht
(der Anteil der US-Bevölkerung, der mindestens über zwei Generationen hinweg unter der Armutsgrenze lebt)

**underdog**
ein Kandidat, der bei einer Wahl voraussichtlich verlieren wird

**to undergo**
durchmachen; erfahren; sich unterziehen

**underground economy**
versteckte wirtschaftliche Aktivitäten

**to underline**
siehe **to underscore**

**underprivileged**
benachteiligt; schlecht gestellt

**to underscore**
(*fig*) betonen; hervorheben; unterstreichen

**undertow**
wörtl.: Sog
(die negative Wirkung, die ein Kandidat auf einen anderen hat; vgl. **coattail effect**)

**to undo**
(*a decision*) aufheben; für ungültig erklären

**unearned income**
siehe **income, unearned**

**the unemployed**
die Arbeitslosen

**unemployed, to be**
arbeitslos sein

**unemployed, to become**
arbeitslos werden

**unemployment**
Arbeitslosigkeit

**unemployment benefits**
Arbeitslosengeld

**unemployment benefits, to collect**
siehe **unemployment benefits, to receive**

**unemployment benefits, to receive**
Arbeitslosengeld bekommen; Arbeitslosengeld beziehen

**unemployment figures**
Arbeitslosenzahlen

**unemployment insurance**
Arbeitslosenversicherung

**unemployment rate**
Arbeitslosenquote

**unequal**
ungleich; unterschiedlich

**unfinished business**
unerledigte Geschäfte
(legislative Aktivitäten, die noch immer anhängig sind, wenn das Repräsentantenhaus oder der Senat seine tägliche Sitzung vertagt oder unterbricht)

**unholy alliance**
unheilige Koalition
(eine unwahrscheinliche Koalition in der Politik zwischen Demokraten und Republikanern oder zwischen Großunternehmen und Gewerkschaften)

**unicameral system**
Einkammersystem
(eine Legislative mit nur einer Kammer, wie z.B. in Nebraska; vgl. **bicameral system**)

**unification**
1. (*of country*) Einigung; Vereinigung;
2. (*of system*) Vereinheitlichung;

3. (*mil*) die Integration des Heers, der Marine und der Luftwaffe in ein einziges **Department of Defense** gemäß den **National Security Act** von 1947

**uniform**
einheitlich; gleich; gleichmäßig

**to unify**
einen; einigen; vereinheitlichen

**unilateral**
einseitig; nur auf einer Seite; unilateral

**union**
siehe **labor union**

**the Union**
1. die Vereinigten Staaten;
2. (*in Civil War*) Unionsstaaten

**union calendar**
siehe **calendar, union**

**union member, to be a**
Gewerkschaftsmitglied sein

**to unionize**
gewerkschaftlich organisieren

**unionized labor**
siehe **organized labor**

**unit**
(*mil*) Einheit

**unit rule**
die Forderung, dass **state delegates** bei einem Nominierungsparteitag alle ihre Stimmen dem Präsidentschaftskandidaten geben müssen, der bei den Vorwahlen in ihrem Bundesstaat die Mehrheit der Stimmen errungen hat

**unitary government**
siehe **unitary state**

**unitary state**
Einheitsstaat
(eine zentralisierte Regierungsform, bei der die Kommunalregierungen nur die Befugnisse ausüben, die ihnen von der Bundesregierung gegeben wurden; eine derartige Regierungsform findet sich in einigen europäischen Ländern; in den USA besitzen die bundesstaatlichen Regierungen die alleinige Kontrolle über Städte)

**to unite**
(sich) vereinigen; zusammenschließen

**united**
vereint; vereinigt

**United Nations (UN)**
Vereinte Nationen (UNO)

**United States of America**
die Vereinigten Staaten von Amerika

**United States Arms Control and Disarmament Agency**
die übergeordnete Behörde, die für die Formulierung und Umsetzung der Waffenkontroll- und Abrüstungspolitik der USA verantwortlich ist

**United States Code**
die Sammlung allgemeiner und spezieller Gesetze, die nach Themen in 50 getrennte Kategorien geordnet sind

**United States Information Agency**
ein 1953 gegründete unabhängige Behörde, die für die Verwaltung der für das Ausland bestimmende Informationsprogramme der USA verantwortlich ist

**United States Postal Service**
eine unabhängige Behörde, die die Post verarbeitet und an Einzelpersonen sowie Unternehmen ausliefert

**unity**
Einheit; Einigkeit; Geschlossenheit

**universal suffrage**
allgemeines Wahlrecht

**universal voter enrollment**
das vorgeschlagene Wahlsystem, bei dem jeder Achtzehnjährige automatisch als wahlberechtigt registriert wird

**unlawful**
gesetzwidrig; illegal; rechtswidrig; ungesetzlich; unrechtmäßig; widerrechtlich

**unlawful assembly**
unerlaubte Versammlung; unzulässige Zusammenrottung

**unlawfulness**
Gesetzwidrigkeit; Rechtswidrigkeit; Ungesetzlichkeit; Widerrechtlichkeit

**to unleash**
(*violence, war*) auslösen

**unlimited debate**
zeitlich unbegrenzte Debatte (Senatoren unterliegen so gut wie keinen Zeitbeschränkungen bei der Diskussion von Gesetzesvorlagen; die einzigen Beschränkungen der Debatten treten in Kraft im Falle von **cloture**, **call of the calendar** und **impeachment**)

**unofficial caucus**
vorübergehend existierende Gruppe von Mitgliedern, die oft sowohl der Demokratischen als auch der Republikanischen Partei angehören, die ein bestimmtes Problem lösen sollen

**unparliamentary**
Verhalten, das im Gegensatz zu den Höflichkeits- und An-

standsregeln steht, die im Kongress gelten

**unprecedented**
beispiellos; noch nie dagewesen

**unreasonable**
(*demands*) übertrieben; unzumutbar; (*person*) uneinsichtig; unvernünftig

**unreasonable search and seizures**
(*Const*) unzumutbare Durchsuchungen und Beschlagnahmungen

**unrest**
Unruhen

**to unseat**
(*member of Congress*) absetzen; des Postens entheben; stürzen

**the Unwritten Constitution**
die mündlich überlieferte Verfassung
(die nicht in der Verfassung niedergeschriebenen Praktiken und Gebräuche, die aber für das Funktionieren der Regierung notwendig sind)

**upcoming**
(*election*) bevorstehend

**to uphold**
(*decision*) aufrechterhalten; bestätigen; (*law*) hüten

**upper body**
Oberhaus
(Bezeichnung für den Senat)

**upper chamber**
siehe **upper body**

**upper class**
Oberschicht

**upper house**
siehe **upper body**

**upper middle-class**
gehobene Mittelschicht

**urban**
Stadt-; städtisch

**urban enterprise zone**
siehe **enterprise zone**

**Urban League**
eine 1911 gegründete Organisation zur Unterstützung der ökonomischen und sozialen Interessen der Schwarzen

**urban renewal**
Stadterneuerung

**urbanite**
Städter/in

**USACDA**
siehe **United States Arms Control and Disarmament Agency**

**USC**
siehe **United States Code**

**USDA**
siehe **Department of Agriculture**

**use immunity**
siehe **immunity, use**

**user fee**
eine Gebühr, die von den Nutzern von Gütern und Dienstleistungen, die die Bundesregierung zur Verfügung stellt, verlangt wird

**USIA**
siehe **United States Information Agency**

**usurpation**
gesetzwidrige Machtergreifung; Usurpation; widerrechtliche Inbesitznahme

**utilitarianism**
Utilitarismus
(die politische Philosophie, die besagt, dass es die ethische Pflicht der Regierung ist, das Bestmögliche für die größtmögliche Anzahl von Personen zu tun)

# V

**VA**
siehe **Veterans Administration**

**vacancy**
ein öffentliches Amt, das nicht besetzt ist, weil der Amtsinhaber verstorben ist, zurückgetreten ist, versetzt wurde oder entlassen wurde

**valid**
bindend; gültig; rechtsgültig; stichhaltig; triftig

**validity**
Gültigkeit; Gültigkeitsdauer; Rechtsgültigkeit; Stichhaltigkeit

**veep**
Slangausdruck für den Vizepräsidenten

**vehicle**
eine Gesetzesvorlage, die mit Inhalt so überbelastet ist, dass sie als „Vehikel“ für andere Gesetzgebung dient

**venue**
(*Jur*) Gerichtsbezirk; zuständiger Gerichtsort (das geographische Gebiet, wo ein Fall gerichtlich verhandelt wird und aus dem die Geschworenen ausgewählt werden)

**verdict**
(*Jur*) Spruch der Geschworenen; Urteil; Urteilsspruch

**verdict, to reach a**
(*Jur*) zu einem Urteilsspruch kommen

**verdict, to render a**
(*Jur*) einen Urteilsspruch fällen

**verdict of guilty**
(*Jur*) Schuldspruch

**verdict of not guilty**
siehe **acquittal**

**vertical federalism**
siehe **federalism, vertical**

**vertical media**
siehe **media, vertical**

**vested, to be**
(*power*) jdm. übertragen sein

**vested interest**
(*Jur*) gesetzlicher Anspruch

**vested right**
rechtmäßiges Interesse; unabdingbares Recht

**Veterans Administration**
die Behörde, die verschiedene Gesetze koordiniert, auf deren Basis die Leistungen an Kriegsveteranen und deren Angehörige gezahlt werden

**Veterans Affairs Committee**
Ausschuss für die Angelegenheiten von Kriegsveteranen
(„B" Committee im Senat und Nonmajor Committee im Repräsentantenhaus)

**veterans' benefits**
Leistungen des Bundes für Kriegsveteranen

**to veto**
(*bill*) ein Veto einlegen

**veto**
Veto

**veto, to override a**
ein Veto aufheben; ein Veto überstimmen
(der Kongress kann ein Veto des Präsidenten durch eine 2/3 Mehrheit überstimmen)

**veto, to exercise the**
siehe **veto, to use the**

**veto, to use the**
das Vetorecht ausüben; vom Vetorecht Gebrauch machen

**veto, absolute**
siehe **absolute veto**

**veto bait**
wörtl.: Vetoköder
(eine Gesetzesvorlage, gegen die der Präsident mit ziemlicher Sicherheit ein Veto einlegen wird, was es einem Kongressmitglied ermöglicht, sie zu unterstützen, ohne dass es befürchten muss, dass sie verabschiedet wird)

**veto, item**
siehe **veto, line-item**

**veto, legislative**
siehe **legislative veto**

**veto, line-item**
Teilveto
(einzelne Teile einer Gesetzesvorlage können akzeptiert und andere abgelehnt werden)

**veto message**
Stellungnahme des Präsidenten, warum er eine Gesetzesvorlage nicht unterzeichnet

**veto, messaged**
ein Veto, dass der Präsident dem Kongress zusammen mit den Gründen für die Ablehnung vorlegt

**veto, pocket**
indirektes Veto
(wenn der Kongress sich innerhalb der 10-Tage-Frist zur Unterzeichnung eines Gesetzentwurfs vertagt hat und der Präsident ihn in dieser Zeit nicht unterzeichnet hat, wird der Gesetzentwurf nicht zum Gesetz)

**veto power**
Vetorecht
(der Präsident kann gemäß Artikel I, Absatz 7 der US-

Verfassung ein Veto gegen eine Gesetzesvorlage einlegen, die von beiden Häusern des Kongresses verabschiedet wurde)

**veto-proof bill**
wörtl: eine vetosichere Gesetzesvorlage
(eine Gesetzesvorlage, die mit einer 2/3-Mehrheit verabschiedet wurde, kann einem Veto des Präsidenten widerstehen, weil das Veto durch eine andere 2/3-Mehrheit im Kongress überstimmt werden kann)

**veto-proof Congress**
wörtl.: ein vetosicherer Kongress
(ein Kongress, in dem die zum Präsidenten in Opposition stehende Partei eine 2/3-Mehrheit im Repräsentantenhaus und Senat hat)

**veto, regular**
siehe **veto, messaged**

**vetoed legislation**
siehe **legislation, vetoed**

**vice president**
Vizepräsident

**vice presidential candidate**
Vizepräsidentschaftsbewerber/in;Vizepräsidentschaftskandidat/in

**victory margin**
Siegesvorsprung

**violation**
Verletzung; Verstoß; Übertretung

**to violate**
brechen; übertreten; verletzen; verstoßen gegen

**Virginia Plan**
(*hist*) ein Plan von Edmund Randolph aus Virginia, der auf dem Verfassungskonvent von 1787 vorgelegt wurde und der die Abschaffung der Konföderationsartikel vorsah, um stattdessen für die Errichtung einer starken Zentralregierung mit einer aus zwei Kammern bestehenden Legislative, einer Exekutive und einer Judikative einzutreten

**virtual representation**
siehe **representation, virtual**

**visa**
Visum

**visibility**
Medienunterstützung, die ein Kandidat braucht, um gewählt zu werden

**vital**
ausschlaggebend; entscheidend; unbedingt notwendig; unerlässlich

**viva voce vote**
siehe **vote, viva voce**

**vocational rehabilitation**
die Ausbildung der körperlich und geistig Behinderten, damit sie einer Arbeit in der Gesellschaft nachgehen können

**voice vote**
siehe **vote, voice**

**to void**
(*bill*) für nichtig erklären; ungültig machen

**voluntary**
freiwillig

**volunteer**
Freiwillige/r

**to vote**
abstimmen; wählen

**to vote someone out**
jdn. abwählen

**vote**
1. Abstimmung;
2. Stimme; Wählerstimme;
3. Wahl

**vote, to be up for a**
zur Abstimmung stehen

**vote, to bring to**
abstimmen lassen; zur Abstimmung kommen

**vote, to call for a**
zur Abstimmung aufrufen
**vote, to cast a**
eine Stimme abgeben; wählen

**vote, to put to**
zur Abstimmung stellen

**vote, to register to**
sich in das Wählerverzeichnis eintragen

**vote, to take a**
eine Abstimmung durchführen

**vote, base**
siehe **vote, normal**

**vote, bloc**
siehe **bloc vote**

**vote, bullet**
eine Stimme für einen einzigen Kandidaten oder ein einzelnes Thema ohne Interesse am Rest des Stimmzettels; die Stimmabgabe erfolgt so schnell wie eine „Gewehrkugel"

**vote by roll call**
siehe **roll-call vote**

**vote, casting**
eine Stimme, die vom Vizepräsidenten abgegeben wird, während er den Vorsitz über den Senat ausübt; die Stimmabgabe erfolgt nur, um ein unentschiedenes Abstimmungsergebnis aufzulösen

**vote, close**
knappe Abstimmung

**vote, clothespin**
eine Stimme, die für das kleinere von zwei Übeln abgegeben wird; der Begriff bezieht sich darauf, dass derjenige, der die Stimme abgibt, sich eine „Wäscheklammer“ an die Nase steckt, um den unangenehmen Geruch abzuhalten

**vote, cosmetic**
siehe **cosmetic vote**

**vote, crossover**
eine Stimme, die bei einer **open primary** für einen Kandidaten der Oppositionspartei abgegeben wird; häufig ist die zugrunde liegende Motivation, den schwächsten Kandidaten der Oppositionspartei zu wählen

**vote, division**
Abstimmungsmethode, bei der sich zuerst die Befürworter und danach die Gegner eines Antrages von den Sitzen erheben oder die Hand heben, um gezählt zu werden

**vote, electoral**
siehe **electoral votes**

**vote, eligible to**
wahlberechtigt sein

**vote, entitled to**
siehe **vote, eligible to**

**vote, floating**
eine Stimme für eine Partei bei einer Wahl, aber für eine andere Partei bei einer anderen Wahl

**vote, free**
eine Stimme, die ein Kongressmitglied für eine Gesetzesvorlage abgibt, mit der er eigentlich nicht einverstanden ist; er nimmt jedoch an, dass er durch sein Handeln bei den Wählern an Popularität gewinnt und ist sich darüber hinaus sicher, dass die Gesetzesvorlage ohnehin nicht durchkommt

**vote, junk**
wörtl.: Stimme für den Müll (eine Stimme zu einem kontrovers diskutierten Thema, obwohl eine Entscheidung bereits getroffen wurde)

**vote, normal**
der Anteil der Stimmen für einen Parteikandidaten, der von der Loyalität der Wähler herrührt

**vote, party**
Abstimmung entsprechend der Parteilinie
(wenn mindestens 90 % der einen Partei eine Linie vertritt und mindestens 90 % der anderen Partei die entgegengesetzte Linie vertritt)

**vote, party unity**
eine Abstimmung, bei der die Mehrheit einer Partei gegen die Mehrheit einer anderen Partei antritt

**vote, popular**
siehe **popular vote**

**vote prohibition, straw**
Probeabstimmungsverbot
(ein Mitglied des Repräsentantenhauses, das die Redeerlaubnis im Sitzungssaal hat, darf die Mitglieder des Repräsentantenhauses nicht um eine Probeabstimmung bitten)

**vote, protest**
eine Stimmabgabe für einen Kandidaten, der keine echte Siegeschance hat (z.B. Drittparteikandidaten), um zu zeigen, dass man mit den anderen Wahlmöglichkeiten unzufrieden ist

**vote, proxy**
siehe **proxy vote**

**vote, recorded**
siehe **recorded vote**

**vote, right to**
siehe **right to vote**

**vote, roll-call**
siehe **roll-call vote**

**vote, soft**
eine Stimme, die von jemandem abgegeben wird, der gerade zufälligerweise am Wahltag am Wahllokal vorbeikommt

**vote, standing**
Stimmabgabe durch Aufstehen

**vote, straight party**
siehe **voting, straight-ticket**

**vote, straw**
Probeabstimmung
(eine inoffizielle, unverbindliche Stimmabgabe)

**vote, swing**
siehe **swing vote 1**

**vote, teller**
eine Stimmenabgabe, bei der erst die Befürworter und dann die Gegner einer Maßnahme an einem Stimmenzähler vorbeigehen und von ihm gezählt werden

**vote, tie**
Stimmengleichheit;
Stimmengleichstand

**vote, tie-breaking**
siehe **tie-breaker 1** und **2**

**vote, throw-away**
verschenkte Stimme
(eine Stimmabgabe, die keine politischen Konsequenzen nach sich zieht und nicht notwendigerweise die politische Über-

zeugung des Politikers widerspiegelt, der sie abgibt)

**vote trading**
gegenseitige Unterstützung bei Abstimmungen; siehe **back-scratching** und **logrolling**

**vote, viva voce**
wörtl.: lebende Stimme (eine mündliche Stimmabgabe, keine elektronische)

**vote, voice**
eine mündliche Stimmabgabe, die zusammenhängend erfolgt, ohne dass die einzelnen Stimmen gezählt werden

**vote, write-in**
Stimmabgabe für eine andere Person, als auf dem Stimmzettel als Kandidat angegeben ist

**voter**
Stimmberechtigte/r; Wahlberechtigte/r; Wähler/in

**voter, absentee**
siehe **absentee voter**

**voter apathy**
Wahlmüdigkeit der Wähler

**voter, core**
Stammwähler/in

**voter, eligible**
siehe **voter, registered**

**voter, enrolled**
siehe **voter, registered**

**voter fall off**
der Rückgang der Wahlbeteiligung, der auftritt, wenn die Wähler für die wichtigen Ämter wie z.B. das Amt des Präsidenten, des Gouverneurs und der Kongressmitglieder abgestimmt haben und die Stimmabgabe für Ämter auf der bundesstaatlichen oder Kommunalebene vernachlässigen

**voter notification**
Wahlbenachrichtigung

**voter participation**
Wahlbeteiligung

**voter, peripheral**
ein Wähler, der normalerweise bei der Präsidentschaftswahl seine Stimme abgibt, nicht jedoch bei Wahlen auf bundesstaatlicher oder kommunaler Ebene

**voter, registered**
Wahlberechtigte/r

**voter registration**
siehe **registration, voter**

**voter requirements**
die Bedingung, dass ein Wähler ein US-Bürger und 18 Jahre alt sein muss, um wahlberechtigt zu sein

**voter roll off**
siehe **voter fall off**

**voter, undecided**
siehe **undecideds**

**votes, to count on**
mit Stimmen rechnen

**votes, to muster enough**
genügend Stimmen zusammenbekommen

**votes, to tally up**
Stimmen auszählen

**voting**
Abstimmen; Stimmabgabe; Wählen

**voting age**
Wahlalter

**voting-age population**
Bevölkerungsanteil im wahlfähigen Alter

**voting, absentee**
siehe **absentee voting**

**voting behavior**
Wählerverhalten

**voting bloc**
Stimmen, die von einer Gruppe nach der allgemein vereinbarten politischen Richtung abgegeben werden

**voting booth**
Wahlkabine; Wahlzelle

**voting, bullet**
eine Wahlstrategie, die bei einer Wahl auf Bezirks- oder Kommunalebene angewandt wird; bei dieser Strategie können die Wähler für mehr als einen Kandidaten abstimmen, beschränken ihre Stimme jedoch auf einen Kandidaten, um seine Siegeschancen zu erhöhen

**voting, cluster**
die gezählte Stimmabgabe zu mehreren Gesetzesvorlagen hintereinander im Repräsentantenhaus

**voting, compulsory**
Wahlpflicht

**voting, cumulative**
eine Variante der Stimmabgabe, bei der ein Wähler bei jeder einzelnen von mehreren aufeinanderfolgenden Wahlen zwei oder drei Stimmen zur Verfügung hat, die er entweder auf verschiedene Kandidaten verteilt oder auf einen konzentriert; da Mitglieder kleiner Parteien alle ihre Stimmen auf einen einzigen Kandidaten ihrer eigenen Partei konzentrieren, erreichen sie eine größere Vertretung in der Legislative

**voting, early**
siehe **early voting**

**voting, electronic**
elektronische Wahl

(eine Methode der Abstimmung in legislativen Gremien per computergesteuertem Wahlsystem)

**voting fraud**
siehe **election fraud**

**voting, issue**
Stimmabgabe für einen Kandidaten wegen seines Standpunktes in einer bestimmten Angelegenheit

**voting, negative**
Stimmabgabe aus Protest gegen eine bestimmte Angelegenheit oder die regierende Partei

**voting, party-line**
Abstimmung entsprechend der Parteilinie; linientreue Stimmabgabe

**voting pattern**
siehe **voting behavior**

**voting, pocketbook**
siehe **pocketbook voting**

**voting, preferential**
siehe **preferential voting**

**voting precinct**
siehe **precinct**

**voting process**
siehe **election process**

**voting, proportional**
siehe **representation, proportional**

**voting, prospective**
Stimmabgabe, die auf der Prämisse erfolgt, dass ein Kandidat bestimmte politische Maßnahmen befürworten oder durchführen wird, wenn er im Amt ist; vgl. **voting, retrospective**

**voting, proxy**
siehe **proxy voting**

**voting residence**
der Ort, wo ein Wähler seinen Wohnsitz hat

**voting, retrospective**
Stimmabgabe für Kandidaten auf Basis ihrer vergangenen Leistung in einem politischen Amt; vgl. **voting, prospective**

**voting right**
siehe **right to vote**

**Voting Rights Act of 1965**
Wahlrechtsgesetz von 1965 (das 1970, 1975 und 1982 ergänzte Gesetz befürwortet eine umfassende Wahlreform, zweisprachige Wahlen in einigen Wahlbezirken und die Einrichtung von Bezirken, in denen überwiegend Minderheiten wohnen; es verbietet Lese- und Schreibtests)

**voting, split-ticket**
siehe **ticket splitting**

**voting station**
siehe **polling station**

**voting, straight-ticket**
geradlinige Stimmabgabe
(Stimmabgabe an eine einzige Partei; vgl. **ticket splitting**)

**voting, strategic**
strategische Stimmabgabe
(eine Stimmabgabe, die nicht aus aufrichtigen Zwecken erfolgt, sondern vielmehr, um negative Ergebnisse zu bewirken; siehe **vote, crossover**)

**voting strength**
Wahlkraft
(Einfluss einzelner Gruppen auf die Wahlen)

**voting, tactical**
taktische Stimmabgabe
(Stimmabgabe, die nicht für den eigentlich persönlich favorisierten Kandidaten erfolgt, sondern für den Kandidaten mit den größten Siegeschancen)

**to vouch for someone or something**
für jdn. oder etw. bürgen

**voucher**
Gutschein

# W

**wage negotiations**
Tarifverhandlungen

**wage parity**
siehe **parity, wage**

**wages**
Löhne

**wages, to regulate**
die Löhne regulieren

**to waive**
(*rights*) verzichten auf;
(*rules*) außer Acht lassen

**walk, to take a**
nicht zu einer Abstimmung über ein Gesetzesvorlage erscheinen, weil einem von der Oppositionspartei Geld und Vergünstigungen versprochen wurden

**walking around money**
siehe **street money**

**war**
Krieg

**war, to cause a**
siehe **war, to start a**

**war, to declare**
einen Krieg erklären

**war, to oppose**
gegen Krieg sein

**war, to start a**
einen Krieg auslösen

**war chest**
Kriegskasse
(Gelder, die ein Amtsinhaber für einen zukünftigen Wahlkampf hortet)

**war, declaration of**
Kriegserklärung

**war gaming**
wörtl.: Kriegsspiele
(die Untersuchung aller möglichen Reaktionen auf die tatsächlichen oder potenziellen Bewegungen eines Herausforderers in der Politik oder in der Verteidigung)

**war hawks**
siehe **hawk**

**war powers**
Befugnisse des Kongresses und des Präsidenten im Bereich der Kriegsführung

**War Powers Resolution**
Resolution von 1973, die die Befugnisse des Kongresses und des Präsidenten in Bezug auf die Truppenentsendung im Kriegsfall regelt: der Präsident darf amerikanische Truppen entsenden 1. nach einer Kriegserklärung durch den Kongress; 2. aufgrund einer vom Kongress erteilten Autorisierung; 3. im Falle eines Angriffs auf die

USA mit einer Bedrohung der nationalen Sicherheit (im letzten Fall darf der Präsident ohne die Zustimmung des Kongresses Truppen für 60 Tage einsetzen)

**war wimp**
siehe **hawk, chicken**

**ward**
Wahlbezirk in einer Stadt (die zweitkleinste Organisationseinheit einer politischen Partei, die aus mehreren **precincts** besteht)

**ward heeler**
(*derog*) ein politischer Funktionär, der wenig Respekt erfährt und seinen Vorgesetzten gegenüber loyal ist; der Begriff bezieht sich auf einen bei Fuß gehenden Hund

**warfare**
(*mil*) Kriegsführung

**warfare, aerial**
siehe **aerial warfare**

**warfare, chemical**
(*mil*) chemische Kriegsführung

**warfare, germ**
(*mil*) biologische Kriegsführung

**warfare, guerrilla**
siehe **guerrilla warfare**

**Washington insider**
Politiker oder politischer Berater, der aktiv am politischen Entscheidungsprozess in Washington beteiligt ist

**Washington representative**
wörtl.: Interessenvertreter in Washington
(Bezeichnung für einen Lobbyisten)

**waste**
Verschwendung

**waste of money**
Geldverschwendung

**waste of time**
Zeitverschwendung

**watchdog**
wörtl.: Wachhund
(eine Person oder Aufsichtsbehörde, die Untersuchungen von Regierungsprogrammen durchführt)

**watchdog agency**
siehe **regulatory agency**

**watchdog committee**
siehe **committee, watchdog**

**water conservation**
Erhaltung der Wasservorkommen; Gewässerschutz

**watermelon bill**
siehe **bill, watermelon**

**Ways and Means Committee**
Steuerausschuss
(Exclusive Committee im Repräsentantenhaus)

**weak-mayor plan**
ein Stadtregierungsplan, bei dem der Bürgermeister seine Exekutivbefugnisse mit anderen gewählten Beamten und dem Stadtrat teilen muss

**wealth tax**
siehe **tax, wealth**

**weapon**
Waffe

**wedge issue**
ein Thema, das von einem politischen Strategen wie ein „Keil" zwischen Kandidat und Wählerschaft geschoben wird

**to weigh**
(*problem*) abwägen; überlegen

**weight**
(*importance*) Bedeutung; Gewicht

**welcoming ceremony**
Begrüßungszeremonie

**welfare**
Sozialhilfe

**welfare, to be on**
Sozialhilfe bekommen; Sozialhilfe beziehen

**welfare queen**
(*derog*) eine Person, die das Sozialhilfesystem ausnutzt und sich mit Hilfe der Zuwendungen in Form von Geld und Lebensmittelgutscheinen Luxusgüter beschafft

**welfare recipient**
Sozialhilfeempfänger/in

**welfare state**
Sozialstaat

**well**
der halbkreisförmige Bereich vor dem Podium im Plenarsaal des Repräsentantenhauses oder Senats

**well, to go to the**
einem Kollegen unter Eingehen persönlicher Kosten einen Gefallen tun

**West Front**
Westseite
(die Seite des Kapitols, die auf die Mall, das Washington Monument und das Weißen Haus blickt)

**whatsisname**
Herr Soundso
(ein Ausdruck, den im Wahlkampf vorne liegende Politiker gerne benutzen, um den Namen ihres Gegners nicht nennen zu müssen)

**wheeler-dealer**
(*derog*) ein mächtiger, aber nicht immer erfolgreicher Politiker, der gerne Geschäfte macht

**Whig party**
(*hist*) Whig-Partei
(1836-1852, Vorläuferpartei der heutigen Republikanischen Partei)

**whip**
stellvertretende/r Vorsitzende/r der Regierungspartei oder der Oppositionspartei
(für die Organisation von Abstimmungen zuständig)

**whip count**
der Versuch eines **whip**, eine genaue Angabe über die Anzahl der Stimmen, die seine Partei bei einer bevorstehenden Gesetzesvorlage bekommen wird, zu erhalten

**whip, majority**
siehe **majority whip**

**whip, minority**
siehe **minority whip**

**whip notices**
wöchentliche Unterredung der **whips** der beiden Parteien im Repräsentantenhaus über das Wochenprogramm

**whistle, to blow the**
jdn. verpfeifen; über etw. auspacken

**whistle-stop tour**
Wahlkampftour mit vielen kurzen Stationen

**whistleblower**
eine Person, die eine andere Person oder eine Organisation verpfeift

**white-collar crime**
Wirtschaftskriminalität; Wirtschaftsverbrechen

**white-collar worker**
Büroarbeiter

**white committee**
siehe **committee, white**

**white flight**
der Wegzug der weißen Bewohner von der Innenstadt in die Vorstädte als Folge der Rassen- und Minderheitenintegration

**the White House**
das Weiße Haus

**White House, to capture the**
wörtl: das Weiße Haus einnehmen
(die Präsidentschaftswahl gewinnen)

**White House Chief of Staff**
Stabschef des Weißen Hauses

(der wichtigste Berater des Präsidenten bei dessen Kommunikation mit dem Kongress, den Ministerien und der allgemeinen Öffentlichkeit)

**White House Office**
Präsidialamt

**White House Press Secretary**
Pressesprecher/in des Weißen Hauses
(der/die Sprecher/in des Präsidenten gegenüber den Medien)

**White House Speaker**
Präsidialamtssprecher/in; Sprecher/in des Weißen Hauses

**the White House spin**
siehe **spin, the White House**

**White House staff**
Mitarbeiter- und Beraterstab des Präsidenten

**wholesale politics**
siehe **politics, wholesale**

**WIC**
das Ernährungshilfeprogramm für „Women, Infants und Children" (Frauen, Säuglinge und Kinder) aus einkommensschwachen Familien

**to wield**
(*influence, power*) ausüben

**windbag**
(*derog*) Windei
(ein Politiker, der wichtig tut, aber nichts Substanzhaltiges sagt)

**window dressing**
wörtl.: Schaufensterdekoration
(eine Rede oder Information, die bewirkt, das etwas mehr scheint, als es ist)

**winger**
eine Person, die am extremen rechten oder linken Flügel einer Partei steht

**winner take[s] all**
alle Stimmen für den Sieger; alles für den Sieger
(Merkmal des politischen Systems der USA, das besagt, dass der Gewinner bei einer Präsidentschaftswahl alle Wahlmännerstimmen eines Bundesstaates erhält, wenn er eine einfache Mehrheit in diesem Bundesstaat errungen hat)

**wire-puller**
Drahtzieher
(eine Person, die im Hintergrund die Fäden zieht, um ihre Ziele zu erreichen)

**wish list**
Wunschliste
(eine Liste von Programmen oder Projekten, die vom Präsidenten oder von führenden

Kongressmitgliedern besonders gewünscht werden)

**witch hunt**
Hexenverfolgung
(eine Untersuchung, die Missetaten aufdecken, in Wahrheit jedoch nur dem Kandidaten schaden soll)

**to withdraw**
(*troops*) abziehen;
(*ambassador*) zurückrufen;
(*motion, support*) zurückziehen

**withdrawal**
(*ambassador*) Abziehen;
(*of troops*) Abziehen; Rückzug

**withholding tax**
siehe **tax, withholding**

**witness**
(*Jur*) Zeuge/Zeugin

**witness stand**
(*Jur*) Zeugenstand

**women's right to vote**
siehe **women's suffrage**

**women's suffrage**
Frauenstimmrecht;
Frauenwahlrecht
(der Neunzehnte Verfassungszusatz gab Frauen 1920 das Stimmrecht)

**to woo**
(*voters*) umwerben

**woodshed**
wörtl.: Holzschuppen
(der Ort, wo Vorgesetzte ihre Untergebenen maßregeln, die schädliche und kompromittierende Informationen an die Presse weitergegeben haben)

**woodwork theory**
die Annahme, dass, wenn der richtige Liberale oder Konservative nominiert wird, die Wähler irgendwie „aus dem Unterholz kriechen“ werden, um diesen Kandidaten zu unterstützen

**wordsmith**
wörtl.: Worteschmied
(ein politischer Redenschreiber, der komplexe Ideen in einer klaren und einfachen Sprache ausdrücken kann)

**to work the chairs**
der Prozess des Emporsteigens im Kongress, vor allem im Repräsentantenhaus, indem man von einer Führungsposition zur nächsthöheren wechselt und schließlich ganz oben als **Speaker of the House** ankommt

**to work the doors**
der Lobbyisten-Ausdruck für den undankbaren Job, draußen vor dem Sitzungssaal des Repräsentantenhauses oder Senats warten zu müssen, um die Kongressmitglieder von der eigenen

Anwesenheit in Kenntnis zu setzen

**to work the fence**
die Interaktion eines politischen Kandidaten mit seinen Anhängern, die durch eine Absperrung von ihm getrennt sind, indem er z.B. Hände schüttelt oder Babys küsst

**work**
Arbeit

**work, to be out of**
arbeitslos sein

**work, to have no**
siehe **work, to be out of**

**work disability**
Arbeitsunfähigkeit

**work force**
Arbeiterschaft; Arbeitskräfte

**work incentive program**
Arbeitsförderungsprogramm

**work permit**
Arbeitserlaubnis

**workers, to fire**
Arbeiter entlassen

**workfare**
Sozialhilfeprogramm, das von den Sozialhilfeempfängern verlangt, dass sie arbeiten

**Workmen's Compensation Law**
Arbeitsunfallentschädigungsgesetz

**workplace**
Arbeitsplatz

**world economic summit**
Weltwirtschaftsgipfel

**world economy**
Weltwirtschaft

**world market**
Weltmarkt

**world peace**
Weltfrieden

**world power**
Weltmacht

**world trade**
Welthandel

**World Trade Organization**
Welthandelsorganisation

**writ**
(*Jur*) gerichtliche Anweisung; Verfügung

**writ, to grant a**
(*Jur*) eine Verfügung erlassen

**writ of certiorari**
(*Jur*) eine Anordnung oder Verfügung einer höheren Instanz, die verlangt, dass eine niedrigere Instanz eine Fallakte zur

Berufung oder Revision an diese Instanz weiterleitet

**writ of habeas corpus**
(*Jur*) eine Anordnung oder Verfügung, die besagt, dass der Angeklagte dem Gericht zwecks Haftprüfung persönlich vorgestellt werden muss, zum Schutz vor willkürlicher Inhaftierung

**write-in candidate**
siehe **candidate, write-in**

**write-in vote**
siehe **vote, write-in**

**wrongdoing, to punish**
Missetaten bestrafen

**WTO**
siehe **World Trade Organization**

# Y

**yeas and nays**
siehe **roll-call vote**

**yielding**
die freiwillige Aktion eines Mitglieds des Repräsentantenhauses, das das Rederecht im Plenarsaal hat, einem anderen Mitglied das Rederecht einzuräumen

**young Turk**
ein neu gewähltes Kongressmitglied, das ein gewichtiges Mitspracherecht in Parteiangelegenheiten verlangt und damit droht, ältere Ausschussmitglieder zu stürzen, wenn er nicht mehr Respekt erhält

# Z

**zero-based budgeting**
Null-Basis-Budgetierung (ein Haushalt, der den Haushalt des vorausgegangenen Jahres nicht berücksichtigt und bei Null anfängt)

**zero-fund**
die Aktion des Kongresses, ein Programm dadurch zu stoppen, indem man das dafür vorgesehene Geld stoppt

**zero-sum game**
eine Situation in der Politik, in der der Gewinn einer Person einen Verlust für eine andere Person bedeutet

**zoo**
die Menagerie „politischer Tiere" (z.B. Reporter, Fotografen, Fernseh-Teams und Wahlkampfmitarbeiter), die einem Kandidaten von Stadt zu Stadt folgen

# Politisches Wörterbuch zum Regierungssystem der USA

## Deutsch-Englisch

# A

**Abgeordnete/r**
congressman; congresswoman; delegate; member of Congress; representative

**Abgesandte/r**
emissary; envoy

**Abkommen**
accord; agreement; treaty

**Abkommen abschließen, ein**
sichc **Abkommen schließen, ein**

**Abkommen aushandeln, ein**
to negotiate an agreement

**Abkommen beenden, ein**
to terminate an agreement

**Abkommen kündigen, ein**
to cancel an agreement

**Abkommen schließen, ein**
to conclude an agreement;
to enter into an agreement;
to make an agreement

**Abkommen treffen, ein**
siehe **Abkommen schließen, ein**

**ablaufen**
(*Frist, Vertrag*) to expire

**Abordnung**
Delegation

**abrüsten**
to disarm

**Abrüstung**
disarmament

**Abrüstungsabkommen**
disarmament agreement

**Abrüstungsgespräche**
disarmament talks

**Abrüstungsgespräche führen**
to conduct disarmament talks

**Abrüstungsgespräche wieder aufnehmen**
to resume disarmament talks

**Abrüstungsverhandlungen**
disarmament negotiations

**abschieben**
(*Jur*) to deport

**Abschiebung**
(*Jur*) deportation

**Abschiedsrede**
farewell address;
farewell speech

**abschrecken**
to deter

**Abschreckung**
deterrence

**Abschreckungsmittel**
deterrent

**abstimmen**
to vote

**abstimmen lassen**
to bring to vote

**Abstimmung**
vote

**Abstimmung aufrufen, zur**
to call for a vote

**Abstimmung durchführen, eine**
to take a vote

**Abstimmung kommen, zur**
to bring to vote

**Abstimmung stehen, zur**
to be up for a vote

**Abstimmung stellen, zur**
to put to vote

**Abstimmung, elektronische**
electronic voting

**Abstimmung, namentliche**
roll-call vote; vote by roll call

**Abtreibung**
abortion

**Abtreibungsbefürworter/in**
pro choice advocate

**Abtreibungsgegner/in**
pro life advocate

**abweichende Meinung**
(*Oberster Gerichtshof*)
dissenting opinion

**Abwertung**
(*Fin*) devaluation

**Akklamation**
acclamation

**Aktien**
(*Fin*) shares; stocks

**Aktienfonds**
(*Fin*) mutual fund

**Aktienkurs**
(*Fin*) sharc price

**Aktienhandel**
(*Fin*) stock trading

**Aktionär/in**
(*Fin*) shareholder; stockholder

**Aktivist/in**
activist

**Allgemeingut**
public domain

**amerikanischer Bürgerkrieg**
Civil War

**Amnestie**
amnesty

**Amt**
bureau; office

**Amt antreten, ein**
to assume office; to enter office; to take office

**Amt bekleiden, ein**
siehe **Amt innehaben, ein**

**Amt berufen, jdn. in ein**
to appoint someone to office

**Amt entfernen, jdn. aus dem**
to remove someone from office

**Amtes entheben, jdn. des**
siehe **Amt entfernen, jdn. aus dem**

**Amt gewählt werden, in ein**
to be elected to office

**Amt innehaben, ein**
to be in office; to hold office; to occupy office

**Amt kandidieren, für ein**
to run for office

**Amt niederlegen, ein**
siehe **Amt zurücktreten, von einem**

**Amt sein, im**
siehe **Amt innehaben, ein**

**Amt vereidigt werden, im**
to be sworn into office

**Amt verlassen, ein**
to leave office

**Amt zurücktreten, von einem**
to resign from office; to step down from office

**Amt auf Lebenszeit**
appointment for life; lifetime appointment

**amtierend**
(*Präsident*) acting; incumbent; (*Partei*) governing; ruling

**amtlich**
official

**Amtsanklage**
(*Const*) impeachment

**Amtsanklage unterliegen, einer**
(*Const*) to be subject to impeachment

**Amtsanklage unterworfen sein, einer**
siehe **Amtsanklage unterliegen, einer**

**Amtsanklageverfahren**
siehe **Amtsenthebungsverfahren**

**Amtsanklageverfahren einleiten**
siehe **Amtsenthebungsverfahren einleiten**

**Amtsantritt**
entry into office

**Amtsdauer**
term length; time in office

**Amtseid**
oath of office

**Amtseid ablegen, einen**
to swear an oath of office;
to take an oath of office

**Amtseid abnehmen, einen**
to administer an oath of office;
to give an oath of office

**Amtseid schwören, einen**
siehe **Amtseid ablegen, einen**

**Amtseinführung**
inauguration

**Amtsenthebung**
impeachment; removal from office

**Amtsenthebungsverfahren**
(*Const*) impeachment proceedings

**Amtsenthebungsverfahren einleiten**
(*Const*) to start impeachment proceedings

**Amtsinhaber/in**
incumbent; officeholder

**Amtsmissbrauch**
abuse of authority;
abuse of power

**Amtsnachfolger/in**
(*im Amt*) successor

**Amtsperiode**
siehe **Amtszeit**

**Amtsvergehens angeklagt werden, wegen eines**
(*Const*) to be tried for impeachment

**Amtsvorgänger/in**
(*im Amt*) predecessor

**Amtswechsel**
change in office

**Amtszeit**
incumbency; tenure; term of office; time in office

**Anarchie**
anarchy

**Anciennität**
seniority

**Anciennitätsprinzip**
seniority rule

**Änderungsantrag**
siehe **Änderungsvorschlag**

**Änderungsvorschlag**
(*Gesetzesvorlage*) amendment

**Änderungsvorschlag unterstützen, einen**
to support an amendment

**Änderungsvorschlag entwerfen, einen**
to draft an amendment

**anfechten**
to challenge; to contest

**Anfechtung**
challenge

**angeklagt werden**
(*Jur*) to be charged; to be indicted

**Angeklagte/r**
(*Jur*) (*criminal case*) the accused

**Anhörung**
hearing

**Anhörung teilnehmen, an einer**
to attend a hearing;
to participate in a hearing

**Anhörung veranstalten, eine**
to conduct a hearing;
to hold a hearing

**Anhörung, nichtöffentliche**
closed hearing

**Anhörung, öffentliche**
open hearing

**Anklage**
(*Jur*) charge; indictment

**Anklage erheben**
(*Jur*) to accuse; to arraign on a charge; to charge

**Anklage nicht anfechten, die**
(*Jur*) to plead no contest

**Anklageerhebung**
(*Jur*) arraignment; indictment

**Anklageschrift**
(*Jur*) bill of indictment

**Anspruch**
1. claim;
2. eligibility

**anspruchsberechtigt sein**
to be eligible for benefits

**anstehend**
pending

**Antrag**
motion

**Antrag ablehnen, einen**
to defeat a motion; to reject a motion

**Antrag stellen, einen**
to propose a motion

**Antrag unterstützen, einen**
to back a motion; to endorse a motion; to second a motion;
to support a motion

**Antrag zurückziehen, einen**
to withdraw a motion

**Antrag auf Abstimmung**
motion to bring to a vote

**Antrag auf eine kurze Sitzungsunterbrechung**
motion to recess

**Antrag auf Revision einer Gesetzesvorlage mit bestimmten Vorgaben**
motion to instruct

**Antrag auf Verschiebung der Debatte**
motion to postpone debate

**Antrag auf Wiederaufnahme einer Gesetzesvorlage**
motion to reconsider a bill

**Antrag auf Zurückstellung einer Gesetzesvorlage**
motion to table a bill

**Antrag auf Zurücküberweisung einer Gesetzesvorlage an den zuständigen Ausschuss**
motion to recommit a bill to the appropriate committee

**Antragsgegner/in**
(*Jur*) (*family law*) respondent

**Antragssteller/in**
(*Jur*) (*family law*) petitioner

**Antrittsrede**
inaugural address; inaugural speech

**Arbeit**
employment; job; work

**Arbeiterschaft**
work force

**Arbeitnehmer/in**
employee

**Arbeitsamt**
employment office

**Arbeitseinkommen**
earned income

**Arbeitserlaubnis**
work permit

**Arbeitsförderungsprogramm**
work incentive program

**Arbeitgeber/in**
employer

**Arbeitsgericht**
labor court

**Arbeitskräfte**
labor force;
work force

**arbeitslos sein**
to be out of work; to be unemployed; to have no work

**arbeitslos werden**
to become unemployed;
to lose one's job

**die Arbeitslosen**
the unemployed

**Arbeitslosengeld**
unemployment benefits

**Arbeitslosengeld bekommen**
to collect unemployment benefits; to receive unemployment benefits

**Arbeitslosengeld beziehen**
siehe **Arbeitslosengeld bekommen**

**Arbeitslosenquote**
jobless rate;
rate of unemployment;
unemployment rate

**Arbeitslosenversicherung**
unemployment insurance

**Arbeitslosenzahlen**
unemployment figures

**Arbeitslosigkeit**
unemployment

**Arbeitsmarkt**
employment market; job market; labor market

**Arbeitsminister/in**
Secretary of Labor

**Arbeitsministerium**
Department of Labor

**Arbeitsplatz**
job; workplace

**Arbeitsplätze abbauen**
to abolish jobs

**Arbeitsplätze schaffen**
to create jobs

**Arbeitsplatzsicherheit**
job security

**Arbeitssuchende/r**
job applicant; job hunter;
job seeker

**Arbeitsunfähigkeit**
work disability

**Arbeitsunfallentschädigungsgesetz**
Workmen's Compensation Law

**Armee**
army

**Armut**
poverty

**Armutsgrenze**
poverty level; poverty line

**Asyl**
asylum

**Asyl ablehnen, einen Antrag auf**
to refuse someone asylum

**Asyl beantragen**
to apply for asylum

**Asylant**
asylum seeker

**Asylantrag**
application for asylum

**Asylbewerber/in**
siehe **Asylant**

**atomarer Sprengkopf**
atomic warhead;
nuclear warhead

**Atomwaffen**
atomic weapons;
nuclear weapons

**Atomwaffensperrvertrag**
Non-Proliferation Treaty;
Nuclear Non-Proliferation
Treaty; Treaty on the Non-Proliferation of Nuclear
Weapons

**Attentat**
assassination

**Attentat verüben, ein**
to assassinate

**Attentäter/in**
assassin

**aufheben**
(*Gesetz*) to abolish;
to repeal

**Aufhebung**
(*eines Gesetzes*) abolition;
repeal

**Aufrüstung**
armament

**Aufsichtsbehörde**
regulatory agency;
watchdog agency

**Aufsichtskommission**
regulatory commission

**Aufsichtsrat**
supervisory board

**Ausbürgerung**
expatriation

**Ausfuhrzoll**
export duty

**Ausgaben**
expenditures; spending

**Ausgaben erhöhen**
to increase spending

**Ausgaben kürzen**
to curtail spending;
to cut spending

**Ausgaben reduzieren**
to reduce spending

**Ausgabenerhöhung**
increase in spending;
spending increase

**Ausgabenkürzungen**
cuts in spending; spending cuts; spending reduction

**Ausland, im**
abroad

**Ausländer/in**
alien; foreigner

**Auslandsbeziehungen**
foreign relations

**Auslandshandel**
siehe **Außenhandel**

**auslegen**
(*Gesetze*) to interpret

**Auslegung**
(*von Gesetzen*) interpretation

**Auslieferung**
extradition

**Auslieferungsvertrag**
extradition treaty

**auslösen**
(*Krieg, Gewalt*) to cause; to provoke; to set off; to trigger; to unleash

**Ausnahmezustand**
state of emergency

**Ausnahmezustand aufheben**
to lift a state of emergency

**Ausnahmezustand verhängen**
to declare a state of emergency

**Aussage**
(*Jur*) statement (of a witness); testimony

**die Aussage verweigern**
(*Jur*) to refuse to make a statement; to remain silent; to take the Fifth (Amendment)

**aussagen**
(*Jur*) to make a statement; to testify

**Ausschuss**
committee

**Ausschuss angehören, einem**
to be on a committee

**Ausschuss auflösen, einen**
to dissolve a committee

**Ausschuss bilden, einen**
to form a committee

**Ausschuss leiten, einen**
to chair a committee; to preside over a committee

**Ausschuss sein, in einem**
siehe **Ausschuss angehören, einem**

**Ausschussbefugnisse**
committee powers; powers of a committee

**Ausschussberatungen**
committee deliberations

**Ausschussbericht**
committee report

**Ausschussmitglied**
committee member

**Ausschussmitglied sein**
to be a committee member;
to be on a committee;
to serve on a committee

**Ausschussprotokoll**
minutes of a committee meeting; record of a committee meeting

**Ausschusssitz**
seat on a committee

**Ausschusssitzung**
committee meeting

**Ausschusssitzung abhalten, eine**
to hold a committee meeting

**Ausschussvorsitz**
committee chairmanship

**Ausschussvorsitzende/r**
committee chairperson

**Außenhandel**
foreign commerce;
foreign trade

**Außenhandelsbilanz**
foreign trade balance

**Außenminister/in**
Secretary of State

**Außenministerium**
Department of State;
State Department

**Außenpolitik**
foreign policy

**Außenpolitiker/in**
foreign policy expert

**Auswanderer/in**
emigrant

**auswandern**
to emigrate

**Auswanderung**
cmigration

**Auswärtiges Amt**
siehe **Außenministerium**

**auszählen**
(*Stimmen*) to count; to tally

**Auszählung**
(*der Stimmen*) tallying

**Auszählungsergebnis**
(*der Stimmen*) count; tally

**Autokratie**
autocracy

**Autonomie**
autonomy

# B

**Basisdemokratie**
grassroots democracy

**Bauminister/in, Bundes-**
Secretary of Housing

**Bauministerium, Bundes-**
Department of Housing and Urban Development (HUD)

**Beamter/Beamtin**
civil servant; government employee; public official

**beantragen, etwas**
to move for something

**beaufsichtigen**
to oversee; to supervise

**Bedingung**
condition; precondition; prerequisite

**Bedrohung**
threat

**Bedrohung darstellen, eine**
to pose a threat

**Bedrohung ausgesetzt sein, einer**
to face a threat

**Bedürftige**
needy people; the needy

**befehlen**
to command

**Befehlsgewalt**
(*mil*) command authority

**Befehlshaber/in**
(*mil*) military commander

**Befehlskette**
(*mil*) chain of command

**befragen**
(*bei Meinungsumfragen*) to poll; to question; to survey

**Befragte/r**
pollster

**Befugnis**
authority; competence; power

**Befugnisse erhalten**
to obtain authority

**Befugnisse erteilen**
to grant authority

**Befugnisse überschreiten**
to exceed one's authority

**Befugnisse wahren**
to uphold authority

**befugt sein**
to be authorized; to have the authority

**befürworten**
to advocate; to defend; to endorse; to support

**Befürworter/in**
advocate; proponent; supporter

**begehen**
(*eine Straftat*) to commit

**Beglaubigung**
(*eines Botschafters*) accreditation

**Beglaubigung erteilen, die**
(*Botschafter*) to accredit

**begnadigen**
to grant a pardon; to grant a reprieve; to pardon

**Begnadigung**
pardon; reprieve

**Begnadigungsrecht**
(*Gouverneur, Präsident*) power to grant a pardon

**Begrüßungszeremonie**
welcoming ceremony

**behandeln**
(*Gesetzesvorlage*) to consider; to discuss

**Behandlung**
(*einer Gesetzesvorlage*) consideration; discussion

**die Behinderten**
the disabled; the physically challenged

**Behinderung der Justiz**
(*Jur*) obstruction of justice

**Behörde**
agency; office

**Behördenkram**
bureaucracy; red tape

**Beihilfe**
aid; grant

**Beirat**
siehe **Beratungsgremium**

**beitreten, einer Partei**
to join a party

**bekämpfen**
(*Inflation, Kriminalität*) to battle; to combat; to fight

**Beklagte/r**
(*Jur*) (*Zivilprozess*) defendant

**belasten**
(*Beziehungen*) to strain

**belasten, sich selbst**
(*Jur*) to incriminate oneself

**Belastung**
(*der Beziehungen*) strain

**Beliebtheit**
popularity

**beraten, etwas**
to debate; to deliberate; to discuss

**Berater/in**
adviser; aide; consultant

**Beratung**
consultation; debate; deliberation; discussion

**Beratung einer Gesetzesvorlage**
deliberation of a bill

**Beratungsgremium**
advisory body; consultative body; deliberative assembly; deliberative body

**berechtigen**
to authorize; to empower; to entitle; to give the right

**Berechtigung**
authorization; justification; right

**Berechtigungsprogramm**
entitlement program

**Berichterstattung**
coverage; press coverage; reporting

**berufen**
to appoint; to nominate

**Berufung**
appointment; nomination; (*Jur*) appeal

**Berufung einlegen**
(*Jur*) to appeal

**Berufung gehen, in die**
siehe **Berufung einlegen**

**Berufungsgericht**
(*Jur*) appellate court; court of appeals

**Berufungsrecht**
(*Jur*) right of appeal

**Berufungsrichter/in**
(*Jur*) appellate judge

**Beschäftigung**
employment; job

**beschlagnahmen**
(*Jur*) to confiscate

**Beschlagnahmung**
(*Jur*) confiscation

**beschlussfähig sein**
to have a quorum

**beschlussunfähig sein**
to lack a quorum

**beschränken**
to limit; to restrict

**Beschränkung**
limitation; restriction

**beschuldigen**
(*Jur*) to accuse; to charge

**Beschuldigte/r**
(*Jur*) (*criminal law*) defendant; person charged

**Beschwichtigung**
appeasement

**bestätigen**
to confirm

**Bestätigung**
confirmation

**Bestätigungsverfahren**
confirmation proceedings

**Bestechung**
(*Jur*) bribe; bribery

**Bestechungsgeld**
(*Jur*) bribe; slush fund; the take

**besteuern**
to impose a tax on something; to levy a tax on something; to tax

**Besteuerung**
taxation

**Bestimmung**
provision; regulation; rule

**Besuchertribüne**
(*in Congress*) gallery

**Betrug**
(*Jur*) fraud

**betrügerisch**
(*Jur*) fraudulent

**Betruges schuldig sein, eines**
(*Jur*) to be guilty of fraud

**Bevölkerung**
population

**bevollmächtigen**
to authorize; to empower

**Bevollmächtigung**
authorization

**Bevormundung**
(*derog*) paternalism

**bevorstehend**
(*Wahl*) approaching; forthcoming; upcoming

**bewilligen**
(*Geld, Mittel*) to appropriate

**Bewilligung**
(*Geld, Mittel*) appropriation

**Bewilligungsausschuss**
appropriation committee

**Beziehungen**
relations

**Beziehungen abbrechen**
to break off relations; to sever relations

**Beziehungen aufnehmen**
to enter into relations; to take up relations

**Beziehungen ausbauen**
to develop relations;
to intensify relations

**Beziehungen unterhalten**
to maintain relations

**Beziehungen verbessern**
to improve relations

**Beziehungen vertiefen**
to deepen relations

**Beziehungen wieder aufnehmen**
to reestablish relations;
to resume relations

**Bezirksregierung**
county government

**bilateral**
bilateral

**Bildungsminister/in**
Secretary of Education

**Bildungsministerium**
Department of Education

**billigen**
(*Gesetz*) to adopt; to pass

**Billigung**
(*eines Gesetzes*) adoption;
passage

**Binnenwanderung**
migration

**Block**
bloc

**Bodentruppen**
(*mil*) ground troops

**Börse**
(*Fin*) stock exchange;
stock market

**Börsenmakler/in**
(*Fin*) stock broker

**Botschaft**
embassy

**Botschafter/in**
ambassador

**Boulevardpresse**
tabloid journalism; yellow press

**Boykott**
boycott

**boykottieren**
to boycott

**Briefwahl**
absentee voting

**Briefwähler/in**
absentee voter

**Briefwahlstimme**
absentee ballot vote

**Briefwahlzettel**
absentee ballot

**Bruttoeinkommen**
gross income

**Bruttoinlandsprodukt (BIP)**
gross domestic product (GDP)

**Bruttosozialprodukt (BSP)**
gross national product (GNP)

**Bruttoverdienst**
gross earnings

**Budget**
budget

**Budget aufstellen, das**
to draw up the budget

**Budget aufstocken, das**
to increase the budget

**Budget ausarbeiten, das**
siehe **Budget aufstellen, das**

**Budget ausgleichen, das**
to balance the budget

**Budget kürzen, das**
to reduce the budget

**Budget überschreiten, das**
to exceed the budget

**Budgetierung**
budgeting

**Bund**
siehe **Bundesregierung**

**Bundesausgaben**
federal spending

**Bundesbeamter/-in**
civil servant

**Bundesbehörde**
federal agency; federal authority; federal office

**Bundesebene**
federal level

**Bundesgesetz**
federal law

**Bundesgericht**
federal court

**Bundeskriminalpolizei**
Federal Bureau of Investigation (FBI)

**Bundesparteitag**
national convention; national party convention

**Bundesparteivorsitzende/r**
national committee chairperson

**Bundesparteizentrale**
national committee headquarters

**Bundesrechnungshof**
General Accounting Office (GAO)

**Bundesrecht**
federal law

**Bundesregierung**
federal government

**Bundesrichter/in**
federal judge

**Bundesrichteramt**
federal bench

**Bundesstaat**
state

**Bundesstaatengesetz**
state law

**bundesstaatliche Legislative**
state legislature

**bundesstaatliche Regierung**
state government

**bundesstaatliche Verfassung**
state constitution

**Bundesverfassung**
Constitution

**Bundeswahlaufsichtsbehörde**
Federal Election Commission

**bundesweit**
across the country; nationwide

**Bundeszentralbank**
Federal Reserve Bank

**Bundeszentralbanksystem**
Federal Reserve System

**Bundeszuschuss**
federal aid; federal grant

**Bündnis**
alliance; league

**Bürger/in**
citizen

**bürgerliche Freiheitsrechte**
civil liberties

**bürgerliches Recht**
civil law

**Bürgermeister/in**
mayor

**Bürgerrechte**
civil rights

**Bürgerrechtsbewegung**
civil rights movement

**Bürgerrechtsgesetze**
Civil Rights Acts

**Bürgerrechtsorganisation**
civil rights organization

**Bürgerunruhen**
civil unrest

**Bürgerwehr**
militia

**Bürokrat/in**
bureaucrat

**Bürokratie**
bureaucracy

# C/D

**Chancengleichheit**
equal opportunity

**Dauerbewilligung**
permanent appropriation;
permanent authorization

**Dauerrede**
filibuster

**Dauerreden halten**
to filibuster

**Dauerredner/in**
filibusterer

**Defizit**
deficit; revenue shortfall;
shortfall

**Defizit haben, ein**
to run a deficit

**Defizit verringern, das**
to reduce the deficit

**Defizitabbau**
deficit reduction

**Defizitfinanzierung**
deficit financing;
deficit spending

**Deflation**
(*Fin*) deflation

**Delegation**
delegation

**Delegation anführen, eine**
to head a delegation;
to lead a delegation

**Delegationsleiter/in**
head of a delegation;
leader of a delegation

**Delegiertenversammlung**
delegate convention

**Delegierte/r**
delegate

**Demagoge/Demagogin**
demagogue

**Demagogie**
demagogy

**demagogisch**
demagogic

**Demokrat/in**
Democrat

**Demokratie**
democracy

**Demokratie sichern**
to safeguard democracy

**Demokratie verteidigen**
to defend democracy

**demokratisch**
democratic

**Demokratische Partei**
Democratic party

**demokratisieren**
to democratize

**Demokratisierung**
democratization

**Demonstrant/in**
demonstrator; protester

**Demonstration**
demonstration

**Demoskop**
pollster

**Devisenhändler/in**
(*Fin*) currency dealer

**dienstlich**
in an official capacity; officially; on official business

**Dienstweg, auf dem**
through official channels

**Diplomat/in**
diplomat

**Diplomatie**
diplomacy

**diplomatische Anerkennung**
diplomatic recognition

**diplomatische Beziehungen**
diplomatic relations

**diplomatische Beziehungen abbrechen**
to break off diplomatic relations; to sever diplomatic relations

**diplomatische Beziehungen aufnehmen**
to take up diplomatic relations

**diplomatische Beziehungen unterhalten**
to maintain diplomatic relations

**diplomatische Beziehungen wieder aufnehmen**
to reestablish diplomatic relations; to resume diplomatic relations

**diplomatische Immunität**
diplomatic immunity

**diplomatischer Dienst**
diplomatic service; foreign service

**Direktwahl**
direct election; popular election

**Diskriminierung**
discrimination

**Doktrin**
doctrine

**doppelte Staatsbürgerschaft**
dual citizenship

**Drahtzieher/in**
power broker; wire-puller

**durchsickern lassen**
(*Informationen*) to leak

**Durchsickernlassen**
**von geheimen Informationen**
leak

**Durchsuchungsbefehl**
(*Jur*) search warrant

# E

**Ebene**
level

**Ebene, bundesstaatliche**
state level

**Ebene, diplomatische**
diplomatic level

**Ebene, internationale**
international level

**Ebene, nationale**
national level

**Eid**
oath

**Eid ablegen, einen**
to swear an oath;
to take an oath

**Eid abnehmen, einen**
to administer an oath;
to give an oath

**Eid aussagen, unter**
to testify under oath

**Eid leisten, einen**
siehe **Eid ablegen, einen**

**eidesstattliche Erklärung**
(*Jur*) affidavit

**eidesstattliche Erklärung abgeben, eine**
(*Jur*) to swear an affidavit

**einberufen**
(*Sitzung*) to convene

**einberufen werden**
(*mil*) to be called up for military service; to be drafted

**Einberufung zum Wehrdienst**
(*mil*) conscription; draft

**einbringen**
(*Antrag, Gesetzesvorlage*)
to introduce

**Einbringung**
(*eines Antrags, einer Gesetzesvorlage*) introduction

**Einbürgerung**
naturalization

**Eindämmungspolitik**
containment; policy of containment

**Einfluss**
influence

**Einfluss ausüben**
to exert influence;
to wield influence;
to exert leverage

**Einflussbereich**
sphere of influence

**einflussreich**
influential

**Einfuhrzoll**
import duty

**Einführungsformel eines Gesetzes**
enacting clause

**Eingeborene/r**
native

**eingebürgert werden**
to become a naturalized citizen

**eingebürgerte/r Amerikaner/in**
naturalized American citizen

**Einbürgerung**
naturalization

**Einheitsstaat**
unitary government;
unitary state

**Einkommen**
income

**Einkommen aus Vermögen**
unearned income

**Einkommen, festes**
fixed income;
regular income

**Einkommen, steuerfreies**
tax-free income

**Einkommen, steuerpflichtiges**
taxable income

**Einkommensteuer**
income tax

**Einkommensteuer auf bundesstaatlicher Ebene**
state income tax

**einschränkend**
limited; restrictive

**Einschränkung**
constraint; limitation;
restraint; restriction

**einstimmig**
unanimous

**einstimmiger Beschluss**
unanimous decision

**Einstimmigkeit**
unanimity; unanimous vote

**Eintragung in das Wählerverzeichnis**
voter registration

**Einwanderer/in**
Immigrant

**Einwanderer/in, illegale/r**
illegal alien

**Einwanderung**
immigration

**Einwanderungsbehörde**
Immigration and Naturalization Service (INS);
immigration authorities

**Einwanderungsbeschränkung**
immigration restriction

**Einwanderungsquote**
immigration quota

**Emanzipation**
emancipation

**Embargo**
embargo

**Embargo verhängen, ein**
to impose an embargo

**Emissär/in**
emissary

**Empfang**
reception

**Empfänger/in**
recipient

**Engagement**
commitment

**engagieren, sich für etw.**
to commit oneself to something

**engagiert**
committed

**Enteignung**
expropriation

**Enteignungsrecht des Bundes**
right of eminent domain

**Entscheidung**
(*Jur*) decision; ruling

**Entscheidung ändern, eine**
(*Jur*) to alter a decision

**Entscheidung aufheben, eine**
(*Jur*) to override a decision;
to overrule a decision;
to undo a decision

**Entscheidung aufrecht-erhalten, eine**
siehe **Entscheidung bestätigen, eine**

**Entscheidung bestätigen, eine**
(*Jur*) to affirm a decision;
to uphold a decision

**Entscheidung fällen, eine**
(*Jur*) to deliver a decision;
to hand down a decision;
to render a decision

**Entscheidung für ungültig erklären, eine**
siehe **Entscheidung aufheben, eine**

**Entscheidung rückgängig machen, eine**
(*Jur*) to reverse a decision

**Entscheidung überprüfen, eine**
(*Jur*) to review a decision

**Entscheidungsbefugnisse**
decision-making powers

**Entscheidungsfindung**
decision-making

**Entscheidungsprozess**
decision-making process

**Entspannungspolitik**
détente; policy of détente

**Entscheidungsträger**
decision maker

**entwerfen**
(*Gesetzesvorlage)* to draft; to frame

**Entwicklungshilfe**
development aid; foreign aid; overseas aid

**Entwicklungsland**
developing country

**Entwurf**
(*einer Gesetzesvorlage*) draft

**Erbschaftssteuer**
inheritance tax

**Ergänzungsbewilligung**
supplemental appropriation

**Erklärung**
statement

**Erklärung abgeben, eine**
to make a statement

**Erklärung, offizielle**
official statement

**Erlass**
(*eines Gesetzes*) enactment; passage

**erlassen**
(*Gesetz*) to enact; to pass

**ermächtigen**
to authorize; to empower

**Ermächtigung**
authorization; empowerment

**Ermittler/in**
investigator

**Ermittlung**
inquiry; investigation

**Ermittlung durchführen, eine**
to carry out an investigation; to run an investigation

**Ermittlung einleiten, eine**
to start an investigation

**Ermittlungen anstellen**
to investigate

**Ermittlungsausschuss**
siehe **Untersuchungsausschuss**

**Ermittlungsergebnis(se)**
findings of an investigation; investigation findings

**Ernährungshilfe für Bedürftige**
Food Stamp Program

**Ernannte/r**
appointee; nominee

**ernennen**
to appoint; to designate; to nominate

**Ernennung**
appointment; nomination

**Ernennung bestätigen, eine**
to confirm an appointment

**Ernennung auf Lebenszeit**
appointment for life;
lifetime appointment

**Eröffnungsrede**
opening speech

**Eröffnungsrede halten, die**
to give the opening speech;
to make the opening speech

**Eröffnungssitzung**
opening meeting;
opening session

**erpressen**
to blackmail

**Erpressung**
blackmail

**Erzwingung**
extortion

**Eskalation**
escalation

**eskalieren**
to escalate

**Etat**
siehe **Budget**

**Etat aufstellen, den**
siehe **Budget aufstellen, das**

**Etat aufstocken, den**
siehe **Budget aufstocken, das**

**Etat ausarbeiten, den**
siehe **Budget ausarbeiten, das**

**Etat ausgleichen, den**
siehe **Budget ausgleichen, das**

**Etat kürzen, den**
siehe **Budget kürzen, das**

**Etat überschreiten, den**
siehe **Budget überschreiten, das**

**Etaterhöhung**
siehe **Ausgabenerhöhung**

**Etatkürzungen**
siehe **Ausgabenkürzungen**

**Exekutive**
executive branch; executive
branch of government

**Exekutivgewalt**
executive power

# F

**Familienrecht**
family law

**Familienpolitik**
family policy

**Fehlverhalten des Präsidenten**
presidential misconduct

**Fehlverhalten im Amt**
misconduct in office

**Festnahme**
(*Jur*) custody; detention

**Filibuster/in**
filibusterer

**filibustern**
to filibuster

**Finanzamt**
Internal Revenue Service (IRS)

**Finanzausschuss**
Finance Committee

**Finanzbehörde**
tax authority

**Finanzgesetzgebung**
financial legislation

**finanzieren**
to fund

**Finanzierung**
funding

**Finanzjahr**
siehe **Haushaltsjahr**

**Finanzminister/in**
Secretary of the Treasury

**Finanzministerium**
Department of the Treasury; Treasury Department

**Finanzplannung**
financial planning; fiscal planning

**Finanzpolitik**
fiscal policy; monetary policy

**Finanzvorlage**
finance bill

**Fiskalpolitik**
siehe **Finanzpolitik**

**Flüchtling**
refugee

**Flüchtling, politischer**
political refugee

**Flüchtlingslager**
refugee camp

**Flüchtlingsstrom**
flood of refugees; flow of refugees

**Flügel, linker**
left wing

**Flügel, rechter**
right wing

**Förderprogramm**
financial assistance program;
grant program

**Frau Vorsitzende**
Madam Chairman

**Frauenstimmrecht**
siehe **Frauenwahlrecht**

**Frauenwahlrecht**
women's right to vote;
women's suffrage

**Freihandel**
free trade

**Freihandelsabkommen**
free trade agreement

**Freiheit**
freedom; liberty

**Freiheit bewahren**
to preserve freedom

**Freiheitsstrafe**
(*Jur*) imprisonment;
prison sentence

**freisprechen**
(*Jur*) to acquit

**Freispruch**
(*Jur*) acquittal; verdict of not guilty

**Frieden**
peace

**Frieden brechen, den**
to break the peace

**Frieden erhalten, den**
to keep the peace;
to maintain the peace;
to preserve the peace

**Frieden gefährden, den**
to endanger peace;
to jeopardize peace

**Frieden sichern, den**
to make peace secure;
to safeguard peace

**Frieden wahren, den**
siehe **Frieden erhalten, den**

**Frieden wieder herstellen, den**
to restore peace

**Friedensabkommen**
peace agreement

**Friedensbedingungen**
terms of peace

**Friedensbewegung**
peace movement

**Friedensgespräche**
peace talks

**Friedenskonferenz**
peace conference

**Friedenskorps**
Peace Corps

**Friedenskundgebung**
peace rally

**Friedensverhandlungen**
peace negotiations

**Friedensvertrag**
peace treaty

**führende/r Politiker/in**
leader; leading politician

**Führung**
leadership

**Führungsposition**
leadership position

**Führungsspitze**
top leader

# G

**gebürtige/r Amerikaner/in**
natural born American citizen

**Gegenleistung**
quid pro quo

**Gegenreaktion**
backlash

**gegenseitig**
mutual; reciprocal

**gegenseitiges Handels-abkommen**
reciprocal trade agreement

**Gegenseitigkeit**
reciprocity

**Gegenspionage**
counterespionage

**Gegner/in**
adversary; opponent;
rival

**Gehaltsnebenleistungen**
fringe benefits

**Geheimagent/in**
secret agent

**Geheimdienst**
secret service

**Geheimsache**
classified information

**Geheimwahl**
secret ballot

**Gelder**
funding; funds

**Geldherrschaft**
plutocracy

**Geldmittel**
financial resources; funds

**Geldpolitik**
siehe **Finanzpolitik**

**Geldwäsche**
laundering money

**Gemeinde**
local community

**Gemeinderat**
local council; town council

**Gemeinderatswahlen**
elections to the local council;
elections to the town council;
local council elections;
town council elections

**Gemeindeverwaltung**
local government
administration

**gemeinnützige Organisation**
non-profit organization

**gemeinsame Sitzung**
joint session

**gemeinsamer Ausschuss**
joint committee

**Gemeinschaft**
community

**Gemeinwohl**
common good; common welfare; general welfare; public good; public welfare

**genehmigen**
to approve

**Genehmigung**
approval

**Generalamnestie**
general pardon

**Generalkonsul**
consul general

**Generalsekretär/in**
secretary general

**Generalversammlung**
general assembly

**Gericht**
court

**Gericht(shof)**
court of justice; court of law; law court

**gerichtlich**
judicial

**gerichtlich vorgehen, gegen jdn.**
to take legal action against someone

**Gerichtsbarkeit**
jurisdiction

**Gerichtsverfahren**
court proceedings; legal proceedings

**Gerichtsverhandlung**
trial

**Gerichtswesen**
court system; judicial system

**Geschädigte/r**
(*Jur*) injured party

**Geschäftsordnung**
standing rules

**Geschlechterdiskriminierung**
gender discrimination

**Geschworene/r**
(*Jur*) juror; juryman/jurywoman

**Geschworene abkapseln**
(*Jur*) to sequester a jury

**Geschworenengericht kommen, vor ein**
(*Jur*) to be tried by a jury

**Gesetz**
act; law; legislation; piece of legislation; statute

**Gesetz anwenden, ein**
to apply a law

**Gesetz abändern, ein**
to amend a law; to revise a law

**Gesetz aufheben, ein**
siehe **Gesetz außer Kraft setzen, ein**

**Gesetz auslegen, ein**
to interpret a law

**Gesetz außer Kraft setzen, ein**
to repeal a law

**Gesetz erlassen, ein**
to enact a bill (into law); to enact a law; to enact legislation; to pass a bill, to pass a law; to pass legislation

**Gesetz fallen, unter ein**
to be governed by a law; to be subject to a law

**Gesetz für verfassungswidrig erklären, ein**
to declare a law unconstitutional

**Gesetz hüten, ein**
to uphold a law

**Gesetz kippen, ein**
to overturn a law

**Gesetz übertreten, ein**
to break a law; to violate a law

**Gesetz verabschieden, ein**
siehe **Gesetz erlassen, ein**

**Gesetz verletzen, ein**
siehe **Gesetz übertreten, ein**

**Gesetz vollstrecken, ein**
to execute a law

**Gesetzentwurf**
siehe **Gesetzesvorlage**

**Gesetzesinitiative**
siehe **Gesetzesvorlage**

**Gesetzeslücke**
legal loophole; loophole in the law

**Gesetzesrecht**
statutory law

**Gesetzessprache**
legal language; legal terminology

**gesetzestreu**
law-abiding

**Gesetzesübertretung**
infringement of the law; violation of the law

**Gesetzesverletzung**
siehe **Gesetzesübertretung**

**Gesetzesvorlage**
bill; legislation; legislative proposal; piece of legislation

**Gesetzesvorlage ablehnen, eine**
to defeat a bill; to reject a bill

**Gesetzesvorlage annehmen, eine**
to accept a bill

**Gesetzesvorlage aufnehmen, eine**
to consider a bill

**Gesetzesvorlage ausarbeiten, eine**
to draft a bill

**Gesetzesvorlage durchbringen, eine**
to push a bill through Congress

**Gesetzesvorlage einbringen, eine**
to initiate a bill;
to introduce a bill

**Gesetzesvorlage entwerfen, eine**
to draft a bill

**Gesetzesvorlage für nichtig erklären, eine**
siehe **Gesetzesvorlage ungültig machen, eine**

**Gesetzesvorlage stoppen, eine**
to block a bill

**Gesetzesvorlage überarbeiten, eine**
to mark up a bill

**Gesetzesvorlage (an den zuständigen Ausschuss) überweisen, eine**
to commit a bill (to the appropriate committee);
to refer a bill (to the appropriate committee)

**Gesetzesvorlage ungültig machen, eine**
to void a bill

**Gesetzesvorlage unterstützen, eine**
to promote a bill; to sponsor a bill; to support a bill

**Gesetzesvorlage unterzeichnen, eine**
to sign a bill

**Gesetzesvorlage verabschieden, eine**
siehe **Gesetz erlassen, ein**

**Gesetzesvorlage verfassen, eine**
to author a bill

**Gesetzesvorlage vorlegen, eine**
to present a bill

**Gesetzesvorlage wieder aufnehmen, eine**
to reconsider a bill

**Gesetzesvorlage zurückstellen, eine**
to shelve a bill; to table a bill

**Gesetzesvorlage (an den zuständigen Ausschuss) zurücküberweisen, eine**
to recommit a bill (to the appropriate committee); to refer a bill back (to the appropriate committee)

**Gesetzesvorschlag**
siehe **Gesetzesvorlage**

**gesetzgebend**
law-making; legislative

**gesetzgebende Gewalt**
legislature

**gesetzgebende Versammlung**
legislative assembly

**gesetzgebendes Organ**
legislative body

**Gesetzgeber/in**
lawmaker; legislator

**Gesetzgebung**
legislation; piece of legislation

**Gesetzgebungsarbeit**
legislative work

**Gesetzgebungsbefugnis**
siehe **Gesetzgebungsgewalt**

**Gesetzgebungsgewalt**
law-making power; legislative power; power to legislate

**Gesetzgebungsprozess**
siehe **Gesetzgebungsverfahren**

**Gesetzgebungsverfahren**
legislative process

**gesetzlich**
by law; legal; statutory

**gesetzlich strafbar**
punishable by law

**gesetzlich verboten**
prohibited by law

**gesetzlos**
lawless

**Gesetzlosigkeit**
anarchy; lawlessness

**gesetzmäßig**
lawful; legal

**Gesetzmäßigkeit**
lawfulness; legality

**gesetzwidrig**
illegal; illicit; unlawful

**Gesetzwidrigkeit**
illegality; unlawfulness

**Gespräche**
talks

**Gespräche fortführen**
to continue talks

**Gespräche führen**
to conduct talks

**Gespräche wieder aufnehmen**
to resume talks

**Gesundheitsamt**
board of health

**Gesundheitsfürsorge**
health care

**Gesundheitsminister/in**
Secretary of Health

**Gesundheitsministerium**
Department of Health and Human Services (HUD)

**Gesundheitsreform**
health care reform

**gewährleisten**
to ensure; to guarantee

**Gewalt**
power

**Gewaltenteilung**
separation of powers

**Gewerkschaft**
labor union; trade union; union

**gewerkschaftlich organisieren**
to unionize

**gewerkschaftlich organisierte Arbeiterschaft**
organized labor; unionized labor

**Gewerkschaftsmitglied sein**
to be a union member

**Gewohnheitsrecht**
common law

**Gipfelabkommen**
summit agreement

**Gipfelgespräche**
summit talks

**Gipfelkonferenz**
summit conference

**Gipfeltreffen**
summit; summit meeting

**Gleichbehandlung**
equal treatment

**gleichberechtigt sein**
to have equal rights

**Gleichberechtigung**
equal rights

**Gleichheit**
equality; parity

**Gleichgewicht**
parity

**Gnadengesuch**
appeal for clemency; petition for clemency

**Gnadengesuch ablehnen, ein**
to reject a petition for clemency

**Gnadengesuch einreichen, ein**
to file a petition for clemency

**Gnadengesuch stattgeben, einem**
to grant a petition for clemency

**Gouverneur/in**
governor

**Gouverneursamt**
governorship

**Gouverneursposten**
siehe **Gouverneursamt**

**Gouverneurssitz**
gubernatorial seat

**Gouverneurswahl**
gubernatorial election; gubernatorial race

**grausame und ungewöhnliche Strafe**
(*Const*) cruel and unusual punishment

**Gremium**
body; caucus; panel

**Grenzschutz**
border patrol

**Großmacht**
superpower

**Großveranstaltung**
mass rally

**grundlegend**
fundamental

**grundlegendes Gesetz**
fundamental law

**Grundrechte**
basic rights; constitutional rights; fundamental rights

**Grundsatz**
principle

**Grundsatzdebatte**
debate on basic issues

**Grundsatzentscheidung**
fundamental decision

**Grundsteuer**
real estate tax

**Gründungsväter**
(*hist*) Founding Fathers; Founders

# H

**Haft**
(*Jur*) custody

**Haftbefehl**
(*Jur*) arrest warrant

**Haftbefehl erlassen, einen**
(*Jur*) to issue an arrest warrant

**Handauszählung**
(*der Stimmen*) manual recount

**Handelsabkommen**
trade agreement

**Handelsbeschänkungen**
trade restrictions

**Handelsbeziehungen**
trade relations

**Handelsbilanz**
balance of trade; trade balance

**Handelsblockaden**
trade barriers

**Handelsdefizit**
trade deficit

**Handelsembargo**
siehe **Handelssperre**

**Handelsembargo aufheben, ein**
to lift a trade embargo

**Handelsembargo verhängen, ein**
to impose a trade embargo

**Handelsembargo verschärfen, ein**
to tighten a trade embargo

**Handelskammer**
Chamber of Commerce

**Handelskrieg**
trade war

**Handelsminister/in**
Secretary of Commerce

**Handelsministerium**
Department of Commerce

**Handelspartner**
trading partner

**Handelspolitik**
trade policy

**Handelsrecht**
commercial law

**Handelsschranken**
siehe **Handelsblockaden**

**Handelsschranken abbauen**
to dismantle trade barriers

**Handelsschranken beseitigen**
to eliminate trade barriers;
to remove trade barriers

**Handelsschranken errichten**
to erect trade barriers

**Handelssperre**
trade embargo

**Handelsverhandlungen**
trade negotiations

**Handelsvolumen**
volume of trade

**handlungsorientiert**
action-oriented

**Handlungsvollmacht**
(*Jur*) power of attorney;
proxy

**Hauptausschuss**
major committee

**Hausdurchsuchungen und Beschlagnahmungen**
(*Const*) search and seizure

**Haushalt**
budget

**Haushalt aufstellen, den**
to draw up the budget

**Haushalt ausarbeiten, den**
siehe **Haushalt aufstellen, den**

**Haushalt ausgleichen, den**
to balance the budget

**Haushalt aufstocken, den**
to increase the budget

**Haushalt bewilligen, den**
to approve the budget

**Haushalt einbringen, den**
to introduce the budget

**Haushalt kürzen, den**
to reduce the budget

**Haushalt überschreiten, den**
to exceed the budget

**Haushalt verabschieden, den**
to approve the budget;
to pass the budget

**Haushalt vorlegen, den**
to present the budget

**Haushalt, ausgeglichener**
balanced budget

**Haushaltsausgaben**
budget expenditures;
budgetary expenditures

**Haushaltsausschuss**
Budget Committee

**Haushaltsdefizit**
budget deficit

**Haushaltsentwurf**
budget proposal

**Haushaltsgesetz**
budget law

**Haushaltsjahr**
budget year; fiscal year

**Haushaltsplan**
budget

**Haushaltsplanung**
budget planning; budgeting

**Haushaltsposten**
budget items

**Haushaltsrecht**
budget law

**Haushaltsrichtlinien**
budget guidelines

**Haushaltsschätzung**
budget estimate;
budget calculation

**Haushaltsüberschuss**
budget surplus

**Haushaltsvorlage**
budget bill

**Haussemarkt**
(*Fin*) bull market

**Heimatbundesstaat**
home state

**Herr Vorsitzender**
Mr. Chairman

**Hinrichtung**
(*Jur*) execution

**hochrangig**
high-level

**Hochrechnung**
exit polls; exit polling

**Hochverrat**
high treason

**Hoheitsgebiet**
national territory; territory

**Hoheitsgewässer**
territorial waters

**humanitäre Hilfe**
humanitarian aid;
humanitarian assistance

# I

**Immunität der Kongressmitglieder**
congressional immunity

**in Kraft treten**
to go into effect; to take effect

**indirekte Steuer**
indirect tax

**Inflation**
inflation

**Inflation bekämpfen**
to combat inflation

**Inflationsrate**
inflation rate; rate of inflation

**inhaftieren**
(*Jur*) to imprison;
to incarcerate

**Inhaftierung**
(*Jur*) imprisonment;
incarceration

**Inland-**
domestic

**Inlandsmarkt**
domestic market

**Innen-**
domestic; interior

**Innenminister/in**
Secretary of the Interior

**Innenministerium**
Department of the Interior

**Innenpolitik**
domestic policy

**innenpolitisch**
domestic; in terms of domestic policy

**Interessengruppe**
interest group; lobby;
pressure group

**Interessenverband**
siehe **Interessengruppe**

**internationales Recht**
international law

**Investmentfonds**
(*Fin*) mutual fund

# J

**Judikative**
judicial branch of government

**Jugendgericht**
juvenile court

**Jura**
jurisprudence; law

**Jurisdiktion**
jurisdiction

**Jurisprudenz**
jurisprudence

**Jurist/in**
lawyer; legal expert;
jurist

**Justiz**
judiciary

**Justizbeamter/-beamtin**
court official; judicial officer;
officer of the court

**Justizminister/in**
Attorney General;
Secretary of Justice

**Justizministerium**
Department of Justice

**Justizvollzugsbeamter/-beamtin**
correctional official

**Justizwesen**
judicial system; judiciary

# K

**Kabinett**
cabinet

**Kabinett bilden, ein**
to form a cabinet

**Kabinett umbilden, ein**
to reshuffle a cabinet

**Kabinettsausschuss**
cabinet committee

**Kabinettsbeschluss**
cabinet decision

**Kabinettsernennung**
cabinet appointment

**Kabinettsmitglied**
cabinet member

**Kabinettssitzung**
cabinet meeting

**Kabinettsstatus**
cabinet status

**Kabinettsstatus verleihen, jdm.**
to grant someone cabinet status

**Kandidat/in**
candidate; contender; contestant

**Kandidaten/Kandidatin befürworten, eine/n**
siehe **Kandidaten/Kandidatin unterstützen, eine/n**

**Kandidaten/Kandidatin ernennen, eine/n**
siehe **Kandidaten/Kandidatin nominieren, eine/n**

**Kandidaten/Kandidatin nominieren, eine/n**
to nominate a candidate;
to propose a candidate;
to put forward a candidate

**Kandidaten/Kandidatin unterstützen, eine/n**
to endorse a candidate

**Kandidat/in für das Richteramt**
judicial nominee

**Kandidatenliste**
slate; ticket

**Kandidatur**
candidacy

**Kandidatur bekannt machen, die**
to announce one's candidacy;
to declare one's candidacy

**kandidieren für den Kongress**
to run for Congress

**kandidieren für die Demokratische oder Republikanische Partei**
to run for the Democratic or Republican party; to run on the Democratic or Republican ticket

**kandidieren für ein Amt**
to run for office

**Kapitalertragssteuer**
capital gains tax

**Kapitalgewinnsteuer**
siehe **Kapitalertragssteuer**

**Kapitalverbrechen**
capital offense

**Kapitol**
Capitol; Capitol Hill; the Hill

**karitative Organisation**
charity

**Katastrophengebiet**
disaster area

**Katastrophenhilfe**
disaster relief

**Kaution**
(*Jur*) bail

**Kläger/in**
(*Jur*) (*Zivilrecht*) plaintiff

**Klassenbewusstsein**
class consciousness

**Klausel**
clause

**Koalition**
coalition

**Kodex**
(*Jur*) code

**kommunal**
local

**Kommunalpolitik**
city politics; local politics

**Kommunalregierung**
city government; local government

**Kommunalverwaltung**
local government administration

**Kommunalwahlen**
city elections; local elections

**Kommune**
municipality

**Konferenz**
conference

**Konferenz abhalten, eine**
to hold a conference

**Konferenz einberufen, eine**
to convene a conference

**Konferenz leiten, eine**
to chair a conference;
to preside over a conference

**Konfliktausweitung**
escalation

**Konföderation**
confederation

**Konföderationsartikel**
(*hist*) Articles of Confederation

**Konföderierte Staaten von Amerika**
(*hist*) Confederate States of America

**Kongress**
Congress

**Kongress kandidieren, für den**
to run for Congress

**Kongressabgeordnete/r**
siehe **Kongressmitglied**

**Kongressbibliothek**
Library of Congress

**Kongressführung**
congressional leadership

**Kongressmitglied**
congressman; congresswoman; member of Congress

**Kongressmitglied sein**
to be a member of Congress;
to serve in Congress

**Kongressmitglied mit dem höchsten Dienstalter**
longest-serving senator

**Kongressmitglied mit hohem Dienstalter**
senior member of Congress

**Kongresswahl**
congressional contest;
congressional election;
congressional race

**Kongresswahlkampf**
congressional election campaign

**Konjunktur ankurbeln, die**
to improve the economy;
to stimulate the economy

**Konjunkturabschwächung**
economic downturn

**Konjunkturaufschwung**
economic recovery; economic upswing; economic upturn

**Konjunkturaussichten**
economic outlook

**Konjunkturflaute**
siehe **Konjunkturrückgang**

**Konjunkturrückgang**
decline in economic activity;
falling economic activity;
economic slowdown

**Konjunkturverlauf**
economic trend

**Konservative/r**
conservative

**konstituieren**
(*Ausschuss, Kongress*)
to constitute

**Konsul**
consul

**Konsulat**
consulate

**konventionelle Waffen**
(*mil*) conventional weapons

**Körperschaftssteuer**
(*Fin*) corporation tax

**krankenversichert sein**
to be covered by health insurance; to be covered by medical insurance

**Krankenversicherung**
health insurance;
medical insurance

**Krankenversicherung für ältere Bürger/innen**
Medicare

**Krankenversicherung für Einkommensschwache und Behinderte**
Medicaid

**Krieg**
war

**Krieg auslösen, einen**
to cause a war; to start a war

**Krieg erklären, einen**
to declare war

**Krieg sein, gegen**
to oppose war

**Kriegsdienstverweigerer**
conscientious objector

**Kriegserklärung**
declaration of war

**Kriegsführung**
warfare

**Kriegsführung, chemische**
chemical warfare

**Kriegsführung, biologische**
germ warfare

**Kriegsmarine**
Navy

**Kriegsrecht**
martial law

**Kriegsrecht verhängen**
to declare martial law

**Krisensitzung**
emergency meeting

**kurzfristig**
on a short-term basis;
short-term

**Kürzungen**
cuts

**Küstenwache**
Coast Guard

# L

**Landwirtschaftsminister/in**
Secretary of Agriculture

**Landwirtschaftsministerium**
Department of Agriculture

**langfristig**
on a long-term basis; long-term

**langfristige Politik**
long-term policy

**langjährig**
long-standing

**langwierig**
lengthy; protracted

**Lebenshaltungskosten, Steigerung der**
cost-of-living increase

**Lebenszeit ernannt sein, auf**
to be appointed for life

**Lebenszeit im Amt sein, auf**
to have lifetime tenure;
to serve for life

**legal**
lawful; legal

**legalisieren**
to legalize

**Legislative**
legislative; legislative branch of government

**Legislaturperiode**
legislative period; legislative term; legislature; session; session of Congress

**Lenkungsausschuss**
steering committee

**Lesung**
(*einer Gesetzesvorlage*) reading

**liberal**
liberal

**Liberale/r**
liberal

**liberalisieren**
to liberalize

**Linke, die**
the left

**Lobby**
lobby

**Lobbyismus**
lobbyism

**Lobbyist/in**
lobbyist

**Löhne**
wages

**Löhne regulieren, die**
to regulate wages

**Lohnnebenleistungen**
fringe benefits

**Luftkrieg**
aerial warfare

**Luftwaffe**
Air Force

**Luxussteuer**
luxury tax

# M

**Macht**
power

**Macht aufrechterhalten, die**
to perpetuate power

**Macht ausüben**
to exercise power; to wield power

**Macht bleiben, an der**
to retain power

**Macht ergreifen**
to seize power

**Macht missbrauchen**
to abuse power

**Machthaber/in**
power holder

**mächtig**
powerful

**machtlos**
powerless

**Machtmissbrauch**
abuse of power

**Machtpolitik**
power politics

**Mandat im Kongress**
congressional seat;
seat in Congress

**Mandat erringen, ein**
to win a seat in Congress

**Mandat verlieren, ein**
to lose a seat in Congress

**Marine**
Navy

**Marinestützpunkt**
naval base

**Marktwirtschaft**
market economy

**die Massen**
the masses

**Massenbewegung**
mass popular movement

**Massendemonstration**
siehe **Massenkundgebung**

**Massenkundgebung**
mass demonstration

**Massenmedien**
mass media

**Massenveranstaltung**
mass rally

**Mehrheit**
majority

**Mehrheit der Wähler/innen**
majority of voters

**Mehrheit im Kongress**
congressional majority

**Mehrheit im Kongress haben, die**
to control Congress;
to have a majority in Congress

**Mehrheit im Repräsentantenhaus gewinnen, eine**
to win a majority in the House

**Mehrheit im Senat gewinnen, eine**
to win a majority in the Senate

**Mehrheit, absolute**
absolute majority

**Mehrheit, einfache**
simple majority

**Mehrheitsbeschluss**
majority vote

**Mehrheitsentscheidung**
majority opinion

**Mehrheitsfraktionsführer/in**
siehe **Mehrheitsführer/in**

**Mehrheitsführer/in**
majority leader

**Mehrheitswahlsystem**
majority system

**Mehrwertsteuer**
sales tax

**Meineid**
(*Jur*) perjury

**Meineid schwören, einen**
(*Jur*) to commit perjury;
to perjure

**Meinungsforscher/in**
pollster

**Meinungsumfrage**
opinion poll; poll; public opinion poll; survey

**Meinungsumfrage durchführen, eine**
to carry out an opinion poll;
to conduct an opinion poll;
to take an opinion poll

**Meistbegünstigung**
most-favored nation status

**Menschenrechte**
human rights

**Menschenrechtler/in**
human rights activist

**Menschenrechtsbewegung**
human rights movement

**Menschenrechtskatalog**
(*Const*) Bill of Rights

**Menschenrechtsverletzung**
human rights violation

**Militär**
military

**Militärausgaben**
military spending

**Militärdienst**
military service

**Militärdienst einberufen werden, zum**
to be called up for military service

**Militäretat**
military budget

**Militärregierung**
military government

**Miliz**
militia

**Minderheit**
minority

**Minderheitenrechte**
minority rights

**Minderheitsfraktions-führer/in**
siehe **Minderheitsführer/in**

**Minderheitsführer/in**
minority leader

**Mindestlohn**
minimum wage

**Mindestlohn erhöhen, den**
to raise the minimum wage

**Minister/in**
Secretary

**Ministerium**
department

**Missachtung des Gerichts**
(*Jur*) contempt of court

**missbilligen**
to disapprove

**Missbilligung**
disapproval

**Mitbefürworter/in einer Gesetzesvorlage**
cosponsor of a bill

**Mittel**
funding; funds

**Mittel beschaffen**
to raise funds

**Mittel bewilligen**
to appropriate funds; to approve funds

**Mittel kürzen**
to reduce funds

**Mittel, öffentliche**
public funds

**Mittelschicht**
middle class

**Mittelschicht, gehobene**
upper middle-class

**Mittelschicht, untere**
lower middle-class

**Mitverfasser/in einer Gesetzesvorlage**
coauthor of a bill

# N

**Nachfolge**
(*im Amt*) succession

**Nachkriegszeit**
postwar period

**Nachlasssteuer**
estate tax

**Nachrichten**
news

**Nachrichtendienst**
intelligence service

**Nachrichtenquelle**
news source

**Nachrichtensperre**
news ban; news blackout

**Nachrichtensendung**
newscast

**Nachtragsbewilligung**
supplemental appropriation

**Nachtragshaushalt**
budget amendment

**Nachwahl**
by-election

**nachzählen**
(*Stimmen*) to recount

**Nachzählung**
(*der Stimmen*) recount

**Nachzählung, maschinelle**
machine recount

**namentliche Abstimmung**
roll-call vote

**nationale Regierung**
federal government

**nationale Regierungsebene**
federal governmental level

**nationale Sicherheit**
national security

**nationale Verteidigung**
national defense

**nationaler Notstand**
national emergency

**Nationalfeiertag**
national holiday

**Nationalgarde**
national guard

**Nationalgarde einsetzen, die**
to send in the national guard

**Nationalhymne**
national anthem

**nationalisieren**
to nationalize

**Nationalismus**
nationalism

**Nationalität**
nationality

**Nationalsicherheit**
national security

**Nationalsicherheitsberater/in**
National Security Adviser

**Nationaler Sicherheitsrat**
National Security Council

**Naturschätze**
natural resources

**Nebenausschuss**
minor committee

**Nebenkläger/in**
(*Jur*) (*Zivilrecht*) joint plaintiff

**Netto-**
net

**Nettoeinkommen**
net income

**Nettogewinn**
net earnings

**Neueinteilung von Bezirken**
redistricting

**Neuordnung politischer Loyalitäten**
realignment

**neutralisieren**
to neutralize

**Neutralität**
neutrality

**Neuwahl**
revote

**Neuzuteilung von Sitzen**
(eines Bundesstaates im Repräsentantenhaus)
reapportionment

**Niederlage**
defeat

**Niederlage eingestehen, eine**
to concede defeat

**Niederlage, entscheidene**
decisive defeat

**Niederlage, überraschende**
stunning defeat

**Niederlage, vernichtende**
crushing defeat

**nominieren**
to nominate

**nominiert werden**
to be nominated

**Nominierung**
nomination

**Nominierungskonvent**
siehe **Nominierungsversammlung**

**Nominierungsparteitag**
siehe **Nominierungsversammlung**

**Nominierungsversammlung**
national convention; national party convention; nominating convention

**Nordamerikanisches Freihandelsabkommen**
North American Free Trade Agreement (NAFTA)

**Nordatlantikvertragsorganisation**
North Atlantic Treaty Organization (NATO)

**Notar/in**
public notary

**Notenbank**
siehe **Bundeszentralbank**

**Notenbankchef**
siehe **Notenbankpräsident**

**Notenbankpräsident**
Federal Reserve Chairman

**Notstand**
state of emergency

**null und nichtig**
null and void

# O

**Oberbefehlshaber der Streitkräfte**
commander in chief of the armed forces

**Oberhaus**
upper body; upper chamber; upper house

**Oberherrschaft**
sovereignty

**Oberschicht**
upper class

**Oberster (Bundes)Gerichtshof**
Supreme Court

**Oberste/r Bundesrichter/in**
Chief Supreme Court Justice

**Obstruktion**
filibuster

**Obstruktion betreiben**
to filibuster

**Obstruktionen im Senat, Beendigung von**
cloture

**Obstruktionspolitik**
obstructionism

**Obstruktionspolitiker/in**
obstructionist

**öffentliche Anhörung**
public hearing

**öffentliche Einnahmen**
government revenue; public revenue; revenue

**öffentliche Einnahmen erheben**
to raise revenue

**öffentliche Mittel**
public funds

**öffentliche Meinung**
public opinion

**öffentliche Ruhestörung**
(*Jur*) disturbing the peace

**öffentliche Unterstützung**
public support

**öffentliche Verkehrsmittel**
mass-transit;
public transportation

**öffentlicher Dienst**
civil service

**öffentlicher Sektor**
public sector

**öffentlicher Versorgungsbetrieb**
public utilities

**öffentliches Amt**
public office

**öffentliches Ärgernis**
(*Jur*) public nuisance

**öffentliches Gerichtsverfahren**
(*Jur*) public trial

**öffentliches Recht**
public law

**Öffentlichkeit**
public

**offiziell**
official

**Oppositionspartei**
minority party in Congress; opposition party in Congress

**Oppositionpartei übergehen, zur**
to cross the aisle; to vote with the opposing party

**ordentliches Gerichtsverfahren**
(*Const*) due process of law

**Ordnung rufen, zur**
to call to order

**Ordnung wahren**
to maintain order

**Ordnungsruf**
call to order

**organisiertes Verbrechen**
organized crime; racketeering

# PQ

**Pakt**
pact

**panaschieren**
to split one's ticket

**Parität**
parity

**Partei angehören, einer**
to be affiliated with a party

**Partei austreten, aus einer**
to leave a party

**Partei beitreten, einer**
to join a party

**Partei eintreten, in eine**
siehe **Partei beitreten, einer**

**Partei im Stich lassen, eine**
to desert a party

**Parteichef/in**
party leader

**Parteidisziplin**
party discipline

**Parteidisziplin entziehen, sich der**
to balk at party discipline

**Parteienfinanzierung**
party financing

**Parteiführer/in**
siehe **Parteivorsitzende/r**

**Parteiführung**
party leadership

**parteilich**
partisan

**Parteilichkeit**
partisanship

**Parteilinie**
party line

**Parteilinie halten, sich an die**
to follow the party line

**Parteiloyalität**
party loyalty

**Parteimitglied**
party member

**Parteimitgliedschaft**
party affiliation;
party membership

**Parteimitgliedschaft bekannt geben, eine**
to declare a party

**Parteipolitik**
party policy; party politics

**Parteiprogramm**
party platform

**Parteispenden**
party contributions;
party donations

**Parteispendenaffäre**
party fund-raising scandal

**Parteitreue**
partisan loyalty

**Parteivorsitzende/r**
party leader

**Parteizentrale**
party headquarters

**Partikularinteressen**
sectional interests

**Partikularismus**
particularism; sectionalism

**Pauschalbetrag**
lump-sum

**Pazifismus**
pacifism

**Pazifist/in**
pacifist

**Pendeldiplomatie**
shuttle diplomacy

**Pflichtverteidiger/in**
(*Jur*) assigned counsel; court-appointed attorney; public defender

**Plebiszit**
plebiscite

**Plenarabstimmung**
floor vote

**Plenardebatte**
floor debate

**Plenarsaal**
floor (of the House and Senate)

**Plenarsitzung**
plenary session

**Pluralismus**
pluralism

**Plutokratie**
plutocracy

**Politik**
(*politische Inhalte*) policy; (*im Allgemeinen*) politics

**Politik machen**
to practice politics

**Politiker/in**
politician

**Politikgestaltung**
policy-making

**Politikwissenschaften**
political science

**Politikwissenschaftler/in**
political scientist

**politisch**
political

**politische Angelegenheit**
political issue

**politische Ansichten**
political views

**politische Bekenntnisse**
political loyalties

**politisch links Stehende**
the political left

**politische Mitte**
mainstream

**politische Mittel**
political resources

**politische Ordnung**
polity

**politisch rechts Stehende**
the political right

**politischer Aktionismus**
politicking

**politischer Beobachter/in**
political analyst;
political observer

**politische/r Berater/in**
political adviser;
political consultant

**politischer Elan**
political drive

**politischer Flüchtling**
political refugee

**politische/r Gefangene/r**
political prisoner

**politisches Bewusstsein haben**
to be politically aware

**politisches Engagement**
political involvement

**politisches Lager**
political camp

**politisches Programm**
political agenda;
political platform

**Politologe**
political scientist

**Politologie**
political science

**Polizeistaat**
police state

**populär**
popular

**Popularität**
popularity

**Populismus**
populism

**Populist/in**
populist

**populistisch**
populistic

**Postminister/in**
Postmaster General

**Präambel**
preamble

**Pragmatiker**
pragmatist

**pragmatisch**
pragmatic

**Pragmatismus**
pragmatism

**Präsident/in**
President

**Präsidentschaft**
Presidency

**Präsidentschaft kandidieren, für die**
to run for the office of president; to run for the presidency; to run for president

**Präsidentschaftsbewerber/in**
siehe **Präsidentschafts-kandidat/in**

**Präsidentschaftskandidat/in**
presidential candidate

**Präsidentschaftswahl**
presidential contest; presidential election; presidential race

**Präsidentschaftswahl-kampagne**
siehe **Präsidentschaftswahl-kampf**

**Präsidentschaftswahlkampf**
presidential election; presidential election campaign

**Präsidialamt**
White House Office

**Präzedenzfall**
precedent

**Präzedenzfall befolgen, einen**
to follow a precedent

**Präzedenzfall schaffen, einen**
to set a precedent

**Presse**
press

**Presseausweis**
press card

**Presseberichterstattung**
press coverage

**Pressedienst**
press service

**Pressefotograf/in**
press photographer

**Pressefreiheit**
freedom of the press

**Pressekonferenz**
news conference; press conference

**Pressekonferenz abhalten, eine**
to hold a press conference

**Pressemitteilung**
press release

**Pressesprecher/in**
press secretary

**Pressespecher/in des Weißen Hauses**
White House Press Secretary

**Pressetribüne**
press gallery

**Pressezensur**
censorship of the press

**Privatrecht**
private law

**Probeabstimmung**
straw vote

**Probeabstimmungsverbot**
straw vote prohibition

**Programm**
platform; program

**programmatische Rede**
keynote address;
keynote speech

**Progressivsteuer**
progressive tax

**Protokoll**
minutes; record

**Protokoll führen**
to keep the minutes;
to take the minutes

**Protokoll über Verfahren und Debatten im Kongress**
congressional record

**Prozess**
lawsuit; legal proceedings;
litigation; suit; trial

**Prozessgericht**
trial court

**Quellensteuer**
withholding tax

**Querschnitt**
(*der Bevölkerung*) cross-section

**Quorum**
quorum

**Quote**
quota

**Quotenregelung**
quota rule;
quota system

# R

**Randgruppe**
fringe group; marginal group

**Rang**
rank

**ranghohes Mitglied**
high-ranking member

**Rasse**
race

**Rassen-**
racial

**Rassendiskriminierung**
racial discrimination

**Rassenminderheit**
racial minority

**Rassentrennung**
racial segregation

**Rassentrennung, Aufhebung der**
desegregation

**rassisch**
racial

**Rassismus**
racism

**ratifizieren**
to ratify

**Ratifizierung**
ratification

**Ratifizierungsverfahren**
ratification procedure;
ratification process

**Ratifizierungsversammlung**
ratifying convention

**Reaktionär**
reactionary

**reaktionär**
reactionary

**Rechnungsprüfer/in**
auditor; comptroller

**Rechnungsjahr**
siehe **Haushaltsjahr**

**Recht**
law

**Recht auf eine/n Pflichtverteidiger/in**
(*Jur*) right to an attorney

**Recht auf Leben, Freiheit und das Streben nach Glück**
(*Const*) life, liberty and the pursuit of happiness

**Recht und Ordnung**
law and order

**Rechte**
rights

**rechtmäßig**
lawful; legal; legitimate; rightful

**Rechtmäßigkeit**
lawfulness

**Rechtsangelegenheit**
legal matter

**Rechtsanwalt/Rechtsanwältin**
attorney; counselor; lawyer

**Rechtsausschuss**
Judiciary Committee

**Rechtsberater/in**
counselor; legal adviser

**rechtskräftig werden**
to become law; to become legal; to go into effect; to take effect

**Rechtspflege**
administration of justice

**Rechtsprechung**
jurisdiction

**Rechtsradikale**
right-wing extremists; right-wing radicals

**Rechtsschutz**
legal protection

**rechtsverbindlich**
legally binding

**Rechtswissenschaft**
jurisprudence; law

**Rechtswissenschaftler/in**
jurist

**Rede zur Lage der Nation**
annual message; state of the union message

**Redefreiheit**
freedom of speech

**Redezeiten, Vorkehrung für gleiche**
equal-time provision

**Redner/in**
orator; public speaker

**Rednerliste**
list of speakers

**Referendum**
referendum

**Referendum abhalten, ein**
to hold a referendum

**Referendum abstimmen, in einem**
to vote on a referendum

**Reform**
Reform

**Reformbefürworter/in**
reform advocate

**Regelausschuss**
Rules Committee

**regieren**
to govern; to rule

**regierend**
governing; ruling

**Regierung**
administration; government

**Regierungsauftrag**
government contract

**Regierungsausgaben**
government spending

**Regierungsbeamter/-beamtin**
government official

**Regierungschef/in**
head of government

**Regierungsdarlehen**
government loan

**Regierungsform**
form of government

**Regierungsgelder**
federal cash; federal money

**Regierungspartei**
governing party; majority party; party in government; party in power; ruling party

**Regierungspolitik**
government policy; national policy

**Regierungsprogramm**
government program

**Regierungssitz**
seat of government

**Regierungszweig**
branch of government

**Regressivsteuer**
regressive tax

**Religionsfreiheit**
freedom of religion

**Rentenhändler/in**
(*Fin*) bond trader

**Rentenmarkt**
(*Fin*) bond market

**Repräsentantenhaus**
House of Representatives; the House

**Repräsentationssystem**
system of representation

**repräsentative Demokratie**
representative democracy

**repräsentative Regierung**
representative government

**Republik**
republic

**Republikaner/in**
Republican

**Republikanische Partei**
Republican party

**Resolution**
resolution

**Resolution verabschieden, eine**
to pass a resolution

**Rezession**
recession

**Richter/in**
judge; justice

**Richter/in am Obersten Gerichtshof**
Supreme Court Justice

**Richter/in ernannt werden, zum**
to be appointed judge

**Richteramt**
bench; judgeship;

**richterliche Anordnung**
judicial order

**richterliches Prüfungsrecht**
judicial review

**richterliches Recht**
case law; decisional law; judge-made law

**Richterschaft**
judiciary

**Richtlinien**
general rules; guidelines

**Richtlinien aufstellen**
to establish guidelines; to set down guidelines

**Rückschlag**
setback

**Rücktritt**
resignation

**rückwirkendes Gesetz**
ex post facto law; retroactive law

**Rüstung**
armament; arms; military equipment

**Rüstungsauftrag**
defense contract

**Rüstungsauftrag vergeben, einen**
to award a defense contract

**Rüstungsausgaben**
defense expenditures

**Rüstungsbetrieb**
arms factory; arms plant

**Rüstungsindustrie**
defense industry

**Rüstungskontrolle**
arms control

**Rüstungsunternehmen**
defense contractor

**Rüstungswettlauf**
arms race

# S

**Sachgeschenk**
in-kind contribution

**Sammelklage**
class-action suit

**Sanktion**
sanction

**Sanktionen aufheben**
to lift sanctions

**Sanktionen verhängen**
to impose sanctions

**Sanktionen verschärfen**
to tighten sanctions

**Schenkungssteuer**
gift tax

**Schirmherrschaft**
auspices; patronage

**Schlichter/in**
conciliator

**Schlichtung**
conciliation

**Schmelztiegel**
melting pot

**Schuldspruch**
(*Jur*) verdict of guilty

**Schutz der Privatsphäre**
right of privacy

**schützen**
to protect; to safeguard

**Schutzzoll**
protective tariff

**Schwarzmarkt**
black market

**schwere Straftaten und Vergehen**
(*Const*) high crimes and misdemeanors

**Schwerverbrechen**
(*Jur*) felony

**Schwulen- und Lesbenbewegung**
gay rights movement

**Schwurgerichtsverfahren**
trial by jury

**Seemacht**
naval power

**Seestreitkräfte**
(*Mil*) naval forces

**Seestützpunkt**
(*Mil*) naval base

**Seilschaft**
leverage

**Sektor**
sector

**Selbstbelastung**
(*Jur*) self-incrimination

**Selbstbestimmungsrecht**
right to self-determination

**Senat**
Senate

**Senat gewinnen, eine Mehrheit im**
to win a majority in the Senate

**Senator/in**
senator

**Senator/in mit dem höchsten Dienstalter**
longest-serving senator

**Senator/in mit hohem Dienstalter**
senior senator

**Senators/Senatorin, des/der**
senatorial

**Senatssitz**
Senate seat

**Senatswahlen**
elections to the Senate; Senate elections; Senate race

**Senatszustimmung**
Senate approval

**Sensationsmache**
muckraking

**sexuelle Belästigung**
(*Jur*) sexual harassment

**sexuelle Nötigung**
(*Jur*) sexual assault

**Sicherheitsberater/in**
security adviser

**Sicherheitsmaßnahmen**
security measures

**Sicherheitsnetz**
safety net

**Sicherheitsrisiko**
security risk

**Sicherheitsvorkehrungen**
security measures

**Siegesvorsprung**
victory margin

**Sitz**
seat

**Sitzstreik**
sit-in

**Sitzung**
meeting; session

**Sitzung einberufen, eine**
to call a meeting;
to convene a meeting

**Sitzung eröffnen, eine**
to open a meeting

**Sitzung leiten, eine**
to chair a meeting;
to preside over a meeting

**Sitzung teilnehmen, an einer**
to attend a meeting;
to take part in a meeting

**Sitzung unterbrechen, eine**
to recess a meeting

**Sitzung verschieben, eine**
to postpone a meeting

**Sitzung vertagen, eine**
to adjourn a meeting

**Sitzung, öffentliche**
open meeting; meeting open to the public

**Sitzung, nichtöffentliche**
closed meeting; meeting closed to the public

**Sitzungspause**
recess

**Sitzungsperiode**
legislative year; session

**Sitzungsprotokoll**
minutes of a meeting;
record of a meeting

**Sitzungssaal**
chamber (of the House or Senate); floor (of the House or Senate

**Sitzungssaal des Repräsentantenhauses**
House Chamber;
Hall of the House

**Sitzungssaal des Repräsentantenhauses oder des Senats, sich im ~ befinden**
to be on the floor (of the House or Senate)

**Sitzungssaal des Senats**
Senate chamber

**Sitzungstag der Legislative**
legislative day

**Sitzungsunterbrechung**
siehe **Sitzungspause**

**Sonderausschuss**
ad hoc committee; select committee; special committee

**Sonderbeauftragte/r**
special envoy

**Sonderberichterstatter/in**
special correspondent

**Sonderkommission**
task force

**Sonderkommission leiten, eine**
to head a task force

**Sondersitzung**
special session

**Souveränität**
sovereignty

**Sozialarbeiter/in**
social worker

**Sozialdienst**
community service work

**sozialer Wohnungsbau**
public housing

**Sozialhilfe**
public assistance; relief;
welfare

**Sozialhilfe bekommen**
to be on relief;
to be on welfare

**Sozialhilfeempfänger/in**
welfare recipient

**Sozialismus**
socialism

**Sozialpolitik**
social policy

**Sozialprogramme**
programs; social programs

**Sozialprogramme kürzen**
to cut programs;
to cut social programs

**Sozialstaat**
welfare state

**Sozialversicherung**
social security

**Sozialversicherungsbehörde**
Social Security Administration

**Sozialversicherungsbeiträge**
social security contributions

**Sozialversicherungsempfänger/in**
social security recipient

**Sozialversicherungsgesetz**
Social Security Act

**Sozialversicherungssystem**
social security system

**Spende**
contribution; donation

**spenden**
to donate

**Spendenaffäre**
fund-raising scandal

**Spendenbeschaffung, Aktion zur**
fund-raising campaign

**Spender/in**
contributor; donor

**Spionage**
espionage

**Spionageabwehr**
counterespionage;
counterintelligence

**spionieren**
to spy

**Spitzenbeamter/-beamtin**
senior official; top official

**Spitzenbewerber/in**
siehe **Spitzenkandidat/in**

**Spitzengespräche**
high-level talks

**Spitzenkandidat/in**
front runner; top candidate

**Splitterpartei**
splinter party

**Sprecher**
spokesman

**Sprecher/in**
spokesperson

**Sprecher/in des Repräsentantenhauses**
House Speaker; Speaker of the House

**Sprecherin**
spokeswoman

**Staat**
state

**Staatenbund**
confederation

**staatenlos**
stateless

**Staatenloser**
stateless person

**Staatenlosigkeit**
statelessness

**staatlich**
governmental; state; state-run

**Staatsakt**
act of state

**Staatsangehörigkeit**
citizenship; nationality

**Staatsanwalt/Staatsanwältin**
district attorney; prosecuting attorney

**Staatsanwaltschaft**
district attorney's office; prosecuting attorney's office

**Staatsbesuch**
state visit

**Staatsbürger/in**
citizen

**Staatsbürgerkunde**
civics

**Staatsbürgerlich**
civic

**Staatsbürgerschaft**
siehe **Staatsangehörigkeit**

**Staatsbürgerschaft aberkennen, die**
to deprive someone of citizenship

**Staatsbürgerschaft aufgeben, die**
to renounce one's citizenship

**Staatsbürgerschaft beantragen, die**
to apply for citizenship

**Staatsbürgerschaft verleihen, die**
to grant someone citizenship

**Staatschef/in**
siehe **Staatsoberhaupt**

**Staatsdienst**
civil service; public service

**staatseigen**
government-owned; state-owned

**Staatseigentum**
government ownership; public ownership

**Staatseinkünfte**
siehe **Staatseinnahmen**

**Staatseinnahmen**
government revenue; public revenue; revenue

**staatsfeindlich**
subversiv

**Staatsfeindlichkeit**
subversion

**Staatsfrau**
stateswoman

**Staatsgebiet**
national territory

**Staatsgeheimnis**
state secret

**Staatsgewalt**
state authority

**Staatsgrenze**
national border

**Staatsmann**
statesman

**Staatsoberhaupt**
chief of state; head of state

**Staatsschuldverschreibung**
treasury bond

**Staatstreue**
allegiance

**Staatsverschuldung**
national debt

**Staatsvertrag**
treaty

**Stabschef/in**
chief of staff

**Stadthaus**
city hall

**städtisch**
municipal

**Stadtkämmerer/ Stadtkämmerin**
city treasurer

**Stadtrat**
city council

**Stadtrat/Stadträtin**
city council member; councilor

**Stadtversammlung**
town meeting

**Stadtverwaltung**
city administration

**Stammwähler/in**
core voter

**ständiger Ausschuss**
permanent committee; standing committee

**stationieren**
(*Truppen*) to station

**Stationierung**
(*der Truppen*) stationing

**Statistisches Bundesamt**
Bureau of the Census

**Statut**
statute

**Stellungnahme**
comment; opinion; statement

**stellvertretende/r Gouverneur/in**
lieutenant governor

**stellvertretende/r Vorsitzende/r der Regierungspartei im Repräsentantenhaus und im Senat**
majority whip

**stellvertretende/r Vorsitzende/r der Oppositionspartei im Repräsentantenhaus und im Senat**
minority whip

**Stellvertreter/in**
deputy

**Steuer**
tax

**Steuer, direkte**
direct tax

**Steuer, indirekte**
indirect tax

**Steuerabzug**
tax deduction

**Steueranrechnung**
tax credit

**Steueraufkommen**
siehe **Steuereinnahmen**

**Steuerausschuss**
Ways and Means Committee

**Steuerbefreiung**
tax exemption

**Steuerbehörde**
tax authority

**Steuerbemessungsgrundlage**
tax base

**Steuerbetrug**
tax fraud

**Steuereinnahmen**
tax revenue

**Steuererhöhung**
tax hike; tax increase

**Steuererklärung**
tax return

**steuerfrei**
tax exempt

**Steuerfreibetrag**
tax allowance

**steuerfreie Investition**
tax shelter

**steuerfreies Einkommen**
tax-free income

**Steuergesetz**
fiscal law; tax law

**Steuerhinterzieher/in**
tax dodger; tax evader

**Steuerhinterziehung**
tax evasion

**Steuerjahr**
tax year

**Steuerlast**
tax burden

**Steuerlücke**
tax loophole

**Steuern einnehmen**
to collect taxes

**Steuern einziehen**
siehe **Steuern einnehmen**

**Steuern erheben**
to collect taxes; to raise taxes

**Steuern erhöhen**
to raise taxes

**Steuern kürzen**
to cut taxes

**Steuern senken**
to lower taxes;
to reduce taxes

**Steueroase**
siehe **Steuerparadies**

**Steuerpaket**
tax package

**Steuerparadies**
tax haven

**steuerpflichtig**
taxable

**steuerpflichtiges Einkommen**
taxable income

**Steuerpolitik**
tax policy

**Steuerprüfung**
tax audit

**Steuerrecht**
fiscal law; tax law

**Steuerrückerstattung**
tax refund

**Steuerrückvergütung**
siehe **Steuerrückerstattung**

**Steuerrückzahlung**
siehe **Steuerrückerstattung**

**Steuersenkung**
tax cut

**Steuersenkungsplan**
tax cut plan

**Steuerstufe**
tax bracket

**Steuervergünstigung**
tax advantage; tax allowance; tax break

**Steuerzahler/in**
taxpayer

**Stichwahl**
runoff election

**Stichwahl durchführen, ein**
to hold a runoff election

**Stiftung**
endowment; foundation

**Stillhalteabkommen**
moratorium

**Stimmabgabe**
voting

**Stimmabgabe durch Aufstehen**
standing vote

**Stimmabgabe, schriftlich festgehaltene**
recorded vote

**stimmberechtigt sein**
eligible to vote; entitled to vote

**Stimmberechtigte/r**
eligible voter; person eligible to vote; registered voter

**Stimmberechtigung**
siehe **Stimmrecht**

**Stimme**
vote

**Stimme abgeben, eine**
to cast a vote

**Stimmen werben, um**
to canvass voters; to electioneer

**Stimmenauszählung**
tallying

**Stimmengleichheit**
siehe **Stimmengleichstand**

**Stimmgleichstand**
tie vote

**Stimmenmehrheit**
majority of votes

**Stimmenmehrheit erhalten, eine**
to gain a majority of votes;
to receive a majority of votes;
to secure a majority of votes

**Stimmenthaltung**
abstention

**Stimmenwerber/in**
canvasser; electioneerer

**Stimmenwerbung**
canvassing; electioneering

**Stimmrecht**
right to vote; voting right

**Stimmzettel**
ballot

**strafbare Handlung**
legal offense

**Strafgerichtsbarkeit**
(*Jur*) criminal justice

**Strafmaß**
(*Jur*) sentence

**Strafprozess**
(*Jur*) criminal case; criminal proceedings; criminal trial

**Strafrecht**
(*Jur*) criminal law

**strafrechtlich verfolgen**
(*Jur*) to prosecute

**Strafrechtspflege**
siehe **Strafgerichtsbarkeit**

**Strafregister**
(*Jur*) criminal record

**Straftat**
(*Jur*) crime; offense

**Straftat begehen, eine**
(*Jur*) to commit a crime;
to commit an offense

**Straftat beschuldigt werden, einer**
(*Jur*) to be charged with a crime

**Straftat verurteilt sein, wegen einer**
(*Jur*) to be convicted of a crime

**Straftäter/in**
(*Jur*) offender

**Strafverfahren**
siehe **Strafprozess**

**Strafverfolgung**
(*Jur*) prosecution

**Strafverhandlung**
siehe **Strafprozess**

**Stratege/Strategin**
strategist

**Streik**
strike

**Streik ausrufen, einen**
to call a strike

**streiken**
to be on strike; to go on strike; to strike

**Streikposten**
picket

**Streikposten aufstellen, die**
to picket

**Streitkräfte**
armed forces; armed services; forces

**Stützpunkt**
base; military base

**Subvention**
subsidy

**subventionieren**
to subsidize

**Subversion**
subversion

**subversiv**
subversive

# T

**Tadel**
censure

**Tagesordnung**
agenda

**Tagesordnung setzen, auf die**
to place on the agenda

**Tagesordnung stehen, auf der**
to be on the agenda

**Tagesordnung streichen, von der**
to remove from the agenda

**Tagung**
conference; meeting

**Tarifverhandlungen**
collective bargaining;
wage negotiations

**Teilveto**
line-item veto

**Territorialgewässer**
territorial waters

**Terroranschlag**
terrorist attack

**Terrorist**
terrorist

**terroristische Vereinigung**
terrorist group;
terrorist organization

**Teuerungsrate**
siehe **Inflationsrate**

**Todesstrafe**
capital punishment;
death penalty

**Todesstrafe abschaffen, die**
to abolish capital punishment;
to abolish the death penalty

**Todesstrafe verhängen, die**
to impose the death penalty;
to sentence someone to death

**Todesstrafe vollstrecken, die**
to carry out the death penalty

**Todesstrafe warten, auf den Vollzug der**
siehe **Todeszelle sitzen, in der**

**Todesurteil**
death sentence

**Todeszelle**
death row

**Todeszelle sitzen, in der**
to sit on death row

**Treuepflicht**
allegiance

**Treuhand**
trust

**Treuhänder/in**
fiduciary; trustee

**Treuhandschaft**
trust; trusteeship

**Truppen**
(*mil*) troops

**Truppen abziehen**
(*mil*) to withdraw troops

**Truppen einsetzen**
(*mil*) to deploy troops

**Truppen entsenden**
(*mil*) to dispatch troops;
to send troops

**Truppen stationieren**
(*mil*) to station troops

**Truppen verpflichten**
(*mil*) to commit troops

**Truppen verringern**
(*mil*) to reduce troops

**Truppenabbau**
(*mil*) troop reduction

**Truppenabzug**
(*mil*) troop withdrawal

**Truppenbewegung**
(*mil*) troop movement

**Truppengattung**
(*mil*) branch of the military

**Truppenreduzierung**
(*mil*) troop reduction

**Truppenverstärkung**
(*mil*) troop reinforcement

# U

**überarbeiten**
(*Gesetzesvorlage*) to revise

**übereinstimmend**
concurrent

**übereinstimmende Meinung**
(*Jur*) concurring opinion

**Übereinstimmung**
agreement; consensus

**Übergang**
transition

**Übergangszeit**
transition period

**Übergewinnsteuer**
excess profits tax

**überparteiliche Politik**
bipartisan policy

**Überparteilichkeit**
bipartisanship

**überschüssige Gelder nach einem Wahlkampf**
excess campaign funds

**Überschuss**
(*Fin*) surplus

**überwältigende Mehrheit**
overwhelming majority

**überweisen**
(*Gesetzesvorlage an einen Ausschuss*) to refer

**Überweisung**
(*einer Gesetzesvorlage an einen Ausschuss*) referral

**Ultimatum**
ultimatum

**Ultimatum stellen**
to deliver an ultimatum;
to issue an ultimatum;
to present an ultimatum

**umbilden**
(*Kabinett*) to reshuffle

**Umbildung**
(*eines Kabinetts*) reshuffling

**Umwelt**
environment

**Umweltpolitik**
environmental policy

**Umweltschutz**
environmental protection

**Umweltschutzbehörde**
Environmental Protection Agency

**Umweltschützer/in**
environmentalist

**Unabhängigkeitserklärung**
(*hist*) Declaration of Independence

**ungesetzlich**
illegal; illicit; unlawful

**Ungleichheit**
inequality

**unilateral**
unilateral

**UNO-Blauhelmsoldaten**
UN peace-keeping troops

**UNO-Generalsekretär/in**
UN Secretary General

**UNO-Sicherheitsrat**
UN Security Council

**UNO-Sonderbeauftragte/r**
UN Special Envoy

**unparteilich**
nonpartisan

**Unruhen**
disorder; disturbances; riots; unrest

**Unterausschuss**
subcommittee

**untere Instanz**
(*Jur*) lower court

**Unterhaus**
lower body; lower chamber; lower house

**Unternehmen**
business; company; enterprise

**Unternehmer/in**
entrepreneur

**Unterschicht**
lower class

**unterschlagen**
to embezzle; to misappropriate

**Unterschlagung**
embezzlement; misappropriation

**unterstützen**
(*eines Antrags, einer Gesetzesvorlage*) to back; to endorse; to support

**Unterstützung**
(*eines Antrags, einer Gesetzesvorlage*) backing; endorsement; support

**Unterstützungsprogramm**
assistance program

**Unterstützungsprogramm der Bundesregierung**
federal assistance program

**untersuchen**
to investigate; to probe

**Untersuchung**
inquiry; investigation; probe

**Untersuchungsausschuss**
fact-finding committee; investigating committee

**Untersuchungsbeamter/ -beamtin**
investigator

**unterzeichnen**
(*Vertrag*) to sign

**Unterzeichner/in**
(*eines Vertrages*) signatory

**Unterzeichnung**
(*eines Vertrages*) signing

**unveräußerliche Rechte**
inalienable rights

**Urteil**
(*Jur*) judgment; sentence; verdict

**Urteil fällen, ein**
(*Jur*) to deliver a decision; to deliver an opinion

**Urteilsbegründung der Mehrheit der Obersten Bundesrichter/innen**
majority opinion

**Urteilsbegründung formulieren, eine**
to frame an opinion

# V

**verabschieden**
(*Gesetz*) to pass

**Verabschiedung**
(*eines Gesetzes*) passage of a law

**Verbindungsbeamter/-beamtin**
liaison officer

**Verbot**
ban

**Verbraucher/in**
consumer

**Verbraucherschutz**
consumer protection

**Verbrauchervereinigung**
Consumers Union

**Verbrauchssteuer**
consumption tax; excise tax

**Verbrechen**
(*Jur*) crime

**Verbündete/r**
ally

**vereidigen**
to swear in

**vereidigt werden**
to be sworn in

**Vereidigung**
swearing-in; swearing-in ceremony

**Vereinte Nationen (UNO)**
United Nations (UN)

**Verfahren**
procedure; proceedings

**Verfahrensfehler**
procedural irregularity

**Verfahrensfrage**
procedural issue; procedural question

**verfahrensmäßig**
siehe **verfahrensrechtlich**

**Verfahrensprotokoll im Kongress**
Congressional Journal; Congressional Record

**Verfahrensrecht**
procedural law

**verfahrensrechtlich**
(*Jur*) procedural

**verfahrenstechnisch**
siehe **verfahrensrechtlich**

**Verfassung**
the Constitution

**Verfassung ausarbeiten, die**
to draft the Constitution

**Verfassung auslegen, die**
to interpret the Constitution

**Verfassung ergänzen, die**
to amend the Constitution

**Verfassung, laut der**
according to the Constitution; constitutionally

**Verfassungsänderung**
siehe **Verfassungszusatz**

**Verfassungsartikel**
(*hist*) Articles of the Constitution

**Verfassungskonformität**
siehe **Verfassungsmäßigkeit**

**Verfassungskonvent von 1787**
(*hist*) Constitutional Convention of 1787

**Verfassungskrise**
constitutional crisis

**Verfassungskrise abwenden, eine**
to avert a constitutional crisis

**verfassungsmäßig**
according to the constitution; constitutional; constitutionally

**Verfassungsmäßigkeit**
constitutionality

**Verfassungspräambel**
Preamble to the Constitution

**Verfassungsrecht**
constitutional law

**Verfassungsväter**
(*hist*) Framers; Framers of the Constitution

**verfassungswidrig**
unconstitutional

**verfassungswidrig erklären, ein Gesetz für**
to declare a law unconstitutional

**Verfassungswidrigkeit**
unconstitutionality

**Verfassungszusatz**
constitutional amendment

**Verfassungszusatz entwerfen, einen**
to draft a constitutional amendment

**Verfassungszusatz aufheben, einen**
to repeal a constitutional amendment

**Verfassungszusatz unterstützen, einen**
to support a constitutional amendment

**Verfechter/in**
champion

**verfolgen**
to persecute

**Verfolgung**
persecution

**Verfügung**
(*Jur*) injunction; order; writ

**Vergehen**
(*Jur*) misdemeanor

**Vergeltung**
retaliation

**Vergeltungsmaßnahmen**
retaliatory measures

**Vergeltungszoll**
retaliatory tariff

**Vergünstigung**
(*für einen Politiker*) perk;
(*für einen Wahlbezirk*) pork

**verhaften**
(*Jur*) to arrest

**Verhaftung**
(*Jur*) arrest

**Verhaftung widersetzen, sich einer**
(*Jur*) to resist arrest

**Verhaltenskodex**
code of conduct

**Verhältniswahl(recht)**
proportional representation

**verhandeln**
to negotiate

**Verhandlungen**
1. negotiations;
2. proceedings

**Verhandlungen, festgefahrene**
deadlock

**Verhandlungen abbrechen**
to break off negotiations

**Verhandlungen aufnehmen**
to take up negotiations

**Verhandlungen aussetzen**
to suspend negotiations

**Verhandlungen einleiten**
to initiate negotiations

**Verhandlungen eintreten, in**
to enter into negotiations

**Verhandlungen fortsetzen**
to continue negotiations

**Verhandlungen führen**
to conduct negotiations

**Verhandlungen verschieben**
to postpone negotiations

**Verhandlungen wieder aufnehmen**
to resume negotiations

**Verhandlungsprotokoll**
record of proceedings

**verjähren**
(*Jur*) to become subject to the

statute of limitations; to fall under the statute of limitations

**Verjährung**
(*Jur*) statutory limitation

**Verjährungsgesetz**
(*Jur*) statute of limitations

**Verkehrsminister/in**
Secretary of Transportation

**Verkehrsministerium**
Department of Transportation

**Verleumdung**
(*mündliche*) slander;
(*schriftliche*) libel;
(*mündliche*, *schriftliche*) defamation

**Verleumdungskampagne**
mudslinging campaign;
slanderous campaign

**Vermittler/in**
mediator

**Vermittlung**
mediation

**Vermittlungsausschuss**
compromise committee;
conference committee

**Vermögenssteuer**
wealth tax

**Vermögensverwalter**
fiduciary; trustee

**Verrat**
treason

**Verrat begehen, einen**
to commit treason

**verräterisch**
treasonable

**Verrats vor Gericht stehen, wegen**
to be tried for treason

**verringern**
to lower; to reduce

**versammeln, sich**
to assemble; to convene

**Versammlung**
assembly; meeting

**Versammlung, illegale**
unlawful assembly

**Versammlungsfreiheit**
freedom of assembly

**verschieben**
to defer; to postpone

**verschwören, sich**
to conspire

**Verschwörer/in**
conspirator

**Verschwörung**
conspiracy

**Versprechen**
pledge; promise

**verstaatlichen**
to nationalize

**Verstaatlichung**
nationalization

**Verstoß**
infringement; violation

**verstoßen gegen**
to infringe; to violate

**vertagen**
to adjourn

**Vertagung**
adjournment

**Vertagungsantrag**
motion to adjourn

**verteidigen**
to defend

**Verteidigung**
defense

**Verteidigungsausgaben**
defense spending

**Verteidigungsausschuss**
Armed Services Committee

**Verteidigungseinrichtung**
defense establishment

**Verteidigungshaushalt**
defense budget

**Verteidigungsminister/in**
Secretary of Defense

**Verteidigungsministerium**
Department of Defense;
the Pentagon

**Verteidigungspolitik**
defense policy

**Vertrag**
siehe **Staatsvertrag**

**Vertrag abschließen, einen**
to conclude a treaty

**Vertrag aushandeln, einen**
to negotiate a treaty

**Vertrag ratifizieren, einen**
to ratify a treaty

**Vertrag unterzeichnen, einen**
to sign a treaty

**Vertrag verletzen, einen**
to violate a treaty

**Vertragsbedingungen**
(*Vertrag*) conditions of treaty;
terms of a treaty

**Vertragsbruch**
violation of a treaty

**Vertragspartner/in**
party to a treaty

**Vertragsratifizierung**
ratification of a treaty

**Vertragsrecht**
contract law

**vertraulich**
confidential

**Vertraulichkeit**
confidentiality

**Vertreter**
representative

**vertuschen**
to cover-up

**veruntreuen**
to embezzle; to misappropriate

**Veruntreuer/in**
embezzler

**Veruntreuung**
embezzlement;
misappropriation

**verurteilen**
to condemn; to denounce;
(*Jur*) to convict

**Verurteilung**
condemnation; denunciation;
(*Jur*) conviction

**verwalten**
to administer

**Verwalter/in**
administrator

**Verwaltung**
administration

**Verwaltungsbeamter/ -beamtin**
administrator

**Verwaltungsbehörde**
administrative agency

**Verwaltungsrecht**
administrative law

**Verwicklung**
involvement

**Verzeichnis (noch nicht behandelter Gesetzesvorlagen)**
calendar

**Verzögerungsantrag**
dilatory motion

**Verzögerungstaktik**
dilatory tactics

**Veto**
veto

**Veto aufheben, ein**
siehe **Veto überstimmen, ein**

**Veto (gegen eine Gesetzesvorlage) einlegen, ein**
to veto (a bill)

**Veto überstimmen, ein**
to override a veto

**Vetorecht**
veto power

**Vetorecht ausüben, das**
to exercise the veto;
to use the veto

**Vetorecht Gebrauch machen, vom**
siehe **Vetorecht ausüben, das**

**Vetternwirtschaft**
nepotism

**„Vitamin B“**
leverage

**Vizepräsident/in**
vice president

**Vizepräsidentschafts-bewerber/in**
siehe **Vizepräsidentschafts-kandidat/in**

**Vizepräsidentschafts-kandidat/in**
vice presidential candidate

**Volk**
nation; populace; the people

**Volksabstimmung**
plebiscite; referendum

**Volksabstimmung durchführen, eine**
to carry out a referendum;
to hold a referendum

**Volksentscheid**
siehe **Volksabstimmung**

**Volksherrschaft**
popular rule

**Volkspartei**
mass party

**Volkszählung**
census

**Volkszählung durchführen, eine**
to conduct a census;
to take a census

**Vollstreckungsbeamter/-beamtin**
law enforcement officer

**Vollversammlung**
general assembly

**Vollzeitarbeit**
full-time employment

**Vollzeitjob**
siehe **Vollzeitarbeit**

**vorbestraft sein**
(*Jur*) to have a criminal record

**vorladen, jdn.**
(*Jur*) to serve someone a subpoena; to summon someone

**Vorladung**
(*Jur*) subpoena; summons

**Vorrecht**
privilege; prerogative

**Vorrecht der Exekutive**
executive privilege

**Vorschläge für neue Gesetze auf dem Stimmzettel**
ballot initiatives;
ballot propositions

**Vorschrift**
provision; regulation; rule

**Vorsitz**
chairmanship

**Vorsitz haben, den**
to preside over

**Vorsitzende**
chairwoman

**Vorsitzende/r**
chairperson

**Vorsitzende/r des Senats**
President of the Senate

**Vorsitzender**
chairman

**Vorsprung**
edge; lead; margin

**Vorurteil**
prejudice

**Vorwahl**
primary; primary election

**Vorwahlen abhalten**
to hold a primary

**Vorwahlen eintreten, in die**
to enter a primary

**Vorwahlen kandidieren, bei den**
to run in a primary

**Vorwahlen, geschlossene**
closed primary elections

**Vorwahlen, offene**
open primary elections

# W

**Wachstumsrate**
(*Fin*) rate of growth

**Waffe**
arms; weapon

**Waffen liefern**
to supply arms

**Waffen tragen**
(*Const*) to bear arms

**Waffenembargo**
arms embargo

**Waffenkontrollgesetzgebung**
gun control legislation

**Waffenstillstand**
armistice; cease-fire

**Waffenstillstand aushandeln, einen**
to negotiate a cease-fire

**Waffenstillstand einhalten, einen**
to honor a cease-fire;
to observe a cease-fire

**Waffenstillstand erklären, einen**
to declare a cease-fire

**Waffenstillstand vereinbaren, einen**
to agree on a cease-fire

**Waffenstillstand verletzen, einen**
to violate a cease-fire

**Waffenstillstandsabkommen**
cease-fire agreement

**Wahl**
election

**Wahl gut abschneiden, in einer**
to do well in an election

**Wahl aufgestellt sein, zur**
siehe **Wahl stehen, zur**

**Wahl durchführen, eine**
to conduct an election;
to hold an election

**Wahl fälschen, eine**
to commit election fraud; to rig an election; to stuff the ballot box; to tamper with an election

**Wahl gehen, zur**
to go to the polls

**Wahl gewinnen, eine**
to win an election

**Wahl kandidieren, bei einer**
to run in an election

**Wahl stehen, zur**
to be up for election

**Wahl verlieren, eine**
to lose an election

**Wahl-, Wähler-**
electoral

**Wahlalter**
voting age

**Wahlanfechtung**
challenging an election; contesting an election

**Wahlausgang**
election result; outcome of an election; result of an election

**Wahlbehörde**
election board

**Wahlbenachrichtigung**
voter notification

**wahlberechtigt sein**
eligible to vote; entitled to vote

**Wahlberechtigte/r**
eligible voter; enrolled voter; person eligible to vote; registered voter

**Wahlberechtigung**
siehe **Wahlrecht**

**Wahlbestimmungen**
election regulations

**Wahlbeteiligung**
election turnout; showing; turnout; turnout at the polls

**Wahlbetrug**
election fraud; voting fraud

**Wahlbezirk**
1. (*Kongress*) congressional district; electoral district;
2. (*Legislative eines Bundesstaates*) legislative district; state legislative district
3. (*in einer Stadt*) election precinct; precinct; voting precinct

**Wahlbezirk für den Kongress**
congressional district

**Wahlbezirk für den Kongress neu einteilen, einen**
to redraw a congressional district

**wählen**
to elect; to vote

**wählen gehen**
to go to the polls

**Wahlen haushoch gewinnen, die**
to sweep the polls

**wählen, neu**
to revote

**Wähler/in**
voter; (*in einem Kongresswahlbezirk*) constituent

**Wähler/in, unentschiedene/r**
swing voter

**Wählerauftrag**
electoral mandate; mandate from the electorate

**Wählerentscheidung**
electoral decision

**Wahlergebnis**
election result; electoral outcome

**Wählerregister**
siehe **Wählerverzeichnis**

**Wählerschaft**
constituency; electorate

**Wählerstimme**
popular vote; vote

**Wählerverhalten**
voting behavior; voting pattern

**Wählerverzeichnis**
electoral register; electoral roll

**Wählerverzeichnis eintragen, sich in das**
to register to vote

**Wählerwanderung**
swing (in voters)

**Wahlfälschung**
election fraud; voting fraud

**Wahlfälschung begehen**
to commit election fraud;
to rig an election;
to stuff the ballot box;
to tamper with an election

**Wahlfinanzierung**
campaign financing; campaign funding

**Wahlforscher/in**
psephologist

**Wahlforschung**
psephology

**Wahlgesetz**
electoral law

**Wahlhelfer/in**
campaign worker

**Wahljahr**
election year

**Wahlkabine**
voting booth

**Wahlkampf**
campaign; contest; election campaign; race; run

**Wahlkampf durchführen, einen**
to run a campaign

**Wahlkampf organisieren, einen**
to organize a campaign

**Wahlkampf starten, einen**
to launch a campaign

**Wahlkampf veranstalten, einen**
siehe **Wahlkampf durchführen, einen**

**Wahlkampfausgaben**
campaign spending

**Wahlkampfbeobachter/in**
poll watcher

**Wahlkampffinanzierung**
siehe **Wahlfinanzierung**

**Wahlkampffinanzierungs-gesetze**
campaign finance laws

**Wahlkampfgelder**
campaign funds

**Wahlkampfkosten**
campaign costs

**Wahlkampfleiter/in**
campaign manager

**Wahlkampfmanager/in**
siehe **Wahlkampfleiter**

**Wahlkampfmotto**
campaign slogan

**Wahlkampfrede**
siehe **Wahlrede**

**Wahlkampfspende**
campaign contribution; campaign donation

**Wahlkampfstrategie**
campaign strategy

**Wahlkampfthema**
campaign issue

**Wahlkampftour**
campaign trail

**Wahlkraft**
voting strength

**Wahlkreis**
(*in einer Stadt*) election precinct; precinct; voting precinct

**Wahlkreisschiebung**
gerrymandering

**Wahlkreisschiebungen vornehmen**
to gerrymander election districts

**Wahlleiter/in**
election official

**Wahlliste**
election ticket; slate; ticket

**Wahllokal**
polling place; polling station; polls; voting station

**Wahlmann**
elector

**Wahlmännergremium**
electoral college

**Wahlmännerkollegium**
siehe **Wahlmännergremium**

**Wahlmännerstimmen**
electoral votes

**Wahlniederlage**
defeat at the polls; defeat in an election; election defeat

**Wahlniederlage eingestehen, eine**
to concede defeat at the polls; to concede defeat in an election; to concede election defeat

**Wahlniederlage erleiden, eine**
to be defeated at the polls; to be defeated in an election; to suffer defeat at the polls

**Wahlordnung**
election regulations

**Wahlperiode**
(*Kongress*) legislative period; legislative term

**Wahlpflicht**
compulsory voting

**Wahlplakat**
election poster

**Wahlpolitik**
electoral politics

**Wahlprogramm**
election platform

**Wahlrecht**
right to vote; voting right

**Wahlrecht ausüben, das**
to exercise the right to vote

**Wahlrecht entziehen, das**
to deprive someone of the right to vote; to disfranchise (someone)

**Wahlrecht verleihen, das**
to enfranchise (someone); to give someone the right to vote

**Wahlrecht, allgemeines**
universal suffrage

**Wahlrechts, Entzug des**
disfranchisement

**Wahlrechts, Verleihung des**
enfranchisement

**Wahlrede**
campaign speech; stump speech

**Wahlreform**
election reform

**Wahlsieg**
election victory; electoral victory

**Wahlsieger/in**
winner of an election

**Wahlspruch**
campaign message

**Wahlstrategie**
electoral strategy

**Wahlsystem**
electoral system

**Wahltag**
election day; polling day

**Wahltransparent**
campaign banner

**Wahlurne**
ballot box

**Wahlveranstaltung**
election event

**Wahlverfahren**
election process; election procedure; voting process

**Wählerverhalten**
voting behavior

**Wahlverlierer/in**
loser of an election

**Wahlversammlung**
election rally

**Wahlversprechen**
campaign pledge; campaign promise; election pledge; election promise

**Wahlversprechen brechen, ein**
to break a campaign promise; to renege on a campaign pledge

**Wahlwiederholung**
revote

**Wahlzelle**
siehe **Wahlkabine**

**Wahlzettel**
ballot

**Währung**
currency

**Wechselkurs**
exchange rate

**Wechselwähler/in**
floater; floating voter; switcher

**Wehrdienst**
military service

**Wehrdienst melden, sich freiwillig zum**
to enlist

**Wehrdienstverweigerer**
draft dodger; draft evader

**Wehrpflicht**
compulsory military service

**Wehrpflichtige/r**
draftee; conscript

**das Weiße Haus**
the White House

**Weltfrieden**
world peace

**Welthandel**
world trade

**Welthandelsorganisation**
World Trade Organization (WTO)

**Weltmacht**
world power

**Weltmarkt**
world market

**Weltwirtschaft**
global economy;
world economy

**Weltwirtschaftsgipfel**
world economic summit

**Weltwirtschaftskrise**
(*hist*) Great Depression

**Wettrüsten**
arms race

**wieder aufnehmen**
(*Gesetzesvorlage*) to reconsider

**Wiederaufnahme**
(*einer Gesetzesvorlage*)
reconsideration

**wieder ernennen**
to reappoint

**Wiederernennung**
reappointment

**Wiederwahl**
reelection

**Wiederwahl bewerben, sich um die**
to bid for reelection

**Wiederwahl stellen, sich zur**
to run for reelection; to seek reelection; to stand for reelection

**Wirtschaft**
economy

**wirtschaftlich**
economic

**Wirtschaftsabkommen**
economic agreement

**Wirtschaftsaufschwung**
siehe **Konjunkturaufschwung**

**Wirtschaftsbeziehungen**
economic relations

**Wirtschaftskriminalität**
economic crime;
white-collar crime

**Wirtschaftskrise**
economic crisis

**Wirtschaftslage**
economic situation

**Wirtschaftsmacht**
economic power

**Wirtschaftsminister/in**
Secretary of Commerce

**Wirschaftsministerium**
Department of Commerce

**Wirtschaftspolitik**
economic policy

**Wirtschaftsprogramm**
economic program

**Wirtschaftsrecht**
commercial law

**Wirtschaftssanktionen**
economic sanctions

**Wirtschaftssystem**
economic system

**Wirtschaftsverbrechen**
economic crime;
white-collar crime

**Wirtschaftsvertreter/in**
business official

**Wirtschaftsverlauf**
economic trend

**Wirtschaftswachstum**
economic growth

**Wohltäter/in**
benefactor

**Wohltätigkeitsverein**
charity

**Wohnungsbau**
housing

**Wohnungsbau, sozialer**
public housing

**Wohnungsmarkt**
housing market

# Z

**Zeuge/Zeugin**
(*Jur*) witness

**Zeugenstand**
(*Jur*) witness stand

**Zins**
(*Fin*) interest

**Zinssatz**
(*Fin*) interest rate

**Zinssatz erhöhen, den**
(*Fin*) to raise the interest rate

**Zinssatz senken, den**
(*Fin*) to lower the interest rate

**Zinssenkung**
(*Fin*) interest rate cut

**Zinssteigerung**
(*Fin*) increase in interest rate

**zivil**
civil

**Zivilbevölkerung**
civilian population

**ziviler Ungehorsam**
civil disobedience

**Zivilist/in**
civilian

**Zivilprozess**
(*Jur*) civil case; civil trial

**Zivilsache**
(*Jur*) civil case

**Zivilrecht**
(*Jur*) civil law

**Zivilverfahren**
(*Jur*) civil trial

**Zoll**
customs; customs duty; tariff

**Zoll abbauen**
to dismantle tariff barriers

**Zoll errichten**
to crcct tariff barricrs

**Zollamt**
customs office; Customs Service

**Zollbeamter/Zollbeamtin**
customs officer

**Zollgericht**
customs court

**zurücktreten**
to resign; to step down

**zurücküberweisen**
(*Gesetzesvorlage*)
to recommit

**Zurücküberweisung**
(*einer Gesetzesvorlage*)
recommittal

**Zusammenarbeit**
cooperation

**Zusatzsteuer**
surtax

**Zuschuss**
grant; subsidy

**Zuständigkeitsbereich**
jurisdiction

**Zustimmung**
approval; assent; consent

**Zustimmung der Wähler/innen**
electoral consent

**Zustimmung des Volkes**
popular consent

**Zustimmungsrate**
approval rating

**zuteilen**
1. (*Gelder*) to allocate; to appropriate;
2. (*Sitze im Repräsentantenhaus*) to apportion

**Zuteilung**
1. (*von Geldern*) allocation; appropriation;
2. (*von Sitzen im Repräsentantenhaus*) apportionment

**Zuwachsrate**
(*Econ*) rate of increase

**zuweisen**
1. (*Gelder*) to allocate; to appropriate;
2. (*Mitglieder an Ausschüsse*) to assign

**Zuweisung**
1. (*von Geldern*) allocation; appropriation;
2. (*von Mitgliedern an Ausschüsse*) assignment

**Zweikammersystem**
bicameral system

**Zweidrittelmehrheit**
two-thirds majority

**Zweiparteiensystem**
two-party system

## Bibliographie


Adams, Willi Paul; Lösche, Peter (Hrsg.): Länderbericht USA. Geschichte – Politik – Geographie – Wirtschaft – Gesellschaft – Kultur. Bonn: Bundeszentrale für politische Bildung, 1998[3]

Byrd, Sharon: Einführung in die anglo-amerikanische Rechtssprache. München: C.H. Beck'sche Verlagsbuchhandlung, 1997

Deutscher Bundestag (Hrsg.): Glossar: Parlamentarisch-Politische Terminologie: Deutsch-Englisch. Bonn, 1992

Dickson, Paul; Clancy, Paul: The Congress Dictionary: The Ways and Meanings of Capitol Hill. New York: John Wiley & Sons Inc., 1993

Elliot, Jeffrey M.; Ali, Sheikh R.: The Presidential-Congressional Political Dictionary. Santa Barbara, CA: ABC-Clio Information Services, 1984

Kravitz, Walter: American Congressional Dictionary. Washington, D.C.: Congressional Quarterly Inc., 1997[2]

Plano, Jack C.; Greenberg, Milton: The American Political Dictionary. New York: Holt, Rinehart and Winston, 1979[5]

Safire, William: Safire's New Political Dictionary. New York: Random House, 1978

Shafritz, Jay M.: American Government & Politics. New York: HarperPerennial, 1993

Shapiro, Martin. (Hrsg.): The Constitution of the United States and Related Documents. Arlington Heights, Illinois: AHM Publishing Corporation, 1973

Wilson, James Q.: American Government. Lexington, Massachusetts & Toronto: D.C. Health and Company, 1989[4]

Young, Michael: The American Dictionary of Campaigns and Elections. Lanham, New York, London: Hamilton Press, 1987